本书受国家公益性(农业)科研专项(3—52肉兔)
和国家兔产业技术体系项目(nycytx-44)经费资助

农业产业化经营丛书

中国家兔产业化

主　编

谷子林　任克良

副主编

阎英凯　秦应和　吴占福

刘汉中　吴淑琴　李福昌

余志菊　鲍国连　麻建雄

编著者

(以姓氏笔画为序)

于会敏　马学会　王志恒　任克良

安锡忠　刘汉中　刘亚娟　孙利娜

李艳军　李素敏　李福昌　杨家祥

杨翠军　吴占福　吴淑琴　余志菊

谷子林　谷新晰　陈　辉　陈宝江

陈赛娟　范京惠　赵　超　赵驻军

秦应和　倪俊芬　黄玉亭　崔亚利

麻建雄　阎英凯　葛　剑　董　兵

景　翠　鲍国连　霍妍明

金盾出版社

内 容 提 要

本书由国家兔产业技术体系和家兔行业科技项目组的专家、学者编著。内容包括：家兔产业化的概述和特点，国内外家兔产业化的现状和发展趋势，家兔产业化良种繁育体系建设和良种繁殖技术，家兔的营养需要和饲料生产，家兔标准化饲养管理和疾病控制，家兔产业化经营模式，兔产品初加工与贮藏，家兔产业化经营服务体系建设，家兔产业化企业的经营管理等。内容全面翔实，技术先进实用，经营模式和典型经验颇具示范推广价值，适合农业产业化研究和实践的技术人员和管理人员、家兔养殖企业和养殖专业户、兔饲料生产企业、兔产品加工企业、兔产品营销企业学习使用，亦可供农业院校相关专业师生、农科院所相关研究和推广人员阅读参考。

图书在版编目（CIP）数据

中国家兔产业化/谷子林，任克良主编 . --北京：金盾出版社，2010.3
（农业产业化经营丛书）
ISBN 978-7-5082-6153-9

Ⅰ.①中… Ⅱ.①谷…②任… Ⅲ.①兔—饲养管理—产业经济学—研究—中国 Ⅳ.①F326.3

中国版本图书馆 CIP 数据核字（2009）第 235847 号

金盾出版社出版、总发行

北京太平路 5 号（地铁万寿路站往南）
邮政编码：100036 电话：68214039 83219215
传真：68276683 网址：www.jdcbs.cn
封面印刷：北京精美彩色印刷有限公司
正文印刷：北京军迪印刷有限责任公司
装订：第七装订厂
各地新华书店经销
开本：787×1092 1/16 印张：17 字数：340 千字
2010 年 3 月第 1 版第 1 次印刷
印数：1～8 000 册 定价：32.00 元
（凡购买金盾出版社的图书，如有缺页、
倒页、脱页者，本社发行部负责调换）

前　言

我国家兔养殖有着悠久的历史和广泛的群众基础,但是发展过程曲折,起伏波动不断,成为我国兔业发展的特点之一。新中国成立前我国的养兔纯粹属于农民的自发行为,以庭院经济和自给自足的生产方式小规模经营,经历了漫长的历程。新中国成立后,我国外贸先后将兔毛和兔肉作为商品出口,拉开了我国家兔商品生产的序幕,促进了我国家兔生产的快速发展。但是由于国际市场的动荡,导致以外向型经济为特色的中国兔业,始终没有摆脱受制于人的被动局面。三年一小变,五年一大变的周期性起伏波动,使众多的养兔者在迷茫中发出了"中国兔业的出路在何方?"的惊问。

20 世纪 80 年代末期,我国家兔养殖业出现快速发展的局面,但是也存在一些不和谐的因素,例如"倒种"和"炒种"在局部地区出现愈演愈烈的势头,以及一些人对于家兔产业化存有模糊认识,认为一个企业的"小而全"或"大而全"就是家兔产业化,把家兔产业化狭隘化和简单化。针对以上问题,笔者在一次全国性的兔业会议上做了题目为"中国兔业发展的出路在于产业化"的专题报告,引起与会人员的热烈反响,后在多家专业杂志和报刊上刊登或转载。

在那个报告或那篇文章中,笔者指出:产业化就是将家兔从生产到流通的各个环节相互紧密连接,产前、产中和产后成龙配套,使生产有技术、供应有保证、加工有原料、产品有销路、商品有市场。使养兔的内涵丰富、外延广泛,深深融于社会,使养兔真正成为产业。产业化的重点在于龙头,产业化的关键和难点在于产品的深加工,产业化是社会化大生产的充分体现,产业化需要大联合,产业化急需行业协会的诞生,产业化是中国兔业发展的必由之路,等等。以上观点得到业内人士的肯定,一些优秀企业及其企业家重新思考和定位,积极探索我国家兔产业化的发展之路。

经过全国同仁多年不懈的努力,我国养兔业取得了骄人的成绩,无论养兔数量,还是兔产品产量和出口量,均居世界首位。科技进步推动兔业的快速健康发展,产业化经营理念促进以山东青岛康大集团、四川哈哥集团为代表的现代化兔业龙头企业的涌现。为了更好地解决家兔产业中存在的技术问题,农业部先后将兔业纳入公益性行业科技和农业产业技术体系项目。项目实施几年来,为全国的养兔专业户解决了生产中的很多技术难题,为中国家兔的产业发展作出了不可磨灭的贡献。

为了进一步促进我国家兔产业的健康发展,受金盾出版社的委托,我们编写了《中国家兔产业化》一书。内容包括概述、家兔产业化良种繁育体系建设、家兔产业化繁殖技术、家兔的营养需要和饲料生产、家兔保健与疾病控制、家兔标准化饲养管理、家兔产业化经营模式、兔产品初加工与贮藏、家兔产业化经营服务体系建设、家兔产业化企业的经营管理等 10 个部分。参加本书编写的多为国家家兔产业技术体系和家兔行业科技项目的专家,既有雄厚的理论基础,又有丰富的实践经验。在本书的编写中,我们努力展现自己多年来研发的科技成果,积极总结我国家兔产业发展的成功经验,列举了一些我国产业化经营的典型案例,吸纳了我国先辈的技术成就,尽力借鉴了养兔发达国家的成熟技术,力争为我国家兔产业化发展提供一本有指导和参考价值的读物。

限于编著者的水平,加之时间仓促,书中遗漏和错误难免,恳请读者批评指正。

谷子林
2009 年冬于古城保定

目　　录

第一章 概 述

第一节 家兔产业化的概念、特点和意义

一、家兔产业化的概念

家兔产业化的含义有多种不同的说法。依照对于农业产业化的理解,可以将家兔产业化理解为:家兔产业化是在一定的地域范围内,以兔产品的市场需求为导向,以提高整个兔产业的经济效益为中心,围绕兔业发展目标,采取有效的组织形式和运行机制,从生产、加工到产品流通上市的各个环节相互紧密连接,实现家兔生产的标准化和专业化、服务配套社会化、管理高效企业化、经营一体化,使得产前、产中和产后形成完整而效益良好的产业链条,从而使养兔真正成为一项有竞争力的产业。

家兔的产业化应该与家兔的规模化生产和集约化生产相区别。所谓的规模化生产一般是指规模的简单扩大,重点在数量的增加,而且常常是指家兔生产的某一个环节,如养殖、加工销售,或者饲料生产等规模的扩大,没有太多的关于效率与效益方面的指标要求。家兔的集约化生产是指将家兔生产所涉及的各种要素如种兔、饲料、环境控制、设备等因素的高效组合,通过精细化的管理来提高养殖效率和效益,着重是一个过程的管理,它所关注的产业链不是很长或者十分完整,只涉及家兔生产过程中的一部分过程,而且相对来说,涉及的范围比较小。我们可以说某一个企业已经实现了家兔的集约化生产,但很难说一个企业实现了产业化。家兔的产业化所涵盖的地域更广阔,它虽然也是以提高效率和效益为特点,但它着重强调的是从生产到消费的整个完整的产业链,其目的是为了提升整个产业的竞争力。

二、家兔产业化的构成系统

家兔产业化面向的是社会,是国家甚至世界,它是一个系统工程,而不是简单的一个企业内部的大而全或小而全,其中的各个环节联系密切。家兔产业化的构成体系主要包括如下6个方面。

(一)种兔繁育系统

种兔繁育系统是由新品种引进或培育、良种扩繁和良种规模养殖等3个层次构成,种兔繁育系统建设是家兔产业化的源头工程。优质的种兔是兔业生产优质、高产、高效的重要保证。有关资料显示,我国地方品种家兔的全净膛屠宰率一般仅有45%,而国外优良种兔生产的商品兔的屠宰率则可高达58%～60%。在饲喂全价饲料条件下,我国地方品种达到2.5kg的上市体重可能需要3个月甚至更长时间,而最

新的国外肉兔配套系达到同样的上市体重则仅需 70 天。由此可见，家兔品种的优劣直接影响到养兔业的效率和效益。良种问题已经越来越成为兔产品改进品质、提高生产效率和效益、增强国际竞争力的重要因素。实现良种产业化，是实现家兔产业化良性运作的基础。

（二）商品兔养殖系统

商品兔养殖系统是家兔产业化的中间环节，是农民参与度和受益面最广的经济体系。该系统有基地化规模养殖、分散化农户适度规模养殖和工厂化集约养殖等生产模式。地方政府可根据当地自然环境条件、市场需求和经济发展水平选择适当的养殖模式进行规模发展。商品兔养殖系统的构建可以通过政府支持、龙头企业投资、兔业协会或兔业合作社牵头，通过统一良种、饲料供应、疫病防治、技术服务和组织销售或加工，带动众多农户从事家兔养殖，形成专业化、规模化的商品兔养殖基地。实现了产业化的商品兔养殖，不论其具体的养殖方式和组织方式是什么样的，但有一点是可以肯定的，那就是在养殖环节的每个养殖单元都不是孤立的，而是通过某种形式很紧密地与产业链建立了牢固的联系。

（三）配套技术支持及服务系统

配套技术支持与服务系统主要是种兔繁育、商品兔养殖、饲料加工、疫病防治、产品深加工、产品安全质量控制等环节涉及的技术或商品服务和支持。配套技术支持与服务系统特别重视科技创新与新技术的应用，是发展兔业产业化的重要支撑。据统计，全世界 2007 年度兔肉年产量约为 185 万吨，其中 60% 来自于科学的饲养和经营方法。因此，在发展兔业产业化过程中，要大力推广涉及遗传、繁殖、营养、小环境调控和疫病防治的最新技术，依靠科技降低生产成本，提高品种质量、产品质量和养殖效益。也应针对新品种培育、品系配套、产品的精深加工和产品质量监控等产业化生产方面的关键技术组织科技攻关，满足广大消费者对各种各样兔产品的需求，不断为产业化生产提供技术支撑。对于我国来说，兔饲料的产业化生产与质量控制尤其具有重要而关键的现实意义。

（四）兔产品加工系统

兔产品加工系统包括主产品（肉、皮、毛）初、深加工和副产品（胆、肝、脑、血等）深加工。兔产品加工是兔产品增值的重要环节，深加工是兔业产业化发展的关键所在。任何产业的归宿在于最终产品进入人们的衣食住行之中，或直接、间接为人类的生存服务。兔产品加工目前多为初级加工产品，副产品的加工基本是空白。根据当前趋势，我国兔业产品的深加工应向生产名、优、特和保健产品的方向发展，要在充分了解国内外市场的基础上，针对自身特点与不同民族饮食习惯，开发出适合不同消费群体所需要的新产品，从而最终体现和实现该环节的最大增值。

（五）兔业行业组织

兔业行业协会是联系和服务广大兔业养殖户的社会团体组织，是现代兔业产业化构成体系中不可缺失的重要部分。在发展兔业产业化经营中，需要制定和完善有关扶持政策和鼓励措施,加强对各类兔业行业组织的能力建设,以便更好地维护广大养殖户的正当权益,保障兔业能够快速、健康地发展。据资料介绍,在我国四川、山东、河南等养兔大省各类兔业合作社、兔业养殖协会、兔业产品流通协会等行业组织都得到当地政府的重视和支持,他们在指导和帮助企业和广大养殖户开展技术培训、良种推广、疫病防治、产品销售、融资贷款等方面发挥着积极作用。

(六)兔产品市场开发系统

兔产品的市场容量是发展兔业产业化的基本依据,发展兔业首先要考虑是否有足够的市场空间与发展潜力。政府、企业、协会、科研机构都必须用市场主导产业的理念去关注市场、了解市场、培育市场,争取开拓市场的主动权。发展兔业产业化应当建立和完善兔产品市场开发系统,其中包括市场供求信息系统、销售网络系统、售后服务与反馈系统。市场开发系统,能及时掌握兔产品的国内外市场的供求和价格信息,对开拓和占有市场有重要意义。

三、家兔产业化的特点

家兔产业化的经营与发展具有相应的特点,其主要表现在生产标准化、技术专业化、服务社会化、注重生产效率和经济效益。

(一)生产标准化

家兔产业化的一个重要特点是指家兔生产过程的标准化。具体来说,是指生产过程的相关环节以及所涉及的投入品本身都有相应的标准,而且每个阶段生产过程的结果也都能达到一定的标准。以种兔生产为例,如果实现了家兔的产业化,那么相应的种兔生产的各个环节以及与种兔生产相关的各种投入品都会有一定的标准,如种兔本身的质量标准,不同月龄应达到的体重,种兔的体型、外貌、毛色、生产性能都会在正常的生产条件下达到相应的标准。种兔生产过程中的一些投入品,例如饲料、兽药、人工授精的精液稀释液等产品都会达到相应的质量标准。同时,种兔生产的每个环节也都有相应标准化的操作规程来规范或指导具体的种兔生产,从而保证祖代种兔或者父母代种兔也能达到相应的质量标准、即相应的生产性能标准。

(二)技术专业化

家兔产业化的另一个特点是技术的专业化。所谓技术的专业化是指生产过程中涉及各项技术都达到了专业化的水准。具体来讲,生产当中所涉及的饲料生产、人工授精、疾病防控措施都能达到专业化的水平,也就是说,这些技术不是某一个人或公司自己的经验或习惯做法,而是提供这些技术的公司或者单位本身经过长期研究和实践达到了很高的专业技术水准,从而保障其技术或服务所实现的最终结果能够稳定和有保障。例如,现实生产中,我们常常会为不同的饲料公司所提供的饲料的质量而担忧,不仅担心其有效成分的含量,还担心其饲料原料的质量,很难期待这样的饲料在生产过程中使用以后能够得到稳定的生产结果。如果实现了家兔产业化,那么提供家兔饲料的公司必然会是专业化的饲料公司,其提供的任何一个品种或类型的饲料,其有效成分含量有绝对的保障,而且将这种饲料应用到生产实际以后得到的生产结果也是有保障的,或者是可以预期的。

(三)服务社会化

家兔产业化的第三个特点是服务的社会化,即家兔产业化相关的各项服务或者供应不是零散的,而是成龙配套,达到了很高的组织化程度,并且在一定地域内易于取得。成熟的家兔产业化涉及多种产品及技术服务,在没有实行产业化之前,这些服务往往是很零散的,或者不配套,在当地不易找到合适的技术服务提供方,或者即便能找到,也往往难以达到产业发展所需要的标准。只有家兔生产所需要的一系列产品和服务都能在一定范围内很方便地得到,并且有质量保证,这种状态才算是实现了服务社会化。换言之,兔业涉及多个环节,而每个环节又涉及很多产品和技术,这些产品和技术又必然涉及很多企业和部门,只有这些企业或者部门所提供的技术或服务形成一个有机的整体,能够高效服务当地兔产业的发展,才能说实现了产业化。

(四)注重生产效率和经济效益

家兔产业化的根本目的是提高产业的竞争力,而提高产业竞争力需要通过提高生产效率和经济效益来实现。家兔产业如果仅仅只有养殖规模,而没有很好的生产效率以及好的经济效益,就会在竞争过程中被弱化。养兔科研和生产技术改进,始终都是为了提高生产效率和经济效益。例如,育种指标当中所体现的最终的生产性能都是以生产效率为最终目标。对母兔来说,是以单个笼位每年提供的上市商品兔的总体重量为衡量指标,这一衡量指标就充分反映了养殖环节的生产效率。同时,在育种的过程当中,也会把每只繁殖母兔一年最终创造的经济效益来作为一个参考指标,来评估育种工作的成效。如果没有很好的生产效率和与之相适应的经济效益,兔产业发展必然会受到抑制。西欧发达养兔国家,每只繁殖母兔平均每年可提供上市商品兔 50～55 只,大大高于我国繁殖母兔的产量。因此,他们的种兔在世界上具有很好的竞争力,这也是衡量家兔产业化的一项重要标准。

四、家兔产业化的意义

我国兔业发展的根本出路在于产业化。这是因为兔业产业化是解决目前兔业所面临的一些深层次矛盾的关键所在,从而保证兔业的可持续发展。可见家兔产业化具有非常重要的理论意义和现实意义。

(一)产业化是连接农户与市场的桥梁和纽带

面对千变万化的市场,养殖户遇到的最大难题是生产与市场的连接问题。由于产销脱节而反复引起的生产大起大落,严重影响养殖户的生产积极性,也难以保证兔产品的有效供给。产业化经营实现后,产业化的链条会一头连着国内外市场,一头连着养殖企业或养殖户,使生产、收购、加工、贮藏、运输、销售等一系列过程紧密衔接环环相扣,可以有效地将相对分散的个体生产与市场联结起来,解决了小生产与大市场的矛盾,加速了兔业的商品化、市场化进程。

（二）有利于农民增收和壮大集体经济实力

解决兔业比较效益低的根本出路,在于走专业化规模经营和加工增值的自我良性循环发展的道路。推进产业化,产、加、销直接连接,在不打破家庭经营的情况下,扩大了区域规模,既调动了养殖户生产积极性,又发挥了规模效益,相应降低了兔产品单位生产成本,又通过加工进一步增值。更为关键的是实现了产业化的良性一体化经营形式,将养殖户与其他参与主体结成了较稳定的"利益均沾、风险共担"的经济共同体。即加工、流通企业可通过提价让利、生产贷款贴息、生产资料赊销、提供无偿或低偿服务、保护价收购等措施,将兔产品加工、销售环节等实现的多次增值向养殖户部分返还,使一体化经营体系内部做到利益互补,从而解决兔产品生产比较利益下降以及增产不增收等矛盾,最终使兔业持续发展具有基本的动力源泉。

（三）有利于促进适度规模和集约化

当前我国兔业相当大的一部分还是分散的农民进行小规模经营,这是实现兔业现代化的最大障碍。在专业化生产体系中,加工企业或畜产品直销部门,为了获得批量、均衡、稳定和高质量的货源,必须推动生产基地的规模化生产,而农户借助龙头企业的配套服务,尽可能扩大生产能力,获得规模效益。这两方面的结合,促使生产规模适度。同时为了降低成本提高产品竞争力,又必然要增加投资,使用现代的技术装备,并形成一种新型的现代科技成果推广运用体系,这样产业化经营就在小规模农户基础上实现了兔业的规模经营和集约经营,加速了兔业现代化的实现。

（四）有利于吸纳农村剩余劳动力和促进城乡一体化进程

兔产业化以建立高效兔业技术与生产体系为核心,注重发展兔产品的深度加工,还可延伸到贮藏、运销等环节,带动农村剩余劳动力向产前、产后环节转移,形成对农村剩余劳动力很强的吸纳能力,缓解农村劳动力过剩的压力。同时兔产业化还可促使农村乡镇兔加工企业布局上的相对集中和总体水平的提高,形成兔产品生产的规模优势。兔产品附加值的不断增加,又为农村经济的发展提供积累,推动着农村小城镇的形成,缩短实现农村城市化和城乡一体化的进程。

（五）有利于促进管理体制的深化改革和政府职能转变

产业化是一个系统工程,需要一套与市场经济和产业化组织形式配套联动的经济运行和管理机制,这既是产业化的效应,也是产业化本身的要求。产业化的发展将促进传统管理体制的改革,使其朝产供销一体化管理方向发展。同时也将促进政府职能转变,即由过去行政干预为主,逐步转向以产品市场为导向,以政策、法规等间接调控手段为主的轨道上来。

（六）有助于调整兔业科学研究重点

家兔产业化对家兔种质资源及育种体系、兔产品研发和加工体系、兔产品营养价值评定及利用体系、家兔科研及推广机制、兔商品生产及经营机制等方面都提出了更高的要求。对上述诸多课题的研究有助于调整兔业科学研究重点,实现兔业学科水平质的飞跃。家兔产业化对兔业科研的内容和质量提出了新的要求,使得科技的研究内容必须更加与生产实际相结合,科研的结果必须能够及时地在生产中应用,真正体现科技为生产服务的精神。

第二节 国内外家兔产业化的现状及发展趋势

一、发达养兔国家家兔产业化的现状

由于客观的历史原因,西欧一些养兔国家,特别是法国、意大利、西班牙等国,一直注重兔业的产业化实践,传统的市场经济氛围也为当地的兔业产业化创造了必要的条件,促进了产业化的发展。目前来看,这些发达养兔国家可以说基本实现了产业化经营。总体看,他们的产业化主要表现在以下几个方面。

(一)成熟而发达的家兔育种业

家兔育种是兔产业化的源头,对兔产业化起到十分重要的基础作用。西欧养兔发达国家十分重视家兔的育种,他们早已从纯种育种过渡到配套系育种,从而充分利用了来自父系和母系的优势,并在商品代体现杂交育种的优势,以提高养殖效率和效益。经过长期的发展,法国的育种公司在这方面尤其突出。目前,法国有 3 家主要的家兔育种公司,这些公司不仅垄断了法国国内的种兔的供应,而且在整个西欧的家兔育种市场中也占据绝对的优势。他们不仅在本国建立了强大的家兔育种和繁育中心,而且还在意大利、西班牙、匈牙利等国家建立了家兔育种的分中心,这样他们就能方便地为当地客户提供优质种兔,同时扩大了自身的影响和竞争优势。在西欧发达养兔国家,尤其是法国、意大利和西班牙,伴随着家兔育种的集中,形成了层次分明的种兔繁育体系。也就是说,育种公司、地区繁育中心、养殖企业或养殖户分别饲养不同等级的种兔或商品兔,从曾祖代、祖代、父母代到商品代。而且饲养不同等级的家兔企业或者养殖户都能把本等级的家兔的饲养效率发挥到最好。很少有像我们国内层次不够分明的现象,一个企业或养殖户自繁自养,没有太明确的种兔概念,从而导致了家兔生产性能和养殖效率低下的现象。西欧这种宝塔式的种兔繁育与饲养模式保障了种兔遗传进展的迅速扩展。也由于长期的合作机制,有效保护了各层级饲养者的经济利益,从而使得整个养殖体系能够高效运转。

(二)规模化养殖

随着生产的发展,西欧发达养兔国家已经完成了从农户小规模庭院式养殖向适度规模或者大规模养殖的转变。普遍来说,在发达的养兔国家,多是家庭专业化养殖或企业化养殖,以基础母兔 200 只以上占绝大多数,而且这些专业养殖户把养兔作为主业来经营,加入了当地的养殖协会或养殖合作社,由当地养殖合作社或协会与当地的屠宰加工企业订立合同,从而实现某种程度的订单养殖。由于普遍实现人工授精和同期发情,大都实现了批次生产,每个批次出栏的数量和出栏兔的体重都有相应的标准,并且每个批次的产量也基本上是可以预期的,从而使得养殖户或企业能够比较好地规划自己的预算和收益。

(三)高质量的饲料及相应投入品

饲料不仅占到整个养殖成本的 70% 以上,而且饲料质量的好坏直接关系到养兔的成败。在西欧养兔发达国家,饲料的生产不仅实现了商业化和专业化,而且饲料的质量有足够的保障,养殖企业只需和饲料公司订立供应合同就可以放心使用饲料公司所提供的饲料,一般情况下,饲料公司会保质保量地按照客户的要求将所需的饲料品种和数量如期送到养殖企业手中。由于西欧地区相对优越的地理环境,特别是有成熟的产业化的饲草加工业,从而有效地保障了兔饲料当中最重要的原料之一——粗饲料的质量,极少发生因为粗饲料的质量问题如发霉或变质而引起的养殖户兔子大量死亡的质量事故。另一方面,万一发生了这种情况,他们也有很完善的索赔机制,使得饲料企业不敢掉以轻心,总是千方百计地确保饲料质量和自己的商业信誉。从实际情况来看,在这些发达的养兔国家,全国来说,提供饲料供应的也就那么几家供应商,而不是小企业众多、遍地开花。这既是市场竞争的结果,也从客观上保障了企业通过薄利多销来维持相应的运营利润和提高饲料质量所需的研发资金。

(四)精细的产品加工和分销系统

从人均年兔肉消费量来看,西欧发达养兔国家每年人均消耗兔肉大多在 3～4kg,远远高于世界上大多数国家兔肉的人均消费量。究其原因,除了历史形成的消费习惯与偏好以外,一个很重要的原因是这些国家发达的产品加工和分销系统。在西欧国家,传统习惯上人们都很喜欢吃冰鲜兔肉,即屠宰后经过冷藏排酸后的兔肉与碎冰放在一起,既能保证兔肉的鲜嫩,又能延长兔肉的保质期。在保持冰鲜兔肉特点的基础上,这些发达养兔国家,又根据人们的饮食偏好和消费习惯,以及社会、家庭的形态变化,及时调整加工和销售策略。例如在意大利,20 世纪 60—70 年代每个家庭的人口比较多,而且妇女婚后不工作的比例也比较高,这些家庭妇女经常去当地的自由市场购买兔肉等烹调原料,因此当时主要是以整只的活兔或者屠宰加工后的带头的全净膛的胴体来供应当地市场,从 80 年代后期以来,随着年轻人的不断独立,每个家庭的规模越来越小,而且由于生活节奏的加快,人们用在烹调上面的时间也相应减少,这时兔肉的加工与销售也发生了相应的改变,整只销售大量减少,分割的比例越来越高,而且分割越来越细,并有大量的半成品出现。产品的销售也由自由市场更多地转入到食品超市和杂货店,正是由于迎合了这些变化,才使得意大利的兔肉消费和产量近 30 年来一直在稳定上升。

(五)科研和生产的紧密结合

家兔的产业化离不开科技的进步,从西欧已经实现家兔产业化的国家来看,如意大利、西班牙和法国,整个产业化链上的多个环节都能够很好地体现出科技与生产的紧密结合、科技的发展对生产的促进。在法国,农业科学院(INRA)作为一个公立性的科研机构,有完整的与家兔生产发展相联系的养兔科学研究部门,尤其是在育种、饲料与营养、疾病防治方面的研究处于领先地位。特别是在育种方面,法国农业科学院的家兔育种部门与法国主要的 3 个育种公司都有很紧密的科研合作,这种紧密的合作体现在企业根据市场的发展需要,由农业科学院的育种专家来帮助制定育种规划,由育种公司具体负责育种业务的指导。另一方面,农业科学院家兔育种部门的有些育种素材在达到一定的育种指标以后,直接移交给育种公司作为他们的育种素材或者是相应的品系来融合到公司的育种计划和产品系列当中。再如,家兔周期繁殖模式,实际上就是在欧盟的相关科技计划的支持下,由欧洲多个国家的养兔科学家共同研究而最终建立的一种繁殖模式,其目的是为了应对人们对于食品质量安全的关心和减少激素在家兔繁殖当中应用的呼声,而最终实现的结果。这种繁殖模式建立以后,就很快推广到欧洲范围内的规模化养殖场中,从而大大地提高了这些兔场的繁殖效率,也增强了欧洲兔业的竞争力。反过来,它又促进了家兔育种技术的进步和提高。当然,这种科研和生产的结合,要么以公益性的科研项目直接服务生产为目标,或者通过私营企业与政府科研部门订立科研合同,来规定双方的权利和义务,从而保障科学研究的方向和质量,也同时保证了它的应用导向。正是这种良好的互动保证并确立了西欧兔业的产业化领导地位,以及与之配套的一系列先进技术和高质量产品。

二、我国家兔产业化的开展情况

经过多年的发展,我国的家兔产业化已逐渐起步。大家都认识到要想发展兔业,必须走产业化的发展道路,以往的零星、分散、以副业为主的养殖模式很难实现兔业的健康稳定发展,也难以保证兔业的产业地位,更谈不上提高其竞争力。正是由于认识到产业化发展的必要,国内许多地区都按照当地的资源及基础条件以及比较优势,开展了不同程度的家兔产业化模式实践与探讨,并取得一定的成果,形成了各自的特色。

(一)规模化生产与外贸相结合的模式

该模式在我国的山东省表现得最为明显,其重要特点是以大型的食品加工企业为龙头,以自养和联合养殖为主要养殖基础,产品销路主要为出口贸易。这种养殖模式一般来说,总体的养殖和加工规模都比较大,如青岛康大食品有限公司、沂源海达食品有限公司,他们原本就是从事畜产品加工出口的,具有比较好的畜产品加工的基础和经验,也有一定的外贸网络,有较雄厚的经济实力,对出口产品的要求和各个环节都比较熟悉,因此从一开始这些企业的起点就比较高、规模也比较大,一般年加工能力都能达到 600 万~1 000 万只商品兔。这些企业因为有相应的外贸出口经验,所以从开始就建立了比较完整的产业链,从养殖、加工到产品销售,每个环节都投入了相应的资金和力量,有的企业甚至饲料生产也都是尽量自给自足。在这种产业化的模式实践中,还有很多当地规模化龙头企业也都起到了很好的带头作用,产品的出口占到一定的比例,这种外贸出口间接提高了企业的养殖与加工的规范化水平,促进了产业链的完整性,而且随着产业化进程的发展,很多企业已经开始认识到需要从源头上来提高整个产业化的水平。因此,有些企业开始关注家兔育种,或者至少从发达养兔国家进口优良品种进行生产,为企业的规范化生产奠定了比较好的基础。

(二)以内销带动为主的产业化发展模式

这种模式在四川省表现得最为突出。由于传统的消费习惯,四川人均兔肉消费量一直处于全国领先水平,四川在兔产品加工与烹调方面有优势和很好的传统,尤其是兔肉加工的花色品种多,极大地推动了兔肉在当地的消费,从而带动了当地养兔业,间接推动了产业化的发展。由于四川的气候特点,饲草常年能够供应,而人均粮食产量并没有太多的优势,这决定了四川兔业的产业化是以加工的发展和带动为重点,而养殖过程本身相对来说并不过多强调生产速度和饲料报酬。同时,由于四川各地对兔肉的消费分布也比较广泛,更由于四川本身的地理特点,山区分布面积广,交通不如平原地带方便,因此养殖规模相对比较灵活,大规模化的养殖并不十分强调和普遍。但是本地整个产业链很完整,而且由于内销市场比较稳定,兔肉加工品种在不断推陈出新,因而这种产业化模式下的养殖效率和效益也比较稳定,并且在其带动下的人均兔肉消费量一直在稳步上升。

(三)以经济效益为核心的发展模式

该模式以江苏和浙江两省的兔业发展为代表。我国江浙地区是传统的养兔地区,但土地资源比较紧张,劳动力价格比较高,与兔业相关的各项费用也比较高,而且气候条件并不占优势,但是当地的兔业产业化发展开创了具有特色的发展模式。他们针对本地饲养费用高的现状,充分发挥了高投入、高产出,强调了以经济效益为核心,以紧紧抓住产业化源头为特色来实现产业化。具体来说,除了在商品生产当中通过科学饲养,提高产品质量从而提高养殖效益以外,该地区重点抓了家兔的育种和良种扩繁。特别是在毛兔以及獭兔的育种方面,通过举办赛兔会的形式来实现群选群育,不仅实现了品种的选育紧紧和市场相结合,也相应加快了育种进程,通过商业化的种兔推广体系,迅速扩展了当地种兔的市场和影响。同时,针对当地气候特点,开发了因地制宜的兔舍建筑和笼具模式,一切以提高养殖劳动效率为目标,对于当地兔业的产业化进行了很好的探索。

(四)以地方政府与企业紧密协作的发展模式

这种模式以我国广西壮族自治区的兔业发展为代表。当地政府已经确定推进养兔产业化进程,决定以市场为导向、效益为中心、企业为龙头、服务为纽带,以农民增收为出发点,把兔业发展作为促进农民增收的一项重要养殖项目。从2004年起,广西水产畜牧部门把兔业发展纳入加快发展草食动物规模养殖的规划内,扶持了一批像蒙山新宇兔业发展公司这样的兔业龙头企业和规模养殖示范基地。蒙山新宇兔业发展基地从2003年投资建设至今,已拥有原种繁育、二级种兔场生产、商品兔养殖、兔肉深加工等基础性功能设施,还配套有人力培训、技术咨询、饲料供应、疫病防治、市场营销等产前、产中、产后的服务机构,对带动当地兔业向规模化养殖发展和增加农民收入,探索出一条新路子,成为了广西兔业发展的一个亮点。通过支持当地龙头企业,制定具体政策来鼓励农民养兔,并且从一开始就规划了兔业发展的产业化生产模式,从而使得当地兔业的产业化不仅进程加快,而且少走了弯路,同时规划之初,就注重以市场需求为导向,调研周边市场容量,从而减少了决策的盲目性。

三、家兔产业化的发展趋势

(一)适度垄断与规模化发展

因为就家兔的产业化本身来说必然伴随着养兔规模的不断扩大,无论是养殖企业还是养殖农户都把扩大规模作为适应产业化的一种手段。作为产业化链条上的一个单元,规模过小不仅影响了一些科学技术的应用,而且也不利于提高整体经济效益或效率。所以,无论是实现了产业化的国家,还是正在产业化过程当中的国家,都把扩大养殖规模作为实现产业化的形式,这种规模扩大的表现形式多种多样,既表现在单个企业养殖规模或者加工能力的扩大,也表现在养殖农户之间通过一定的组织形式联合在一起,从而形成整体规模的扩大。整体规模形式的扩大在我国表现尤其明显,公司+养殖户或各种形式的养殖合作社就是具体的体现。这种公司+养殖户或者养殖合作社,虽然每个单体的规模不一定很大,但是由于组成的单体数量比较多,所以整体规模也不小。又因为它们是按照一定的规则组合到一起,在实际生产过程中,大多采用统一供种、统一供料、统一防疫、统一销售等,使得一个整体不仅扩大了生产规模,而且也获得了一定的应对市场变化的能力。从目前的发展趋势来看,这种通过结合形成整体的模式会越来越普遍。随着规模的扩大和竞争的深入,必定会形成某种程度的垄断,尤其在育种方面表现得十分明显,如法国的3家家兔育种公司基本上垄断了西欧的种兔供应市场。随着生产的发展、国家间贸易边界的打破,这种垄断或许会扩展到饲料供应、兽药、疫苗以及相关的技术服务。我国毛兔的育种与供种也有部分呈现这种趋势。

(二)产品消费的宣传与引导

家兔产业化的目标之一是扩大产业规模,提高人均兔肉消费量,如果产业规模不能逐渐扩大、人均消费量不能逐渐提高,那么产业的整体规模越来越小,必然导致整个产业发展的停滞或萎缩,这样就根本谈不上产业化。因此,引导广大消费者增加对兔产品的消费,宣传兔产品的特色,增加兔肉的人均消费量,始终是各养兔国家的首要任务之一,无论是实现了兔产业化的国家,还是未实现兔产业化的国家,这都会是一项长期的任务。各个国家也在这方面做了大量的工作。例如西欧发达国家主要通过强调兔肉营养价值、增加兔产品的供应品种,来引导和促进市场消费;而我国除了宣传兔肉的特点外,还通过不同的烹调方法来改进兔肉的风味、适应不同人群的消费偏好,以及主办年度性的兔肉节和兔文化节,来加强普通消费者对兔肉的认识,从而增加消费量。从这几年的实际发展情况看,不同形式的宣传和引导,对于推动我国兔肉的消费起到了一定的作用。

(三)明确的专业化分工与协作

随着产业化进程的不断深入,整个产业链条上的各个环节会越来越专业化,产业链条上的每个环节以及相应的企业都会根据自己的优势去从事最有竞争力的那部分领域,这点在西欧已经实现产业化的国家里表现得很充分,无论是法国、意大利还是西班牙,与养兔相关的企业或者服务公司以及养殖农户,其分工和定位都十分明确和专业化。育种的专门作育种,养殖的专门从事养殖,养种兔与普通商品兔也是专门分工,饲料有专门的饲料公司供应,兽药和疫苗都是由大型的兽药公司提供。正是由于专业的分工,才使得他们在本领域里面的研发能够不断地深入、技术不断进步,最终体现各自的特点,形成了自己的核心竞争力。这些专业化的公司的密切结合,又使得整个国家的兔业具有很强的竞争力。我国也在从小而全的公司逐渐开始一定程度的分工,大型的养殖企业并不都是自己加工饲料,已经出现了专业化的家兔饲料加工企业和养兔设备加工企业。种兔的供应也有一定地域化的趋势,层次也日趋分明。

(四)强化兔业科技的研究与应用

家兔产业化进程的发展和深入,充分见证了兔业科技对于产业化发展的支撑作用。包括家兔新品种(系、配套系)培育及良种繁育技术、良种繁育体系建设、优质高产牧草品种引进及产业化开发、适应"三元结构"种植制度建设、新型饲料添加剂的研制与开发、加工设备和兔肉食品开发、新兽药和兽医生物制品的研制与开发研究、利用现代技术进行中草药应用研究及利用现代微生物学技术研制高效微生态制剂、新疫苗的研制开发、疫病防治技术研究、建立和完善主要疫病综合防治技术机制等,都离不开养兔科技的研究与进步。兔业科研的进展必然会与兔业产业化紧密相联,同时也必然会促进兔业产业化效率和效益的提升。

第三节　我国家兔产业化存在的问题与对策

一、我国家兔产业化存在的问题

作为畜牧养殖业中的小产业——养兔业,由新中国成立初期的零星散养,到今天的规模化、集约化和产业化雏形的出现,发展迅猛。但是目前仍存在一些问题与不足,分别从不同方面、不同程度地影响了我国兔业产业化的进程。

(一)分布零散且规模小

很多人认识到养兔是一项"投资较少、周期短、见效快"的养殖种类,为此人们很容易投身于这一行业,建成不同规模的养殖场,但普遍来说,由于大多投资主体本身是全国各地经济基础本来就不殷实的农民,因此其结果就是养殖规模小而分散。又由于市场固有的波动特性,"赚一笔就跑"成了人们生产经营的主导思想,更不可能指望有太多的人去关心"如何维持这一产业的持续增长"这样深层次的问题。因此,这种小打小闹的生产方法,只顾眼前、不顾长远,是我国养兔业产业化发展的客观现实。

(二)品种混杂质量差

我国地区种兔场良莠不齐,优质种兔短缺,加上群众盲目引进,导致饲养品种混杂,种兔近亲繁殖,生产性能下降,影响了兔产业化的健康发展。同时,由于种兔市场缺乏统一监管,导致种兔质量参差不齐。有些兔业公司和养殖场,由于近年来资金不足、技术力量薄弱、种兔生产制度不完善,导致种兔质量不稳定,品种出现退化现象,将生产出的所谓"优质种兔"推向社会,坑害农民;有些地方"倒种"现象严重,一些不法分子利用农民致富心切,打着推广优良种兔的旗号,高价卖出,低价回收,不但严重地损害了农民的利益,而且扰乱和破坏了正常的种兔生产、管理、推广秩序,阻碍了商品兔生产的健康发展。同时,兔业市场诚信机制不完善,一些投机者以劣充优,以假充真进行"炒种"的不法经营,使很多缺乏识别种源品质能力的养殖户盲目上马,蒙受不同程度的经济损失,极大地挫伤了群众养兔的积极性。

(三)饲养管理粗放

到目前为止,我国部分地区兔业的发展仍然停留在传统式分散养殖和粗放管理阶段,整体水平落后于发达国家。大多数养殖户的科学养兔意识都比较差,重兔种、轻饲养管理,饲料以野草、农作物秸秆和少量树叶为主,处于有啥喂啥的粗放饲养状态;一些边远地区受经济条件的制约,兔舍及配套设备简陋,规模小;环境卫生、疫病防治等条件较差,圈养居多,兔舍内阴暗、脏乱、潮湿,兔病泛滥;从事养兔业的技术人员短缺,生产组织化、专业化、规模化程度低。在我国,群众养兔技术水平低、饲养耗料多、生长速度慢、养殖成本表面看好像不高而仔细算其实很高,因而经济效益差的情况普遍存在,很少有人去认真仔细研究成本、效率、效益,大多只有粗略的估算。

(四)市场销售与流通渠道不畅通

从市场角度来看,我国部分地区兔业生产的经营模式相对小,地域分散,不利于生产与市场对接。一方面养殖户由于缺少市场信息而盲目养殖,另一方面因兔产品缺乏流通渠道难以进入市场。由于产销严重脱节,导致养殖户遭受损失,这势必影响该地区兔业的产业化发展。同时我国部分地区兔业市场没有形成一定的交易规则,市场开发不够,组织化程度差,管理较为混乱。有相当一部分散养殖户不了解市场行情,养殖目标模糊,饲养和销售行为缺乏组织协调、较为盲目。一些散养户处于自产自销的封闭状况,自行宰杀,把肉卖给饭店,或加工后销到外地;一些大户也只是通过小商贩把活兔成批量销往广东、四川等省,主要利润被中间环节占有,由此制约了我国养兔业的发展。一些养殖户在市场好时不向签约企业出售商品兔,市场不好反过来再去找企业收购,这种只顾自己眼前利益而不顾他人死活的短期行为,严重影响了兔业市场秩序,这必然会影响兔产业的持续发展。

(五)产品缺乏深度加工

当前,我国部分地区的兔肉、兔皮、兔毛的加工层次低,加工后的产品品种花样少,简单加工较多,初级产品多,只有少量深加工。兔的肝、胆、胰、脑、血和睾丸等副产品是医药原料,增值潜力大,而此类加工基本是空白。即便是外贸出口也多是初级加工产品直接出口,附加值不高。兔业深加工行业整体起步晚,龙头企业发展滞后,而且目前从事兔业生产加工的主体很多都是一些小业主,企业规模小,尚未培养出一套完善而具有很强竞争力的养殖、加工、销售一体化模式,加工工艺也比较落后,带动能力弱,把握市场信息的能力还较欠缺,这制约着我国兔业产业化的发展水平。

(六)兔饲料业的产业化困境

家兔饲料生产中遇到的最大难题就是粗饲料资源丰富,但利用难度却很大。一是优质牧草价格高、供应紧张;二是粗饲料种类繁多、零散,难以搜集;三是粗饲料体积大、比重轻,贮藏难度大;四是多数粗饲料存在安全隐患,尤其是发霉现象较普遍,限制其安全使用。粗饲料已成为限制我国兔养殖业规模化发展的最大限制因素之一。另一方面,小型饲料厂星罗棋布,无序竞争激烈,大打价格战是一种普遍现象。而且兔饲料尚无统一营养标准,因此各厂家质量千差万别。同时,对于广大兔农而言,缺乏饲料生产和家兔营养的专业培训。自己制作的兔饲料出现问题很多,比如由于饲料配制不合理导致腹泻、不受胎等,养殖户苦不堪言。而购买的饲料中,添加药物较滥,安全隐患严重,这些都严重影响了我国兔产业的健康持续发展。

(七)组织化程度低

目前,兔产品多以原始产品销售,相对利润不高。部分生产者和经营者或各自为政,或松散联合,常常出现利润分配矛盾,没有再分配的有效调节机制来巩固产供销一体化,不能形成规模效益,同时又影响了区域优势的发挥和产加销一体化形成。在兔业发展上,宏观调控不够,部门间协作不紧密,不能及时准确地提供市场信息和技术服务。畜牧部门负责发展生产,拿不出资金来建设加工厂,进行兔产品开发利用增值研究。而外贸部门负责加工外销也拿不出资金用于基地建设,只能是采取货源少时提高收购价格,多时又降级压价的方法来保证经营产品的外销,造成兔业史上几番几次的大起大落,同时也严重挫伤了农民养兔的积极性。

二、发展我国家兔产业化的对策

结合我国兔业发展现状和制约因素,制定我国兔业产业化经营的发展目标,建立全面、协调发展的运行机制和提出促进产业化经营的发展对策,将对确定我国兔业产业化发展方向、形成兔业规模经营、增加农民收入、壮大农村经济起积极的促进作用。

(一)加快品种改良与规范种兔管理

种兔是实现产业化的源头,种兔的质量和家兔育种业的健康发展是保障家兔产业化的先决条件之一。因此,要实现我国的家兔产业化,必须重视家兔育种和良种繁育体系的建设。具体的途径,一方面是从国外引进优良品种,另一方面是提纯和挖掘现有品种,并在此基础上培育适合我国气候和饲料条件的优良品种。无论是引进还是自己培育品种,都应该强调因地制宜。我国的气候条件、饲料资源条件、饲料加工条件以及养殖结构存在着多样性,因此在考虑家兔育种时,应该充分照顾到我国的这种气候与饲料供应的多样性,不能完全照搬国外的育种理论和理念。我国已经是世界养兔最多的国家,长期进口品种来代替国内的育种是不现实的,应该根据我们国家养兔业的发展形势和多年的养殖实践,对不同的品种适应性及生产性能的检验结果来确定我国家兔育种的方向和目标,从而建立与我国饲养条件相适应的、能够大规模服务家兔产业化的家兔育种业。

从建立良种繁育体系来说,无论是配套系繁育还是纯种繁育,都应该依照相应的法律和管理条例逐渐规范种兔的生产和推广体系,从而在养殖户和养殖企业当中树立家兔良种的应有标准。通过市场竞争来确立供种企业的信誉,使得种兔的饲养和商品兔的饲养既层次分明、又紧密联系,从而减少或者杜绝倒种行为,使得家兔的育种或良繁体系能够健康发展。

(二)扶持龙头企业与规模养殖有机结合

龙头企业是连接农户与市场的桥梁,是产业化的纽带和脊梁。所以兔业产业化首先应该从龙头企业抓起。一般地说,龙头企业要有一定的规模与实力,要有较强的市场开拓能力,并能诚信经营,与养殖户结成利益共同体,最大限度地让利于养兔户,充分调动养兔户的积极性,带动一个地区的兔业发展。龙头企业的建设,应打破部门、行业、所有制界限,按照谁有能力谁牵头、谁牵头就扶持谁的原则,优化组合现有兔业企业,实行强强联合、东西联合、南北联合。龙头企业必须是在市场发育中形成的,不是官封的,更不能是自称的。产业化经营是市场行为,不是政府行为,政府的责任是支持、引导、协调、规范和服务,综合运用资金、信贷、税收、进出口权、场地、科技服务、法律、行政等手段,为龙头企业的发展创造宽松的内外环境,引导兔业产业化由低级向高级、由松散向紧密型发展,不断提高整体效益。

建立适度规模的商品基地,是产业化经营的自然基础,也是形成规模效益的前提。在一家一户的散养模式中,标准化操作是难以实现的,再好的技术标准也会在具体的实施中走样。因此,必须树立生产规模和规模生产的经营观念,既要相对集中连片,又要适度规模生产。不能脱离自身条件而盲目追求办大型兔场,生产规模应与当地市场、技术、资金、劳力及饲料等条件相适应。要建立专业化的养兔企业,真正做到品种统一、生产过程规范、产品性能整齐统一,同时常年都有稳定的产量和批次,最终获得稳定高效的收益。

根据我国的现实情况,要实现家兔产业化应该将扶持龙头企业与发展规模养殖有机的结合起来。只有一定区域的规模养殖,没有龙头企业的带动和最终形成产品加工与销售的出路,这种规模的养殖难以持续。如果只有龙头企业,而没有规模养殖给予支撑,龙头企业也很难做大做强。因此,理想状态是龙头企业与规模养殖的有机结合,由养殖企业来保障养殖的规模及加工原料,由龙头企业专心开拓产品市场,形成优势互补,从而使一定地域的家兔产业化能够真正形成竞争力。

(三)加快饲料供应的产业化

饲料供应对于家兔产业化的重要性不言而喻。尤其是在我国的现实条件下,家兔的饲料尤其是粗饲料表面上看起来资源非常丰富,不仅有天然牧草、农作物秸秆、农副产品以及各种各样的工业加工的下脚料,而且每一样数量都不小,但是要真正规范化利用,使得每一种原料达到保质保量的供应,为兔产业的发展提供合格的兔饲料却不是一件容易的事。因为这些粗饲料的原料不仅在地域分布上各具特色,没有一个全国的、规范的收集处理以及质量保障系统。另一方面,因为其本身价值的原因,大规模的长距离运输也是不现实的,更主要的是很多粗饲料的原料质量很难保障。因此,在我国发展兔饲料一直是一个巨大的挑战。但是从长远来看,没有稳定、质量可靠的、数量有保障的兔饲料的供应,也就是说,没有产业化的兔饲料工业,就不可能有真正的家兔产业化。或者更具体地说,没有家兔粗饲料的产业化,就不可能有家兔饲料的产业化。从解决途径上来说,需要和地方的粗饲料供应来源特色相结合。例如,山东省是全国的花生主产区,在当地的养兔实践中,花生秧和花生壳是重要的粗饲料来源,针对这两种粗饲料的来源,如何收集、处理、加工并在质量上有保障就值得认真研究。另一方面,必须扩大饲料公司的生产规模,通过饲料公司来建立粗饲料的收集系统,使得粗饲料的收集也能形成一个链条,使得粗饲料的供应方有利可图,进而提出质量要求来逐渐改善粗饲料的供应状况,并最终建立真正的家兔饲料产业,使之更好地为家兔产业化服务。

(四)产品研发与市场培育

兔产品深加工是制约产业化发展的"瓶颈"环节。加工企业的发展可以盘活整个养兔产业链,提高兔产品附加值。家兔产业化最终价值的实现也只有通过产品的终端销售才能完成,而产业规模的大小直接和产品的市场容量相关,产品的人均消费量及增长速度直接决定了兔产业的发展前景。因此,产品市场和消费者的消费意愿与家兔产业化是直接相联系的,并且起到决定性的作用。产品的研发与市场培育任何时候都是十分重要的,也会是一个长期的过程,中外不同的国家家兔产业化的实践也证明了这一点,我国的实际情况也很好地体现了这种产品与市场的关系。例如,四川省兔肉的消费量接近全国消费总量的 1/3,人均消费量居全国首位。这其中的一个重要原因是四川省对家兔产品的开发有悠久的传统、而且充满了创新精神,产品在不断推陈出新,加之具有四川特色的烹调技艺,能够使兔肉扬长避短、体现特色,也使得兔肉产品在当地消费者当中深受喜爱。广东省虽然兔产量不高,但是消费量接近全国的 1/5,这也与他们的消费习惯有很大的关系。随着经济的发展、生活节奏的加快,家庭单位的变小,人们用于烹调的时间以及烹调的方法都有所改变,如何使得兔肉的消费和产品开发及销售能够适应这种变化的趋势,顺应人们的消费习惯(如外出就餐机会增多),是大有文章可做的。除肉兔外,毛兔、獭兔新产品的加工与开发,以及市场推广也同样应该引起足够的重视。

(五)加强科技研发

家兔产业化的养殖过程是规模化、集约化的养殖,完全不同于传统的分散的庭院式养殖。因此,涉及很多与规模集约化养殖相适应的育种、饲料供应、环境控制以及疾病防疫方面的问题,这些问题的解决都需要从全新的角度去进行研究和试验。西欧发达养兔国家的产业化实践充分证明,科技对于兔产业化有不可替代的支撑作用。鉴于我国的科研体制和生产的现实,科技对于兔业的发展显得尤为重要,这表现在兔业产业化当中的一些具体问题需要通过科技来解决。另一方面,科技的作用还体现在广大的养殖户和企业需要更多的科技培训,以推广科学养兔的概念和具体知识。就具体的养兔科研来说,研究的课题必须更加贴近生产实际,从生产实践当中提出问题,通过有针对性的研究以后,找到具体的解决方法,然后在生产过程当中验证、改进,并且示范和推广,使得科技的作用在产业化过程中体现的更加具体和直接。同时,也只有让广大养殖农户和企业亲身体会到科技的作用和影响,体会到应用科技所带来的效率和效益,才能够使他们更加坚定对科技的投入和应用,使得科技和生产相互促进、相得益彰。

第二章　家兔产业化良种繁育体系建设

第一节　我国家兔的主要品种

一、主要肉兔品种及配套系

(一)新西兰白兔

新西兰兔原产于美国,是近代最著名的优良中型肉用家兔品种之一,世界各地均有饲养。新西兰兔有白色、黑色和红色3个变种,目前饲养量最多的是新西兰白兔(New Zealand white),全身被毛纯白色,眼睛呈粉红色,头宽圆而粗短,耳短直立、耳背边缘毛密,臀部丰满,腰肋部肌肉发达,四肢粗壮有力,全身结构匀称,具有肉用品种的典型特征,公、母兔均有较小的肉髯。

新西兰白兔体型中等,最大的特点是早期生长发育快。在良好的饲养管理条件下,8周龄体重可达2kg左右,10周龄体重可达2.3kg。成年体重母兔4.5～5.5kg、公兔4～4.5kg,属中型肉用品种。产肉性能好,屠宰率52%～55%,肉质细嫩,饲料报酬3～3.2∶1。繁殖力较高,年产5胎以上,胎均产仔7～9只。毛皮品质欠佳,毛纤维长而柔软,回弹性差。脚底垫毛粗密、耐磨,可防脚皮炎,很适于笼养。

新西兰白兔的主要优点是产肉率高、肉质细嫩,适应性和抗病力较强,但不耐粗饲,对饲养管理条件要求较高,在中等偏下营养水平时,早期增重快的优势得不到充分发挥。

新西兰白兔引进我国后,主要用于杂交改良地方品种或纯种生产(也作为实验兔使用),在提高肉兔生产性能方面发挥了积极作用,与中国白兔、日本大耳白兔、加利福尼亚兔杂交,均能获得较好的杂种优势。

(二)加利福尼亚兔

加利福尼亚兔(Californian)原产于美国加利福尼亚州,育成时间稍晚于新西兰白兔,是用喜马拉雅兔和青紫蓝兔杂交,从青紫蓝毛色的杂种兔中选出公兔,再与新西兰白兔母兔交配,选择喜马拉雅毛色兔横交固定进一步选育而成。加利福尼亚兔是现代著名的肉用家兔品种之一,在美国的饲养量仅次于新西兰白兔。

加利福尼亚兔被毛丰厚平齐,富有光泽。毛色似喜马拉雅兔,全身被毛以白色为基础,鼻端、两耳、四脚及尾部被毛为黑色或黑褐色,故又称其为"八点黑"兔,其黑色的深浅随年龄、季节、温度和营养条件的变化而呈现出规律性变化。幼兔毛色浅,随年龄增长而颜色加深;冬季色深,夏季色浅。眼睛呈红色,头清秀,颈粗短,体型中等,耳小而直立,公、母兔均有较小的肉髯,体型紧凑,胸部、肩部和后躯发育良好,肌肉丰满,具有肉用品种的典型体型。

加利福尼亚兔早期生长速度快,产肉性能好,8周龄体重可达1.8～2kg,屠宰率52%～54%,肉质鲜嫩。成年体重母兔3.9～4.8kg,公兔3.6～4.5kg。适应性好、抗病力强。毛皮品质好,毛短而密,毛色象牙白、富有光泽,手感和回弹性好。繁殖性能好,年产7～8胎,胎产仔7～8只。母兔性情温驯,母性好,泌乳力高,育仔能力强,是理想的"保姆兔"。

加利福尼亚兔遗传性稳定,既适合于纯种生产,又适合于与新西兰兔等品种杂交或在品种内不同品系间杂交生产商品兔。该品种引入我国后,表现出早期生长发育快、适应性及抗病力强、繁殖率高、仔兔育成率高等特点。

(三)日本白兔

日本白兔(Japanese white)原产于日本,由中国白兔和日本兔杂交选育而成。由于其两耳长大,故又称日本大耳白兔。日本白兔被毛浓密而柔软、毛色纯白,眼睛红色,头较长、额较宽。耳朵长且直立、耳根细、耳端尖,形似柳叶。颈和体躯较长,四肢粗壮。母兔颈下有肉髯而公兔没有。

日本白兔体型中等,成年体重4～5kg。性成熟早,繁殖性能好,特别是母性好,泌乳量高,被用作"保姆兔"或杂交母本。被毛浓密而柔软,皮张面积大、质地良好,是较好的皮肉兼用兔。耳薄,耳壳上血管明显清晰,是理想的实验用兔。较耐粗饲,适应性强,在我国饲养历史较长。生长发育较快,产肉性能较好。但由于该品种骨骼较大,屠宰率较低。

(四)哈尔滨大白兔

哈尔滨大白兔(Harbin giant white)简称哈白兔,是由中国农业科学院哈尔滨兽医研究所培育的大型肉用兔品种,系用比利时兔、德国花巨兔、加利福尼亚兔、哈尔滨本地白兔和上海白兔等多品种复杂杂交选育而成,1988年通过全国家兔育种委员会鉴定。

哈尔滨白兔全身被毛纯白、毛纤维较粗长,体型较大,头适中,两耳宽大而直立,眼大而红,体质结实,结构匀称,肌肉较丰满,四肢强健。早期生长发育较快,70日龄平均体重2.5kg,90日龄体重达2.76kg,成年体重6.3～6.6kg。产肉性能好,半净膛屠宰率57.6%,全净膛屠宰率53.5%,饲料报酬3.11:1。皮毛质量好,遗传性能稳定,繁殖力强,胎均产仔8～10只,育成率达85%以上。耐寒、耐粗饲,抗病力及适应性强。

(五)青紫蓝兔

青紫蓝兔(Chinchilla)原产于法国,因其毛色类似珍贵毛皮兽青紫蓝绒鼠而得名,是世界著名的皮肉兼用品种。被毛浓密、有光泽,外观呈胡麻色,夹有黑色和苍白色的粗毛,耳尖、尾面为黑色,眼圈、尾底、腹下、四肢内侧和颈后三角区的毛色较浅呈灰白色。单根毛纤维为5段不同的颜色,从毛纤维基部至毛梢依次为深灰色—乳白色—珠灰色—白色—黑色。眼睛为茶褐色或蓝色。

青紫蓝兔现有 3 种类型。标准型青紫蓝兔体型较小，结实而紧凑，耳短直立，公、母兔均无肉髯，成年体重母兔 2.7～3.6kg、公兔 2.5～3.4kg，性情温驯，毛皮品质好，生长速度慢，产肉性能差，偏向于皮用兔品种。美国型青紫蓝兔体型中等，体质结实，成年体重母兔 4.5～5.4kg，公兔 4.1～5kg。母兔有肉髯而公兔没有。繁殖性能好，生长发育较快，属于皮肉兼用品种。巨型青紫蓝兔公、母兔均有较大的肉髯，耳朵较长，有的一耳竖立，一耳下垂。体型较大，肌肉丰满，早期生长发育较慢，成年体重母兔 5.9～7.3kg，公兔 5.4～6.8kg，是偏于肉用的巨型品种。

我国引入的是标准型青紫蓝兔和美国型青紫蓝兔，经过半个多世纪的风土驯化和选育，青紫蓝兔已具有较强的适应性和耐粗饲性，不仅具有较高的皮用价值，而且也具有较好的产肉性能，繁殖力和生长速度也有了很大的提高，已完全适应了我国的自然条件，我国从南到北均有分布，深受群众的欢迎。

(六)弗朗德巨兔

弗朗德巨兔原产于比利时弗朗德地区，是欧洲著名的大型肉用品种。过去我国多将该品种误称为比利时兔。其毛色与比利时兔极为相似，但体型更粗大，成年体重一般在 6～7kg，体长达 72cm。骨架强壮，肌肉丰满，生长快，产肉性能好；毛密度高，枪毛少，绒毛长达 4cm。其毛皮经过加工鞣制，可仿制多种野生动物花纹，是制裘、制革的好原料。

弗朗德巨兔被毛为深褐、赤褐或浅褐色，体躯下部毛色灰白色，尾内侧呈黑色、外侧灰白色，眼睛黑色。两耳宽大直立、稍向两侧倾斜，头粗大，颊部突出，脑门宽圆，鼻梁隆起，体躯较长，四肢粗壮，后躯发育良好。

该兔属于大型肉兔，具有体型大、生长快、耐粗饲、适应性广、抗病力强等特点。幼兔 6 周龄体重可达 1.2～1.3kg，3 月龄体重 2.8～3.2kg。成年体重公兔 5.5～6kg，母兔 6～6.5kg，最高可达 7～9kg。耐粗饲能力高于其他品种，适于农家粗放型饲养。年产 4～5 胎，胎均产仔 7～8 只，泌乳力很高，仔兔发育快。

该兔引入我国后，适于农村的饲养方式和饲养水平，因此受到农民的欢迎，尤其是在北方农村的饲养量较大。众多试验表明，该兔是良好的杂交亲本(主要是杂交父本)，与小型兔(如中国本地兔)和中型兔(如太行山兔、新西兰兔等)杂交，有明显的优势。该兔的主要缺点是：在笼养条件下易患脚皮炎，耳癣的发病率也较高，产仔数多寡不一，仔兔大小不均匀，毛色的遗传性不太稳定。

弗朗德巨兔在我国东北、华北地区的饲养量较大，在其他地区也有一定饲养。对我国兔种改良和新品种育成都起过重要作用，哈白兔的育成就曾引入该品种兔的血液。

(七)塞 北 兔

塞北兔(Saibei rabbit)是我国近年培育的大型皮肉兼用新品种，由原张家口农业高等专科学校用法系公羊兔和比利时的弗朗德巨兔杂交选育而成，全国各地均有饲养。塞北兔体形呈长方形，体质结实、健壮。被毛以野灰色为主，兼有白色和红黄色

2种。头大小适中,眼眶突出、眼大而微向内陷,嘴方正,颈粗短,鼻梁有1条黑线。耳宽大,一耳直立、一耳下垂,兼有直耳和垂耳。背腰平直,后躯宽而肌肉丰满,四肢粗壮,公、母兔均有肉髯。

塞北兔体型较大,成年体重5～6.5kg。生长速度快,产肉性能好,7～13周龄平均日增重24.4g,14～26周龄平均日增重29.5g,全净膛屠宰率52.6%,饲料报酬为3.29∶1。繁殖性能好,年可繁殖4～6胎,胎均产仔7～10只、高者可达15～16只,泌乳力1828g。毛皮质量好,皮张面积大、皮板有韧性、坚牢度好,绒毛细密,是理想的皮肉兼用型新品种。

塞北兔的主要特点是体型较大,生长较快,繁殖力较强,抗病力强,发病率低,耐粗饲,适应性强,性情温驯,容易管理。与大多数的大型品种一样,笼养时易患脚皮炎。

(八)太行山兔

太行山兔(Taihangshan rabbit)亦称虎皮黄兔,原产于河北省太行山区,由河北农业大学、河北省外贸食品进出口公司等单位选育而成,1985年定名为太行山兔,属皮肉兼用品种。

太行山兔有标准型和中型2个类型。标准型太行山兔全身被毛为红黄色,单根毛纤维根部为白色、中部黄色、尖部为红棕色,而腹部毛为淡白色。头清秀,眼球棕褐色、眼圈白色,耳较短直立,体型紧凑,背腰宽平,四肢健壮,体质结实。成年公兔体重3.8kg,成年母兔3.5kg。中型太行山兔全身被毛较标准型太行山兔色深,腹部毛为淡白色,背部、后躯、两耳上缘、鼻端及尾背部毛尖为黑色,眼球及触须为黑色。头粗壮,脑门宽圆,耳长直立,背腰宽长,后躯发达,体质结实。成年公兔体重4.3kg,成年母兔4.4kg。

太行山兔抗病力强,适应性好,耐粗饲。繁殖性能好,年产5～7胎,窝均产仔8～10只。母兔母性好,泌乳力高。

(九)德国花巨兔

德国花巨兔(German checkered giant)原产于德国,是著名的大型皮肉兼用品种。该兔体躯被毛底色为白色,口鼻部、眼圈及耳毛为黑色,从颈部沿背脊至尾根有一锯齿状黑带。体躯两侧有若干对称、大小不等的蝶状黑斑故又称"蝶斑兔"。耳大直立,公、母兔均有较小肉髯。体格健壮,体型高大,体躯长、呈弓形,腹部离地较高。成年体重5～6kg。

德国花巨兔毛皮质量好,尤其是皮板上有对称的花斑。早期生长速度快,产肉性能较好。3月龄体重可达2.5～2.7kg。性情活泼,行动敏捷。繁殖力强,产仔数多,胎平均产仔11～12只。抗病力强。但毛色遗传不稳定,后代有蓝色和黑色个体。性情不温驯、较为粗野,母性差,泌乳力低,育仔能力差,有的母兔有食仔恶癖。

我国于1976年自丹麦引入花巨兔,由于饲养管理条件要求较高,哺育力差,国内饲养量逐渐减少。

(十)法系垂耳兔

垂耳兔(Lop)是一类兔子。据认为,该兔首先出自北非,后输入法国、比利时、荷兰、英国和德国。由于引入各国后选育方式不同,形成了法系和英系2种类型的垂耳兔。我国于1975年引入了法系垂耳兔。

法系垂耳兔毛色多为黄褐色,也有白色、黑色等。前额、鼻梁突出,耳下垂。头似公羊,我国又称为公羊兔。体型大,体质疏松,公、母兔均有较大肉髯。成年体重5kg以上,有的达6~8kg。适应性强,较耐粗饲,性情温驯,反应迟钝,不喜活动。该兔早期生长快,但由于皮松骨大,出肉率不高,肉质较差。繁殖性能差、受胎率低,胎均产仔7~8只,母兔育仔能力差,笼养时易患脚皮炎。

(十一)肉兔配套品系

在家兔育种工作中,要想把许多优良性状集中于1个品种而培育所谓全能品种往往是不现实的。近年来,养兔发达国家纷纷选育有数个突出经济性状,而其他性状保持一般水平的专门化品系,由多个专门化品系组成1个配套系(specialized strains),通过系间杂交生产商品兔,并已取得明显效果。

1. 齐卡肉兔配套系　齐卡配套系(ZIKA)是德国 ZIKA 种兔公司齐默尔曼博士用10年的时间选育成功的具有世界一流生产水平的肉兔配套新品系。我国四川省畜牧兽医研究所于1986年从德国引进。该配套系由大、中、小3个白色品系构成。大型品系为德国巨型白兔(配套系中的 G 系)、中型品种为德国大型新西兰白兔(配套系中的 N 系),小型品种为德国合成白兔(配套系中的 N 系)。

(1)G 系(德国巨型白兔)　为祖代父系。全身被毛纯白色,红眼,耳大直立,头粗重,体躯长大而丰满。成年体重6~7kg,仔兔初生重70~80g。35 日龄断奶重1~1.2kg,90 日龄体重2.7~3.4kg。日增重35~40g,饲料报酬3.2:1。在相同的饲养管理条件下,其增重速度比哈白兔和弗朗德兔都快。巨型白兔耐粗饲,适应性强,但繁殖力较低,年产3~4胎,胎产仔6~10只,性成熟较晚,夏季不孕期较长。

(2)N 系(大型新西兰白兔)　为祖代父系和祖代母系。全身被毛白色,红眼,头粗重,耳短小、宽厚、直立,体躯丰满,肉用特征明显。成年体重4.5~5kg。早期生长发育快,肉用性能好,饲料报酬为3.2:1。据德国品种标准介绍,56 日龄体重1.9kg,90 日龄体重2.8~3kg。年育成仔兔50 只。该兔对饲料和饲养管理条件要求较高。

(3)Z 系(德国合成白兔)　为祖代母系。被毛白色,红眼,头清秀,耳薄直立,体躯长而清秀。成年体重3.5~4kg,90 日龄体重2.1~2.5kg。适应性好,耐粗饲。其最大优点是母兔繁殖性能好,年育成仔兔60 只,平均每胎产仔8~10只,幼兔成活率高。

G、N、Z 三系配套生产商品。德国商品标准为胎产仔8.2只,年产商品活仔兔60只;28 日龄断奶重650g,56 日龄体重2kg,84 日龄体重3kg,日增重40g,料重比2.8:1。据四川省畜牧兽医研究所在开放式自然条件下测定,商品兔90 日龄育肥体重 2.4kg,日增重 32g 以上,料重比 3.3:1。

2. 艾哥肉兔配套系 艾哥肉兔配套系(ELCO)是由法国艾哥(Elco)公司养兔专家贝蒂先生经多年精心培育而成的大型白色肉兔配套系。由 A、B、C、D 4 个专门化品系组成。黑龙江省双城市龙华畜产有限公司和吉林省松原市永生绿草畜牧有限公司 1994 年引入该兔。由于我国是从法国的布列塔尼亚地区引进,国内又称布列塔尼亚兔。

(1)A 系(GP111) 为祖代父系。成年体重 5.8kg 以上,性成熟期 26～28 周龄。70 日龄体重 2.5～2.7kg,28～70 日龄饲料报酬 2.8:1。

(2)B 系(GP121) 为祖代母系。成年体重 5kg 以上,性成熟期 121±2 天。70 日龄体重 2.5～2.7kg,28～70 日龄饲料报酬 3:1。每个笼位每年可生产断奶仔兔 50 只。

(3)C 系(GP172) 为祖代父系。成年体重 3.8～4.2kg,性成熟期 22～24 周龄,性情活泼。公兔性欲旺盛,配种能力强。

(4)D 系(GP122) 为祖代母系。成年体重 4.2～4.4kg,性成熟期 117±2 天。每只母兔年产成活仔兔 80～90 只,具有极好的繁殖性能。

(5)AB 系(P231) 为父母代之父系。由 A、B 两个品系合成。成年体重 5.5kg 以上,性成熟期 26～28 周龄,产肉性能好。28～70 日龄日增重 42g,饲料报酬 2.8:1,淘汰后屠宰率 58%。

(6)CD 系(P292) 为父母代之母系。由 C、D 两个品系合成。成年体重 4～4.2kg,性成熟期 117±2 天,繁殖性能好。胎产仔 10～10.2 只,胎产活仔数 9.3～9.5 只。28 天断奶成活仔兔 8.8～9 只,出栏成活 8.3～8.5 只。每个笼位每年可繁殖商品代仔兔 90～100 只,商品代仔兔 70 日龄体重 2.4～2.5kg,饲料报酬 2.8～2.9:1。

该配套系是在良好的环境气候和营养条件下培育而成的,具有很高的繁殖性能和育肥性能。引入我国后,在黑龙江、吉林、山东和河北等地饲养,表现出良好的繁殖能力和生长潜力。配套系的保持和提高需要完整的体系、足够的数量和血统、良好的培育条件和过硬的育种技术。由于我国没有引进完整的配套系(没有引进曾祖代),而且引进兔的毛色均为白色,在代、系的区分方面有一定难度,因而生产中出现代、系混杂现象,应引起重视。

3. 伊拉配套系 伊拉配套系(HYLA)是由法国欧洲兔业育种公司在 20 世纪 70 年代末培育成功的配套系。它是由 9 个原始品种经过复杂杂交,最后合成 A、B、C、D 4 个专门化品系配套。具有遗传性能稳定、生长发育速度快、饲料报酬高、抗病力强、产仔多、出肉率高及肉质鲜嫩等特点。山东省安丘市绿洲兔业有限公司于 2000 年从法国引入了完整的配套系。

(1)A 系 为祖代父系。全身白色,鼻端、耳、四肢末端呈黑色,成年公兔体重 5kg,母兔 4.7kg,受胎率 76%,平均胎产仔 8.35 只,断奶死亡率 10.31%,日增重

50g,饲料报酬 3∶1。

（2）B 系　为祖代母系。全身白色,鼻端、耳、四肢末端呈黑色,成年公兔体重 4.9kg、母兔 4.6kg,受胎率 80％,平均胎产仔 9.05 只,断奶死亡率 10.96％,日增重 50g,饲料报酬 2.8∶1。

（3）C 系　为祖代父系。全身白色,成年公兔体重 4.5kg、母兔 4.3kg,受胎率 87％,平均胎产仔 8.99 只,断奶死亡率 11.93％。

（4）D 系　为祖代母系。全身白色,成年公兔体重 4.6kg、母兔 4.5kg,受胎率 81％,平均胎产仔 9.33 只,断奶死亡率 8.08％。

（5）AB 系　为父母代之父。成年体重 5.4kg 以上。

（6）CD 系　为父母代之母系。成年体重 4kg。胎均产仔 9.2 只,胎均产活仔数 8.9 只。

商品代外貌呈八点黑特征,28 日龄断奶重 680g,70 日龄体重 2.47kg,日增重 43g,饲料报酬 2.7～2.9∶1,屠宰率 58％～59％。

4. 伊普吕配套系　伊普吕配套系(HYPLUS)是由法国克里莫股份有限公司经过 20 多年的精心培育而成。该配套系是多品种(品系)杂交配套模式,共有 8 个专门化品系。我国山东省菏泽市颐中集团科技养殖基地于 1998 年从法国克里莫公司引进 4 个系,分别是作父系的巨型系、标准系和黑色眼睛系,以及作母系的标准系。据资料介绍,该兔在法国良好的饲养管理条件下,平均年产仔 8.7 胎,胎均产仔 9.2 只,成活率 95％,11 周龄体重 3～3.1kg,屠宰率 57.5％～60％。经过几年饲养观察,3 个父系中以巨型系表现最好,与母系配套在一般农户饲养,年可繁殖 8 胎,平均每胎产仔 8.7 只,商品兔 11 周龄体重可达 2.75kg。而黑色眼睛系表现最差,生长发育速度慢,抗病力也较差。

2005 年 10 月青岛康大集团从法国克里莫股份有限公司引进伊普吕祖代种兔 1 000 余只,2006 年山东德州中澳集团也引进数百只伊普吕祖代种兔,现已正式投产。

根据河北农业大学谷子林教授对多个兔场的调查,伊普吕配套系生长速度、繁殖力等方面表现良好。但是由于该配套系涉及的品系较多,配套复杂,生产中操作起来有较大难度。此外,不同的品系在毛色和体型方面有一些相似之处,普通的养殖户分辨不清。生产中存在血统混杂、杂交乱配现象,极大地降低了该配套系的生产性能。

二、主要獭兔品系

獭兔学名力克斯兔(Rex),是著名的皮用兔品种,原产于法国,被世界许多国家引进,并培育出各种流行色型,其中以英国培育的色型最多,被公认的有 28 个色型,美国培育并被公认的有 14 种色型,德国有 15 种色型,主要有海狸色、青紫蓝色、巧克力色、紫丁香色、山猫色、蛋白石色、红色、紫貂色、海豹色、白色、黑色、蓝色、加州色和碎花色。

獭兔被毛短、直立,柔软而浓密,粗毛和细毛的长度几乎相等,枪毛少且不露于毛被上,被毛标准长度1.3～2.2cm,理想长度为1.6cm。眉毛和胡须细软弯曲。毛皮质量好。被毛平整美观,具有绢丝光泽,手感柔软舒适,日晒不褪色,保暖性强,具有轻软、美观、保暖的特点,是制裘的好原料。同时獭兔产肉性能亦较好,肉质优良。

我国饲养的主要是美系獭兔,近年又引入德系獭兔和法系獭兔。在此基础上,培育了几个新品系。

(一)美系獭兔(American Rex)

美系獭兔头清秀,嘴较尖,眼大而圆,耳长中等、直立,耳壳较薄。颈部稍长,肉髯明显。胸部较窄,背腰略呈弓形。腹部、臀部较发达,肌肉丰满。后爪宽大,前爪较细小,四脚较短细。体型结构匀称,体格相对较小,给人以清秀的感觉。成年体重3.5～4kg。被毛品质好,粗毛率低、且粗毛不外露,被毛密度较大。5月龄商品兔的被毛密度在13 000根左右(背中部),最高可达18 000根以上。美系獭兔毛色类型较多,我国曾多次引进,且以白色为主。与其他品系相比,美系獭兔适应性好,抗病力强,繁殖力高。年可繁殖4～6胎,胎均产仔7～9只。母兔泌乳力较高,母性好,容易饲养。其缺点是群体参差不齐,平均体重较小。有些地区的美系獭兔退化比较严重。

(二)德系獭兔(German Rex)

德系獭兔体大粗重,头方嘴圆,尤其是公兔更加明显。耳厚宽大、直立,眉须弯曲,颈较短粗,肉髯不明显,体格粗大,胸宽深,背腰平直,四肢粗壮有力,给人以粗重的感觉。被毛浓密,毛被较厚,弹性好,毛纤维略显粗长,枪毛毛尖较明显。全身结构匀称,成年体重4～5kg。年可繁殖4～6胎,胎均产仔6～7只。遗传性稳定,具有皮肉兼用的特点。1997年北京万山公司从德国引进,经过几年的饲养观察和风土驯化,该品系已基本适应了我国的气候条件和饲养条件,表现良好。

德系獭兔被引入其他地区后,表现亦良好。特别是与美系獭兔杂交,对于提高生长速度、被毛品质和体型有很大的促进作用。其被毛纤维较粗长,是制作毛领的优质材料。但是该品系的产仔数较低,其适应性不如美系獭兔。

(三)法系獭兔(France Rex)

法系獭兔体型较大,体躯较长,胸宽深,背宽平,四肢粗壮,头圆颈粗,嘴巴平齐,无明显肉髯,耳短,耳壳较宽厚、呈"V"形上举,眉毛和胡须细软弯曲。被毛浓密平齐,分布较均匀,粗毛比例小,毛纤维长度1.6～1.8 cm。生长发育较快,饲料报酬较高。母兔泌乳力较高,母性好,育仔能力强。年可繁殖5～6胎,胎均产仔8～9只。成年体重4～5kg。1998年山东荣成玉兔牧业公司从法国克里莫兄弟育种公司引进。

(四)四川白獭兔

四川白獭兔是四川省草原研究所以白色美系獭兔和德系獭兔杂交,采用群体继代选育法,应用现代遗传育种理论和技术,经过连续5个世代的选育,培育出了体型外貌一致、繁殖性能强、毛皮品质好、早期生长快、遗传性能稳定的白色獭兔新品系。

2002 年 6 月,经过四川省畜禽品种委员会审定、四川省畜牧食品局批准命名为四川白獭兔,并荣获四川省人民政府科技进步一等奖。

四川白獭兔全身被毛白色,丰厚,色泽光亮,无旋毛,不倒向。腹毛与被毛结合部较一致,脚掌毛厚。眼睛呈粉红色。体格匀称、结实,肌肉丰满,臀部发达。头型中等,公兔头较母兔大。双耳直立。成年体重 3.5～4.5kg,体长和胸围分别为 44.5cm 和 30cm 左右,属中型兔。被毛密度 23 000 根/cm²,细度 16.8um,毛丛长度为 16～18mm。

该兔 8 周龄体重 1 268.92±98.09g,13 周龄体重 2 016.92±224.18g。22 周龄体重 3 040.44±263.34g,体长 43.39±2.24cm,胸围 26.57±1.29cm。6～8 周龄,日增重 29.85±3.61g;8～13 周龄,日增重 24.71±1.1g;13～22 周龄,日增重 16.1±1.19g;22～26 周龄,日增重 9.57±1.45g。

4～5 月龄性成熟,6～7 月龄体成熟,初配月龄母兔 6 月龄、公兔 7 月龄,种兔利用年限 2.5～3 年。受孕率 81.8±5.84,窝产仔数 7.29±0.89 只,产活仔数 7.1±0.85 只,初生窝重 385.98±41.74g。3 周龄窝重 2 061.4±210.82g,6 周龄活仔数 6.61±0.54 只。6 周龄窝重 4 493.48±520.70g,断奶成活率 94.03±0.1。

22 周龄,生皮面积 1 132.3±89.45 cm²;被毛密度 22 935±2 737 根/cm²,细度 16.78±0.94um,毛长 17.46±1.09mm;皮肤厚度 1.69±0.27mm,抗张强度13.74＋4.13N/44mm²,撕裂强度 33±6.75N/ 44mm²;负荷伸长率 34±3.52%,收缩温度 87.3±2.67℃。

22 周龄,半净膛屠宰率 58.86±4.07%,全净膛屠宰率 56.39±4.07%,净肉率 76.24±5.21%,肉骨比 3.21±0.99。

四川白獭兔在农村饲养条件下,平均胎产仔 7.3 只,泌乳力 1 658g,仔兔断奶成活率 89.3%,13 周龄体重 1 786g,毛皮合格率 84.6%,具有较好的适应性和良好的生产性能。利用该品系公兔改良社会獭兔,仔兔断奶成活率提高 3.6%,成年体重增加 14%,毛皮合格率提高 18 个百分点,改良效果显著。适合广大农村养殖,具有广阔的应用前景。

(五) 吉戎兔

由原解放军军需大学于 1988 年利用日本大耳白母兔和加利福尼亚色型的美系公兔杂交,经过 5 个世代选育形成,共 32 个家系,含加利福尼亚色型獭兔血液 75%,日本大耳白兔血液 25%,于 2003 年 11 月通过国家畜禽品种审定委员会特种动物品种专家审定通过。吉戎兔体型外貌基本一致,体型中等,成年兔平均体重 3.5～3.7kg,其中全白色型较大,"八黑"(两耳、鼻端、四肢下部、尾为黑褐色)色型较小。被毛洁白、平整、光亮。体型结构匀称,耳较长而直立,背腰长,四肢坚实、粗壮,脚底毛粗长而浓密。皮毛品质优良,平均被毛密度 14 000 根/cm²,毛长 1.68～1.75cm,毛纤维细度 16.48～16.7μm,粗毛率 4.45%～5.7%。指标已达到皮用兔品种审定标准,遗传性稳定。

繁殖力强,育成率高。平均窝产仔数 6.9～7.22 只,初生窝重 351.23～368g,初生个体重量 51.72～52.9g,泌乳力 1 881.3～1 897g,断乳成活率 94.5%～95.1%。

适应性强,较耐粗饲。在金属网饲养条件下,脚皮炎发病极少,优于国内饲养的其他品种皮用兔。吉戎兔群体数量大,核心群 920 只、32 个家系,生产群 4 200 只以上。仅吉林省饲养量达 3 万只以上。

(六)金星獭兔

在南京农业大学等教学科研单位的帮助下,江苏省太仓市獭兔公司从 1996 年开始进行獭兔杂交选育,利用分布于我国北方、南方的獭兔优良群,在系统选育基础上进行杂交,并对杂交后代进行严格选择和淘汰,组成核心群进行精心培育,经过近 8 年的努力,于 2003 年底育成了獭兔新品系,定名为金星獭兔。

金星獭兔体型大,毛皮品质好;耐粗饲,抗病力强。体型外貌可分为 3 种类型:即皱褶型、中耳型和小耳型。

皱褶型(A)头中等大小、耳厚竖立,体型偏大、成年体重 4.5kg 左右,四肢后躯发达,自颈部至胸部形成明显的皱褶,皮肤宽松、形似美利奴羊,皮张面积比同体型的其他类型獭兔大 15%～25%。该类型兔是重点选育和推广的对象。

中耳型(B)头中等大小、略圆,耳中等大、厚而竖立,身体匀称,四肢和后躯发达。生长发育接近于 A 型,成年体重 4～4.5kg。

小耳型(C)头大小适中、稍圆、耳偏小、厚而竖立,四肢身体发育匀称。生长发育接近于 B 型,成年体重 4kg 左右。

被毛平均密度为肩部 17 010 根/cm²,背部 22 170 根/cm²,臀部 37 122.50 根/cm²;粗毛比例 平均肩部 5.665%,背部 5.675%,臀部 3.775%。被毛平均长度为肩部绒毛 1.83 cm,粗毛 1.79 cm;背部绒毛 1.93 cm,粗毛 1.88 cm;臀部绒毛 2.06 cm,粗毛 2.01 cm。

该兔窝均产仔 8.02 只,初生窝重 447.2g,21 日龄窝重 2 660.3g,35 日龄断奶个体重 586g,断奶成活率 90%。

3 月龄个体重 2kg,4 月龄 2.5kg 以上,5 月龄 2.75kg 以上。5 月龄毛皮品质一级品率 40% 以上,二级品率 50% 以上。

据不完全统计,金星獭兔选育工作开展以来,先后向全国 24 个省、自治区、直辖市 200 多个县、市(特别是西部贫困地区)推广 3 万只左右。2003 年 12 月,中国畜牧业协会兔业分会组织有关专家,经过资料审核、实地考察,对现场 600 只群体核心群种兔、7 000 只青年种兔群测定,通过"AAA"级评审。

三、主要毛兔品系

毛兔又称安哥拉兔(Angora),是世界最著名的毛用兔品种。由于安哥拉兔产毛性能好,因而受到人们的欢迎,该品种已普及世界各地,目前饲养较多的国家有我国、法国、德国、日本、英国、阿根廷、美国等。由于各国社会经济条件和选育目的不同而培育出若干品质不同、特性各异的安哥拉兔。比较著名的有英系、法系、日系、德系和中系安哥拉兔等。这里的"系"只是人们的习惯称呼而已，它与家畜育种学中介绍的"品系"概念完全不同，它代表各具特点的"品种类群"，甚至可以认为是独立的品种。

安哥拉兔的毛色有白色、黑色、棕红色、蓝色等 12 种之多，但以白色较普遍。我们重点介绍我国饲养的白色安哥拉兔。

(一)德系安哥拉兔(German Angora)

德系安哥拉兔是世界著名的细毛型长毛兔，在德国培育已有 40 年的历史，是目前纯种安哥拉兔中产毛性能最好的一个品系。最大特点是全身被毛洁白，密度大，细毛含量高，毛丛结构明显，绒毛有均匀的波浪弯曲，毛不易缠结，产毛量高，平均年剪毛量 900～1 000g，最高可达 1 300g 以上。在我国饲养条件下，成年兔年产毛量一般为 800～1 000g。

德系安哥拉兔体型较大，体长 50～55cm，胸围 32～35cm，头形有圆形和长形 2 种。面部有的个体无长毛，有的个体有少量额毛、颊毛，也有的个体额毛、颊毛丰盛。大部分德系安哥拉兔耳背无长毛仅耳端有一撮毛，也有的是半耳毛，还有少量是全耳毛。四肢、脚毛、腹毛都较浓密。两耳中等偏大、直立，四肢强壮，肢势端正。生长发育快，成年体重 4～4.5kg，有的高达 5kg 以上。

德系安哥拉属细毛型长毛兔，细毛占 90％以上，两型毛甚少，粗毛长度为 8～13cm。该兔繁殖性能较差，公兔雄性较强，而母兔母性较差，年可繁 3～4 胎，胎均产仔 6～8 只。缺点是耐高温性能较差，在盛夏高温季节公兔常出现少精或无精现象。该兔对饲养管理条件要求较高，适应性、生活力、抗病力均较差。我国自 1978 年开始引进德系安哥拉兔，经过十几年的风土驯化和选育，其产毛性能、繁殖性能和适应性等均有很大提高，对改良中系安哥拉兔和培育我国新的长毛兔品系起到重要作用。

(二) 法系安哥拉兔(France Angora)

法系安哥拉兔原产于法国。由于法国非常重视兔毛纤维的长度和强度，所以培育出被毛较长、粗毛含量较高的法系安哥拉兔。该兔体型中等，骨骼较粗重，成年体重 3.5～4.8kg。头稍长较大，面部长，鼻梁较高，耳薄大直立。耳尖、耳背无长毛，俗称"光板"。额毛、颊毛、脚毛较少，腹部毛较短。

法系安哥拉兔被毛密度较差，但粗毛含量高。粗毛率 20％左右，属粗毛型长毛兔。年产毛量低于德系安哥拉兔。在我国饲养条件下，年产毛量在 500～600g。目前在法国年产毛量可达 1 000g 左右，优秀母兔可达 1 200g 左右，毛长达 10～13cm。许多地方培育粗毛型长毛兔时都以此兔为育种材料。该兔繁殖力高，年可产仔 4～5 胎，胎均产仔 6～8 只。母兔泌乳性好，适应性好，抗病力强。

(三)镇海巨型高产长毛兔(Zhenhai Giant Angora)

镇海巨型高产长毛兔系浙江省镇海种兔场采用经过选育的本地大体型高产长毛兔与德系安哥拉兔级进杂交并经严格选育而成，1989 年通过国家鉴定。是目前安哥拉兔品种中平均体重较大、群体产毛量较高的种群。

镇海巨型高产长毛兔体型大,四肢健壮、端正,背宽胸深,头型较粗大。成年体重5kg以上,高者可达7.45kg。被毛密度大,绒毛较粗、不缠结。产毛量高,平均年产毛量1500~2000g。繁殖力强,胎平均产仔7.32只,母性好,后代生长快,仔兔成活率高,2月龄平均体重达2kg以上。适应性及抗病力均较强。

(四)我国选育的粗毛型长毛兔

1. 苏Ⅰ系粗毛型长毛兔(Su Coarse—wooled Angora) 由江苏省农业科学院畜牧兽医研究所选育而成。在德系安哥拉兔选育的基础上,导入粗毛率高的新西兰白兔、德国SAB兔和法系安哥拉兔等品种的血液,经过8年的培育,遗传性状已基本稳定。该品系兔生活力强,繁殖力高,体型大,粗毛率和年产毛量高,平均胎产活仔数7.29。42日龄断奶个体重1080g,11月龄体重4400g。成年平均体重4.5千克,有的可达5千克以上。8月龄兔的粗毛率15.75%,12月龄的成年兔粗毛率17.72%、最高达24%以上。平均年产毛量900g,最高者达1200~1300g。

2. 浙系粗毛型长毛兔(Zhe Coarse—wooled Angora) 由浙江农业科学院和新昌县长毛兔研究所等单位用法系安哥拉兔和德系兔进行系间杂交、横交继代选育而成。该品系兔既具有德系安哥拉兔产毛量高、生长发育快、体型大的特点,又具有法系安哥拉兔粗毛含量高、适应性和抗病力强的特点。12月龄兔的粗毛率15.94%,平均年产毛量960g,成年体重4kg。繁殖性能好,胎平均产活仔数6.8只,42日龄断奶个体重1.115千克。

3. 皖Ⅲ系粗毛型长毛兔(Wan Coarse—wooled Angora) 利用皖系长毛兔群中粗毛率较高的个体组建零世代基础群,采用继代选育的方法系统选育而成。该品系兔粗毛率15%左右,年产毛量800~1000g。易饲养,繁殖性能好,胎平均产活仔数6.62只。42日龄断奶个体重867克,平均成年体重4.1千克。

第二节 家兔产业化主要繁育模式

一、配套系生产模式

应用3个或4个专门化品系之间的配套杂交,是世界养兔业发达国家较为广泛采用的一种生产商品肉兔的方法。如近几年我国从德国引进的齐卡(ZIKA)配套系,从法国引进的艾哥(ELCO)、伊拉(HYLA)等配套系均为四系配套。国外尤其是法国更重视三元杂交,因为培育3个专门化品系要比培育4个专门化品系简单得多。

三系配套的生产模式见图2-1。

齐卡(ZIKA)配套系其实是真三系假四系配套系,其生产模式见图2-2。

四系配套(以ELCO配套系为例)的生产模式见图2-3。

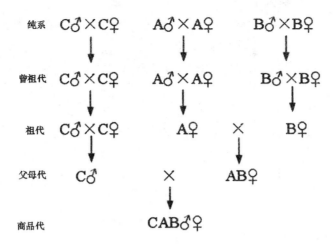

图 2-1　三系配套生产模式

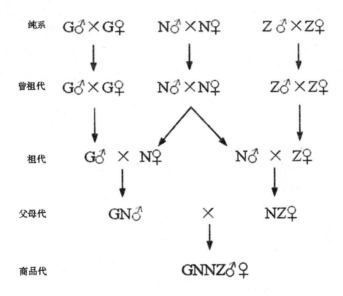

图 2-2　齐卡(ZIKA)配套系生产模式

二、经济杂交生产模式

不同品种兔杂交,由于基因互补、基因互作等,使子一代的生产性能超过双亲生产性能的平均值,即产生杂种优势。不同品种之间的杂交效果差异比较大,在大规模的生产前最好通过杂交试验进行配合力测定,以便筛选最佳杂交组合。参加配合力测定的家兔品种(系)最好经过2～3代纯种繁育,在选优提纯后再进行杂交,这样测定的配合力才会准确可靠。

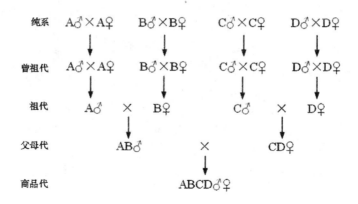

图 2-3 四系配套生产模式

经济杂交的生产模式主要有以下 3 种。

(一)简单杂交

简单杂交也叫二元杂交,即两品种参与杂交生产商品兔。简单杂交方法简单易行,是应用较为广泛的一种杂交方式,特别适合于广大养兔户和商品兔场。在生产实践中又分为 2 种类型:一种是用于杂交的父本和母本都是引进的优良品种(系),如用新西兰白兔的公兔与加利福尼亚兔的母兔杂交、德国大白兔的公兔与新西兰白兔的母兔杂交,均能生产出具有明显杂种优势的商品肉兔。另一种是用引进品种(系)的公兔与我国地方品种(系)的母兔杂交,如用德系安哥拉兔的公兔与中系安哥拉兔的母兔杂交。

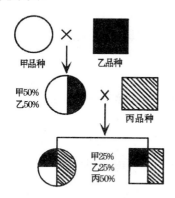

图 2-4 三品种杂交示意

□代表父本品种 ○代表母本品种
黑、白和斜线各代表某一家兔品种,在
杂种后代中则表示某品种对它的影响程度

(二)三品种杂交

三品种杂交也称三元杂交,是采用 3 个家兔品种(系)杂交来生产商品兔的一种杂交方法。在两品种(系)杂交后,选择其优秀的杂种母兔,再与另外一个品种(系)的公兔杂交。在后一个杂交组合中,父本是产肉力高的品种,母本是繁殖性能好的杂种兔(图 2-4)。杂种后代兼备几个品种的特点,杂种优势也往往较高,杂交效果优于两品种杂交。

(三)轮回杂交

为了充分利用杂种母兔在母性性状方面的杂种优势,在每一世代中将杂种母兔交替着与原来亲本品种(系)杂交,始终使杂种母兔的基因型保持一定程度的杂合状态。轮回杂交可分为两品种轮回杂交(又称二元轮回杂交)和三品种轮回杂交(又称三元轮回杂交),见图 2-5 和图 2-6。

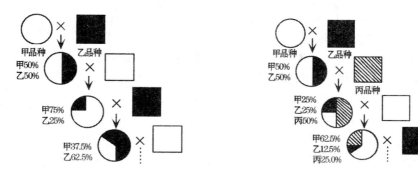

图 2-5 两品种轮回杂交示意　　　图 2-6 三品种轮回杂交示意

三、纯种生产模式

纯种是指其双亲生产属于同一品种范畴的动物,纯种的生产通过纯种繁育来实现。纯种繁育是同一品种或同一品系的公、母兔交配繁殖后裔并进行选育工作,又称为本品种选育。纯种繁育的主要任务是保持和提高一个品种的优良特性,扩大品种内优良个体的比例,并生产大量的优良纯种后代。纯种繁育的重要意义,一方面是为商品生产中的杂交利用提供高纯度的优良亲本,另一方面为家兔的育种工作提供遗传资源和育种材料。纯种繁育在当前我国的养兔业中具有十分重要的现实意义。很多养兔场和养兔户在建场时都引进一些已经育成的优良品种,如何使良种兔的优良性状保持下去而不发生退化,却是当前养兔者亟待解决的问题。纯种繁育时必须注意以下几个问题。

(一)建立选育核心群,加强优良种兔的选择

首先要保持一定数量的基础群,在对基础群进行整顿鉴定的基础上,组成核心群、繁殖群和商品群。核心群由个体品质最好、遗传性能优良的种兔所组成。其为纯种繁育提供了保障,为兔群发展奠定了基础。核心群要承担向生产群提供后备种兔的任务,带动并完成整个兔群的改良。核心群的年龄结构要合理,保证成年兔在核心群中的比例,同时要强调世代更新,每年在兔群中有计划地淘汰一些品质差的成年兔和老年兔,并从后备兔中选择一些品质优良的种兔加以补充。在种兔场,每年大约淘汰更新 30% 的种兔。

(二)健全性能测定制度

纯种繁育时应建立性能测定制度,根据性能测定成绩严格选种,以保持和提高兔群的优良性状。

(三)开展品系繁育

品系繁育是纯种繁育的一种形式,是迅速提高品种质量的有效方法。通过品系繁育可以更进一步提高品种生产性能,防止品种退化,还可以培育出新的品种。一个品种内的品系越多,品种的内部结构就越丰富。品系繁育增加了品种的变异性,使品种有不断改进与提高的潜力。

(四)引入同种异血种兔进行血缘更新

长期在一个特定的环境下进行纯种繁育,会导致后代生活力和生产性能的下降。因此,为了避免产生种质退化现象,种兔场定期引入同一品种无血缘关系的种兔进行血液更新,以改善兔群的品质。但要注意检疫和防疫,以免传染病的发生。

第三节　家兔产业化良种繁育体系

建立繁育体系的目的是使育种与生产实践紧密结合,把在育种群中所取得的遗传进展,尽快地反映到生产群中。繁育体系的建立和完善,是现代化养兔生产取得高效益的重要组织保障。完整的家兔良种繁育体系是一个典型的三级繁育体系,主要包括以遗传改良为核心的原种场、以良种扩繁特别是母本扩繁为中心的繁殖场和以商品生产为基础的商品兔场。它们的种兔是依次移动的,各级场的任务虽然不同,但目标是一致的,原种场和繁殖场都是为提高商品兔场的生产率而努力的。而商品兔场中兔的生产性能,是鉴定育种场和繁殖场种兔优劣的有力依据,也是评定其选育效果的标准。家兔产业化良种繁育体系建设要紧密配合家兔良种工程的实施,充分挖掘现有品种、技术、设施和管理的潜力,坚持统筹规划、布局合理的原则,重点建立和完善种兔引进、育种制种、推广应用和销售管理等体系的建设,使各个系统协调联动,形成一个结构优化、布局合理、相互促进、良性循环的家兔良种产业体系。

一、家兔原种场

原种场是家兔良种繁育体系的核心,也是家兔育种工作的核心,位于繁育体系的最高层。原种场的主要任务是负责引进种兔,并对其进行良种繁育和本品种选育,提高其品质;改良和提高现有品种的生产性能,并培育新的品种;进行杂交组合试验,选出适合本地区的经济杂交方法和参与杂交的亲本;繁殖和培育优良种兔供给其他兔场使用。因此,原种场的兔群应以最优秀的纯种个体组成,场内全部种兔都应定期进行全面鉴定,做到有计划地选种选育。特别是要根据兔群的特点,培育出新的更高产的品系,有计划地建立配套品系,以利于品系间杂交,充分利用杂交优势。作为原种场应设备齐全、条件优厚、技术力量强、有较高的管理水平和技术水平,并有一套完整的技术措施和组织措施,以保证选育工作细致深入地进行,使原种场真正起到整个繁育体系的核心作用。一般应由省、自治区、直辖市设原种兔场。

二、家兔繁殖场

繁殖场位于繁育体系的第二层,主要任务是从原种场引进种兔,进行扩大繁殖,在繁殖过程中严格保持纯种繁殖,以满足各单位及商品场对种兔的需要。繁殖场又可分为种兔繁殖场和系间杂交繁殖场两级。种兔繁殖场是以提供纯种种兔为主要任务,种母兔和种公兔全部从原种场选调。系间杂交繁殖场是以提供系间杂种母兔为主要任务,即当本地区采用三品种杂交时,在繁殖场内先进行其中的两品种杂交,将杂交一代提供给商品兔场作为三元杂交的母本。系间繁殖场的种兔也应从原种场调入。一般以市、县和有条件的专业户建立繁殖兔场。

三、家兔商品场

商品兔场位于繁育体系的最底层,主要进行终端父母本的杂交,主要任务是以最经济的手段,获得大量优质、高产的兔产品,因而大多进行经济杂交,充分利用杂种优势,提高商品生产效率。商品兔场内没有必要同时保持几个品种的纯种,可以直接购进杂种兔或从繁殖兔场获得母兔、从育种兔场获得公兔进行杂交,自繁自养商品兔,这是规模最大的一级生产组织。一般以乡以及专业户建立商品兔场。

不同生产模式的家兔繁育体系如图2-7、图2-8、图2-9和图2-10所示。

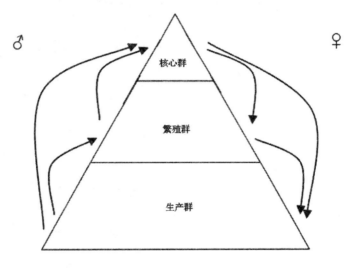

图 2-7　纯种繁育体系

第四节　家兔产业化良种繁育技术

一、良种选种技术

(一)选种指标

1. 产毛性能的选种指标

(1)产毛量　有年产毛量和单次产毛量2种形式。年产毛量是指1只成年兔1年内产毛量的累积,包括营巢用毛。评定成年兔的产毛性能时多采用年产毛量。单次产毛量是指家兔一次的剪毛量,评定青年兔的产毛性能时多采用单次产毛量。育种上一般用育成兔一生中的第三次剪毛量来评定青年兔的产毛性能。因为第三次剪

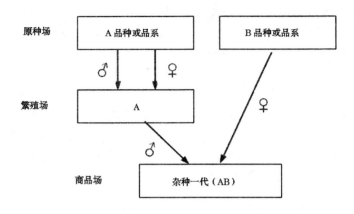

图 2-8　两品种简单杂交繁育体系

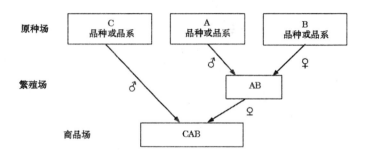

图 2-9　三品种(系)杂交繁育体系

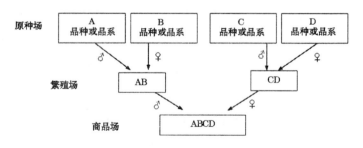

图 2-10　双杂交繁育体系

毛量与年产毛量密切相关,相关系数为 0.77,按此指标进行选种准确率可达 80%。

对于育种核心群和商品兔场,同时还需要计算兔群的平均年产毛量,以此反映该育种群的整体质量或该兔场的整体生产水平的高低。

(2)*产毛率*　指单位体重的产毛能力,用来说明产毛与体重的关系。通常用实际年产毛量占同年平均体重的百分率表示。也可以用育成兔一生中的第三次剪毛量与剪毛后体重的百分比来表示。产毛率一般在 20%～30%。当产毛量相同而体型不同时,体型小的兔产毛效力大,也说明毛密度和生长速度的性能都较好。需要注意的是,我们评定产毛率的目的是试图得到体型大且毛密度和毛的生长速度性能都好的个体。如果单纯追求产毛率而忽略了体型,其结果将导致兔群体型变小,从而也导致产毛量下降。

(3)兔毛品质 兔毛品质受毛纤维的长度、细度、强度、伸度、弹性、吸湿性以及粗毛率和结块率等因素的影响。其中大部分性能需要在实验室中测定,较为烦琐,因而在目前兔毛的收购标准中,只考虑长度、粗毛率和结块率3项指标。

兔毛的长度有2种表示方法:一种是自然长度,即兔毛在自然状态下的长度;另一种是伸直长度,即将单根毛纤维的自然弯曲拉直(但未延伸)时的长度。鉴定长毛兔和收购兔毛时,一般都直接从兔的体侧部测量兔毛的自然长度。一般以细毛的主体长度为准,不计算粗毛的长度。粗毛率是指1平方厘米皮肤面积上粗毛量占总毛量的百分比,品质好坏据纺织用途而定。粗纺时粗毛率高,则兔毛品质好;精纺时则粗毛率越低,兔毛品质越好。结块率是指一次剪毛中缠结毛的重量占总毛重的百分率。毛纤维越长、结块率越低、兔毛品质越好,纺纱性能也就越好,毛织品越光滑。所以,为了获得品质优良的兔毛,增加经济收入,兔毛必须长到一定长度时才可以进行剪毛。

近年来已有人用优质毛率这项指标来评定兔毛的品质。优质毛率是指某兔所剪下的毛中特级毛(5.7cm)和一级毛(4.7cm)所占的百分比。优质毛率越高,兔毛品质越好。

(4)饲料消耗比 是指统计期内每生产1kg兔毛所消耗的饲料数,具有饲养成本的含义,一般水平为55～65：1。据德国1984年的测定,平均每生产1kg一级毛所消耗的饲料,公兔为69kg,母兔为63.5kg。

2. 产肉性能的选种指标

(1)生长速度 可用2种方法来表示。一种是累积生长,通常用屠宰前的体重表示,一般肉用兔多采用这种方法,但需注明屠宰日龄。另一种是平均日增重,通常用断奶到屠宰期间的平均日增重来表示。对大型品种兔来讲,生长速度是指6～13周龄的平均日增重;对中小型品种兔来讲,生长速度是指4～10周龄的平均日增重。

(2)饲料消耗比 指从断奶到屠宰前期间每增加1kg体重需要消耗的饲料数。饲料消耗越少,经济效益越高。

(3)胴体重 有全净膛重和半净膛重2种形式。全净膛重是指家兔屠宰后放血,除去头、皮、尾、前脚(腕关节以下)、后脚(跗关节以下)、内脏和腹脂后的胴体重量;半净膛重是在全净膛重的基础上保留心脏、肝脏、肾脏和腹脂的胴体重量。我国通常采用全净膛形式的胴体重,如以半净膛形式的胴体重计算,必须注明。应注意胴体的称重应在屠体尚未完全冷却之前进行。

(4)屠宰率 是指胴体重占屠宰前活重的百分率。宰前活重是指宰前停食12小时以上的活重。屠宰率越高,经济效益越大。良好的肉用兔屠宰率在55%以上,胴体净肉率在82%以上,脂肪含量低于3%,后腿比例约占胴体的1/3。据估计,屠宰率和达到屠宰体重的年龄具有较高的遗传力(遗传力为 0.6),因而个体选择效果很好。

(5)胴体品质　胴体品质主要通过 2 个性状来反映。一个性状是屠宰后 24 小时股二头肌的 pH 值。pH 说明兔肉的酸化水平,pH 越低,肉质越差,其遗传力为 0.5,且与生长速度之间在遗传上呈负相关。另一个性状是胴体脂肪含量。胴体脂肪含量越高,兔肉品质越差。据估计,该性状遗传力在 0.5 以上,个体选择效果好。

3. 产皮性能的选种指标

(1)皮张面积　指颈部中央至尾根的直线长与腰部中间宽度的乘积,用 m^2 或 cm^2 表示。在獭兔皮的商业分级标准中,要求甲级皮的全皮面积在 $1\,100cm^2$ 以上,乙级皮全皮面积在 $935cm^2$ 以上,丙级皮全皮面积须在 $770cm^2$ 以上。要达到甲级皮的规格,獭兔活重需达到 $2.75\sim3kg$。

(2)皮张厚度　指皮板的厚度,用千分尺在肩、背、臀部,随机测量 15 处厚度,以 mm 为单位,精确到 0.01mm。一般要求皮板厚薄适中,质地坚韧,板面洁净。青年兔在适宜季节取皮,皮板一般较好;老龄兔的皮板则较粗糙且厚。

(3)被毛长度　指剪下毛纤维的单根自然长度,以 cm 为单位,精确到 0.01cm。每个部位测量 500 根,分别计算枪毛和绒毛长度的平均值。被毛长度是评定獭兔毛皮质量的重要指标之一,一般要求被毛长度应符合品种特征。

(4)被毛密度　指肩、背、臀各部位每 cm^2 皮肤面积内的毛纤维根数,与毛皮的保暖性能有很大关系。被毛密度越大,毛皮品质越好。现场测定被毛密度时可采用估测的方法,逆毛方向吹开毛被,形成旋涡中心,根据旋涡中心露出皮肤的面积大小来确定其密度。以不露皮肤或露皮面积不超过 $4mm^2$ 为极好,不超过 $8mm^2$(约火柴头大小)为良好,不超过 $12mm^2$(约大头针头大小)为合格。也可采用比重法在实验室进行测定。测定被毛密度,最好是在秋季换毛结束后(11~12 月份)进行。

被毛密度受遗传、营养、年龄、季节等因素的影响。不同的家兔品种被毛密度不同,同一家兔品种的不同个体被毛密度不同,同一个体不同的体表部位被毛密度也不同。据测定,普通家兔的被毛密度为 11 000~15 000 根,长毛兔为 12 000~13 000 根,獭兔为 16 000~38 000 根。母兔被毛密度略高于公兔。从不同的体表部位看则以臀部被毛密度最大,背部次之,腹下和四肢内侧最小。营养条件越好、毛绒越丰厚,被毛密度最大。青壮年兔较老龄兔被毛密度大,冬季比夏季被毛密度大。

(5)被毛平整度　指全身的被毛长度是否一致。准确测定时可将体表分成几个部分(一般 3~4),每个部分采取 500 根毛样,分别计算枪毛突出于绒毛表面的长度,以评定不同部位被毛的平整度。生产中一般通过肉眼观察,看被毛是否有高低不平之处,是否有外露的枪毛等。

(6)被毛细度　指单根兔毛纤维的直径,以为 μm 单位,精确到 $0.1\mu m$。测定方法是在体表的代表区域(一般为背中和体侧)取样,对毛样处理后用显微镜或显微投影仪进行测定,每个毛样测量 100 根,要测定 2 个毛样,计算其平均值。据测定,獭兔

的被毛细度为 $16\sim18\mu m$。

(7)粗毛率　指被毛纤维中粗毛量占总毛量的百分率。具体测定方法是在体表部位取一小撮毛样,在纤维测定板上分别计数细毛和粗毛的数量,然后计算粗毛占总毛数的百分率。计数的毛纤维总数不应低于 500 根。不同部位被毛纤维的粗毛率不同。研究表明,腹部粗毛率最高、臀部最低,与被毛密度正好相反。

(8)被毛色泽　对被毛色泽进行选择时,一方面看被毛的颜色是否符合品种色型,即毛色是否纯正;另一方面看被毛是否有光泽。对被毛色泽的基本要求是符合品种色型特征、纯正而且富有光泽,无杂色、色斑、色块和色带等异色毛。从目前市场收购和鞣制加工情况看,白色兔皮为最好,经鞣制加工和用现代染色技术染色,可仿制各种高级兽皮,生产各种款式的国际流行时装及室内装饰品和动物玩具等。另外,白色獭兔遗传性稳定,不会出现杂色后裔,有利于提高商品质量。

(9)被毛弹性　是鉴定被毛丰厚程度的一项指标。现场鉴定时,用手逆毛方向由后向前抚摸,如果被毛立即恢复原状,说明被毛丰厚、密度较大、弹性强;如果被毛竖起,或倒向另一侧,说明绒毛不足、弹性差。

(10)被毛附着度　指被毛在皮板上的附着程度,是否容易掉毛。现场测定方法是"看"、"抖"、"抚"、"拔"。"看"是指观察皮板上是否有半脱落的绒毛,半脱落的绒毛一般比其他被毛明显长一截;"抖"是用左手抓前部,右手抓后部并抖动,看是否有抖落的毛纤维;"抚"即用手由后向前抚摸毛被,观察是否有弹出脱落的毛纤维;"拔"是用右手拇指和食指轻轻在被毛上均匀取样拔毛,观察被毛脱落情况。

4. 繁殖性能的选种指标

(1)受胎率　指母兔 1 个发情期中配种受胎的百分率,即 1 个发情期配种受胎母兔数占参加配种母兔数的百分率。这一指标反映了兔群的繁殖能力,也反映了兔场的管理水平。一般来说,一个兔场母兔的受胎率应在 75% 以上。

(2)产仔数　包括总产仔数和产活仔数。总产仔数是指母兔的实际产仔数,包括死仔、畸形胎儿等,它在一定程度上体现了母兔产仔的潜在能力。产活仔数是指称量初生窝重时的活仔兔数。从生产的角度出发,产活仔数比较实际,因而常用来表示母兔的产仔能力。一般用第二胎和第三胎产活仔数的平均数来表示母兔产仔数。产仔数反映的是兔群的繁殖性能。一般来说,1 个兔场母兔的产仔数应在 7 只以上。

(3)断奶仔兔数和仔兔成活率　指断奶时存活的仔兔数,包括替其他母兔代养的仔兔数,但不包括寄养的仔兔数。仔兔成活率是指断奶时仔兔数占开始喂乳时仔兔数的百分率。因为家兔是多胎动物,成活率既说明生活力又说明繁殖力。在实践中,只有与断奶仔兔数一起评定才有意义。

(4)年断奶仔兔数　指 1 只母兔 1 年内断奶仔兔的总数,其数值的大小既反映母兔的繁殖能力,又反映兔场的饲养管理水平。一般来说,1 只母兔年均提供的断奶仔兔数应在 30 只以上。

(5)年产仔胎数　指 1 个兔群 1 年所繁殖的总胎数与参加配种母兔数之比。母兔年产仔胎数的多少，与家兔的品种有关，也与兔场的饲养管理水平有很大关系。一般来说，一个兔场年均产仔胎数应在 4.5 胎以上。

(6)窝重　包括初生窝重、21 日龄窝重和断奶窝重。初生窝重是指整窝仔兔出生后在未吮乳之前的体重，用第二胎和第三胎初生窝重的平均数表示，表明仔兔在胚胎期的生长发育情况。21 日龄窝重是指整窝仔兔在出生后 21 日龄时的窝重，又称泌乳力，用来表示母兔的泌乳性能。由于仔兔 21 日龄体重与断奶后的生长速度存在中等程度的相关，因此它不仅是衡量母兔哺育性能的指标，而且也是预测仔兔以后生长速度的指标。断奶窝重是指整窝仔兔在断奶时的体重，它既反映了断奶时仔兔的存活数，又反映了仔兔在吮乳期内的生长情况。因此，它是母兔哺育性能的总指标。通常用第二胎和第三胎断奶窝重的平均数来表示。

上述选种指标一般作为母兔选种时的指标。对公兔进行选择时，主要根据精液的品质来评定其繁殖性能，包括精液量、精子密度、精子活力、pH 值、畸形率等项目，其中主要是精子密度和活力。

(二)选种方法

1. 系谱鉴定　就是通过分析各代祖先的生长发育、健康状况以及生产性能来选择种兔的方法。由于家兔在幼年期生长发育尚未成熟，生产性能尚未完全表现，所以系谱鉴定是幼年兔选种的依据之一。完整的系谱是进行系谱鉴定的必备条件，对各世代种兔的有关性状如被毛特征、生长发育、生产性能等进行全面的测定、记录和统计。记录得越全面，信息越多，选种的准确性就越高。根据遗传理论，祖先离当代越远，遗传影响越小。因此，进行系谱鉴定时，一般应查看 3 代以内祖先的情况，其中以父母代最为重要。要对系谱进行全面分析，不仅要分析祖先的优点，还要分析祖先的缺点，特别要注意有无遗传疾病。有遗传疾病或遗传缺陷者绝不能留做后备种兔。

2. 个体选择　是根据个体本身表型值的高低来选择种兔的方法。当后备兔长大并且具有一定的生产记录时，需要根据它本身的各项品质进行个体鉴定。由于个体选择根据个体本身的表型值进行选择，所以选择效果与被选性状的遗传力大小有关。一般情况下，性状的遗传力高、个体本身有这种性能表现时，个体选择的效果就好。如肉兔的生长速度、饲料消耗比、胴体重、屠宰率，毛兔的产毛量，皮兔的被毛品质等性状，遗传力较高，个体选择的效果就较好。而繁殖性能方面的性状遗传力低，个体选择的效果就不太好。对于限性性状和活体难以度量的性状，个体选择法不适用。

生产中有的兔场采用百分制评定法对种兔进行个体鉴定。具体方法是在确定了要评定的性状后，按照国家或地方制定的种兔标准进行评定，也可以自行根据生产目的确定评定项目，并根据兔场实际生产水平确定评分标准。评分标准不能过高，也不能过低，以免出现选种困难或选出种兔质量太差的问题。各评定项目得分总和为100 分，所以称为百分制评定法。对被鉴定种兔要逐只逐项鉴定评分，按各性状评定出来的总分进行选种，选出其中最优秀的种兔来。

不同生产用途的种兔评定重点不同,例如评定安哥拉种兔可确定外形、繁殖性能、体重、产毛量、产毛率等性状。依各项重要程度定出其百分比例为外形 10%、繁殖性能 10%、体重 15%、产毛量 30%、产毛率 20%、优质毛率 15%。

3. 同胞选择 是根据同胞的性能来选择种兔的一种方法。有些性状如屠宰率、胴体品质等活体无法直接测定的性状,可以通过对同窝同胞的测定作间接的了解。有些性状如种公兔的产仔数和泌乳性能等限性性状,也可以通过对它同窝姊妹的测定结果来判断该种公兔在这些限性性状上的遗传潜势。如要判断种兔在肥育性能上的遗传潜势时,可在其同窝同胞中取 1 公 1 母进行肥育后屠宰测定,取其平均值表示之。同胞鉴定常用来测验遗传力低的性状,如繁殖力、泌乳力、成活率,但同胞数量要大。同胞数量越大,对该种兔有关性能的估测也越准确,最好提供 5～7 只的全同胞数和 30～40 只的半同胞数才比较可靠。

4. 家系选择 是指根据家系(全同胞家系或半同胞家系)的平均表型值进行种兔选择的一种方法。实际选种时以整个家系作为一个单位,选出家系均值较高的个体留作种用。在家系选择中,个体表型值除了影响家系均值外,一般不予考虑。家系选择适用于遗传力低的性状,如繁殖力、泌乳力和成活率等性状。因为遗传力低的性状,其表型值的高低受环境影响较大,如果只根据个体表型值进行个体选择,准确性较差。而采用家系选择时,个体表型值中的环境偏差,在家系均值中彼此抵消,因而家系的平均表型值接近于平均育种值。因此,家系选择能比较正确地反映家系的基因型,所以选择效果较好。因此,应当在高产兔群中选择高产个体,不要在低产兔群中选择高产个体。但是如果家系成员的共同环境使得家系间的环境差异很大时,则家系选择失效。因为这时家系间的遗传差异被环境差异掩盖了。因此,适合家系选择的条件除了遗传力低外,还要求家系大,由共同环境造成的家系间差异小。

5. 家系内选择 是指根据个体表型值与家系(全同胞家系或半同胞家系)均值的差进行种兔选择的方法。这种选择方法可避免将整个家系全部淘汰,使每个家系保留一定数额的个体留作种用,减少和避免近亲繁殖。家系内选择方法适用于遗传力低、家系间环境差异较大、家系内环境相关系数高的性状。因为家系之间的差异主要是由不同的环境造成的,而同一家系的个体处于非常相近的环境中,它们之间的差异才真正反映遗传上的差异。比如,同一兔场不同兔舍(不同的饲养员进行管理或兔舍的环境不同)家兔,在同一性状上所表现的性能不同(如产仔数、泌乳力、断奶体重、断奶成活率等),这种差异可能主要是由于兔舍之间的差异所造成的,采用家系内选择更加有效。家系内选择在引进种兔的保种工作中有重要意义。

6. 后裔鉴定 是根据后代品质来鉴定亲代遗传性能的一种选择方法,是迄今为止最有效的选种方法。

后裔鉴定的方法要比前几种复杂,一般只对种公兔进行后裔鉴定。测定时要求与配母兔最好处于 3～5 胎之间,同时在外形、生产性能、繁殖性能以及系谱结构等方面都应良好。每只受测公兔要有 8～10 只与配母兔、至少 20 只后代可供测定。与配母兔同期配种、同期分娩,仔兔同期断奶,母兔和幼兔置于相同的条件下,并详细记载与配母兔的繁殖性能和受测后裔的一切个体品质,以便全面鉴定受测种公兔。

根据后裔品质鉴定种公兔的种用价值时,可以采用该种公兔的后裔与整个兔群中同龄后裔的对比法来进行。首先计算出该公兔后裔品质的平均值,再计算出整个兔群中的同龄后裔的平均值,然后进行比较。种公兔后裔的平均值高于兔群同龄后裔平均值,表示该种公兔的种用价值高;反之,种用价值不高,不宜做种用。

7. 多性状的综合指数法选择 综合指数法是把需要选择的几个性状综合成一个选择指数,然后根据选择指数值的大小进行选种。实际使用时可以根据各性状表型值的高低、遗传力的大小和经济重要性的大小综合成一个指数方程,分别计算每个种兔的综合指数值,最后根据综合指数值的高低选留种兔。当不考虑性状之间的相关或者性状间不存在相关性时,综合选择指数的公式如下:

$$I=\sum_{i=1}^{n}\frac{w_ih_i^2 100}{\sum w_ih_i^2\times \overline{P}_i}\times P_i$$

式中 I 为综合选择指数值;$\overline{P}_i$ 为各性状的表型均值;w_i 为各性状的经济重要性的加权值;P_i 为各性状的个体表型值;h_i^2 为各性状遗传力。

其中:$\sum w_ih_i^2=w_1h_1^2+w_1h_1^2+\cdots+w_nh_n^2$

如果兔场未进行过遗传力的测定,可以采用以下简易公式计算选择指数。

$$I=a_1P_1+a_2P_2+\cdots+a_nP_n \qquad\qquad a=\frac{w}{P}$$

式中 I 代表综合选择指数值;P_1,P_2,$\cdots$ P_n 分别代表性状1,性状2,$\cdots$ 性状 n 的个体表型值;a_1,$a_2\cdots$,a_n 分别代表性状1,性状2,$\cdots$ 性状 n 的系数,可由公式 $a=\frac{w}{P}$ 求得。

(三)选种程序

种兔的系谱鉴定、个体选择、同胞选择和后裔鉴定在育种实践中是相互联系密不可分的,只有把这几种鉴定方法有机结合起来,按照一定的程序严格进行测定和筛选,才能对种兔作出最可靠的评价。由于种兔的各项性状分别在特定的时期内得以表现,因而对它们的鉴定和选择必然也要分阶段进行。

不同类型的家兔,在仔兔断奶时都应进行系谱鉴定,并结合断奶体重和同窝同胞的整齐度进行评定和选择。随后不同类型的家兔,在生长发育的不同阶段,按各自的要求对后备兔进行评定和选择、即个体鉴定。经过系谱鉴定和个体鉴定,把符合要求的个体留作种用,当其后代有了生产记录后再进行后裔鉴定。

1. 肉用种兔常用的选择程序

第一次选择:仔兔断奶时进行。主要根据断奶体重进行选择,选留断奶体重大的幼兔作为后备种兔,因为幼兔的断奶体重对其以后的生长速度影响较大($r=0.56$),再结合系谱和同窝同胞在生长发育上的均匀度。

第二次选择:10～12 周龄内进行。着重测定个体重、断奶至测定时的平均日增重和饲料消耗比等性状,用此三项指标构成选择指数进行选择,可达到较好的选择效果。

第三次选择:4 月龄时进行。根据个体重和体尺大小评定生长发育情况,及时淘汰生长发育不良个体和患病个体。

第四次选择:初配时进行,一般中型品种在 5～6 月龄、大型品种在 6～7 月龄。根据体重和体尺的增长以及生殖器官发育的情况选留,淘汰发育不良个体。母兔要测重外形和体重,因为母兔体重与仔兔初生窝重有很大关系($r=0.87$);公兔要进行性欲和精液品质检查,严格淘汰繁殖性能差的公兔。对选留种兔安排配种。

第五次选择:1 岁左右母兔繁殖 3 胎后进行。主要鉴定母兔的繁殖性能,淘汰屡配不孕的母兔。根据母兔前 3 胎受配性、母性、产(活)仔数、泌乳力、仔兔断奶体重和断奶成活率等情况,进行综合指数选择,选留繁殖性能好的母兔,淘汰繁殖性能差的母兔。

第六次选择:后代有生产性能记录时进行后裔测定。

2. 毛用种兔常用的选择程序

第一次选择:同肉用种兔。

第二次选择:2 月龄左右剪胎毛时进行。剪毛量不作为选种依据。重点检查有无缠结毛,如果发现有缠结毛且不是饲养管理所造成的,则应淘汰这只幼兔;同时评定生长发育情况。

第三次选择:4.5～5 月龄第二次剪毛时进行。着重对产毛性能(产毛量、粗毛率、产毛率和结块率等)进行初选,同时结合体重、外貌等情况的测定。选择方法可采用指数选择法。

第四次选择:6 月龄左右初配前进行。主要根据体重、体尺的增长以及生殖器官的发育情况进行选留,淘汰发育不良个体,对选留种兔安排配种。

第五次选择:8～9 月龄第三次剪毛时进行。根据此次剪毛情况,采用指数选择对产毛性能进行复选,并根据个体重、体尺大小和外貌特征进行鉴定,对公兔进行性欲和精液品质检查,严格淘汰繁殖性能差的公兔。

第六次选择:同肉用种兔。

3. 皮用种兔(獭兔)常用的选择程序

第一次选择:同肉用种兔。

第二次选择:3 月龄时进行。着重测定个体重、断奶至 3 月龄时的平均日增重和被毛品质,采用指数选择法进行选择。选留生长发育快、被毛品质好、抗病能力强、生殖系统无异常的个体留做种用。

第三次选择:4 月龄时进行。对个体重和被毛品质进行复选,并进行体尺测定。

第四次选择:5～6 月龄初配前进行,鉴定的重点是生产性能和外形。根据体重、被毛品质、体尺以及生殖器官发育的情况选留,淘汰发育不良个体。公兔要进行性欲和精液品质检查,体型小、性欲差的公兔不能留做种用。对选留种兔安排配种。

第五次选择:1岁左右时进行。主要鉴定母兔的繁殖性能,淘汰屡配不孕的母兔。根据母兔前3胎受配性、母性、产(活)仔数、泌乳力、仔兔断奶体重和断奶成活率等情况,进行综合指数选择,选留繁殖性能好的母兔,淘汰繁殖性能差的母兔。

第六次选择:同肉用种兔。

二、良种选配技术

(一)同质选配

同质选配是指选择体质、特性、生产性能、产品质量相似的优良公兔和母兔进行交配,以期获得与父母相似的优秀后代。例如,将体型大、产肉多的公、母兔交配,会使后代向大体型、高产肉性能方向发展。同质选配能把亲代的优良性状稳定地遗传给后代,并在后代中得以保持和巩固,不断提高后代群体的品质。在育种实践中,为了保持种兔有价值的性状,往往采取同质选配。在杂交育种到了一定阶段,出现了理想类型,也采取同质选配的方式,以便使理想类型固定下来。当然,同质选配也能巩固不良的性状,父母原有的轻微缺陷可能在后代中变得严重,所以不能选择有同样缺点的公、母兔交配。同质选配还容易引起体质衰弱,生活力下降,群体内的变异相对减少。因此,要特别注意严格选择,及时淘汰体质衰弱或有遗传缺陷的个体。

(二)异质选配

异质选配是指交配双方表型品质不相似的选配方式。分2种情况:一种是选择具有相对不同优点的公、母兔进行交配,以期获得兼有双亲优点的后代,称为互补型;另一种是选择同一性状优异程度不同的公、母兔进行交配,以期后代得到较大的改进和提高,称为改良型。例如,将毛密度大的公兔与体型大的母兔交配以获取体大毛密的后代称为互补型;用产肉性能好的公兔与产肉性能一般的母兔交配以获取产肉性能较好的后代称为改良型。

异质选配综合了双亲的优良性状,增大了后代的变异性,丰富了基因组合类型,有利于选种和增强后代的生活力。因此,当兔群处于相对停滞状态时,或在品种培育初期,为了通过性状的组合,获得理想类型,需要采用异质选配。

(三)亲缘选配

亲缘选配是指有亲缘关系的公、母兔进行交配。一般认为6代以内有亲缘关系的种兔交配称为亲缘选配,也称近交;超过6代称为非亲缘选配,也称远交。近交的最基本的遗传效应是使基因型纯合,因此近交容易使一些隐性有害基因纯合而暴露出来,使兔群生产性能降低、生活力下降、生长迟缓、繁殖力减退等。当然,近交也可以使一些被优良基因支配的性状因基因型纯合而固定下来,减少后代分离,提高性状真实遗传的几率,使后代群体整齐一致。所以,近交又是家兔育种的重要手段。

近交会发生衰退现象。随着近交程度的加深,近交后代中不同性状的衰退程度不同,低遗传力性状衰退明显,如繁殖力和生活力等性状会出现产仔数减少、死胎畸形增多、成活率降低的现象。遗传力较高的性状如体型外貌、胴体品质等性状则很少发生衰退。另外,不同的近交方式,不同种群、个体及不同的环境条件,近交衰退程度也是不同的。在生产中避免近交或允许轻度的近交,在育种中也应有针对性地使用。

(四)选配实施的原则

1. 有明确的选配目的　选配是为育种和生产服务的,育种和生产的目标必须首先明确,这是我们特别强调的并要贯穿于整个繁育过程中,一切的选种选配工作都围绕它来进行。

2. 充分利用优秀公兔　公兔用量少,所以选择强度大、遗传品质好,对后代的遗传改良作用大。对优秀公兔要充分利用,规模养兔可采取人工授精的方式以充分利用优秀公兔。并适当保持一定数量的种公兔,以冲淡和疏远太近的亲缘关系,避免后代产生各种退化现象。

3. 慎重使用近交　近交通常是作为一种特殊的育种手段来应用的,主要在新品种、品系培育过程中应用近交来加快理想个体的遗传稳定速度、建立品系、杂交亲本的提纯、不良个体和不良基因的甄别和淘汰等。近交有严格的适用范围,不可滥用,在生产中应尽量避免3代以内有亲缘关系的公、母兔交配。生产群要注意分析公、母兔间的亲缘关系以避免近交衰退。即使有必要使用近交也要掌握适度。

4. 相同缺点或相反缺点不配　不允许有相同缺点或相反缺点的公、母兔交配,正确的做法是以其优良性状纠正不良性状,以优改劣。

5. 注意公、母兔间亲和力　选择那些亲和力好、所产后代优良的公母兔进行交配。

6. 注意年龄选配　因为年龄不同,其繁殖性能、生产性能和生活力也明显不同,一般壮年兔的繁殖能力、生活能力和生产性能最好。所以,采用1~3岁的壮年兔交配效果最好。通常以壮年公兔配壮年母兔,壮年公兔配青年母兔,或青年公兔配老年母兔。

三、良种培育技术

(一)新品种的培育

新品种的培育可以采用纯种选育的方式,也可以采用杂交繁育的方式,但以杂交方式为主。不同的杂交方式如育成杂交、级进杂交、引入杂交、轮回杂交均可育成家兔新品种。

1. 育成杂交　是以育成新品种为目的的杂交方法,即通过2个或2个以上品种的杂交,创造新的变异类型并把它固定下来,形成新的品种。按照杂交品种数量分为简单育成杂交和复杂育成杂交。2个品种参与杂交的称为简单育成杂交;3个或3个以上品种参与杂交的称为复杂育成杂交。育成杂交可分为3个阶段:杂交试验阶段、自群繁殖阶段、建立品种整体结构和扩群推广阶段。杂交试验阶段中,必须根据预期目的选择杂交亲本和杂交方式。亲本中最好有1个地方品种,以便杂种后代有较好的适应性。适当控制杂交代数，一旦出现理想类型就应停止杂交，以防影响适应性和地方品种的优点。自群繁殖阶段可大胆而又谨慎地进行近交，结合严格选择，加速优良性状的固定。对杂种后代中理想个体，可选择优良公、母兔进行同质交配；对不完全理想个体，可与理想个体进行异质交配，以使后代有较大改进；对不理想个体则坚决淘汰。建立品种整体结构及扩群推广阶段即是通过品系间杂交，不断完善品种的整体结构，继续做好选种与选配工作，尽量避免近交，迅速增加已固定的理想型个体的数量，扩大地区分布。青紫蓝兔、加利福尼亚兔、新西兰白兔就是采用复杂的育成杂交方式育成的家兔品种。

2. 级进杂交 又叫改良杂交或改造杂交，一般用于对生产性能低下的地方品种进行改良。级进杂交通常是用 1 个优良品种的公兔和被改良品种的母兔交配，产生的杂种一代母兔再与原优良品种的公兔交配，产生的杂种二代母兔仍用原优良品种的公兔交配。级进的世代数要根据杂种后代的表现而定，不能盲目地追求高代杂交。一旦杂种后代的体型、性能达到理想要求就停止杂交，进行自群繁育，横交固定。级进杂交在养兔业的应用主要是安哥拉兔的改良，如用德系安哥拉兔改良中系安哥拉兔。

3. 引入杂交 又叫导入杂交，通常是在为了克服该品种的某个缺点或为了吸收某品种的某个优点时使用。导入的品种一般只与被导入的品种杂交 1 次，之后仍与原品种进行配种。通常导入的品种多用公兔，导入后杂种的公兔再与原品种的母兔配种，杂种的母兔再与原品种的公兔配种。在二、三代的后代中选择优秀个体进行横交固定。引入杂交通常适用于该品种的性能基本符合要求，仅有个别的缺点或不足需要克服。引入杂交在育成家兔新品种中一个典型的例子就是哈瓦那兔的育成。哈瓦那兔在育成初期体型和体重不理想，曾引入了喜马拉雅兔的血液。

4. 轮回杂交 是用 2 个或更多的家兔品种有计划地进行轮流杂交，除选留一部分优秀母兔作为各轮杂交母本以外，其余杂种母兔和全部杂种公兔均供经济利用。如甲、乙、丙 3 个家兔品种进行轮回杂交，首先甲母兔和乙公兔杂交，产生的杂种一代母兔再和丙公兔杂交，产生的杂种二代母兔再用甲公兔杂交，产生的杂种三代母兔又和乙公兔杂交，如此逐代轮流杂交下去。轮回杂交有利于继续保持杂种优势，除开始用纯种母本外，以后只需引用少量纯种父本，因此比较经济。塞北兔就是采用轮回杂交方式育成的家兔品种。

(二)专门化品系的培育

1. 专门化品系的概念 专门化品系具有专一的生产方向和各自特定的生产性能，它们之间是配套的，是以 2 个、3 个或更多个的品系为组而出现的，通过杂交能获得高产而且产品一致的后代，并能适应工厂化饲养。专门化品系一般分为父本品系和母本品系，对于肉用兔品种来讲，父系的培育主要集中在选育生长速度、饲料消耗比、产肉率和胴体品质等经济性状，母系则集中在选育产仔数、泌乳力和哺育力等繁殖性能方面的性状。对于皮用兔品种来讲，父系要求生长速度快，母系要求繁殖力高,同时父系和母系都要求被毛品质好。

2. 专门化品系的培育方法　专门化品系的培育基本采用性能建系的方法,主要有近交法、合成法和循环选种法。近交法是采用高度近交的方法培育专门化品系,近交系数在 0.375 以上。合成法是采用多个家兔品种来合成一个专门化品系的方法。循环选种法(RRS)实际上是一种利用杂交培育专门化品系的方法。首先选择建系素材。建系素材可以是同一品种,也可以是不同的品种,也可以是合成品系。对于肉用品种兔来讲,建系的父本必须是产肉性能好的品种或品系,母本必须是母性性状好的品种或品系。然后通过杂交进行选种,以提高拟选性状的水平(图 2-11)。最后各系所选留的优秀公兔回到本系内进行闭锁繁育,然后再进行杂交选种。如此杂交—选种—闭锁繁育循环进行,几个世代后,便可以得到一个拟选性状加强且配合力好的配套系。

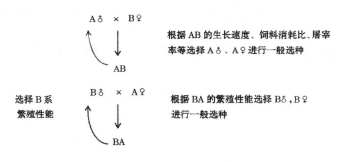

图 2-11　循环选种法示意

(三)育种技术

1. 编号　种兔的编号是一项重要的育种工作。为了准确地对种兔进行鉴定与比较,选优淘劣,每个个体必须有确切的谱系资料和生产性能等记录资料。耳号编制的内容目前尚无统一规定,但应尽量体现种兔较多的信息,如品种(或品系)、家系、性别及个体号等。表示种兔品种或品系的号码一般放在耳号的第一位,以该品种或品系的英文或汉语拼音的第一个字母表示。性别有 2 种表示方法:一种是双耳表示法,通常将公兔打在左耳上,母兔打在右耳上;另一种是单双号表示法,通常公兔为单号,母兔为双号。个体号一般以出生的顺序编排。兔的耳号一般为 4～6 位数字或字母。如果所反映的信息更多,一个耳朵不能全部表示出来,也可采用双耳双号法。种兔的编号应结合兔场的性质、育种要求统一设计,不要轻易变更。

2. 刺号　是借助一定的工具将编排好的号码刺在种兔的耳内侧部。刺号应在仔兔断奶时进行,常用的刺号方法有针刺法、耳标法和耳号钳法。针刺法是在兔耳血管少的地方用蘸水笔尖蘸上醋墨(用醋研的墨汁或在黑墨汁中加入 2/5 食醋)直接刺号;耳标法是用铝质或塑料耳标,或者预先刻有编号的圆形不锈钢耳标,直接安置于兔耳朵上即可。耳号钳法是将欲打的号码按先后顺序排入耳号钳的槽内并固定好,用酒精将兔耳内侧消毒,然后适度用力钳压,使号码针尖刺透表皮、刺入真皮,再涂上醋墨。刺号数日后耳壳上即留下蓝黑色永不褪色的标记。

3. 育种记录 最基本的育种记录有个体记录、种兔记录、生长发育记录和生产性能记录。生长发育记录主要是家兔不同生长阶段的体重和体尺。体重的测定应在早晨饲喂前相对空腹状态时进行,以避免采食对体重造成的误差。连称 2 天,取其平均数。一般应称取初生重、断奶重、3 月龄重、6 月龄重和 1 岁时的体重。毛用兔应在每次剪毛前后各称 1 次体重。

体尺测量作为一般的选种测定项目时,通常只需测量体长和胸围,必要时加测耳长和耳宽。体长是指从鼻端到尾根的直线长度。测量时家兔平卧,让其背腰自然伸直,用直尺直接测量。胸围是指肩胛后缘围绕胸廓一周的长度,用卷尺测量。测量时应松紧适度,不可过松或过紧。耳长是指从耳根到耳尖的直线长度,通常作为品种特征测量。耳宽是耳朵最宽处的距离,通常也作为品种特征测量。体尺测量一般从 3 月龄开始,以后每次称重时都应进行体尺测量。毛用兔的体尺测量在剪毛后进行,以免因毛厚造成误差。体尺测量的数据以 cm 为单位。

目前,国内还没有统一的记录表格,兔场可根据实际需要设计有关记录表格。

第三章　家兔产业化繁殖技术

第一节　家兔的繁殖生理

　　家兔是一年多胎,一胎多仔的小型食草动物,繁殖力强。家兔常年可以繁殖,但是家兔的繁殖能力受年龄、温度、光照、营养、繁殖频率等多方面的影响。在产业化规模生产中,优良品种的家兔可年产 6～7 窝,每窝可产 8～12 只,每只父母代母兔每年可以贡献 40～50 只商品兔。

　　家兔性成熟(Sexual maturity)的标志是指种公兔的睾丸发育并能产生精子、种母兔的卵巢发育并能产生卵子,伴有发情、爬跨等性行为表现,交配能受孕。但是家兔性成熟早于体成熟,家兔最初达到性成熟时,尚不宜立即配种,因为家兔其他器官仍处于发育阶段。如果过早配种繁殖,将影响到种兔自身的发育,造成种兔生产性能降低,利用年限缩短;此外,早配种兔所产仔兔中的弱仔比例上升,死亡率高,增重性能差,最终将造成品种品系的严重退化而影响经济效益。一般小型兔和中型兔性成熟要早于大型兔。规模化生产要求在家兔性成熟 1～2 个月后、体成熟也同步达到时才能配种,不同的品种品系都有性成熟和体成熟的月龄表述,生产者应当按照品种品系的养殖手册要求确定初始繁殖时间。

一、公兔的生殖生理

　　公兔在胚胎早期约第 16 天开始发育睾丸等性腺。出生后,公兔的生殖器官发育要比其他器官发育缓慢,但在 5 周龄以后其生殖器官发育迅速。40～50 日龄的公兔已经能产生精子,60～70 日龄开始有爬跨行为,到 110 日龄时可以射精但此时的精子活力较弱,135～140 日龄时方可以达到正常繁殖能力。

　　公兔的生殖器官包括阴茎、阴囊、睾丸、附睾、输精管和副性腺(图 3-1)。

　　(一)阴　茎

　　平时阴茎包在包皮内,朝后方伸到肛门附近。阴茎呈尖圆锥状,形似尖辣椒,游离端稍弯曲,无膨大的龟头,主要由海绵体构成。家兔阴茎兼有交配和排尿功能。性欲冲动时海绵体充血膨胀,阴茎勃起朝向前方。交配时阴茎从包皮中伸出。

　　(二)阴　囊

　　阴囊除容纳和保护睾丸、附睾和部分输精管外,还具有调节睾丸温度的重要功能。正常情况下,为保证睾丸能产生正常的精子,阴囊内的温度要低于体温 5℃～6℃。

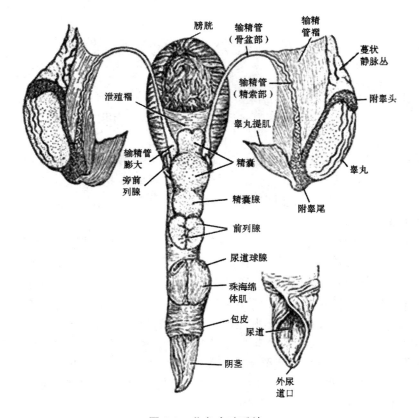

图 3-1 公兔生殖系统

（三）睾　丸

成年公兔有 2 个睾丸，具有产生精子和分泌雄性激素的功能。出生后睾丸位于腹腔内，1～2 月龄移至腹股沟管内，此时阴囊还未形成，睾丸也很小，很难观察和触及。家兔 2.5 月龄开始出现阴囊，约 3 月龄睾丸沿腹股沟管进入阴囊。公兔的腹股沟管宽短，终生不封闭，睾丸可以自由地下降到阴囊或缩回腹腔。成年公兔处于正常体位时，睾丸位于阴囊内。如果性成熟时睾丸仍未降至阴囊内，则称之为隐睾，不能选为种用。成年公兔的 2 个睾丸呈卵圆形，大小约为 35mm×15mm，公兔每天产生 $150×10^6～300×10^6$ 个精子，每次射精产生 0.3～0.6ml 精液，每 ml 精液含有 $150×10^6～500×10^6$ 个精子。

（四）附　睾

公兔的附睾由附睾头、附睾体和附睾尾 3 部分组成。头尾分别与睾丸和输精管连接。附睾是精子最后成熟及贮存的场所，附睾中能贮存 $10×10^8～20×10^8$ 个精子，精子在附睾中能存活 30～60 天。

（五）输　精　管

输精管呈弯曲细管状，左右各 1 条，是附睾尾和泌尿生殖道之间的精液输送管道。输精管一端连接附睾尾,沿腹股沟管上升入腹腔,经骨盆腔与泌尿生殖道相接。输精管的肌肉层发达,交配时收缩强烈,可将附睾尾中的精子通过泌尿生殖道排出体外。

(六)副性腺

副性腺包括精囊腺、前列腺、前列旁腺和尿道球腺。这些腺体分别开口于生殖道,各自分泌的性腺液是精液中精清的组成部分。性腺液有以下 5 个方面的功能。

第一,冲洗泌尿生殖道,减少生殖道中残存物质对精子的不良影响,提高受精能力。

第二,稀释浓稠的精子,利于精子在公兔和母兔的生殖道中运行。

第三,形成栓塞,封闭母兔子宫颈口,阻止精液倒流。

第四,刺激母兔阴道和子宫收缩(如前列腺素),可提高精子通过母兔生殖道的速度。

第五,为精子提供营养,保障精子在子宫内和输卵管内有活力。

二、母兔的生殖生理

母兔的性腺形成也在胚胎发育的 16 天开始,直至出生前性腺一直在分化和发育。出生后 13 日龄可以出现第一个卵泡,第一批窦状卵泡产生于 65～70 日龄。母兔可在 10～12 周龄产生性行为,但一般不会排卵,此时的性行为可以认为是青春期的游戏,不可看作是可以参与繁殖的特征,这时母兔还没有能力生育健康合格的仔兔。母兔开始繁殖的时间一般是在 120～130 日龄。在农户养殖的生产模式下,母兔体重达到成年体重的 50%～60% 就开始过早配种,易造成母兔早衰、产弱仔和品种的退化。通常母兔达到成年体重的 70%～75% 时才可以配种,但要承担工厂化养殖频密繁殖的压力,最好达到母兔成年体重的 80% 时再参与繁殖。

如果营养和管理跟得上,母兔可以频密繁殖,每年可怀孕 6～7.5 胎。母兔可以血配,即产仔后配种,但是不宜过频地采取这种繁殖方式,以免影响母兔后续的生产能力。工厂化养殖的频密繁殖模式使母兔的每年更新率达到 100%～120%,即母兔的利用年限为 1～1.5 年。这与农户传统的自然发情配种方式差异较大。有文字资料表明,母兔在自然发情的繁殖方式中的利用年限在 2 年左右,甚至有的可以利用 3～4 年,但这不适用于工厂化养殖,因为老龄的种兔无法承担频密繁殖的压力。

母兔的生殖系统由外生殖器、阴道、子宫、输卵管和卵巢组成(图 3-2)。

(一)外生殖器

外生殖器包括阴门、阴唇和阴蒂 3 部分。阴门开口于肛门下方。阴门两侧突起处称为阴唇。左右阴唇联合处下方有 1 个突起为阴蒂,该部分具有丰富的神经末梢。外生殖器是发情鉴定的主要观察部位之一。发情母兔外阴部还会出现红肿现象,颜色由粉红色到大红色再变成紫红色。但也有部分母兔(如部分从国外引进的品种)的外阴部在发情时并无红肿现象,仅出现水肿、腺体分泌物等含水湿润现象。也有的母

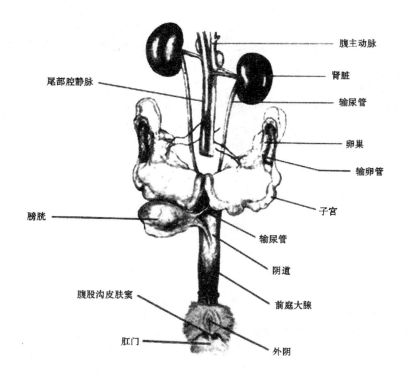

图 3-2　母兔生殖系统

（引用自法国 SAMUEL BOUCHER LOIC NOUAILLE, Manuel pratique -Maladies des lapins）

兔在发情时没有外生殖器的明显表现,称为隐性发情。

（二）阴　道

阴道是交配时贮存精子的场所,也是排尿和分娩仔兔的通道,母兔尿道开口于阴道内 5～6cm 处,且开口较大,几乎与阴道腔孔径相当,在阴道下面与阴道平行。这一生理特征在人工授精操作时需要特别注意,以免将人工输精管插入尿道口,将精液输入膀胱造成授精失败。

（三）子　宫

母兔的子宫为双子宫,2 个半圆形肉质管道状的子宫悬挂在子宫阔韧带上。子宫前端接输卵管,2 个子宫后端经子宫颈分别开口于阴道,使每个子宫彼此独立。受精卵依次植附在左右子宫内。怀孕 12～15 天后可隔着腹壁摸到两排肉球状的胎儿。当人工授精操作失误时,将精液输入到一侧子宫,另一侧子宫将不会怀孕,因为受精卵不会从一个子宫游离到另一个子宫。

（四）输 卵 管

输卵管是输送卵子的管道,并且也是受精的部位和胚胎早期发育的场所。输卵管前端接近卵巢处呈漏斗状,漏斗边缘不规则的花瓣状突起能包住卵巢,承接从卵巢排出的卵子,卵子在输卵管壁肌肉的蠕动及管壁上纤毛的运动作用下沿输卵管向子官方向运行。输卵管前半部较粗的部位称为壶腹部,是卵子受精的地方。输卵管的另一端与子宫相接。

(五)卵 巢

母兔有 1 对卵巢,左右各 1 个,呈椭圆形,粉红色。卵巢的功能是产生卵细胞和分泌雌性激素。卵巢的大小和形状随母兔的年龄和性发育程度而有所不同。幼兔卵巢体积小,表面光滑;成年兔卵巢增大,卵泡成熟时卵巢表面有透明的小圆泡突起,形似桑椹。妊娠母兔的卵巢表面可见暗灰色小丘状的黄体。家兔卵巢内有不同发育阶段的卵泡,只要经过交配、爬跨、激素刺激等因素作用都能引起母兔排卵。家兔的成熟卵子是目前所知哺乳动物中形态最大的成熟卵细胞,其直径可达 $160\mu m$。

第二节　家兔常规繁殖技术

常规繁殖技术一般指按照农户养殖的传统方式。以发情鉴定为基础的,选择自然发情的母兔适时本交配种。虽然目前我国大多数集约化规模化养殖场仍采取这种传统的繁殖技术,但这种繁殖技术其实并不适合于产业化经营的工厂化养殖场,因为与真正的工厂化养殖相比,这种常规繁殖方式只不过是养殖规模比农户庭院养殖大一些而已,其生产效率偏低,影响经济效益。近年来以人工授精技术为基础的,全进全出的 49 天或 42 天批次繁殖模式将逐步替代传统的常规生产模式。

在产业化经营的工厂化养殖企业,不管是采用常规繁殖技术还是现代繁殖技术,种兔达到体成熟开始繁殖是最基本的条件。前面讲过,家兔性成熟早于体成熟,但只达到性成熟而体成熟没达到时繁殖所带来的危害是很严重的。没有达到体成熟的种兔繁殖往往有如下问题出现:所繁殖的仔兔纤弱,母仔发病率均高,仔兔增重速度低于品种正常指标、逐渐造成品种严重退化,种兔的利用年限缩短,整体经济效益偏低。所以,在实际生产中确定种兔的初配年龄,主要根据体重和月龄。体重和月龄都达到标准,才可进行配种繁殖。在正常饲养管理条件下,公、母兔体重达到该品种标准体重的80%时,才达到了该品种品系的体成熟标准,才可以开始配种繁殖。一般情况下,小型品种初配年龄为 4 ～5 月龄,体重 2.5～3kg;中型品种 5～6 月龄,体重 3.5～4kg;大型品种 7～8 月龄,体重 4.5～6kg。而公兔的初配年龄应比母兔再晚 1 个月左右为宜。

一、发情鉴定

(一)发情的含义

母兔发育至性成熟以后,卵巢发育成熟一批卵子并产生与生殖有关的一系列激素,这些激素作用于神经中枢,引起母兔生理和行为发生一系列变化,如外阴部红肿充血、黏膜潮红湿润、分泌黏液;行为上表现为爬跨仔兔和同笼母兔,精神躁动不安,食欲减退,遇见公兔爬跨时主动迎合。这就是发情。

(二)母兔发情周期的特点

母兔的繁殖无明显季节性,终年均能繁殖,但不同季节、气候和饲料营养水平,都可直接影响到母兔的繁殖状况,一般来说,当气候较温暖及饲料较丰富时,就是母兔最好繁殖季节。

1. 发情周期 母兔发情周期一般为 8～15 天。

2. 产后发情 母兔分娩后第一天卵巢上就有成熟卵泡存在,如在 2 天内配种,不但能正常受胎,而且可以提高繁殖率,但母兔哺育仔兔时,一般在断奶后 2～7 天可以出现发情、排卵和配种受胎。母兔产后若过早配种,则会影响其泌乳量和仔兔的生长发育。

3. 发情期和发情表现 发情期持续 3～4 天。母兔发情主要表现为活跃,躁动不安,喜爱跑跳,脚爪乱刨地,顿足;食欲减退,表现为突然剩料,有的母兔在饲槽上摩擦下颌;性欲强的母兔主动向公兔调情爬跨,甚至爬跨其他母兔。当公兔追逐爬跨时,发情母兔抬高后驱以迎合公兔的交配动作,表现出愿意接受交配。发情高峰时阴门黏膜呈现大红色、并肿胀湿润,有少量黏液分泌。

4. 刺激性排卵 母兔是诱导性排卵动物,公兔交配或其他母兔爬跨,可刺激 LH 的释放,形成排卵峰值,导致排卵反应。一般母兔经公兔交配刺激后隔 10～12 小时,才能从卵巢中排出卵子。每个卵巢中有相同发育阶段的卵泡 5～10 个,如果不让母兔交配,则成熟卵泡经 10～16 天后,在雌激素与孕激素的协同作用下逐渐萎缩退化,并被周围组织所吸收。

(三)影响发情的因素

母兔的发情容易受到季节气候、健康状况、膘情体重、生理阶段、品种品系、每日时间段、公兔诱情刺激等因素的影响。

家兔一年四季均可发情,但受季节影响较大。发情最好的季节依次为春季、秋季、夏季、冬季,但繁殖力最好的季节为春季、夏季、冬季、秋季。高温季节对母兔的影响要小于对公兔的影响。家兔秋季繁殖的主要障碍在于暑期过后公兔的精液质量下降,引起母兔受胎率下降。

在健康状况和膘情体重方面,健康状况和膘情好的母兔发情好于健康状况不好和膘情较差的母兔。在工厂化养殖模式中,频密繁殖对营养的需要更加严格,尤其是哺乳期母兔的营养供应优劣直接关系到下一胎次能否受精怀孕。

在生理阶段上,母兔分娩后第二天即普遍发情,配种受胎率较高。泌乳期间发情率较低,泌乳高峰期甚至不发情。断奶 3 天左右母兔普遍能发情。

在品种品系方面,中小型兔发情和繁殖能力要好于大型兔。

在时间段方面,清晨和傍晚时发情明显,配种受胎率较高。

将母兔放在公兔笼的隔壁可以引起母兔发情。实践表明,母兔与公兔近距离接触 6～8 小时后配种受胎率较高。这种方法常用于提供母兔的受胎率。

(四)最佳发情状态

母兔外阴部黏膜颜色变化呈周期性。不发情时呈现白色,发情初期为淡红色,发情高峰期变为大红色,发情后期变为紫黑色。发情的最佳状态是母兔外阴部肿胀湿润、呈现大红色,此时配种或人工授精受胎率较高。

(五)隐性发情

发情母兔外阴部会出现红肿现象,颜色由粉红色到大红色再变成紫红色。但也有部分母兔(如部分从国外引进的品种)的外阴部在发情时并无红肿现象,仅出现水肿、腺体分泌物等含水湿润现象;也有的母兔在发情时没有外生殖器的明显表现。称这种发情为隐性发情。

二、配种技术

兔子配种技术有自然交配和人工授精2种。

(一)自然交配

自然交配又称杂交,是指公、母兔之间直接交配。自然交配又可分为自由交配和控制交配2种。

1. 自由交配　是指公、母兔养在一起,任其自由交配。由于无法控制后代血缘,容易造成近亲交配引起种群退化,在家兔产业化的工厂化养殖实际生产中都不采用此方法。

2. 控制交配　也称人工辅助交配。指公、母兔分群和分笼饲养。只在母兔发情时,将母兔放入公兔笼内配种。养殖者可以控制家兔后代血缘,避免种群因近亲繁殖而退化。我国大多数的家兔养殖企业仍沿用着先做发情鉴定,之后集中配种的常规繁殖技术。常规繁殖技术公、母种兔比例在1:5~10之间,每天都有发情鉴定工作,每天都有配种任务,每天都有产仔,几乎每天都有断奶仔兔,每天都有出栏商品兔。有的企业虽然每周集中出栏1次,但商品兔的日龄差异最大达1周龄、均匀度较差。

(二)人工授精

人工采集公兔精液,经精液品质检查和稀释处理之后,用人工授精器具把精液输入到母兔阴道内,使其怀孕的方法。人工授精是国际上大多数先进的工厂化养殖企业所采用的繁殖技术,可以降低养殖成本,提高生产效率。人工授精与全进全出的42天或者49天繁育模式相结合,更有利于批次化生产经营。

三、妊娠诊断

(一)摸胎法妊娠诊断

工厂化养殖家兔在生产中多采用摸胎的方法进行妊娠诊断。一般在母兔交配10天左右进行,有经验的人在第八天即能确定。初学者对胚胎及胎位缺乏了解,可在母兔配种后12~14天进行,熟练以后再将妊娠诊断的时间提前。摸胎时,操作者把母兔抓放在检查台上(或笼具上),兔头朝向摸胎者的胸部,将手掌向上放在待检母兔胸腹部,用拇指和食指作"八"字形从前腹部向后轻轻触摸滑动。如腹部柔软如绵,表示未受孕;如感觉腹部较紧张,并摸到像花生米大小能滑动的肉球,则可确诊怀孕了。熟练的摸胎者能区别胎儿与粪球。粪球一般较硬,无弹性,在腹部分布面积大;胎儿则较柔软,有弹性。此法操作简便、准确性高,但需要一个熟练的过程。摸胎时动作要轻,切忌用手指捏压或捏数胚胎,以免引起流产或死胎。

(二)复配法妊娠诊断

在母兔配种后1周左右,将母兔放入公兔笼中进行复配,如母兔拒绝接受交配,则表示可能已经怀孕。相反,如果接受交配,则可以断定未孕。但此方法的准确性不高,在工厂化养殖经营中已经不使用。

第三节　家兔现代繁殖技术

一、人工授精技术

人工授精技术有如下优点:一是能充分利用优良种公兔,迅速推广良种;二是减少了种公兔的饲养数量,降低了生产成本;三是避免公、母兔之间直接接触性疾病的传播;四是在杂交和配套系生产中公、母兔体型差异过大时,便于开展集约化、工厂化生产管理。

人工授精技术是产业化家兔生产企业建立现代化养殖体系的技术基础之一,配合全进全出的42天繁育模式或49天繁育模式,可以使家兔养殖生产实现工厂化。人工授精技术需要一定的硬件投入和技术人员的培养,需要熟练的操作人员。

(一)人工授精实验室的建立

人工授精实验室主要包括下列硬件:空调、显微镜(带加温载物台)、水浴锅、恒温箱、精液贮运箱(保持17℃)、采精器具、输精器具、器皿和药剂(表3-1、表3-2、表3-3和表3-4)。

表3-1　人工授精实验室设备

名　称	规　格	单　位	数　量	备　注
烘干箱		台	1	仪器烘干
冰箱		台	1	保存物品
恒温箱	17℃恒温	台	1	保存稀释精液
电脑		台	1	检测、记录
显微镜		台	1	精子检测
摄像机		台	1	检测录像配套
恒温板		台	1	显微镜载物台加热

续表 3-1

名　称	规　格	单位	数量	备　注
水浴锅	四孔	台	1	存放精液
空调		台	1	室内恒温
万能电磁炉		台	1	煮沸消毒
托盘天平		台	1	称物品
自动双重蒸馏器		台	1	制备蒸馏水
蒸馏水发生器		台	1	制备稀释液
输精车	长60cm、宽60cm、高80cm	辆	2	输精操作

表 3-2　人工授精采精器具

名　称	规　格	单位	数　量	备　注
采精器		个	200	采集精液
采精器内胎		个	1000	制作采精器
集精瓶	20ml	个	100	塑料
集精玻璃管		个	300	收集精液
试管架		架	10	存放试管
染色剂		瓶	1	用于采精器中的水着色
医用铝盒		个	4	盛放采精器
保温箱		个	4	精液保温

表 3-3　人工授精输精器具

名　称	规　格	单位	数　量	备　注
输精器		个	5	输精
输精管		根	25000	输精
记号笔		支	10	做记录
医用剪刀		把	5	采精器准备
止血钳		把	4	采精器准备
保温袋		袋	50	采精器保温
清洗剂		包	20	清洗输精仪器

表 3-4　人工授精常用器皿和药剂

名　　称	规　格	单　位	数　量	备　注
试管刷		个	4	辅助用品
冲洗瓶		个	2	辅助用品
温度计		个	4	辅助用品
托盘		个	4	辅助用品
1ml 注射器	100 支/盒	盒	5	辅助用品
5ml 注射器	100 支/盒	盒	3	辅助用品
10ml 注射器	100 支/盒	盒	3	辅助用品
蒸馏水		kg	50	稀释液配制
载玻片	100 片/盒	盒	10	精子检测
盖玻片	100 片/盒	盒	5	辅助用品
洗手液	200ml/瓶	瓶	2	辅助用品
一次性橡胶手套		副	100	辅助用品
擦镜纸		本	100	辅助用品
稀释液		瓶	150	辅助用品
注射用水		支	200	辅助用品
250ml 烧杯		个	5	辅助用品
广口瓶		个	3	辅助用品
锥形瓶		个	3	辅助用品
100ml 烧杯		个	3	辅助用品
100ml 量筒		个	2	辅助用品
25ml 量筒		个	2	辅助用品
10ml 量筒		个	2	辅助用品
酒精灯		个	2	辅助用品
玻璃棒		根	4	辅助用品

(二)采精前的准备工作

1. 器材的清洗与消毒　采精用的所有人工授精器材,均应力求清洁无菌。在使用之前要严格消毒,每次使用后必须洗刷干净。传统的洗涤剂是 2％～3％碳酸氢钠或 1％～1.5％碳酸钠溶液。器材用洗涤剂洗刷后,务必立即用清水多次冲洗干净而不留残迹,然后经过严格消毒方可使用。消毒方法因各种器材质地不同而异。玻璃器材采用电热鼓风干燥箱进行高温干燥消毒,要求温度为 130℃～150℃,并保持 20～30 分钟,待温度降至 60℃以下时,才可开箱取出使用。也可采用高压蒸汽消毒,维持 20 分钟。橡胶制品一般采用 75％酒精棉球擦拭消毒,最好再用 95％酒精棉球擦拭 1 次,以加速挥发去残留在橡胶上面的水分和酒精气味,然后用生理盐水冲洗。金属器械可用新洁尔灭等消毒溶液浸泡,然后用生理盐水等冲洗干净。也可用 75% 酒精棉球擦拭,或用酒精灯火焰消毒。溶液如润滑剂和生理盐水等,可隔水煮沸20~30 分钟;或用高压蒸汽消毒,消毒时为避免玻璃瓶爆裂,瓶盖要取去或插上大号注射针头,瓶口用纱布包扎。其他用品如药棉、纱布、棉塞、毛巾、软木塞等,可采用隔水蒸煮消毒或高压蒸汽消毒。

2. 采精器的准备 采精器是模仿母畜阴道内环境条件而设计制成的一种人工阴道。采精器的基本构造是由外筒(又称外壳)、内胎、集精杯(瓶、管)、气嘴和固定胶圈等基本部件所组成。采精器外筒可用长 4~5cm、内径为 3.5~4cm 的竹筒自行制造,内胎可取人用避孕套或胶皮指套改制。采精器安装前应先检查外筒、内胎是否有破损裂缝、砂眼、老化发黏等不正常情况,否则将会发生漏水、漏气而影响采精。安装好的采精器,必须具备适宜的温度(38℃~40℃)、恰当的压力(内胎入口处自然闭合成"Y"形)和一定的润滑度等基本条件,才能满足公兔需要,顺利地采得精液。温度过低则不能刺激公兔性欲,温度过高则会影响精子活力。压力不足,公兔不射精或射精不完全;反之压力过大,不仅妨碍公兔阴茎插入和射精,还可造成内胎破裂和精液外流。润滑度不够,公兔阴茎不易插入并有摩擦痛感;润滑剂过多,则往往混入精液影响质量。

3. 采精场所的准备 采精要有良好的和固定的场所与环境,以便公兔建立起巩固的条件反射,同时防止精液污染。为此,采精场所应该宽广、平坦、安静、清洁和固定。采精前要将场所打扫干净,并配备有喷洒消毒和紫外线照射灭菌设备。

(三)公兔训练和采精

1. 公兔训练 采精用的台兔有真、假之分,且各有利弊。所谓真台兔(即活兔),是指使用与公兔同种的母畜。一般说来,只要采精公兔已经习惯,则在性刺激效果上均无明显差别。活台兔应选择健康无病(包括性病、其他传染病、体外寄生虫病等)、体格健壮、大小适中、性情温驯的同种家兔。一般来说具备上述条件应用发情母兔最为理想。采精时台兔放在采精台上,由助手固定其头部即可。也可以训练公兔适应爬跨假台兔(兔皮填充物),必须经过一段时间的调教训练。调教方法很多,可根据具体情况选择采用。例如,在假台兔的后躯,涂抹发情母兔阴道黏液或尿液。调教期间,要特别注意改善和加强公兔的饲养管理,以保持健壮的种用体况。同时最好是在每天早上公兔精力充沛和性欲旺盛时进行,尤其是在炎夏高温季节,不宜在气温特高的中午或下午进行。初次爬跨采精成功后,还要连续地经过多次重复训练,才能建立起巩固的条件反射。训练过程中,有些公兔胆怯或不适应,要耐心、多接近、勤诱导,绝不能强迫、抽打、恐吓或有其他不良刺激,以防产生性抑制而给调教工作造成更大障碍。有些公兔性烈,须特别注意安全,提防抓伤饲养人员。

2. 采精 采精时要顺势、轻柔,动作迅速。要注意保护公兔生殖器官免遭损伤并保持其清洁卫生。为保障公兔的精液质量,每周采精 1~2 次为宜。

（四）精液检测和评分

精液品质检测是为了鉴别精液品质的优劣。评定的各项指标，既是确定新鲜精液进行稀释、保存的依据，还能反映公畜饲养管理水平和生殖器官的功能状态，因此常用作诊断公畜不育或确定种用价值的重要手段。同时，也是衡量精液在稀释、保存、冷冻和运输过程中的品质变化及处理效果的重要判断依据。

1. 精液品质检测　采得的精液要迅速置于30℃左右的恒温水浴中或保温瓶中，以防温度突然下降，对精子造成低温打击。按照规定要求，注意保持工作室（20℃～30℃）和显微镜周围（37℃～38℃）适当温度。如果同时进行多头公畜精液检查时，要对精液来源做标记以防错乱。

事先做好各项检查准备工作，在采得精液后立即进行品质检查。检查时要求动作迅速，尽可能缩短检查时间，以便及时对精液做稀释保存等处理，防止质量下降。

检查操作过程不应使精液品质受到损害，如蘸取精液的玻璃棒等用具，既要消毒灭菌，但又不能残留有消毒药品及其气味。

取样要注意代表性，应从采得的全部并经轻轻搅拌均匀的精液中取样，以力求评定结果客观准确。

精液品质检查项目很多，通常采用逐次常规重点检查和定期全面检查相结合的办法。检查时不要仅限于精子本身，还要注意精液中有无杂质异物等情况。

评定精液质量等级，应对各项检查结果进行全面综合分析，一般不能有一两项指标就得出结论。有些项目必要时要重复2～3次，取其平均值作为结果。对1只种公兔精液品质和种用价值的评价，更不能只根据少数几次检查结果，而应以某个阶段多次评定记录作为综合分析结论的依据。

2. 评定精液质量　大致可以归纳为2个方面：一是外观性状；二是显微镜检查精子生活力。

（1）外观性状　对精液的数量、颜色、气味、性状等进行检查。家兔每次射精量为0.5～2.5ml，家兔的精液为淡乳白色或浅灰白色。气味为略带腥味。外观检查主要防止使用受到污染的精液，如尿液、炎性产物、杂质等。

（2）精子活力　采集后的精液立即送到实验室，放在36℃的水浴锅内。采集后的精液立即进行镜检，镜检的环境一定是清洁、温度较为恒定的，温度保持在20℃以上。用胶头滴管取一滴精液滴在载玻片上，然后盖上盖玻片，放在显微镜下检查。如果精液内有精清，用胶头滴管把精清取出。根据精液的质量可分为5个等级。只有3分以上的精液才可以利用，低于3分的要丢弃，重新采集。在显微镜下观察，采用5分制，在显微镜视野中估测直线前进运动精子所占全部精子的百分数。直线前进运动的精子为100%者，评定为5分；80%者，评定为3分；60%者，评定为3分，而低于3分的精液不能使用。

（五）精液的稀释

稀释液的温度和精液的温度必须一致。在稀释前把稀释液放入37℃的水浴锅内,用干净的胶头滴管沿着集精杯的内壁加入稀释液,让稀释液缓缓流入到集精杯底部。根据精液的质量和活力,稀释3~10倍。然后把稀释后的精液倒入集精瓶内,把其他稀释后的精液一起倒入集精瓶。

把集精瓶放入17℃的恒温箱内(一般是车载冰箱)贮存和运输。

(六)输　精

母兔人工授精前2小时饲喂饲料,让其保持相对安静。输精时操作人员洗手,皮肤消毒液消毒,戴上无尘手套、口罩、头套。

取出集精瓶,把精液倒入输精枪内的瓶中。一名人员抓住母兔正放在输精车上,输精人员一只手抓住尾巴提起,提到后腿离开支撑处。另一只手把输精枪插入母兔的阴道深部(一般输入7cm左右),然后注入精液。输精时,确保输精枪内没有气泡。注意输精时动作一定要轻,不能使劲强硬插入,防止破坏种母兔的阴道和子宫。

输精时要注意温度的差异。如果采精后立即输精,输精器内温度与精液温度保持在30℃左右;若4小时后输精,则应将精液温度逐渐降至17℃,以免造成对精子的损伤。

(七)促同期发情、排卵

为了提高配种受胎率,在工厂化养兔场母兔群经在输精前后注射激素,促进母兔同时发情、同期排卵。

如果是经产母兔,需在输精前50小时肌内注射30~50U孕马血清;如果是初配种兔,则不需要注射孕马血清。在输精前29~32小时内,禁止给仔兔哺乳。

输精后,每只母兔立即注射0.8μg促排3号激素,该激素可以刺激母兔排卵。

二、冷冻精液技术

精液冷冻保存是利用液氮(-196℃)或其他冷源,将精液经过适当处理后,在超低温下可以长期保存。液氮是一种无色、无味、无臭、无毒的超低温液体,标准温度为-195.8℃。液氮为不活泼气体,其渗透性很弱,本身无杀伤精子的能力,故精子可以长期有效保存,而精子存活率下降极为缓慢。

冷冻精液的原理是:精子在冷冻状态下,它的代谢几乎停止,活动完全消失,生命以相对静止状态保持下来,一旦温度回升,又能复苏活动。从理论上讲,冷冻精液的有效保存时间是无限的。其实在目前的冷冻方法中,精液内只有部分精子能够耐受冷冻升温后可以复活,而另一部分精子则在冷冻过程中死亡。关于为什么有的精子耐冻,有的精子不耐冻,目前有许多假说理论,如玻璃态假说和结晶态假说,在此不做详细叙述。

冷冻精液技术的关键在于稀释液的配制,以减少精子在冷冻和复苏过程中的伤亡。

家兔的冷冻精液技术尚处于广泛探讨阶段,国外内均有学者在研究冷冻精液技术。目前技术上尚不成熟,且成本偏高,没有在大生产中普及的基础。但是该技术对长期保存优良种兔基因产品具有重要意义,值得我国专家学者进一步探讨。

研究冷冻精液的初衷是:精液的冷冻保存可以解决公兔"夏季不育"现象,也可避免因公兔使用过多或其他原因造成公兔暂时精液质量不佳的问题。而在现实生产中,国内外均有企业使用空调房舍解决公兔在夏、秋季节精液质量不佳的问题。

现有人工授精技术基本上采取"保鲜技术",即让稀释后的精液在17℃保温箱中保存。这种稀释后的精液在48小时内输入母兔体内仍可以保持令人满意的受精率。而且这种精液贮运方式成本低,操作简便。

三、诱导分娩技术

正常情况下,母兔均可自然分娩。但是,有时必须采取辅助手段,方可避免一些损失。比如,妊娠期超过33天,还没有产仔迹象;冬季气候寒冷,兔舍保温设施较差,夜间产仔可能造成仔兔被冻死;母兔有食仔癖,如让其自然分娩有可能旧病复发等。诱导分娩有下列2种方法。

(一)激素催产法

选用人用催产素(脑垂体后叶素)注射液,每只母兔肌内注射3万～4万U,约10分钟便可产仔。

催产素用量不宜过多,要根据母兔的体重、怀仔只数而灵活掌握。一般大型兔和怀仔数少者适当加大用量,中小型兔和胎儿数较多者应减少用量。如因胎位不正而造成难产,不能轻易采取激素催产,应首先将胎位调整后再激素处理。

(二)吮乳催产法

母兔妊娠超过32天仍不产仔;母兔仅怀仔几只(如1～3只),妊娠期延长;有的母兔具有吃仔恶癖,需要在人工监护下分娩;在寒冷季节,为了防止夜间产仔而造成仔兔冻死,需调整到白天产仔。以上几种情况均可采取吮乳诱导分娩。具体操作如下。

1. 拔毛 将母兔轻轻取出,置于干净而平整的地面或操作台上,左手抓住母兔的颈部皮肤及两耳,使其腹部向上,右手拇指、食指及中指捏住乳头周围的毛,一小撮一小撮地拔掉。拔毛面积以每个乳头为圆心,以2cm为半径画圆圈,拔掉圆圈内的毛即可。

2. 吮乳 选择产后10日龄以内的一窝仔兔(5～8只),要求仔兔发育正常、无疾病、6小时以内没有吃奶。将小兔连产仔箱一同取出,把待催产的母兔放在产箱里,轻轻保定母兔,防止其跑出和蹬踏仔兔。让仔兔吃奶3～5分钟(净吃奶时间不低于3分钟),然后将母兔取出。

3. 按摩 用干净的湿热毛巾,放在右手内,伸到母兔腹下轻轻按摩0.5～1分钟,手感母兔的腹壁变化。如果感到腹壁紧张,母兔努责,瞬间仔兔便可产出。

4. 护理 将母兔放到干净的产箱内,铺些垫草,观察母兔表现。一般经6～12分钟,多数母兔即可产仔。由于分娩时间短、产仔快,母兔来不及舔净仔兔身上的胎水。如果是在冬季,仔兔可能被冻僵。因此,对仔兔要人工护理:用干净的毛巾擦干仔兔,用手擦去口和鼻孔处的黏液,并把血毛和污物清除,换些干净的垫草,给母兔饮水。把产箱放在温暖处,让母兔安静地休息。

第四节　家兔的繁殖模式

家兔的繁殖在家兔生产环节中占有重要地位,有多种模式,归纳起来主要有常规繁殖模式和现代繁殖模式两大类。

一、常规繁殖模式

农户的庭院养殖和大部分的规模化养殖场仍采用常规繁殖模式,即每天进行发情鉴定,每天配种,几乎每天都有产兔的母兔,几乎每天都有断奶的仔兔,几乎每天都有需要免疫的兔只,几乎每天都有出栏的商品兔。但由于精力有限,其免疫等操作往往将日龄相近的仔兔集中时间进行接种,使抗体水平差异较大,不利于形成整体的抗病能力。类似的情况还很多,养殖者每天面对的不确定因素太多,工作内容繁杂,忙得没有头绪。所谓常规繁殖模式是庭院式养殖的主要繁殖模式,每个饲养人员所能担负的母兔养殖任务一般不超过 100 只母兔。如果集约化、工厂化养殖也采取这种方式,经济效益将明显降低。因此,国际上集约化、工厂化家兔养殖企业多采取现代繁殖模式。

二、现代繁殖模式

所谓现代繁殖模式,多以全进全出和人工授精技术为基础,采取 49 天或 42 天批次化的生产方式,频密繁殖。

49 天繁殖模式是指 2 次配种时间的间隔为 49 天,于母兔产后 18 天再次配种,可实现每年 6 窝的繁殖次数(图 3-3),只均母兔提供出栏商品兔为 40 只左右甚至更高。42 天的繁殖模式是指 2 次配种时间的间隔为 42 天,于母兔产后 11 天再次配种,实现每年 7 窝的繁殖次数(图 3-4),只均母兔提供出栏商品兔 50 只左右甚至更高。

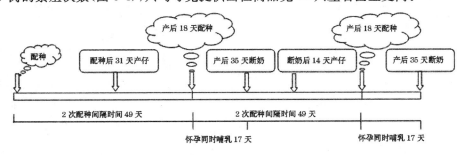

图 3-3　49 天繁殖模式

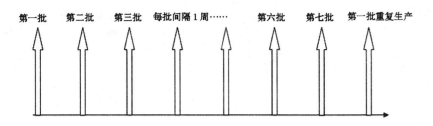

图3-4 42天繁殖模式

无论是49天繁殖模式还是42天繁殖模式,每个批次间的间隔为1周时间,分别在产后49天和42天轮回一次生产。

这种现代繁殖模式有以下5个方面的优点。

第一,便于组织生产,年初制定繁殖计划时,可以明确每天的具体工作内容和工作量。

第二,每周批次化生产,减少了发情鉴定、配种、摸胎等零散烦琐的工作,使这些操作集中进行,饲养人员有更多的时间照顾种兔和仔兔。

第三,全进全出,彻底清扫、清洗、消毒,减少疾病的发生,提高成活率。

第四,采取人工授精,减少了种公兔的饲养数量,降低了养殖成本。

第五,员工工作规律性强,便于培训和员工成长,员工可以有休息日和节假日,有利于留住院校毕业生效力于家兔养殖业。

第四章　家兔的营养需要和饲料生产

第一节　家兔的消化生理特点

一、家兔消化系统的主要特点

(一)消化道解剖特点

1. 口腔　家兔具有草食动物的典型齿式:门齿呈凿形,没有犬齿,臼齿发达;上唇有一纵裂,形成豁唇,便于采食地上的矮草和啃咬树皮。成年家兔有牙齿32枚,其中门齿有6枚(上门齿2对,在大门齿后面有1对小门齿;下门齿1对),呈凿形咬合,便于切断和磨碎食物;兔臼齿咀嚼面宽,且有横脊,适于研磨草料。兔的舌头肌肉发达,活动灵活,如搅拌器,可将口腔内的食物送到牙齿之间。同时,舌头表面分布众多的味觉感受器——味蕾,灵敏地辨别饲料不同的味道。兔口腔内有4对唾液腺,分别是耳下腺、颌下腺、舌下腺和眶下腺,其中眶下腺是家兔所独有的,位于内眼角底部。

2. 胃　兔胃是单室胃,容积较大,占消化道总容积的36%;胃的入口处有一肌肉皱褶,加之贲门括约肌的作用,使得家兔不能嗳气也不能呕吐,所以腹胀等消化道疾病较为多发;兔胃肌肉层薄弱,蠕动力小,饲料在胃内停留时间相对较长。饲料在胃内停留的时间与饲料种类有关。一般来说,粗饲料对胃壁的刺激较强,使之蠕动加快,排空的速度也较快。而精饲料的运行速度较慢。

3. 肠　家兔肠道的总长度相当于体长的10倍左右(马12、猪14、牛20、羊27、狗8、猫2),介于反刍动物与肉食动物之间。长期采食饲草的家兔肠道与体长的比例可达到14∶1。家兔的小肠分十二指肠、空肠和回肠,是营养物质主要的消化和吸收部位。家兔的盲肠极为发达,占消化道总容积的1/2左右,与体长相当。其内含有大量的微生物,是食物残渣——粗纤维消化分解的主要场所,功能与反刍动物的瘤胃相似;兔的盲肠与回肠交界处膨大形成球形的囊状物,称为圆小囊。末端变得细而长,形似蚯蚓,故称蚓突。这2个特殊的结构含有丰富的淋巴组织,成为肠道的防御组织。因此,当发生消化道疾病时,盲肠的病变比较明显(如魏氏梭菌病,盲肠出血是典型性特征)。这2个特殊的组织还可以分泌碱性黏液(pH8.1~9.4),中和盲肠的酸性环境,利于微生物的活动。结肠位于盲肠下,长约105cm,以结肠系膜连于腹腔侧壁。分为升结肠、横结肠与降结肠3部分。结肠前部有3条纵肌带,2条在背面,1条在腹面。在纵肌带之间形成一系列的肠袋。其结构和运动的特殊方式,决定了家兔粪便的形态成为球状。

(二)消 化 腺

家兔消化腺按所在部位的不同,分为壁内腺和壁外腺2种。壁内腺是分布在消化管道各段管壁内的小腺体,如胃黏膜内的胃腺,肠黏膜内的肠腺等。壁外腺是位于消化管壁以外的大型腺体,以导管通到消化管腔,如开口于口腔的唾液腺,开口于十二指肠的肝和胰腺。

1. 唾液腺　兔有4对唾液腺:腮腺、颌下腺、舌下腺和眶下腺。唾液腺分泌唾液,浸润食物,利于咀嚼和吞咽,清洁口腔,参与消化等。

2. 肝脏　肝是体内最大的腺体,呈红褐色,约为体重的3.7%。

胆囊位于肝的右内叶脏面,具有贮存和浓缩胆汁的作用,形态如长形茄子。自胆囊发出胆囊管延伸到肝门,在此处与来自肝的肝管汇合成胆总管。

肝脏的功能较多,具有分泌大量胆汁,参与脂肪的消化;贮存肝糖原、调节血糖;解毒,参与防卫;在胎儿时期,肝还是造血器官。新生仔兔的肝脏起着主要的屏障作用,占消化器官总重量的42.5%。

3. 胰脏　胰脏位于十二指肠间的肠系膜上,胰管开口于十二指肠升支,距胆管开口处约30cm。胰由外分泌部和内分泌部两部分组成。外分泌部为消化腺,占腺体的大部分,能分泌胰液,内含有多种消化酶,参与蛋白质、脂肪和糖类的消化。内分泌部称胰岛,能分泌胰岛素和胰高血糖素,直接进入血液,调节糖的代谢。

二、家兔对营养物质的消化特点

(一)饲料在家兔消化道的消化过程

饲料在口腔经咀嚼和唾液湿润形成食团,发生的化学变化甚微,之后进入胃部,呈分层状态分布。在单胃动物中,兔子的胃容积占消化道总容积的比例最大。由于兔子具有吞食自己粪便的习性,兔胃内容物的排空速度是很缓慢的。试验表明,饥饿2天的家兔,胃中内容物只能减少50%。胃腺分泌胃蛋白酶原,它必须在胃内盐酸的作用下(pH 1.5)才具有活性。15日龄以前的仔兔,胃液中缺乏游离盐酸,对蛋白质不能进行消化。16日龄以后才出现少量的盐酸。30日龄时,胃的功能基本发育完善。

小肠是肠道的第一部分,食糜在此经消化液作用分解成简单的营养物质,进入血液被机体吸收。这是家兔饲料营养消化和吸收的主要场所。

饲料经过小肠之后,剩余部分(多数是难以消化的粗纤维)到达盲肠。盲肠是一个巨大的"发酵罐",小肠来的残渣在此经微生物分解酶的作用而发酵分解成营养物质被机体吸收。盲肠有适于微生物活动所需要的环境:较高的温度(39.6℃～40.5℃,平均40.1℃)、稳定的酸碱度(pH 6.6～7,平均6.79)、厌氧和适宜的湿度(含水率75%～86%),给予厌氧为主的微生物提供了优越的活动空间。盲肠微生物的巨大贡献是对粗纤维的消化。它们可分泌纤维素酶,将那些很难被利用的粗纤维分解成低分子有机酸(乙酸、丙酸和丁酸)被肠壁吸收。同时,提高了饲草中粗蛋白质的利用率。

大肠是肠道的最后部分,其作用是吸收水分和无机盐,分解部分纤维素,生产"软粪"和"硬粪"。

(二)家兔的食粪性

家兔的食粪特性是指家兔有吃自己部分粪便的本能行为,与其他动物的食粪癖不同,家兔的这种行为不是病理的,而是正常的生理现象。

通常家兔排出 2 种粪便:一种是粒状的硬粪,量大、较干、表面粗糙,依草料种类而呈现深、浅不同褐色;另一种是团状的软粪,多呈念珠状,有时多达 40 粒,质地软、半流体状、表面细腻,犹如涂油状,通常呈灰黑色。有人测定,成年家兔每天排出的软粪约 50g,约占总粪量的 10%。其实家兔食粪的次数和数量不是固定的,与家兔饲料状况、营养需要与生理阶段有关。软粪通常几乎全部被家兔自己吃掉,所以在一般情况下很少发现软粪的存在,只有当家兔生病时才停止食粪。无菌兔和摘除盲肠的兔没有食粪行为。家兔从开始采食植物性饲料后很快就有食粪行为。此外,家兔在白天也吃少量硬粪。同样与饲料和家兔的营养需要有关。

据资料介绍,软粪中含有丰富的营养物质。据测定,1g 硬粪中有 27 亿个微生物,微生物占粪球中干物质的 56%;而 1g 软粪中有 95.6 亿个微生物,占软粪中干物质的 81%。家兔的软粪与硬粪的营养成分比较见表 4-1。

表 4-1　家兔的软粪与硬粪的营养成分比较 （单位:%、mg/kg）

项　目	干物质	粗蛋白质	脂肪	灰　分	纤维素	无氮浸出物	烟酸	维生素 B_2	维生素 B_3	维生素 B_{12}
硬　粪	52.7	18.7	4.3	13.2	46.6	4.9	39.7	9.4	8.4	0.9
软　粪	38.6	37.4	3.5	13.1	27.2	11.3	139.1	30.2	51.6	2.9

家兔的食粪行为具有以下重要的生理意义。

第一,营养得到补偿,特别是维生素、微量元素、蛋白质和生物活性物质。其中的蛋白质是微生物蛋白,在生物学上是全价的。此外,微生物合成 B 族维生素和维生素 K,并随着软粪进入家兔体内和在小肠内被吸收。据报道,通过食粪 1 只兔 1 天可以多获得 2g 蛋白质,相当于需要量的 1/10。与不食粪兔相比,食粪兔每天可以多获得 83%的烟酸(维生素 PP)、100%的核黄素(维生素 B_2)、165%泛酸(维生素 B_3)和42%的维生素 B_{12},缓解由于饲料搭配不良所造成的营养缺乏症。

第二,延长了饲料通过消化道的时间。据试验,在早晨 8 时随饲料被家兔食入的染色微粒,在食粪的情况下,基本上经过 7.3 小时排出;而在下午 16 时食入的饲料,则经 13.6 小时排出。在禁止食粪的情况下,上述指标为 6.6 小时和 10.8 小时排出。

第三,家兔食粪相当于饲料的多次消化,提高了饲料的消化率。据测定,家兔食粪与不食粪时,营养物质的总消化率分别是 64.6%和 59.5%。

第四,增强了家兔对恶劣环境的适应能力。野生条件下,兔子的食物获得没有任何保障。通过食粪,可以增强它们对恶劣环境的抵抗力。在饲喂不足的情况下,食粪还可以减少饥饿感。在断水断料的情况下,可以延缓生命1周。这一点对野生条件下的兔意义重大。

第五,有助于维持消化道正常微生物区系,降低腹泻率的发生。硬粪含有较高的粗纤维。当饲料中的粗纤维含量不足、有可能导致腹泻时,家兔通过大量的采食硬粪,弥补饲料中粗纤维的不足。

第六,促进胃中消化酶的分泌,提高胃中和血液中乳酸的浓度(表4-2),促进胃肠的蠕动和营养的消化吸收。

表4-2　抑制家兔食粪对胃内容物和血液中乳酸浓度的影响

项　目	部　位	对照组(吃粪)	抑制吃粪 4d
饲料采食量(g/d)		124	127
胃中含量(mM)	基底部	4.7	1.9
	胃体	3.4	1.9
	胃腔	2.4	1.6
血(血浆 mM)	静脉	3.4	1.9
	胃	3.8	2.1
	回肠	2.8	1.9
	盲肠	3.6	2.5
	门静脉	3.0	1.8

摘自:李福昌主编《家兔营养》,2009,中国农业出版社

在正常情况下,禁止家兔食粪会产生不良影响。如消化器官的容积和重量均减少,营养物质的消化率降低,血液生理生化指标发生变化,消化道内微生物区系发生变化、菌群数量减少。结果导致生长兔的增重减少,成年家兔消瘦,妊娠母兔胎儿发育不良。因此,通常不得人为限制家兔食粪。

关于软粪形成的机制,目前有2种学说:一种是吸收学说,一种是分离学说。吸收学说是德国人(G. Jornhag)1973年提出的,他认为软粪和硬粪都是盲肠内容物,其形成是由于通过盲肠的速度不同所致,当快速通过时,食糜的成分未发生变化,形成软粪;当慢速通过时,水分和营养物质被吸收,则形成硬粪。分离学说是英国人(E. Leng)1974年提出的,他认为软粪的形成是由于大结肠的逆蠕动和选择作用。在肠道中分布着许多食糜微粒,这些微粒粗细不一。粗的食糜微粒由于大结肠的正蠕动和选择作用进入小结肠,形成硬粪;而细的食糜粒由于大结肠的逆蠕动或选择作用返回盲肠,继续发酵,形成软粪,粪球表面包上一层由细菌蛋白和黏液膜组成的薄膜,防止水分、维生素的吸收。事实上,关于排出软粪的机制目前仍然是个谜。

有人担心,家兔吃粪会诱发球虫病和其他消化道疾病,这种担心是没有必要的。研究发现,只有健康家兔才具有食粪行为,患病家兔尤其是患消化系统疾病的家兔失去这种行为。球虫的发育分为2个阶段:体内发育和体外发育阶段。只有通过体外发育之后才具有侵袭性。因此说,食粪是健康家兔的正常行为,是家兔健康的重要标

志。吃粪也不会造成球虫病和其他疾病。因此,兔舍内保持安静的环境,以保证家兔食粪的正常进行。

(三)家兔对饲料不同营养成分的利用能力

1. 家兔对粗蛋白质的利用能力 家兔能充分利用饲料中的蛋白质。到目前为止,已有很多研究证明家兔能有效地利用饲草中的蛋白质。以苜蓿草粉为例,猪对苜蓿干草粉蛋白质的消化率低于50%,而家兔为73.7%、马为74%。家兔对低质量、高纤维的粗饲料特别是其中的蛋白质的利用能力,要高于其他家畜。据试验,以全株玉米制成颗粒饲料,分别饲喂马和兔,结果对其中的粗蛋白质的消化率,马为53%,兔则高达80.2%(表4-3)。

表4-3 兔与其他动物对饲料的利用能力比较

饲 料	畜 别	消化率(%)			
		粗蛋白质	粗脂肪	粗纤维	能 量
苜蓿干草粉	猪	50 以下	—	—	—
	马	74	6.4	34.7	56.9
	兔	73.7	23.6	16.2	51.8
配合饲料	马	77.3	33.5	38.6	67.4
	兔	73.2	46.0	18.1	62.0
全株玉米颗粒饲料	马	53.0	—	47.5	79.9
	兔	80.2	—	25.0	49.3

表4-3说明,家兔不仅能有效地利用饲草中的蛋白质,而且在利用低质量饲草蛋白质方面的能力也是很强的。H. P. S. Markkar等(1987)研究发现,兔盲肠蛋白酶的活性远远高于牛瘤胃,兔盲肠和其中的微生物都产生蛋白酶,而牛瘤胃的蛋白酶仅来自微生物。因此,科学家们指出,家兔具有把低质饲料转化为优质肉品的巨大潜力。家兔就是借助这种消化特点,采食大量的粗饲料,而能生存并保持一定的生产能力。

2. 家兔对粗脂肪的利用能力 家兔对各种饲料中粗脂肪的消化率比马属动物高得多,而且家兔可以利用脂肪含量高达20%的饲料。但据国外资料报道,若饲料中脂肪含量在10%以内时,其采食量随脂肪含量的增加而提高;若超过10%时,其采食量则随着脂肪含量的增加而下降。这说明家兔不适宜饲喂含脂肪过高的饲料。生产实践中发现,我国家兔饲料中的脂肪水平和能量水平都不高,而对于高产家兔来说,能量水平是决定生产性能的最重要的限制因素。尤其是夏季高温期,由于采食量的降低,极大地影响高产家兔的营养摄入量。在此情况下,在饲料中添加脂肪,提高能量水平,对于维持家兔较高的生产性能作用非常显著。

3. 家兔对能量的利用能力 家兔对能量的利用能力低于马,并与饲料中纤维含量有关。饲料中纤维含量越高,家兔对能量的利用能力就越低。

4. 家兔对粗纤维的利用能力 家兔对粗纤维的消化利用能力很低。据美国NRC1977 年公布的材料,饲料中粗纤维的消化率家兔为14%、牛为44%、马为41%、猪为22%、豚鼠为33%。因此,家兔不能有效地消化与利用粗纤维。一般认为家兔消化道(主要是大肠)内的微生物区系不同于其他草食家畜,缺乏能大量分解纤维的微生物。至于家兔肠道内的微生物区系问题,目前的报道还很不一致。主要有 2 种学说:一种学说认为,家兔肠道内的微生物主要是拟杆菌属的细菌,球菌很少,无乳酸杆菌;另一种学说认为,家兔肠道内的微生物主要是革兰氏阳性菌,其中主要是需氧的枯草杆菌(45%～50%)、乳酸杆菌(39%～45%)和少量的拟杆菌(2%～12%)和大肠杆菌。

还有的试验证明,饲料种类不同,会导致家兔肠道内微生物区系的不同,即饲料可以改变家兔肠道内的微生物组成。兔对粗纤维的消化,主要在盲肠中进行。H. P. S. Markkar(1987)对兔盲肠与牛瘤胃内容物酶活性进行了研究,发现兔盲肠纤维分解酶的活性比牛瘤胃纤维分解酶活性低得多。这就是兔对粗纤维消化率低的主要原因。

从家兔的消化特点来看,纤维性饲料具有快速通过消化的特点,而饲料中的非纤维部分特别是蛋白质,则被迅速消化吸收。因此,科学家们认为,家兔能借助食物快速通过消化系统,很快排泄难以消化的纤维素,所以在利用低质高纤维粗饲料方面的能力可能高于反刍动物。试验证明,家兔对粗纤维的利用率虽然较低,但同时却能利用苜蓿草粉中非纤维部分的 75%～80%,这一点不同于反刍动物。

家兔虽然不能很好地消化利用粗纤维,但这并不意味着粗纤维对家兔没有作用。据观察,粗纤维对维护家兔的正常消化生理是非常重要的。也就是说,在家兔的饲粮中不能缺少粗纤维,如果粗纤维低于正常限度,就会引起消化生理紊乱。据报道,配合饲料中粗纤维低于 6%～8%就会引起腹泻。现在普遍认为,饲料中的纤维性物质具有维持兔消化道正常生理活动和防止肠炎的作用。因此,粗纤维是家兔营养的重要结构组成部分。

5. 家兔对非蛋白氮(NPN)的利用 国内外不少试验表明,在家兔的日粮中添加一定的尿素,对增重有一定的促进作用。反刍家畜有发达的瘤胃,其微生物可以利用NPN 合成自身蛋白,而后瘤胃微生物进入真胃和肠道被消化吸收。反刍家畜饲料中添加尿素已在生产中广泛应用,但作为单胃动物的家兔发达的盲肠存在着与反刍家畜瘤胃微生物发酵过程类似的机制,也可以利用尿素。饲料中加入尿素后,首先在胃中被随饲料进入的微生物分泌的脲酶及胃液中的脲酶所分解,形成氨(NH_3)。后者被胃壁吸收,进入血液。在肝脏中合成尿素。一部分尿素通过肾脏随尿液排出体外;一部分随血液运送至盲肠壁的毛细血管,通过盲肠黏膜分泌到盲肠,被盲肠内微生物分泌的脲酶分解成氨,并被微生物利用,合成自身蛋白。在兔子吞食自身粪便时,微生物蛋白在胃肠中被消化吸收和利用。

尿素添加比例,不同的试验结果不同,一般为 0.5%～2.5%不等。多数试验表明，以尿素占风干日粮的 1% 左右为宜。

添加尿素也有得出相反的结论。因此说，兔子利用尿素有很多限制因素。比如年龄、基础日粮蛋白含量、能量水平和硫氮比等。仔兔盲肠中的微生物区系尚未健全，不可添加尿素；当日粮中的蛋白水平较高时，也无须添加尿素，此时添加也是无益的。只有饲料中的蛋白含量在 14% 以下时添加尿素才有作用；微生物利用尿素同时需要足够的碳源、一定的硫氮比和一定的铜参与。应该指出，家兔利用尿素的效率是很有限的，添加尿素只是低蛋白日粮的补充手段，不可以尿素作为家兔日粮的主要氮源。

6. 家兔对无机硫的利用 饲养实践发现，在兔的日粮中加入一定的硫酸盐（如硫酸铜、硫酸钠、硫酸钙、硫酸锌、硫酸亚铁等）和硫磺，对增重均有促进作用。同位素示踪表明，经口服硫酸盐可被家兔利用，合成胱氨酸和蛋氨酸。这种无机硫向有机硫的转化，是与家兔盲肠微生物的活动及家兔食粪分不开的。

试验表明，家兔口服硫酸盐形式的硫，在食粪的情况下被大量的吸收到血液中，还可在肝脏和肾脏中积聚。在肝脏中，这种硫的同位素有 29% 以硫酸盐的形式存在，有 71% 以胱氨酸和蛋氨酸的形式存在。在禁止食粪的家兔中，有 85% 的硫以硫酸盐的形式存在，只有 15% 以胱氨酸和蛋氨酸的形式存在。

含硫氨基酸是必需氨基酸，而且蛋氨酸是限制性氨基酸。利用家兔盲肠微生物可以利用无机硫的特点，加入一定的无机硫，以代替价格昂贵的含硫氨基酸。笔者试验发现，对于因含硫氨基酸不足所造成的食毛症，在饲料中加入一定的石膏、芒硝、硫磺和生长素（主要是硫酸盐），可使病情得到控制。

7. 家兔耐受高钙 钙和磷是一切动物的必备营养，是组成骨骼和牙齿的主要原料，还参与机体的多种代谢活动。一般来说，动物对于钙和磷需要既有一定的绝对数量，又有严格的比例关系（约为 2∶1）。但是对于家兔而言，这种比例关系远远没有那么严格。家兔具有耐受高钙的能力。即日粮中含有较多的钙和较低的磷时，家兔能将多余的钙通过尿液排出。因此，通常可见兔的尿液浑浊而有干涸沉淀物质。通常豆科牧草（如苜蓿）中含有较多的钙，而大量喂兔时并不发生钙、磷失调。但是，高磷对兔是有害的，可使家兔表现出软骨症和幼兔出现佝偻病。尽管家兔可以耐受高钙，但是在以大量的高钙饲料饲喂时，最好配合一定的高磷饲料（如麦麸）以便更安全。

第二节　家兔的营养需要与饲养标准

一、家兔的营养需要

研究家兔的营养需要是制定家兔饲养标准、科学设计饲料配方以及有针对性地制定饲养方案的重要依据。家兔的营养需要分为维持需要和生产需要，而需要的主要营养物质包括蛋白质和氨基酸、能量、纤维、脂肪、矿物质、维生素、微量元素和水等。

(一)能 量

能量是家兔一切生命活动的动力,蕴藏于饲料的多种营养成分之中(如脂肪、蛋白质、碳水化合物等)。饲料中的能量通过家兔的消化吸收,转变为家兔自身能量。而这种能量一部分维持基本的生命活动,称为维持需要能量;一部分用于生产(如生长、妊娠、泌乳、产毛等),称为生产需要能量。

影响家兔能量代谢和需要的因素有很多,概括起来有以下几部分:一是品种和个体。体型越大,需要的维持能量越高。二是生产性质。生产性质不同,对能量的需要量也不一样,如产肉、产毛、妊娠和泌乳。一般来说,泌乳期间需要的能量最高,其次是生长和泌乳。三是生产性能。同样的品种和生产性质(如都是育肥肉兔或泌乳母兔),生产性能有很大的差异。比如肉兔的日增重,高产家兔可达到50g,而低产家兔仅仅20g左右。有的母兔胎产仔10个或以上,其能量需要量必然大于胎产仔数少的个体。四是环境条件。主要指环境温度、湿度、空气流速。此外,应激因素极大地影响家兔的生产性能,影响家兔健康和正常的生理活动,也对能量的需要量产生影响。

目前家兔能量需要量的单位多以消化能(DE)表示,消化能的单位为兆焦(MJ)。而饲料中的能量含量则以 MJ/kg 表示,即每千克饲料含有的兆焦数。由于能量需要分为维持需要和生产需要,因此家兔每日消化能需要量是维持消化能需要量和生产消化能需要量总和。

1. 饲料能量在家兔体内的转化 饲料中所含有的能量称为总能(GE),又称燃烧热,是饲料完全燃烧生成 CO_2 和 H_2O 所释放的能量。饲料的含能多少主要取决于饲料中各种有机营养物质的浓度。

总能减去粪便中的能量即为消化能。消化能可占饲料总能的 $50\% \sim 80\%$,与饲料的组成和家兔对饲料的消化率有关。消化能的高低,是评价饲料营养价值高低的重要指标。

消化能减去尿中含有的能量(尿能 UE)和发酵能(Eg)即为代谢能(ME)。发酵能主要是甲烷气能。由于家兔产生的甲烷气很少,可以忽略不计。因此,代谢能的多少主要取决于尿能的高低。家兔通过尿排出的能量受到日粮组成、蛋白质水平和家兔的生理状态影响。合理的日粮组成、全价的营养和健康的体质可以降低尿能,即提高饲料能量的转化率。一般来说,代谢能占消化能的 95% 左右。

代谢能减去热增耗(HI)即为净能(NE)。热增耗过去又称为特殊动力作用或食后增热,是指绝食动物在采食饲料后短时间内,体内产热高于绝食代谢产热的那部分热能。热增耗以热的形式散失。HI 的来源有 5 个:①消化过程产热。例如 咀嚼饲料,营养物质的主动吸收和将饲料残余部分排出体外时的产热。②营养物质代谢做功产热。体组织中氧化反应释放的能量不能全部转移到 ATP 上被动物利用,一部分以热的形式散失掉。例如葡萄糖(1mol)在体内充分氧化时 31% 的能量以热的形式散失掉。③与营养物质代谢相关的器官、肌肉活动所产生的热量。④肾脏排泄做功产热。⑤饲料在胃肠道发酵产热(Heat of Fermentation,缩写为 HF)。

事实上,在冷应激环境中,热增耗是有益的,可用于维持体温。但在炎热条件下,热增耗将成为动物的额外负担,必须将其散失,以防止体温升高;而散失热增耗,又需消耗能量。

净能又可分为维持净能(NEm)和生产净能(NEp)。NEm 指饲料能量用于维持生命活动、适度随意运动和维持体温恒定部分。这部分能量最终以热的形式散失掉。NEp 指饲料能量用于沉积到产品中的部分,如增重净能、产奶净能、产毛净能等。

饲料能量在家兔体内的转化过程如图 4-1 中所示。

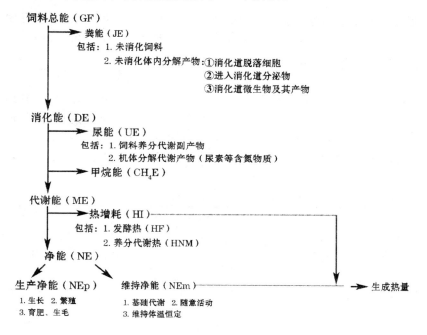

图 4-1　饲料能量在家兔体内的转化过程

2. 体重(W)和代谢体重(LW^{0.75})　　上面提到,家兔的能量需要量与体重有关。国内外大量研究表明,维持需要与代谢体重成正比。所谓的代谢体重,即为体重的 0.75 次方。为了便于计算,下面列出体重和代谢体重的换算表(表 4-4)。

表 4-4　家兔体重与代谢体重的换算表

体　重	代谢体重	体　重	代谢体重	体　重	代谢体重
0.5	0.5946	2.75	2.1355	5.00	3.3437
0.75	0.8059	3.00	2.2795	5.25	3.4683
1.0	1.0000	3.25	2.4205	5.50	3.5915
1.25	1.1822	3.50	2.5589	5.75	3.7132
1.50	1.3554	3.75	2.6948	6.00	3.8337

体　重	代谢体重	体　重	代谢体重	体　重	代谢体重
1.75	1.5215	4.00	2.8284	6.25	3.9528
2.00	1.6818	4.25	2.9600	6.50	4.0708
2.25	1.8371	4.50	3.0897	6.75	4.1877
2.50	1.9882	4.75	3.2175	7.00	4.3035

3. 家兔对能量的维持需要　不同的试验得出的结果不尽一致，主要受到品种和测定方法的影响。生长家兔维持的消化能需要量每天 $381 \sim 552 kJ/(kg \cdot LW^{0.75})$，成年家兔为每天 $326 \sim 398 kJ/(kg \cdot LW^{0.75})$，妊娠母兔的 DEm 每天 $352 \sim 452 kJ/(kg \cdot LW^{0.75})$，而泌乳母兔的 DEm 则为 $413 \sim 500 kJ/(kg \cdot LW^{0.75})$。

Lebas(1989)总结前人的研究资料，建议非繁殖和泌乳母兔的 DEm 分别为每天 $400 kJ/(kg \cdot LW^{0.75})$ 和 $460 kJ/(kg \cdot LW^{0.75})$。Xiccato(1996)建议非繁殖母兔的 DEm 为每天 $400 kJ/(kg \cdot LW^{0.75})$，妊娠或泌乳母兔的 DEm 为每天 $430 kJ/(kg \cdot LW^{0.75})$，妊娠同时泌乳母兔 DEm 为每天 $460 kJ/(kg \cdot LW^{0.75})$。而众多学者测定生长家兔的平均 DEm 为 $431 kJ/(kg \cdot LW^{0.75})$（表 4-5）。

表 4-5　新西兰白兔或杂交生长兔维持能量平衡（RE＝0）时的能量需要

作　者	DEm(kJ/d LW[0.75])	MEma(kJ/d LW[0.75])
Isar(1981)	470	446
Scheele 等(1985)(17℃时)	413	392
Parigi Bini 和 Xiccao(1986)[b]	425~454	40~431
Partridge 等(1989)	381	362
Nizza 等(1995)	441~454	419~432
平均	431	409

注：a. 假设 ME＝0.95DE 由 DEm 计算；b. 由空代谢体重（EBW[0.75]）的最初数据重新计算得来

摘自：李福昌主编《家兔营养》，2009，中国农业出版社

按照以上估测，1 只 4kg 标准体型的母兔在不同的生理阶段和 1 只 1.5kg 的生长育肥兔维持需要的消化能和标准饲料（消化能 10.4MJ/ kg）的数量如表 4-6 所示。

表 4-6　体重 4 千克不同生理阶段的母兔和 1.5kg 生长兔维持需要量

生理阶段	体重/代谢体重	DEm(kJ/d.LW[0.75])	DE(kJ/d)	消耗饲料(g/d)
空怀期	4/2.8284	400	1131.36	107.75
妊娠期	4/2.8284	430	1216.21	115.83
泌乳期	4/2.8284	430	1216.21	115.83
妊娠泌乳期	4/2.8284	460	1301.06	123.91
生长育肥期	1.5/1.3554	431	584.178	55.64

4. 家兔对能量的生产需要

（1）生长能量需要 当日粮可消化蛋白与可消化能比维持不变、且蛋白质所含主要氨基酸平衡时，日粮 DE 浓度介于 11MJ/kg 和 11.5MJ/kg 时可获得最大平均日增重。低于此浓度，消化能摄入量不足，兔的生长速度变慢；超过 12MJ/kg 时，生长速度也下降。但事实上，由于我国家兔饲料优质牧草资源匮乏，多为秸秆为主的农副产品下脚料，难以达到标准要求。因此，根据生产调查，我国家兔饲料的转化效率普遍偏低。

生长兔体内能量沉积的主要形式是蛋白质，其次是脂肪。估测以蛋白质和脂肪沉积的 DE 利用效率分别为 0.38～0.44 和 0.6～0.7，使用析因法及以上所提及的能量利用系数和 DEm 值，就能估测生长家兔的 DE 需要。生长过程中饲料消化能用于家兔生长的利用效率为 0.525（De Blas 等，1985）。

（2）妊娠能量需要 妊娠的能量需要包括胎儿、子宫、胎衣等沉积的能量以及母体本身沉积的能量。

妊娠母兔组织 DE 的利用效率估计为 49%，用于胎儿生长的日粮 DE 利用率较低、仅妊娠的母兔为 31%，泌乳同时又妊娠的母兔为 27%。

妊娠母兔的能量沉积速度和沉积方式是不同的。Parigi-Bini 等（1986）用屠宰试验测定了新西兰白兔初产母兔妊娠期间的体内组织成分变化和胎产物中沉积的营养物质。在妊娠的前 20 天，平均每天沉积蛋白质 0.9g、脂肪 0.46g、能量 37.66kJ；后 10 天，平均每天沉积蛋白质 5.4g、脂肪 2.4g、能量 213.38kJ。也就是说，母兔在妊娠的前期能量的沉积量较少，后期较多。母体全期平均每日沉积蛋白质 1.3g，能量 66.94kJ。可见妊娠前期主要是母体增重沉积营养成分，胎产物的沉积量可忽略不计。妊娠后期胎儿发育迅速，营养需要量急剧上升，饲料的供应量已不能满足胎儿的需要，母体动用营养贮备以满足胎儿的生长。

（3）泌乳能量需要 泌乳的能量需要指母兔分泌出的乳汁中所含的能量。

泌乳的营养需要量取决于哺乳量的高低和哺乳仔兔的数量。所哺喂的仔兔越多，母兔的哺乳量相应会提高（Lebas，1988）。每日泌乳量乘以乳成分含量再乘以生产乳汁的能量转化率即为每日产乳的营养需要量。兔乳所含能量大约为 7.53kJ/g，若每日哺乳为 200g，每日产乳提供的能量为 7.53kJ/g×200g＝1 506kJ。

用于产奶的 DE 利用率，Parigi-Bini 等（1991，1992）对泌乳非妊娠和泌乳同时妊娠母兔的估测值为 63%，与 Lebas（1989）所估测值相符；Partridge 等（1986）建议常规日粮的 DE 利用率为 61%～62%。泌乳母兔和泌乳同时妊娠的母兔用于产乳的体贮存能的利用效率为 76%。刘世民等（1989）根据对安哥拉毛兔妊娠期的屠宰试验，计算出 DE 用于胎儿生长的利用效率为 0.278，用于母体内能量沉积的效率为 0.747。与估测生长家兔相似，也可计算繁殖母兔的能量需要和体平衡。

（4）产毛能量需要 据刘世民等（1989）报道，每克兔毛含能量约 21.13kJ，DE 用于毛中能量沉积的效率为 0.19，所以每产 1g 毛需要供应大约 111.21kJ 的消化能。

5. 能量缺乏或过剩的后果 当能量水平低于维持身体各种重要功能所需时,家兔分解体脂、体蛋白作为能源,家兔消瘦、出现病态、甚至死亡。在能量饥饿状况下,体内能量贮存依以下顺序被利用:首先耗尽体内正常贮存的少量糖原,其次大部分贮存脂肪被耗尽,最后蛋白组织被用来维持血糖水平并支持其他生命功能。当能量对其他营养物质的比例超过家兔为正常生长、繁殖、活动以及维持生命功能所需的比例时,就是日粮能量过多。如能量稍有过多,家兔脂肪沉积增加,而且由于过高的能量使家兔采食量减少,从而使摄取的蛋白质和其他营养物质不能满足生长、繁殖或生产的最佳需要,使家兔达不到最佳生产状态,遗传潜力得不到充分发挥,但并不引起可觉察的症状。当日粮能量严重过量,饲料采食严重减少,以至严重缺乏蛋白质、氨基酸、矿物质、维生素,则生长可能完全停止,家兔可能很肥但表现出对蛋白质和维生素的"饥饿"症状。同时对繁殖力的影响最为严重,出现受胎率低、产仔数少、死胎等。

(二)蛋白质

蛋白质是一切生命的物质基础,是细胞的重要组成部分,是机体内功能物质的主要成分,是组织更新修补的重要原料;蛋白质还可供能和转化为糖和脂肪。蛋白质是一类数量庞大的由氨基酸组成的物质的总称。蛋白质的主要组成元素是碳、氢、氧、氮。大多数的蛋白质还含有硫,少数含有磷、铁、锌、铜、锰、碘等元素。各种蛋白质的含氮量差异不大,一般按 16% 计算。组成蛋白质的氨基酸有 22 种,天冬氨酸和谷氨酸为酸性氨基酸,赖氨酸、精氨酸、瓜氨酸和组氨酸为碱性氨基酸,其余为中性氨基酸。其中胱氨酸、半胱氨酸和蛋氨酸为含硫氨基酸;天冬酰胺和谷氨酰胺为酰胺型氨基酸,苯丙氨酸和酪氨酸为芳香族氨基酸,色氨酸、组氨酸、羟脯氨酸和脯氨酸为杂环氨基酸,甘氨酸、丙氨酸、缬氨酸、亮氨酸、异亮氨酸、丝氨酸和苏氨酸为中性脂肪族氨基酸。蛋白质中的氨基酸都是 L 型的。氨基酸种类、数量和排列顺序的不同构成各种不同的蛋白质。家兔生长发育及生产所需的氨基酸有些需通过饲料提供,有些可以在体内合成。必须由饲料提供的氨基酸被称为必需氨基酸,其余的为非必需氨基酸。蛋白质的营养实质上是氨基酸营养。在现行的家兔饲养标准中,对以下氨基酸做了规定:蛋氨酸、胱氨酸、赖氨酸、精氨酸、苏氨酸、色氨酸、组氨酸、异亮氨酸、缬氨酸和亮氨酸共 10 种,在为家兔配合日粮时要注意满足供给。

以往人们评价饲料或家兔营养需要时,往往以粗蛋白质作为评价指标。由于蛋白质的氨基酸组成不同,家兔对不同氨基酸组成的蛋白质的消化率不同,而采食量又主要取决于日粮中消化能的含量。因此,可消化蛋白或可消化必需氨基酸水平与日粮中消化能的关系至关重要。用可消化蛋白来表达蛋白质的需要量更为合适。

1. 家兔对蛋白质的需要

(1)蛋白质的维持需要 有关家兔维持氨基酸需要量的资料不多,生长家兔和母兔粗蛋白质维持需要量分别为 2.9g 可消化粗蛋白质/(kg·$LW^{0.75}$·d)和 3.7g 可消化粗蛋白质/(kg·$LW^{0.75}$·d)。妊娠和泌乳母兔 3.7～3.8g 可消化粗蛋白质/(kg·$LW^{0.75}$·d)。

(2)蛋白质的生长需要　根据目前绝大多数试验结果,生长兔(无论是肉兔还是毛兔)饲粮中比较适宜的粗蛋白质水平为15%～16%,但同时要求赖氨酸和其他几种必需氨基酸的含量满足要求。低于这个水平,兔的生长潜力便得不到最大发挥。

(3)母兔的蛋白质需要　家兔的妊娠期短,所以营养水平的变化对妊娠兔的生产性能影响并不很大。Youo(1988)等用苜蓿草粉和粗面粉配成了粗蛋白质16%的饲粮与加入豆饼、粗蛋白质含量21%的饲粮进行对比试验,根据连产5胎的资料,粗蛋白质水平对受胎率、每胎间隔时间、每窝仔兔数、窝重、平均仔兔重、死亡率、断奶前和断奶后仔兔的生产性能都没有明显的影响。但当饲粮粗蛋白质含量低至13%时,肉兔母体妊娠期间增重少,甚至出现失重现象,很明显,13%的粗蛋白质水平不能满足妊娠兔对蛋白质的需要。而当饲粮粗蛋白质水平提高到17%后,死胎率有增加的趋势(李宏,1990)。同样的结果在安哥拉毛兔的试验中也得到了证实(刘世民,1990)。所以,妊娠兔对粗蛋白质的需要量并不是很高,15%～16%即可满足要求。

虽然在有的试验中哺乳兔给予16%的粗蛋白质,可以获得较满意的结果(Youo等,1988),但大部分试验的结果显示出,提高粗蛋白质水平有提高哺乳母兔哺乳量的作用。谷子林(1998)对獭兔的研究表明,母兔妊娠期的粗蛋白质水平以16%为宜,而泌乳母兔的粗蛋白质水平以17.5%为佳。

(4)产毛的蛋白质需要　关于产毛兔蛋白质需要量的资料极少。刘世民等(1989)的测定结果为,每克兔毛中含有0.86g的蛋白质,可消化粗蛋白质用于产毛的效率(产毛的效率＝兔毛中蛋白质÷用于产毛的可消化粗蛋白质)约为0.43,即每产1g毛,需要2g的可消化粗蛋白质。

2. 家兔对氨基酸的需要　在生产中研究较多的是赖氨酸、精氨酸和含硫氨基酸(蛋氨酸和胱氨酸)。对色氨酸和苏氨酸方面的研究工作也有人开始进行。

用肉兔进行的大部分试验表明,生长兔日粮中赖氨酸和含硫氨基酸的最佳水平应为0.6%～0.85%。过量的赖氨酸供应造成的不良影响并不严重,但含硫氨基酸一旦添加过量,很容易引起厌食和生产性能下降。我国饲养长毛兔数量很多,生产对添加含硫氨基酸也非常重视。一些试验结果表明,饲粮中高赖氨酸(超过0.7%)对繁殖兔的生产性能并没有改善作用;在低蛋白质含量的饲粮中添加赖氨酸和含硫氨基酸可提高生长兔的生产性能;安哥拉毛兔饲粮中的含硫氨基酸量不宜超过0.8%。实际上,在我国的饲料条件下,常用饲料配制的毛兔饲粮中的含硫氨基酸量一般为0.4%～0.5%。为此需要常规性地添加0.2%～0.3%,现已证实了添加含硫氨基酸对提高产毛量的有效性。

现已证实,在兔体内可合成精氨酸。关于精氨酸在生长兔饲粮中的适宜含量,一些试验结果表明,精氨酸含量达0.56%以上,即可获得良好的增重。事实上,由于我国家兔饲料多以杂粕作为蛋白质来源,而杂粕的精氨酸含量很高(棉粕3.6%～3.8%,菜籽粕2%,花生粕4.6%～5.2%,芝麻粕4%左右)。因此,一般家兔饲料中精氨酸的含量均在0.75%以上,很少出现精氨酸缺乏的现象。

3. 蛋白质不足或过量对家兔的影响 在生长兔轻微缺乏蛋白质或某种必需氨基酸时，只表现与缺乏程度相应的生长降低。蛋白质缺乏意味着日粮能量蛋白之间出现不平衡，这将引起组织内脂肪沉积增加，从而降低饲料的转化率。当严重缺乏蛋白质或某种氨基酸时，导致生长立即停止和惊人的生长损失。家兔血红蛋白和免疫抗体合成减少，出现贫血，抗病能力下降，严重破坏生殖功能，受胎率降低，产生弱胎、死胎，直至危及生命。蛋白质过量，即便所有必需氨基酸处于平衡状态，也会导致生长轻微降低，体脂肪沉积减少，而血液中含氮物质升高，增加肝、肾代谢负担，使家兔处于亚健康状态。

(三)碳水化合物

饲料中的碳水化合物按营养功能分为两类：一是可被动物肠道分泌的酶水解的碳水化合物，主要是位于植物细胞内的多糖，以淀粉为主；二是只能被微生物产生的酶水解的碳水化合物，主要是组成细胞壁的多糖，以纤维素为主。

1. 淀 粉 淀粉在家兔的消化道中也可被完全消化，一般情况下家兔粪中淀粉含量极少。

淀粉主要在小肠中消化，但在胃和大肠中也可对淀粉进行降解。研究大肠中微生物群对淀粉的降解、淀粉在后肠消化的影响因素及盲结肠微生物活动都特别重要。

小肠内不消化的淀粉发酵可影响家兔盲结肠内微生物活性和稳定性，是诱发家兔发生消化道疾病的重要因素。成年家兔盲结肠所发酵的淀粉只占采食淀粉的少部分，但淀粉发酵量的小变化却可影响纤维分解活性和常见的消化道疾病。研究表明，日粮淀粉不影响仔兔从开始采食饲料到断奶这一段时间的死亡率，但断奶后家兔的死亡率随淀粉采食量升高而显著升高，这与不同纤维来源也有关。Maertens(1992)建议日粮淀粉最大量为135g/kg(风干基础)。

2. 纤 维

(1)纤维素的消化代谢 家兔体内不分泌纤维素酶，只能借助盲肠和结肠内微生物对纤维素进行消化。4周龄后的仔兔盲肠内细菌便具有较强的分解粗纤维的能力。在盲肠内，粗纤维被分解为挥发性脂肪酸。根据谷子林(2004)研究，生长兔盲肠中总挥发性脂肪酸为1.1～1.3 g/L，其中乙酸85%左右、丙酸约9%、丁酸约6%。这些挥发性脂肪酸被盲肠黏膜吸收入血，参与体内代谢，每1g乙酸、丙酸、丁酸氧化产生的热能分别为14.43kJ、19.08kJ、24.9kJ。家兔通过这些脂肪酸摄取的能量，相当于每日能量需要的10%～20%。乙酸和丁酸还可在乳腺中合成乳脂，丙酸在肝脏中合成葡萄糖。未被分解的粗纤维随粪便排出。

(2)家兔对纤维的需要量 以往人们研究家兔的纤维营养多以粗纤维为衡量指标，在世界范围内使用较广泛。在常规饲料营养成分表中，多有粗纤维的数据。关于家兔对粗纤维的需要量，不同的研究有较大的差异(表4-7)。其主要原因在于粗纤维是一个笼统的概念，而不是一种化学成分。不同饲料粗纤维中的化学组成有较大差异，因而获得的结果不同是可想而知的。

表 4-7　家兔对粗纤维的需要量　（%）

研究者	年 份	适宜粗纤维水平				备 注
		生长兔	空怀母兔	妊娠母兔	泌乳母兔	
程　园等	1994	8～10				大耳白、丹麦白、加利福尼亚
金岭梅等	1994	12				肉兔
王士长等	1999	17				新西兰
邵庆梅等	2000	14.9～16				大耳白
廖维和等	1995	11				新西兰
何瑞国等	2000	14				大耳白
张　伟等	1999	9				新西兰
汤宏斌等	1999	12.51				大耳白
王士长等	2000	7				肉兔
唐良美等	1994			9～12	9～12	ZIKA
朱国江	1998	11.57				大耳白
张　力等	1996	8～14	14～20	14	10	总结前人成果
窦如海等	1994 1995	11～14		12～14 12～14	10～12 10～12	新西兰、加利福尼亚
谷子林等	1998	12～14	15～18	14～16	12～14	家兔、肉兔
丁晓明等	1987	8～10		10～14	10～12	安哥拉
刘世民等	1990	14～16		14～15	12～13	德系安哥拉；产毛兔 13～17,种公兔 16～17
张晓玲	1988	12.8～12		12	12	肉兔；种公兔 12
李　宏	1990	15		15	13	肉兔
NRC	1994	10～12	14	10～12	10～12	肉兔
W. Schlolaut	1988	9～12		10～14	10～14	肉兔
INRA	1984	14	15～16	14	12	母仔混养 14
Blas E	1995	15.3				杂交肉兔

　　近年来,范苏氏特(Van Soest)粗饲料分析方法得到众多人的采纳,因此评价家兔纤维营养的指标发生了变化。目前多数人认为,家兔饲粮中纤维的含量为每千克干物质 150～500g(表 4-8)。

表 4-8　生长兔全价日粮中的纤维水平　（g/kgDM）

项　目	纤维水平
粗纤维	140～180
酸性洗涤纤维（ADF）	160～210
中性洗涤纤维（NDF）	270～420
水不溶性细胞壁（WICW）	280～470
总日粮纤维（TDF）	320～510

摘自：李福昌主编《兔生产学》，2009，中国农业出版社

（3）纤维高低对家兔的影响　粗纤维对家兔的饲料消化率存在负效应。纤维水平增加时，饲料消化率会下降，这主要是因为饲料中增加了纤维成分，每增加一单位的粗纤维会导致干物质消化率下降 1.2～1.5 个百分点；而 NDF 水平（包含半纤维素）对干物质消化率仅有稀释效应，每增加 10g NDF 可使干物质消化率降低 1 个百分点。其他的木质化纤维因含有 ADL、苯酚化合物（如鞣酸）可降低回肠内蛋白质的利用率。

实践表明，家兔患消化系统疾病较多。而且一旦发生腹泻或肠炎很难救治，死亡率极高。而消化道最敏感的物质是粗纤维。当其含量不足时即可导致消化功能失调。

关于低纤维日粮引起腹泻的原因，美国著名的养兔专家 Patton 教授提出的后肠过度负荷学说受到多数人的认可。饲喂低纤维、高能量和高蛋白日粮，使过的碳水化合物在小肠内没有完全被消化吸收而进入盲肠。根据谷子林等（2008）研究，日粮粗纤维水平影响盲肠内容物营养成分（表 4-9）。日粮粗纤维含量增加，盲肠中粗纤维含量增加，碳水化合物降低。低纤维日粮由于过量的非纤维性碳水化合物进入盲肠，使一些产气杆菌（如大肠杆菌、魏氏梭菌等）大量繁殖和过度发酵，破坏了盲肠内正常的微生物区系和盲肠的正常内环境。那些具有致病作用的产气杆菌在发酵碳水化合物的过程中产生大量的毒素，被肠壁吸收，并使肠壁受到破坏，肠黏膜的通透性增高，大量的毒素被吸收进入血液，造成全身性中毒。由于肠道的过度发酵，产生小分子有机酸，使后肠内渗透压增高，大量水分子进入肠道。又由于毒素的刺激使肠壁蠕动加快，造成急性腹泻，继而转化成肠炎。因此，日粮中粗纤维不仅仅提供一定的营养，更重要的是粗纤维对维持肠道内正常消化功能起到举足轻重的作用。很多国内外养兔者试图通过提高营养水平（降低纤维，提高能量和蛋白质比例）来促进兔的生长，结果令人失望：不仅不能加速增长，在短短的几天内发生腹泻和肠炎，造成大批死亡。而对于发生腹泻的兔群，仅仅增加粗饲料（投喂粗饲料，让其自由采食）而不投喂任何药物，患兔逐渐恢复健康。由此可见，粗纤维在维持家兔正常的消化功能方面发挥了其他营养所不可代替的作用。

表 4-9 日粮粗纤维水平对盲肠内容物营养成分的影响 （%）

纤维水平	7	9	12	14
粗蛋白质	19.24±1.74	19.20±2.16	17.35±1.64	18.73±1.71
粗脂肪	2.94±0.40	2.90±0.72	2.40±0.87	2.45±1.33
粗灰分	21.3±2.11	20.45±2.23	18.79±3.99	19.03±2.17
无氮浸出物	47.75^A±3.14	43.50^A±3.29	40.34^B±3.85	43.85^A±3.32
粗纤维	10.86^{Aa}±1.99	15.47^{Ba}±2.85	15.19^{ABa}±2.70	17.57^{Bb}±1.95

（四）脂　肪

脂肪是不溶于水而溶于有机溶剂（如乙醚和苯）的一类有机物。脂肪可分为两类：可皂化脂类和非皂化脂类。可皂化脂类包括简单脂和复合脂，非皂化脂类包括固醇类、类胡萝卜素及脂溶性维生素类。简单脂即甘油三酯，是动物体内贮存能量的主要形式，主要参与能量代谢。1kg 甘油三酯中平均含有 31.3～41.7MJ 消化能，是玉米的 2.5 倍。复合脂除含有疏水基团外，还含有亲水极性基团，包括磷脂、糖脂和脂蛋白。复合脂共同构成动、植物细胞成分（核、线粒体等）的生物膜，参加复杂的生物合成和分解代谢的各种酶，通常集中在生物膜的表面，因此这类脂具有重要的作用。

1. 脂肪的消化和吸收　十二指肠是脂肪消化吸收的主要部位，脂肪和其他养分的机械分离在胃中就开始，初步的乳化在胃及十二指肠中就已开始，进一步的乳化是在和胆盐接触之后。乳化后的脂肪微粒和胰脂酶接触的面积更大，在胰脂酶作用下，脂肪的脂肪酸从甘油三酯分子上水解下来。吸收的主要形式是甘油一酯和脂肪酸，少量甘油二酯可被吸收。甘油一酯和脂肪酸被吸收后在肠道黏膜内重新合成甘油三酯，并重新形成乳糜微粒后运往全身各组织。在肝脏中，用以合成机体需要的各类物质，或在脂肪组织中贮存起来，或用于供能，产生能量及二氧化碳和水。

2. 影响脂肪和脂肪酸利用率的因素

（1）脂肪酸链的长度　长链不饱和脂肪酸的吸收率比低熔点短链不饱和脂肪酸吸收率低。

（2）脂肪酸中双键的数量　不饱和脂肪酸含量高的植物油吸收率高于动物油，消化率为 83.3%～90.7%。

（3）家兔的周龄　幼龄家兔对饱和脂肪酸的吸收能力较差，随周龄增大而提高。

3. 家兔对脂肪的需要　脂肪对家兔具有营养功能，如构成体组织，贮存和供给能量，促进脂溶性维生素的吸收等。在家兔的产品中也含有一定量的脂肪，如兔乳中含 13.2% 的乳脂，兔毛中含 0.84% 的油脂，兔肉中含 8.4% 的脂蛋白。因此，脂肪的供给量必须满足以上需求。一般认为，家兔日粮中粗脂肪的含量达到 3% 即可。

在我国家兔生产中，很少有人在饲料中添加脂肪。其原因有 2 个：一是正常情况下以玉米为主要能量饲料所构成的家兔饲料中，其脂肪含量一般可满足家兔的营养需要；二是脂肪的价格较高，而非食用脂肪的质量难以保证。事实上，据笔者调查，我国家兔饲料,无论是中小规模兔场的自配饲料,还是众多的商品饲料,其能量均难以达到家兔营养标准。因此,在家兔饲料中添加适量的脂肪,对于提高饲料的能量水平,提高饲料转化效率和促进生长,改善颗粒饲料质地,均具有良好效果。

(五)矿物质

家兔至少需要 13 种矿物质,用于骨骼和牙齿的形成,多种酶的成分,蛋白质、器官、血液中的成分,肌肉和神经发挥功能,维持机体代谢过程,维持渗透压平衡。需要数量大的矿物质元素被称为常量元素,需要量很小的矿物质元素被称为微量元素。有些矿物质(如硫、钾和镁)在通常的家兔日粮中含量充足,无须专门添加,但在疾病或追求最大生产率时应予考虑。

1. 常量元素 家兔的常量元素包括钙、磷、镁、钠、钾、氯、硫等,目前家兔日粮中只对钙、磷、钠的需要量做过明确的表述。

(1)**钙和磷** 机体内的矿物质 70% 以上是钙和磷,80%～90% 的钙和磷以羟基磷灰石的形式存在于骨骼和牙齿中,其余 10%～20% 分布于软组织和体液中。正常骨骼的构成、肌肉的收缩和机体对能量的利用都需要钙和磷。日粮中钙和磷的利用受以下因素影响。一是日粮中矿物质的种类和数量。日粮中各种矿物质齐全、数量充足,矿物质的利用率才高。二是日粮中维生素 D 的水平。维生素 D 与钙和磷的吸收有关。维生素 D 的缺乏可以导致钙和磷的吸收降低;而维生素 D 过剩也是有害的,可以引起生长不良和心脏、肺脏和肾脏的钙化作用。三是钙、磷的平衡。家兔日粮中钙对磷的理想比例应该是 1.5～2∶1,但其范围可以为 1.4～1.7∶1。家兔钙被机体吸收进入血液循环的效率高于猪和反刍动物,过多的血钙经肾排出体外,呈白色、黏稠、奶油样的尿液。生产中往往发现尿液蒸发后沉积于笼底的白色物质。尽管家兔对于钙、磷比不十分敏感,但如果二者的比率超出这个范围,会导致钙、磷吸收和利用不良,从而引起生长速度下降、生产性能低于标准。另外,日粮中钙、磷过量会影响其他矿物元素尤其是微量元素的吸收利用。

兔大肠中的微生物可产生植酸酶,因此植酸盐可被兔很好地利用;玉米—豆粕型日粮中 75% 的磷表观消化率接近于磷酸氢钙。大部分磷通过家兔吃软粪循环利用以达到植酸磷的完全利用。

日粮中钙、磷水平随家兔年龄、品种、日粮组成的不同而不同,文献推荐生长育肥兔日粮中钙添加量为每千克饲料 4～10g,磷为 2.2～6g。

兔乳富含钙、磷,比牛乳要高出 3～5 倍。因此,泌乳期家兔日粮比生长期和不泌乳时对钙、磷的需要量要高,平均每千克饲料中钙为 4.5～6.5g,磷为 3.5～4.5g。1只母兔在产奶高峰期 1 次可排出 2g 钙,建议母兔每千克日粮中钙为 7.5～13.5g,磷为 5～8g。

(2)**钠和氯** 主要存在于体液中,对维持家兔体内的酸碱平衡、细胞及血液间渗透压有重大作用,保证体内水分的正常代谢,调节肌肉和神经的活动。氯参与胃酸的形成促进蛋白质在胃中的消化。氯和钠缺乏导致食欲减退和体重下降。肾脏可以排除多余的氯和钠以调节机体的氯和钠水平。食盐中毒一般少见，但是食入大量食盐而没有充足的饮水时可能发生。氯的营养需要量确定在 $1.7\sim3.2g/kg$，过量的氯（$4.7g/kg$）不会影响动物行为。对高产家兔来讲，食盐和赖氨酸的盐酸盐可作为钠和赖氨酸的原料直接或间接加到日粮中，生产实际中的日粮不可能缺乏氯，一般水平为 $2.8\sim4.8g/kg$。

（3）镁　大约 70% 存在于骨中。镁是碳水化合物和脂肪代谢中一系列酶的激活剂，它可影响神经肌肉的兴奋性，低浓度时引起痉挛。家兔对镁的表观消化率为 44%～75%。镁的主要排泄途径是尿。目前家兔镁的代谢机制还不清楚，由钙代谢可推测过量的镁也是由尿排出的。对生长兔来讲，日粮中镁的需要量在 $0.3\sim3g/kg$。商品兔日粮中镁的添加量还没确定。由于饲料中镁的含量一般较高，因此家兔日粮中很少单独再补充镁。

（4）钾　具有维持细胞内渗透压和调节酸碱平衡的作用。对神经、肌肉的兴奋性有重要作用。由于植物性饲料中富含钾，所以很少发生缺钾现象。但是，日粮高水平钾（超过 1%）会阻碍镁的吸收，可引起家兔肾炎和生长阻滞。

（5）硫　在家兔体内主要存在于含硫氨基酸—蛋氨酸、胱氨酸及其他含硫物质中，在角蛋白中最集中，即毛中含硫最多。日粮中的无机硫和含硫氨基酸在体内释放硫，用于合成软骨素基质、牛磺酸、胱氨酸等有机成分，通过这些有机成分的代谢起作用。目前无机硫对维持家兔健康和生产是否必需尚无定论，但当日粮中钼或铜的水平过高时，会干扰硫的代谢。因此，高铜日粮增加对含硫氨基酸的需要量，相反增加含硫氨基酸可以抵消高铜的毒性。家兔盲肠中的微生物可以利用无机硫合成含硫氨基酸，再通过吃软粪补充到体内。家兔对硫的需要量目前尚无确定的数据。

集约化兔场家兔日粮中矿物质的添加量见表 4-10。

表 4-10　集约化兔场家兔日粮中矿物质的添加量　（g/kg）

资料来源	钙	磷	钠	氯	钾
生长育肥兔 NRC(1977)	4.0	2.2	2.0	3.0	6.0
AEC(1987)	8.0	5.0	3.0	—	—
Schlolatr(1987)[a]	10.0	5.0	—	—	10.0
Lebas (1990)	8.0	5.0	2.0	3.5	6.0
Burgi(1993)	5.0	3.0	—	—	—
Mateos 等(1994)	5.5	3.5	2.5	—	—
Vandelli(1995)	4.0～8.0	3.0～5.0	—	—	—
Maertens(1996)	8.0	5.0	—	3.0	—
Xiccato(1996)[b]	8.0～9.0	5.0～6.0	2.0	3.0	—
泌乳母兔 NRC(1977)	7.5	5.0	2.0	3.0	6.0

资料来源	钙	磷	钠	氯	钾
AEC(1987)	11.0	8.0	3.0	—	—
Schlolatr(1987)[a]	10.0	5.0	—	—	10.0
Lebas (1990)	12.0	7.0	2.0	3.5	9.0
Mateos 等(1994)	11.5	7.0	—	—	—
Vandelli(1995)	11~13.5	6.0~8.0	—	—	—
Maertens(1996)	12.0	5.5	—	3.0	—
Xiccato(1996)[b]	13~13.5	6.0~6.5	2.5	3.5	—

注:a. 安哥拉兔;b. 青年母兔摘自:李福昌主编《兔生产学》,2009,中国农业出版社

2. 微量元素 包括铁、铜、锰、锌、硒、碘、钴。家兔的微量元素需要量见表 4-11。微量元素一般是通过预混料添加到家兔日粮中的。

(1)铁 红细胞中血红蛋白的构成需要铁,血红蛋白携带氧到身体的各个部位。兔体的铁有 60%~70% 存在于血红蛋白和肌红蛋白中,20%左右的铁与蛋白质结合成铁蛋白存在于肝、脾和骨髓中,其余的铁存在于含铁的酶类中。日粮铁的吸收受体内铁贮的调控,一般利用率只有 30%。家兔在胎儿期可以通过胎盘获得适量的铁,只要给母兔提供含适量铁的日粮就可以了。出生时仔兔体内会有大量的铁,因此仔兔不像仔猪那样靠外源性铁存活。即使兔乳中含铁量低,仔兔也很少出现缺乏症。另外,仔兔在 14 日龄以后开始吃料,而饲料中的大多数成分富含铁,所以兔早期生长也不会出现缺铁症。最新数据表明,在母兔日粮中添加 80mg/kg 的铁使饲料中含铁总量为 129mg/kg 时有益于母兔生产。给母兔喂添加铁的饲料会提高乳量,增加窝重。铁的建议添加量一般在 30~100mg/kg,母兔和毛用动物需要量多。

(2)铜 铜能促进血红素的形成,参与构成细胞色素氧化酶、铁氧化酶、赖氨酰氧化酶、酪氨酸氧化酶等,与毛的发育、色素的产生、骨的发育、生殖、泌乳等有关。建议家兔铜的添加量为 5~20mg/kg,长毛兔和繁殖母兔需要量高。由于铜广泛存在大多数干草中,同时肝也能贮存铜,因此即使喂铜含量低的日粮时家兔也不会出现缺乏症;但应注意避免饲喂含硫、钼高的青贮料,因为铜、钼营养拮抗,而硫能加剧这种对抗。除了重要的营养作用,铜还被广泛作为一种生长促进剂。一些报道表明,饲料中硫酸铜含量为 100~400mg/kg 可提高育肥兔的生长速度。铜的这种作用对幼兔及卫生状况差的兔舍、存在肠炎、肠毒血症疾病的兔有积极作用。高铜会造成环境污染。欧洲禁用硫酸铜作为生长促进剂,美国也不允许硫酸铜在商品饲料中的高水平利用。

(3)锰 动物组织中骨骼、肝脏、肾脏及胰腺中的锰含量最高。锰是骨骼有基质形成过程中所必需的多糖聚合酶和半乳糖转移酶的激活剂,为形成骨骼所需。锰

还参与氧化磷酸化反应、氨基酸代谢、脂肪合成及胆固醇代谢,并与生长生殖有关。锰缺乏时生长受到抑制,饲料利用率下降,被毛粗乱,死亡率升高;跛行,腿变短粗,骨脆易折;缺锰导致繁殖力下降。锰缺乏对大多数家养动物都有影响,但对家兔影响不大。资料公布的锰的添加量为 2.5～30mg/kg,商品矿物质预混料中含量一般为 10～75mg/kg。考虑到公布的添加量和锰的价格,建议最佳添加范围为 8～15mg/kg。

(4)锌　在动物体内,锌既是某些酶的组成成分,又可以影响某些非酶的有机分子配位基的结构构型。锌不但参与蛋白质、碳水化合物和二氧化碳的代谢,还是胰岛素的组成成分,稳定其分子结构,加强其降糖效果,使之免受胰岛素酶的降解;锌还对繁殖有一定影响。当体内缺锌时,饲料氮和硫的利用受阻,生长速度降低或生长发育停止,饲料利用率下降,食欲减退,采食能力大大降低。而影响最为严重的就是生殖过程,缺锌可使动物与人类的性腺成熟期推迟,成年动物可发生性腺萎缩及纤维化,第二性征发育不全。缺锌还可导致皮炎、脱毛,使被毛失去光泽和弹性。家兔后肠微生物能产生植酸酶,而植酸盐不会影响家兔对锌的吸收,这是家兔与其他非反刍动物的不同。家兔对过量锌的耐受能力相当高,因此很少有锌中毒的发生。文献公布锌的添加量为 30～60mg/kg。

(5)硒　家兔几乎不依赖硒释放过氧化物酶。因此,家兔多依靠维生素 E 而很少用硒分解组织中的氧化物。当家兔获得 0.1～0.3mg/kg 的硒时,能提高胎重和初生重。在欧洲为防止硒对母兔及育肥兔生产性能的损害,几年来禁止在预混料中添加硒。因为没有详细的指导添加量,饲料中最好添加少量的硒,以避免长期生产中可能潜在的问题。

(6)碘　哺乳动物体内碘的平均浓度为每千克体重 50～200ug。动物体的一切组织和体液,甚至一切细胞都含有碘,但碘主要集中在甲状腺中,表现出一种微量元素在一个器官中罕见的集中。碘是一种地方性缺乏的元素。饮水与饲料中碘的不足可引起甲状腺肿大。缺碘导致生长受阻,繁殖功能下降,产生死胎和弱胎。饲喂大量含致甲状腺肿大物质的饲料导致缺碘发生。动物对碘耐受量很高,一般不易发生碘中毒。目前还没有试验确定家兔对碘的需要量,母兔缺碘比生长育肥兔更敏感,饲料中碘的添加量为 1.1mg/kg。实际生产中西班牙预混料添加量为 0.4～2mg/kg。

(7)钴　钴主要通过参与构成维生素 B_{12} 发挥其生理生化功能。它参与体内一碳基团的代谢;同叶酸相互作用,促进活性甲基的形成;促进叶酸转变为活性形式,提高其生物利用效率等。此外,钴还有一个重要功能,即参与体内的造血过程。尽管 AEC(1987)建议钴的添加量为 1mg/kg,有关文献记录的需要量却为 0～0.25mg/kg。家兔盲肠微生物可以合成维生素 B_{12},因此家兔生产中即使日粮中维生素 B_{12} 不足也不会出现钴缺乏症,家兔日粮中钴的含量一般规定为 0.25mg/kg。

表 4-11 家兔的微量元素需要量 （mg/kg）

生理阶段	微量元素	NRC (1997)	Schlolaut (1987)[a]	Labas (1990)	Mateos 等 (1994)[b]	Xiccato (1996)[c]	Maertens (1995)
生长育肥兔	铜	3	20	15	5	10	10
	碘	0.2	—	0.2	1.1	0.2	0.2
	铁	—	100	50	3.5	50	50
	锰	8.5	30	8.5	25	5	8.5
	锌	—	40	25	60	25	25
	钴	0	—	0.1	0.25	0.1	0.1
	硒	0	—	—	0.01	0.15	—
泌乳母兔	铜	5	10	15	5	10	10
	碘	1	—	0.2	1.1	0.2	0.2
	铁	30	50	100	35	100	100
	锰	15	30	2.5	258	5	2.5
	锌	30	40	5.0	60	50	50
	钴	1	—	0.1	0.25	0.1	0.1
	硒	0.08	—	0	0.01	0.15	0

注：a.安哥拉兔；b.母兔和生长兔；c.青年母兔　摘自：李福昌主编《兔生产学》，2009，中国农业出版社

（六）维 生 素

维生素分为脂溶性维生素和水溶性维生素两大类。前者包括维生素 A、维生素 D、维生素 E、维生素 K，后者主要包括 B 族维生素和维生素 C。脂溶性维生素和脂肪一起吸收，因此有利于脂肪吸收的条件也有利于脂溶性维生素的吸收。脂溶性维生素在体内有一定量的贮存。除维生素 B_{12} 外，其他水溶性维生素并不在体内贮存，摄入过多时，会从尿中迅速排出。因此，为避免缺乏症，必须每日供给水溶性维生素。脂溶性维生素主要经胆汁由粪中排出，水溶性维生素主要从尿中排出。水溶性维生素过多时，毒性较小。脂溶性维生素中的维生素 A 和维生素 D 过多时，会产生严重后果。

1. 脂溶性维生素

（1）维生素 A　植物性饲料中不含维生素 A，只含有维生素 A 原——类胡萝卜素，在动物的肠黏膜有一些酶，能够将类胡萝卜素转变成维生素 A。维生素 A 的主要功能是：防止夜盲症和干眼病，保证家兔正常生长及骨骼、牙齿的正常发育，保护皮肤，维持消化道、呼吸道和生殖道上皮细胞完整，增强对疾病的抵抗力。维生素 A 缺乏，导致上皮细胞过度角质化，引起夜盲症、干眼病、肺炎、肠炎、流产、胎儿畸形。幼

兔生长停止,骨骼发育异常而压迫神经,造成运动失调、痉挛性瘫痪。维生素A严重过量会造成中毒,出现食欲减退,生长减慢,上皮增厚,骨骼强度降低,变形、易折。

家兔对维生素A的需要量目前没有统一的指标。NRC(1987)公布的家兔日粮中维生素A的添加量16 000U作为安全用量的上限。一般文献推荐家兔维生素A的添加量从60U至10 000U不等,实际生产中,育肥兔一般为6 000U,繁育兔用10 000U。

(2)维生素D 天然的维生素D主要为维生素D_2(麦角钙化醇)和维生素D_3(胆钙化醇)。维生素D_2仅存于植物性饲料中,维生素D_3存于动物组织中。在哺乳动物,7-脱氢胆固醇经紫外线照射可转化为维生素D_3。维生素D_2和维生素D_3在哺乳动物的效能相同。日粮中的维生素D在胆盐和脂肪存在的条件下,由肠道吸收,被动扩散进入肠细胞。小肠是主要的吸收部位。吸收后的维生素D在肝中羟化成25-羟维生素D,转运至肾脏进一步羟化成具有活性的1,25-二羟维生素D,进而发挥其以下生理功能:①维生素D在靶组织通过类似于类固醇激素的作用机制对许多生物学活动进行调节,包括细胞生长、分化和免疫功能;。②调节钙、磷代谢,刺激肠道对钙、磷的吸收,促进骨骼的正常矿物质化,预防佝偻病和软骨症的发生。维生素D缺乏的典型症状,幼兔为佝偻病,成兔为软骨症。通常情况下,维生素D缺乏的临床症状仅见于幼畜。在出现与骨骼系统有关的缺乏症状之前,常出现生长抑制,体重降低,食欲减退或废绝。维生素D摄入过多会产生许多不良影响,原因是维生素D强烈刺激骨的重吸收并促进肠的钙吸收,导致血钙异常升高,致使软组织普遍钙化。影响的组织器官包括关节、滑膜、肾脏、心肌、肺泡、甲状旁腺、胰腺、淋巴结、动脉、结膜和角膜等,使这些组织发生炎症、细胞退化和钙化。持续时间过长时,还会干扰软骨生长。其他症状包括厌食、体重急剧下降、血钙升高和血磷酸盐降低。家兔对维生素D的需要量不高,一般控制在1 000~1 300U。

(3)维生素E 维生素E是具有相当于d-α-生育酚活性的所有生育酚和所有生育三烯酚的总称,天然的维生素E是d-生育酚和d-生育三酚。维生素E的吸收依赖于脂肪和胆汁酸盐的存在。维生素A与维生素E存在吸收竞争,因此大剂量使用维生素A时要加大维生素E的供给量;由于维生素E的抗氧化作用,维生素E可保护维生素A。维生素E可促进维生素C在动物体内的合成,维生素C可使被氧化的维生素E还原再生。含硒的谷胱甘肽过氧化物酶可以催化被氧化的维生素E变成还原形式。维生素E具有抗氧化作用,能够保护细胞膜尤其是亚细胞膜的完整,免遭过氧化物的损害;维生素E大剂量使用时能增强免疫功能,提高机体抗应激能力;维生素E还对能量代谢、繁殖能力及动物饲料的保鲜有重要作用。家兔对缺乏维生素E非常敏感。当日粮中维生素E缺乏时,导致骨骼肌和心肌变性,运动失调,瘫痪,还会造成脂肪肝和肝坏死;繁殖功能受损,新生兔死亡,母兔不孕。一般不易出现维生素E的中毒症状。

育肥兔和母兔建议维生素E添加量分别为15mg/kg和50mg/kg,在免疫力低或球虫病感染的兔群应加大用量。尽管试验表明200mg/kg维生素E的日粮喂肉兔可以改善肉质,但限于成本,生产中很难将维生素 E 含量达到这一水平。

(4)维生素 K　又叫凝血维生素和抗出血维生素。维生素 K 有 3 种形式:维生素 K_1、维生素 K_2、维生素 K_3,三者的生物活性比值关系为:$K_3:K_1:K_2=4:2:1$。由于维生素 K_3 可溶于水,具有较高的吸收率,因而生物活性最高。但使用目的不同情况又有改变。如用于治疗维生素 K 拮抗物引起的急性血液凝固失调时(如灭老鼠药中毒),维生素 K_1 比维生素 K_3 效果好,而且维生素 K_1 和维生素 K_2 即使超剂量使用也无毒性作用。维生素 K 的生理功能主要是维持动物凝血正常。家兔肠道中的微生物能够合成大量的维生素 K,通过采食软粪可满足对维生素 K 的需求。但是当饲料或饮水中使用磺胺类药物、抗生素时,肠道维生素 K 合成水平降低;或饲料中含有双香豆素等维生素 K 拮抗物质,或饲料中含有霉菌毒素,或因球虫等导致胃肠道出血等,以上情况都可能导致维生素 K 的缺乏。维生素 K 缺乏的主要症状是血液凝固机制失调,血液凝血酶原含量下降,血液凝固时间延长、出血增加,严重时导致死亡。

由于家兔盲肠微生物可以合成维生素 K,再通过食粪过程得到补充。因此,家兔对维生素 K 的需要量不高。大多数商品兔日粮中维生素 K 的水平为 $1\sim2mg/kg$。特殊情况下(如使用抗球虫病的药物、磺胺药和其他的抗代谢物质的药物时)影响盲肠微生物的合成,或分娩出血及其他疾病,家兔对维生素 K 的需要量应该增加。

2. 水溶性维生素

(1)B 族维生素　家兔盲肠微生物可以合成大量的 B 族维生素,通过食粪行为被利用。再说,多数植物性饲料,如青草、苜蓿粉、小麦粉、豆粕都富含 B 族维生素。因此,家兔一般不会发生 B 族维生素缺乏症。但是快速生长的肉兔和高产母兔,以及尚未吃到足够软粪的断奶前的仔兔,可需额外添加 B 族维生素,包括硫胺素(维生素 B_1)、吡哆醇(维生素 B_6)、核黄素(维生素 B_2)和尼克酸(维生素 PP)。

考虑到安全生产和提高生产性能的需要,文献推荐一些 B 族维生素需要添加。胆碱:200mg/kg;叶酸:生长肥育兔 0.1mg/kg,繁殖母兔 1.5mg/kg;生物素:育肥兔 $10\mu g/kg$,母兔 $80\mu g/kg$;硫胺素:$0.6\sim0.8mg/kg$;核黄素:生长肉兔 3mg/kg,母兔 5mg/kg;尼克酸 $0\sim180mg/kg$;吡哆醇:育肥兔 0.5mg/kg,母兔 1mg/kg;泛酸:生长兔 8mg/kg,母兔 10mg/kg;维生素 B_{12} 生长兔和母兔 $9\sim19\mu g/kg$。

(2)维生素 C　又叫抗坏血酸。在体内参与细胞间质的生成及氧化还原反应,促进肠道对铁的吸收,具有解毒和抗氧化作用。家兔能够合成维生素 C,不需在饲料中另外添加。但当出现应激(营养不平衡、运输、新环境、高温或低温、疾病和寄生虫等)时,应考虑补充。维生素 C 的添加必须以一种保护形式加到混合料中,因为其在潮湿环境或与氧、铜、铁和其他矿物质接触条件下,很容易被氧化破坏。

家兔的维生素需要量见表 4-12。

表 4-12　家兔的维生素需要量

生理阶段	维生素	NRC (1997)	Schlolaut (1987)[a]	Labas (1990)	Mateos 等 (1994)[b]	Xiccato (1996)[c]	Maertens (1995)
生长育肥兔	维生素 A(kU)	0.58	8	6	10	6	6
	维生素 D(kU)	—	1	1	1	1	0.8
	维生素 E(mg/kg)	40	40	50	20	30	30
	维生素 K_3(μg/kg)	1	1	0	1	0	2
	尼克酸(mg/kg)	180	50	50	31	50	50
	维生素 B_6(mg/kg)	39	400	2	0.5	2	2
	硫胺素(mg/kg)	—	—	2	0.8	2	2
	核黄素(mg/kg)	—	—	6	3	6	6
	叶酸(mg/kg)	—	—	5	0.1	5	5
	泛酸(mg/kg)	—	—	20	10	20	20
	胆碱(mg)	1200	1500	0	300	50[d]	50[d]
	生物素(μg/kg)	—	—	200	10	200	200
泌乳母兔	维生素 A(kU)	10	8	10	10	10	10
	维生素 D(kU)	1	0.8	1	1	1	1
	维生素 E(mg/kg)	30	40	50	20	50	50
	维生素 K_3(μg/kg)	1	2	2	1	2	2
	尼克酸(mg/kg)	50	50	—	31	50	—
	维生素 B_6(mg/kg)	2	300	—	0.5	2	—
	硫胺素(mg/kg)	1	—	—	0.8	2	—
	核黄素(mg/kg)	3.5	—	—	3	6	—
	叶酸(mg/kg)	0.3	—	—	0.1	5	—
	泛酸(mg/kg)	10	—	—	10	20	—
	胆碱(mg)	1000	1500	—	300	100[d]	100[d]
	生物素(μg/kg)	—	—	—	10	200	—

注：a. 安哥拉兔；b. 母兔和生长兔；c. 青年母兔；d. 氯化胆碱

摘自：李福昌主编《兔生产学》，2009，中国农业出版社

（七）水

水是家兔最基本、最重要的营养素，同时又是经常被忽略的营养成分。

1. 水的生理功能　水是组成体液的主要成分，对兔体正常的物质代谢具有重要的作用。

（1）水是体内的重要溶剂　家兔体内各种营养物质的代谢过程都离不开水。

（2）水可调节体温　水的比热较大，体内产热过多时，则被水分吸收，通过体温交换和血液循环，经皮肤或呼气散发而维持正常体温。同时，蒸发需热量大，高温情况下，可通过出汗、喘息等蒸发散热方式进行降温。

（3）水可保持畜体的形状　动物体内的水分参与细胞内、外的化学作用，促进新陈代谢，调节组织的渗透压，维持细胞正常的形状、硬度和弹性，因此能维持畜体形状。

（4）水是润滑剂　以水为主要成分的唾液、关节囊液等可以起到润滑作用，易于吞咽或减少摩擦。

（5）水是家兔体内化学反应的媒介　家兔体内一切化学反应均在水中进行。

2. 家兔体水的来源　主要有以下 3 个方面。

（1）饮水　是家兔体内水分的主要来源。据报道，在食粪的情况下，每千克活重需饮水 12～16g。家兔越小，每单位体重需水越多。在 15℃～25℃条件下，家兔饮水量一般为采食干草量的 2～2.5 倍；哺乳母兔和幼兔可达 3～5 倍。

（2）饲料水　各类饲料中均含有水分，如青绿饲料含水量为 70%～95%，谷实类 12%～14%，饼粕类 10%，粗饲料 12%～20%，这部分水也是家兔体内水的主要来源。

（3）代谢水　即由机体营养物质代谢所产生的水，如氧化 1g 脂肪、碳水化合物、蛋白质分别产生 1.19L、0.56L、0.45L 水。代谢水数量有限，占 16%～20%。

3. 影响需水量的因素　需水量受家兔的品种、年龄、体重、生产水平、饲料特性及气候条件的影响。一般地说，幼兔需水量比成兔为多，泌乳母兔比育肥兔多，夏季比冬季多。日粮中含蛋白质量高时，需水量也增加。

据笔者试验，在正常情况下，1 只成年空怀母兔和种公兔日饮水量 0.3L，妊娠后期母兔 0.6L，泌乳期母兔 1.2～2.5L。体重 0.5kg、1kg、1.5kg、2kg、2.5kg 的育肥兔，分别为 0.08L、0.18L、0.24L、0.28L、0.32L，夏季增加 0.5～1 倍。

4. 缺水对家兔的影响　家兔体内水分排出主要有：粪、尿、呼吸蒸发和汗水（甚微，可以忽略不计）4 条途径。家兔缺水或长期饮水不足，表现食欲减退，消化功能减弱，生长缓慢，抗病能力下降。时间稍长，就会导致血液黏稠，引起代谢紊乱。正常生理过程遭到破坏，健康受到损害。当体内缺水 5% 时，表现严重的干渴；缺水 10% 时，出现病态；缺水达体重的 20% 时，引起死亡。

二、家兔的饲养标准

（一）国外家兔饲养标准

国外家兔的饲养标准主要有美国 NRC 饲养标准、法国 AEC 饲养标准、法国克里莫育种公司饲养标准等（表 4-13 至表 4-17）。

表 4-13　美国 NRC(1977)建议的兔的营养需要量

生长阶段	生　长	维　持	妊　娠	泌　乳
消化能(MJ/kg)	10.46	8.79	10.46	10.46
总消化养分(%)	65	55	58	70
粗纤维(%)	10~12	14	10~12	10~12
脂肪(%)	2	2	2	2
粗蛋白质(%)	16	12	15	17
钙(%)	0.4	—	0.45	0.75
磷(%)	0.22	—	0.37	0.5
镁(mg/kg)	300~400	300~400	300~400	300~400
钾(%)	0.6	0.6	0.6	0.6
钠(%)	0.2	0.0	0.2	0.2
氯(%)	0.3	0.3	0.3	0.3
铜(mg/kg)	3	3	3	3
碘(mg/kg)	0.2	0.2	0.2	0.2
锰(mg/kg)	8.5	2.5	2.5	2.5
维生素 A(U/kg)	580	—	>1160	—
胡萝卜素(mg/kg)	0.83	—	0.83	—
维生素 E(mg/kg)	40	—	40	40
维生素 K(mg/kg)	—	—	0.2	—
烟酸(mg/kg)	180	—	—	—
维生素 B_6(mg/kg)	39	—	—	—
胆碱(g/kg)	1.2	—	—	—
赖氨酸(%)	0.65	—	—	—
蛋氨酸＋胱氨酸(%)	0.6	—	—	—
精氨酸(%)	0.6	—	—	—
组氨酸(%)	0.3	—	—	—
亮氨酸(%)	1.1	—	—	—
异亮氨酸(%)	0.6	—	—	—
苯丙氨酸＋酪氨酸(%)	1.1	—	—	—
苏氨酸(%)	0.6	—	—	—
色氨酸(%)	0.2	—	—	—
缬氨酸(%)	0.7	—	—	—

资料来源:张宏福、张子仪,动物营养参数与饲养标准,1998 年 6 月,中国农业出版社

表 4-14　法国 AEC(1993)建议的兔的营养需要量

生长阶段	泌乳兔及乳兔	生长兔(4～11周)
能量(MJ/kg)	10.46	10.46～11.30
纤维(%)	12	13
粗蛋白质(%)	17	15
赖氨酸(mg/d)	0.75	0.70
蛋氨酸+胱氨酸(mg/d)	0.65	0.60
苏氨酸(mg/d)	0.90	0.90
色氨酸(mg/d)	0.65	0.60
精氨酸(mg/d)	0.22	0.20
组氨酸(mg/d)	0.40	0.30
异亮氨酸(mg/d)	0.65	0.60
亮氨酸(mg/d)	1.30	1.10
苯丙氨酸+酪氨酸(mg/d)	1.30	1.10
缬氨酸(mg/d)	0.85	0.70
钙(g/d)	1.10	0.80
有效磷(g/d)	0.80	0.50
钠(g/d)	0.30	0.30

资料来源:张宏福、张子仪,动物营养参数与饲养标准,1998年6月,中国农业出版社

表 4-15　F. Lebas 建议的兔的营养需要

营养成分	4～12周龄兔	泌乳兔	妊娠兔	成年兔	育肥兔
消化能(MJ/kg)	10.47	11.30	10.47	10.47	10.47
粗纤维(%)	14	12	14	15～16	14
粗脂肪(%)	3	5	3	3	3
粗蛋白质(%)	18	18	15	13	17
蛋氨酸+胱氨酸(%)	0.5	0.6	—	—	0.55
赖氨酸(%)	0.6	0.75	—	—	0.7
精氨酸(%)	0.9	0.8	—	—	0.9
苏氨酸(%)	0.55	0.7	—	—	0.6
色氨酸(%)	0.18	0.22	—	—	0.2
组氨酸(%)	0.35	0.43	—	—	0.4
异亮氨酸(%)	0.6	0.7	—	—	0.65
苯丙氨酸+酪氨酸(%)	1.2	1.4	—	—	1.25
缬氨酸(%)	0.7	0.85	—	—	0.8
亮氨酸(%)	1.5	1.25	—	—	1.2

续表 4-15

营养成分	4～12周龄兔	泌乳兔	妊娠兔	成年兔	育肥兔
钙（%）	0.5	1.1	0.8	0.6	1.1
磷（%）	0.3	0.8	0.5	0.4	0.8
钾（%）	0.8	0.9	0.9	—	0.9
钠（%）	0.4	0.4	0.4		0.4
氯（%）	0.4	0.4	0.4		0.4
镁（%）	0.03	0.04	0.04	—	0.04
硫（%）	0.04	—			0.04
钴（mg/kg）	1	1	—		1
铜（mg/kg）	5	5	—		5
锌（mg/kg）	50	70	70	—	70
铁（mg/kg）	50	50	50	50	50
锰（mg/kg）	8.5	2.5	2.5	2.5	8.5
碘（mg/kg）	0.2	0.2	0.2	0.2	0.2
维生素 A（U/kg）	6000	12000	12000	—	10000
胡萝卜素（mg/kg）	0.83	0.83	0.83		0.83
维生素 D（U/kg）	900	900	900		900
维生素 E（mg/kg）	50	50	50	50	50
维生素 K（mg/kg）	0	2	2	0	2
维生素 B_1（mg/kg）	2	—	—	—	2
维生素 B_2（mg/kg）	6	—	—		4
维生素 B_6（mg/kg）	40	—	—		2
维生素 B_{12}（mg/kg）	0.01				
叶酸（mg/kg）	1				
泛酸（mg/kg）	20				

表 4-16 W. Schlolaut 建议的家兔的营养需要

营养成分	育肥兔	繁殖兔	产毛兔
消化能（MJ/kg）	12.14	10.89	9.63～10.89
粗蛋白质（%）	16～18	15～17	15～17
粗脂肪（%）	3～5	2～4	2
粗纤维（%）	9～12	10～14	14～16
赖氨酸（%）	1.0	1.0	0.5
蛋氨酸＋胱氨酸（%）	0.4～0.6	0.7	0.7

营养成分	育肥兔	繁殖兔	产毛兔
精氨酸(%)	0.6	0.6	0.6
钙(%)	1.0	1.0	1.0
磷(%)	0.5	0.5	0.3～0.5
镁(mg/kg)	300	300	300
氯化钠(%)	0.5～0.7	0.5～0.7	0.5
钾(%)	1.0	0.7	0.7
铜(mg/kg)	20～200	10	10
铁(mg/kg)	100	50	50
锰(mg/kg)	30	30	10
锌(mg/kg)	50	50	50
维生素 A(U/kg)	8000	8000	6000
维生素 D(U/kg)	1000	800	500
维生素 E(mg/kg)	40	40	20
维生素 K(mg/kg)	1.0	2.0	1.0
胆碱(mg/kg)	1500	1500	1500
烟酸(mg/kg)	50	50	50
维生素 B₆(mg/kg)	400	300	300
生物素(mg/kg)	—	—	25

表 4-17 法国克里莫育种公司高产肉兔饲养标准

生长阶段	泌乳早期 (0～20 天)	母　仔 (20～35 天)	育肥前期 (35～50 天)	育肥后期 (50 天至出栏)
可消化能(KC/kg)	2600	2400	2400	2600
(MJ/kg)	10.9	10.0	10.0	10.9
粗蛋白质(%)	17～17.5	14.5～15	16～16.5	16～16.5
粗纤维(%)	13.5～14	16.5～17	19～19.5	16～17
脂肪(%)	3.3	3.0～3.2	3.0～3.2	3.0～3.5
矿物质(%)	7.5～8	9.0	8.4	8.0
维生素 A(U/kg)	10000	10000	5000	10000
维生素 D(U/kg)	1200	1200	1000	1200
维生素 E(U/kg)	60	20	40	20
维生素 K(mg/kg)	2	1	1	1
维生素 B₁(mg/kg)	2	2	2	2

续表 4-17

生长阶段	泌乳早期 (0～20 天)	母　仔 (20～35 天)	育肥前期 (35～50 天)	育肥后期 (50 天至出栏)
维生素 B_2(mg/kg)	6	6	6	6
维生素 B_6(mg/kg)	2	2	2	2
维生素 B_{12}(mg/kg)	0.01	0.01	0.01	0.01
泛酸(mg/kg)	20	20	20	20
胆碱(mg/kg)	100	200	200	200
铜(mg/kg)	15	15	15	15
食盐(g/kg)	2.5	2.2	2.2	2.2
氯(g/kg)	3.5	2.8	2.8	2.8
钙(g/kg)	12	7	7	8
磷(g/kg)	6	4	4	4.5
铁(mg/kg)	100	50	50	50
锌(mg/kg)	50	25	25	25
锰(mg/kg)	12	8	8	8
赖氨酸(g/kg)	8.5	7.5	7.5	8
蛋＋胱氨酸(g/kg)	6.2	5.5	5.5	6
精氨酸(g/kg)	8	8	8	9
苏氨酸(g/kg)	7	5.6	5.6	5.8

(二)我国家兔饲养标准

我国尚无规范的家兔饲养标准。中国安哥拉毛用兔饲养标准、肉兔和獭兔的建议营养供给量分别见表 4-18、表 4-19 和表 4-20。

表 4-18　中国安哥拉毛用兔饲养标准

生长阶段	生长兔		妊娠母兔	哺乳母兔	产毛兔	种公兔
	断奶至 3 月龄	4～6 月龄				
消化能(MJ/kg)	10.50	10.30	10.30	11.00	10～11.3	10.00
粗蛋白质(%)	16～17	15～16	16	18	15～16	17
可消化粗蛋白质(%)	12～13	10～11	11.5	13.5	11	13
粗纤维(%)	14	16	14～15	12～13	13～17	16～17
粗脂肪(%)	3	3	3	3	3	3
蛋能比(g/MJ)	11.95	10.76	11.47	12.43	10.99	12.91
蛋氨酸＋胱氨酸(%)	0.7	0.7	0.8	0.8	0.7	0.7
赖氨酸(%)	0.8	0.8	0.8	0.9	0.7	0.8

生长阶段	生长兔		妊娠母兔	哺乳母兔	产毛兔	种公兔
	断奶至3月龄	4～6月龄				
精氨酸(%)	0.8	0.8	0.8	0.9	0.7	0.9
钙(%)	1.0	1.0	1.0	1.2	1.0	1.0
磷(%)	0.5	0.5	0.5	0.8	0.5	0.5
食盐(%)	0.3	0.3	0.3	0.3	0.3	0.2
铜(mg/kg)	3～5	10	10	10	20	10
锌(mg/kg)	50	50	70	70	70	70
铁(mg/kg)	50～100	50	50	50	50	50
锰(mg/kg)	30	30	50	50	50	50
钴(mg/kg)	0.1	0.1	0.1	0.1	0.1	0.1
维生素 A(U)	8000	8000	8000	10000	6000	12000
维生素 D(U)	900	900	900	1000	900	1000
维生素 E(mg/kg)	50	50	60	60	50	60
胆碱(mg/kg)	1500	1500		1500	1500	
尼克酸(mg/kg)	50	50			50	50
吡哆醇(mg/kg)	400	400			300	300
生物素(mg/kg)					25	20

资料来源:张宏福、张子仪,动物营养参数与饲养标准,1998 年 6 月,中国农业出版社

表 4-19 中国肉兔建议营养供给量 (每千克风干饲料含量)

营养指标	生长兔		妊娠兔	哺乳兔	成年产毛兔	生长育肥兔
	3～12周龄	12周龄后				
消化能(MJ)	12.12	10.45～11.29	10.45	10.87～11.29	10.03～10.87	12.12
粗蛋白质(%)	18	16	15	18	14～16	16～18
粗纤维(%)	8～10	10～14	10～14	10～12	10～14	8～10
粗脂肪(%)	2～3	2～3	2～3	2～3	2～3	3～5
钙(%)	0.9～1.1	0.5～0.7	0.5～0.7	0.8～1.1	0.5～0.7	1
磷(%)	0.5～0.7	0.3～0.5	0.3～0.5	0.5～0.8	0.3～0.5	0.5
赖氨酸(%)	0.9～1.0	0.7～0.9	0.7～0.9	0.8～1.0	0.7～0.9	1.0
蛋氨酸+胱氨酸(%)	0.7	0.6～0.7	0.6～0.7	0.6～0.7	0.6～0.7	0.4～0.6
精氨酸(%)	0.8～0.9	0.6～0.8	0.6～0.8	0.6～0.8	0.6	0.6
食盐(%)	0.5	0.5	0.5	0.5～0.7	0.5	0.5
铜(mg)	15	15	15	10	10	20
铁(mg)	100	50	50	100	50	100

续表 4-19

营养指标	生长兔		妊娠兔	哺乳兔	成年产毛兔	生长育肥兔
	3～12 周龄	12 周龄后				
锰(mg)	15	10	10	10	10	15
锌(mg)	70	40	40	40	40	40
镁(mg)	300～400	300～400	300～400	300～400	300～400	300～400
碘(mg)	0.2	0.2	0.2	0.2	0.2	0.2
维生素 A(kU)	6～10	6～10	8～10	8～10	6	8
维生素 D(kU)	1	1	1	1	1	1

资料来源:杨正,现代养兔,1999 年 6 月,中国农业出版社

表 4-20 獭兔全价饲料营养含量

(河北农业大学山区研究所建议,1998)

项 目	1～3 月龄	4 月至出栏	泌乳兔	妊娠兔	空怀兔
消化能(MJ/kg)	10.46	9～10.46	10.46	9～10.46	9.0
粗脂肪(%)	3	3	3	3	3
粗纤维(%)	12～14	13～15	12～14	14～16	15～18
粗蛋白质(%)	16～17	15～16	17～18	15～16	13
赖氨酸(%)	0.80	0.65	0.90	0.60	0.40
含硫氨基酸(%)	0.60	0.60	0.60	0.50	0.40
钙(%)	0.85	0.65	1.10	0.80	0.40
磷(%)	0.40	0.35	0.70	0.45	0.30
食盐(%)	0.3～0.5	0.3～0.5	0.3～0.5	0.3～0.5	0.3～0.5
铁(mg/kg)	70	50	100	50	50
铜(mg/kg)	20	10	20	10	5
锌(mg/kg)	70	70	70	70	25
锰(mg/kg)	10	4	10	4	2.5
钴(mg/kg)	0.15	0.10	0.15	0.10	0.10
碘(mg/kg)	0.20	0.20	0.20	0.20	0.10
硒(mg/kg)	0.25	0.20	0.20	0.20	0.10
维生素 A(U)	10000	8000	12000	12000	5000
维生素 D(U)	900	900	900	900	900
维生素 E(mg/kg)	50	50	50	50	25
维生素 K(mg/kg)	2	2	2	2	0
硫胺素(mg/kg)	2	0	2	0	0
核黄素(mg/kg)	6	0	6	0	0

项　目	1～3 月龄	4 月至出栏	泌乳兔	妊娠兔	空怀兔
泛酸（mg/kg）	50	20	50	20	0
吡哆醇（mg/kg）	2	2	2	0	0
维生素 B$_{12}$（mg/kg）	0.02	0.01	0.02	0.01	0
烟酸（mg/kg）	50	50	50	50	0
胆碱（mg/kg）	1000	1000	1000	1000	0
生物素（mg/kg）	0.2	0.2	0.2	0.2	0

摘自：谷子林主编《家兔饲料的配制与配方》，中国农业部出版社，2002 年

第三节　家兔饲料原料生产

一、家兔产业化对饲料产业化的依赖性

饲料是营养的载体，在发展养殖业中扮演着不可替代的重要角色。古人云："兵马未动，粮草先行"，说明"饲料"和"营养供应"在一场战争中的重要作用。养兔业的发展如何，在很大程度上取决于饲料工业的发展程度。

作为我国畜牧养殖业中的后起之秀——养兔业，由解放初期的零星散养，到今天的规模化、集约化和产业化雏形的局部出现，迅猛发展。伴随而来的是家兔饲料业如雨后春笋，苗壮成长。养兔由 20 世纪 50—60 年代的自然饲料（一把草），到 70—80 年代的混合饲料，再到 90 年代初期的配合饲料和今天的全价颗粒饲料。饲料生产也由自产自用的家庭型逐渐发展为专门饲料企业工厂化生产为主体的半商品型。家兔饲料业一步一个脚印，印证着我国家兔养殖业的发展进程。

但是，我们必须清楚地认识到，家兔不同于其他畜禽，其有着特殊的消化道解剖特点和对饲料营养的消化吸收规律，对饲料有特殊的要求。了解这些，对于在发展家兔产业化过程中做好家兔饲料的产业化是非常重要的。

（一）家兔对饲料的需求特点

1. 粗饲料不可替代　家兔属于单胃草食家畜，粗纤维是其最重要的营养素之一，而且是不可替代的营养。家兔发达的盲肠内含有复杂的微生物区系，其作用如同牛、羊的瘤胃。粗纤维不仅仅提供一些营养，更重要的是对于维持家兔肠道正常的微生物区系的平衡发挥重要的作用。一些兔场或饲料厂在饲料方面出现问题，往往与粗纤维的不适当有关。粗纤维过多或过少都将对家兔的生产性能、营养利用和健康产生不利影响。一般家兔的全价饲料中，粗饲料的比例达到 40%～45%。如果使用优质牧草，其比例甚至达到 50%。目前关于家兔饲料中粗纤维的适宜含量不同不尽完全一致。NRC 规定生长育肥兔日粮中粗纤维含量为 10%～12%，而 W. Schlolaut 认为 9%～12%，Lebas F 则推荐 14%，丁晓明等推荐为 10%～14%。根据笔者研

究,生长兔以12%为宜,繁殖期家兔以12%～14%最佳。

2. 营养的转化率高　尽管家兔耐受粗纤维,可是对粗纤维的消化率较低、一般为20%～23%,但可充分利用粗饲料中的蛋白质和脂肪等营养。比如家兔对苜蓿草蛋白质的消化率达到73.7%,高于猪(≤50%)。对全株玉米蛋白质的消化率达到80.2%,高于马(53%);对苜蓿干草和全价配合饲料中脂肪的消化率分别达到23.6%和46%,远远高于马(6.4%和33.5%)。大量的研究表明,家兔对饲料营养转化为肉、皮、毛等产品的效率高于反刍动物的牛和羊。

3. 消化道功能脆弱　实践表明,家兔容易患消化道疾病,尤其是腹泻病,占到家兔总发病率的60%以上。无论是饲料改变,还是营养不平衡,或搭配不当,或其他物理的、化学的、生物的因素,均可影响家兔的胃肠功能而导致疾病。因此,给饲料生产企业提出更高的要求。

4. 对有毒物质敏感　家兔对饲料中的有毒物质比如霉菌毒素、各种抗营养因子、各种植物毒素(如棉酚)等非常敏感。用相同浓度的以上物质的饲料饲喂其他畜禽可能不表现明显的临床症状,但家兔却症状非常明显。以黄曲霉毒素为例,家兔一旦发生霉变饲料中毒不易治愈,往往突然批量死亡,且不分年龄老幼、体质强弱。这也给饲料企业提出一个严肃的课题。

5. 对饲料有选择性　家兔对不同的饲料有不同的反应,喜欢吃植物性饲料而不喜欢吃动物性饲料,喜欢吃粒料而不喜欢吃粉料,家兔喜欢吃有甜味的饲料等。给家兔提供饲料,必须投其所好,才能获其所爱。

(二)我国家兔饲料业的现状

1. 粗饲料资源丰富,利用难度大　家兔属于单胃草食家畜,饲草和秸秆是其必备饲料原料。我国幅员辽阔,作物秸秆和饲草资源极其丰富。据资料介绍,我国各种可饲用的秸秆及秧、蔓年总产量6亿t左右。加之我国种植了部分人工牧草(如人工种草面积0.134亿hm²)和4.02亿hm²的天然草场(尽管存在不同程度的退化现象),饲草产量不可低估。而家兔饲料生产中遇到的最大难题是粗饲料难以解决。一是优质牧草价格高、供应紧张。比如苜蓿干草主要用于大中城市郊区奶牛养殖,其价格在每吨1 000元以上,家兔饲料成本难以承受。二是粗饲料种类繁多、零散,难以收集。三是粗饲料体积大、比重轻,贮藏难度大。四是多数粗饲料存在安全隐患,尤其是发霉现象比较普遍,限制其安全使用。据笔者了解,我国大大小小的家兔饲料生产企业和养殖场,鲜有在粗饲料方面不出现失误。粗饲料已经成为限制我国家兔养殖业规模化发展的最大限制因素之一。

2. 饲料工业起步晚,发展快,问题较多　与猪饲料和鸡饲料生产不同,家兔饲料生产企业起步较晚、规模较小、但数量较多、分布广泛。据了解,河北省家兔饲料工业是发展较早的省份,目前有不同规模的饲料厂近百家。而这些企业多非兔料专业生产,是其他饲料生产企业兼做兔饲料。尽管一些企业的产品在国内10余个省、自治区、直辖市销售,但真正的大型企业寥寥无几。其他省、自治区、直辖市的情况大同小异。产品规格不高,无序竞争激烈,大打价格战是一种普遍现象。

3. 尚无统一营养标准,饲料质量千差万别 我国在 20 世纪 80 年代末期曾经制定了家兔营养标准,与当今的家兔生产不甚相符。目前尚无统一的饲养标准,而在生产中多参考美国、德国和法国的标准。而国外的标准与中国的家兔生产有更大的脱节,饲料企业和家兔养殖场在饲料标准的制定方面无所适从,多数采取摸着石头过河的方法。因此,不同饲料厂家的产品差异较大。

4. 存在一定的安全隐患 家兔的疾病较多,尤其是消化道疾病,成为养兔生产和饲料生产的难题之一。一些养殖场和饲料厂,为了预防疾病和生产"安全"饲料,往往自觉或不自觉地在饲料中添加药物,给绿色兔肉生产带来隐患。

(三)发展我国家兔饲料业的思考

1. 改变思维模式,开发粗饲料资源 养兔业大发展是不可逆转的趋势,而饲料工业发展所需原料的最大限制因素是粗饲料。如何才能满足养兔业快速发展的需要,必须改变思维模式,开发新的粗饲料资源。主要有种、采、加、开 4 条途径:一是扩大种植优质牧草和饲料林木。二是大量采集作物秸秆、藤蔓、荚壳、树叶等。三是粗饲料的加工处理,包括物理处理、化学处理、生物处理和复合处理等,以提高利用率。四是开发新的粗饲料资源,尤其是工业加工副产品,具有数量大、质量优、均匀度好、营养价值高等优点。如酒厂副产品、糖厂副产品、醋厂副产品、植物色素厂副产品、果品罐头厂副产品等。

2. 加强饲料营养基础研究,为饲料业提供技术支撑 在我国,对于家兔营养和饲料的研究,远远落后于家禽和猪的研究,甚至低于奶牛、肉牛和羊的研究。没有足够的基础和应用基础研究,兔业的发展将缺乏后劲。从事家兔研究的科技工作者,特别是从事家兔营养和饲料研究的科技人员,应通过不同途径,积极申请有关的科研立项,深入研究适于我国条件的家兔营养需要,开发饲料资源和设计饲料配方。

3. 加速草业产业化进程 没有粗饲料的产业化,难有我国兔业的规模化。目前国内很少有人从事粗饲料的开发,而专门的企业更是寥寥无几。我国人工种植的牧草数量有限,而其干制基本上是自然干燥,遇有不良天气,损失很大;作物秸秆也少有人深入开发。粗饲料开发潜力巨大,谁先涉足这一行业,谁就能抢先占领市场、赢得商机。

4. 规范饲料企业管理 规模小、设备工艺落后和技术含量低是目前多数家兔饲料厂存在的问题。缺乏高层次的技术人员和技术成果支撑是饲料企业的普遍现象。检测手段落后、饲料原料来源杂乱、滥用药物等成为影响饲料企业稳定发展的限制因素。目前我国畜牧业正处于从数量型向质量型过渡的关键时期,养兔业正处于国内、国际两大市场开发的攻关阶段,只有生产出优质绿色的产品,才能更好地开发两大市场。因此,规范管理、标准化生产成为饲料企业的当务之急。

二、家兔饲料资源的开发

(一)大宗饲料资源的开发利用

1. 能量饲料　能量饲料是指饲料干物质中粗纤维含量低于18％,同时粗蛋白质含量小于20％的一类饲料,包括谷实类、糠麸类、块根块茎类,饲料工业上常用的油脂类、糖蜜类也属于能量饲料。能量饲料的优点是含能量高,容易消化吸收,可以满足任何生理阶段的家兔对能量的需要。其缺点是普遍含蛋白质低,一般粗蛋白质含量均在10％左右。糠麸类蛋白质含量稍多(13％～15％),但质量差,赖氨酸、蛋氨酸和色氨酸均不足;钙含量低,磷含量虽高,但相当一部分属植酸磷形式,家兔利用率低;一般都缺乏维生素A、维生素D、维生素K、某些B族维生素等。家兔采食过多时,消化调养性差,日粮中单独用或用的比例过高时易引起一些肠胃病。

(1)谷实类饲料　常用的有玉米、大麦、燕麦、小麦、高粱、粟谷、稻米、草籽等。谷实类饲料基本上属于禾本科植物成熟的种子。其共同特点是:一般为高能量饲料,消化能很高;无氮浸出物含量高达70％～80％,其中大部分为淀粉;而粗纤维含量通常很低,一般在5％以下,只有带颖壳的大麦、燕麦、稻谷和粟谷等可达10％左右;蛋白质含量低,其中玉米、稻谷和高粱含量较大麦、燕麦、小麦低,氨基酸组成不够平衡,赖氨酸和色氨酸的含量低,蛋氨酸不足;钙少,磷虽多但大部分以植酸磷形式存在,钙、磷比例不当,家兔利用率很低;维生素B_1和维生素E较为丰富,缺乏维生素C、维生素D、维生素B_2,除黄色玉米和粟谷外一般不含胡萝卜素或含量极微;烟酸在小麦、大麦和高粱中的含量较多,燕麦、玉米中含量较少;脂肪含量为1％～6.9％,大部分存在胚中,主要是不饱和脂肪酸,容易氧化酸败。

燕麦和大麦无论适口性,还是生产效果,都优于小麦和玉米。

(2)糠麸类饲料　是谷实加工的副产品。制米的副产品称为糠,制粉的副产品称为麸。糠麸类是家兔重要的能量饲料,主要有米糠、小麦麸、大麦麸、燕麦麸、玉米皮、高粱糠及谷糠等。其中以米糠和小麦麸为主。由于加工工艺不同,不同的糠麸类在其组分和营养价值方面也有很大差别。

2. 蛋白质饲料　是指干物质中粗纤维含量低于18％、粗蛋白质含量等于或大于20％的饲料。与能量饲料相比,此类饲料蛋白质含量很高,且品质优良,在能量方面则差别不大。蛋白质饲料一般价格较高,供应量较少,在家兔饲粮中所占比例也较少,只作为补充蛋白质不足的饲料。蛋白质饲料一般可分为植物性蛋白质饲料、动物性蛋白质饲料、单细胞蛋白质饲料、非蛋白氮饲料及食品工业副产品等。

(1)豆科籽实　粗蛋白质含量高达20％～40％,蛋白质品质好,赖氨酸较多,而蛋氨酸等含硫氨基酸相对不足,必需氨基酸中除蛋氨酸外近似动物性蛋白质。无氮浸出物明显低于能量饲料,豆类的有机物消化率为85％以上。豆类含脂肪丰富,大豆和花生的粗脂肪含量超过15％,因此能量值较高,可兼作蛋白质和能量的来源使用。豆科籽实的矿物质和维生素含量与谷实类饲料相似或略高,钙的含量稍高,但仍低于磷,维生素 B_1 与烟酸含量丰富,维生素 B_2、胡萝卜素与维生素 D 缺乏。

豆科籽实含有一些抗营养因子,如胰蛋白酶抑制因子、糜蛋白酶抑制因子、血凝集素、皂素等,影响饲料的适口性、消化率及动物的一些生理过程,但经适当的热处理后,可使其失去活性,提高饲料利用率。

(2)饼粕类 富含脂肪的豆科籽实和油料籽实经过加温压榨或溶剂浸提取油后的副产品统称为饼粕类饲料。经压榨提油后的饼状副产品称为油饼,包括大饼和瓦片状饼;经浸提脱油后的碎片状或粗粉状副产品称为油粕。油饼、油粕是我国主要的植物蛋白质饲料,使用广泛,用量大。常见的有大豆饼粕、棉籽(仁)饼粕、菜籽饼粕、花生(仁)饼粕、芝麻饼粕、向日葵(仁)饼粕、胡麻饼粕、亚麻饼粕、玉米胚芽饼粕等。

(3)糟渣类 是禾谷类、豆类籽实和薯类等原料在酿酒、制酱、制醋、制糖及提取淀粉过程中所残留的糟渣产品,包括酒糟、酱糟、醋糟、糖糟、粉渣等。其营养成分因原料和产品种类而差异较大。其共同特点是含水量高,不易保存,一般就地新鲜使用。干燥的糟渣有的可作蛋白质饲料或能量饲料,而有的只能作粗饲料。

(4)动物性蛋白质 主要来自畜、禽、水产品等肉品加工的副产品及屠宰厂、皮革厂的废弃物和缫丝厂的蚕蛹等,是一类优质的蛋白质饲料。由于家兔具有草食性,动物性饲料的适口性较差,加之市场上销售的动物性饲料质量差异较大,使用不当易出问题(尤其是发生魏氏梭菌病)。因此,家兔日粮中动物性饲料占据很小的份量(1%~3%),多数兔场不使用动物性饲料。

(5)单细胞蛋白质 是指一些单细胞或具有简单构造的多细胞生物的菌体蛋白,由此而形成的蛋白质较高的饲料称为单细胞蛋白质(SCP)饲料。主要有酵母类(如酿酒酵母、产朊假丝酵母、热带假丝酵母等)、细菌类(如假单胞菌、芽胞杆菌等)、霉菌类(如青霉、根霉、曲霉、白地霉等)等 4 类,微型藻类(如小球藻、螺旋藻等)。由于它们的繁殖速度非常快,比动植物快几百、几千甚至几万倍,发展前景很好。目前工业生产的单细胞蛋白饲料主要是酵母。单细胞蛋白饲料的特点是:生产原料来源广泛,可利用工农业废弃物和下脚料;适于工业化生产,不会污染环境;生产周期快,效率高;营养丰富,蛋白质含量高达 40%~60%,而且品质好,氨基酸平衡,含有较高的维生素、矿物质和其他生物活性物质。

3. 粗饲料 粗饲料指干物质中粗纤维含量超过 18% 的一类饲料,包括农作物的秸秆、秕壳、各种干草、干树叶等。其营养价值受收获、晾晒、运输和贮存等因素的影响。粗纤维含量高,消化能、蛋白质和维生素含量很低。灰分中硅酸盐含量较多,会妨碍其他养分的消化利用。所以粗饲料在家兔饲粮中的营养价值不是很大,主要是提供适量的粗纤维,在冬、春季节也可作为家兔的主要饲料来源。

(1)干草和干草粉 干草是指青草或栽培青饲料在未结实以前刈割下来经日晒或人工干燥而制成的干燥饲草。制备良好的干草仍保留一定的青绿颜色,所以又称青干草。干草粉是将适时刈割的牧草经人工快速干燥后,粉碎而成的青绿色草粉。干制青饲料的目的与青贮相同,主要是为了保存青饲料的营养成分,便于随时取用,以代替青饲料,调节青饲料供给的季节性不平衡,缓解枯草季节青饲料的不足。

干草和干草粉的营养价值因干草的种类、刈割时期及晒制方法而有较大的差异。优质的干草和干草粉富含蛋白质和氨基酸,如三叶草草粉所含的赖氨酸、色氨酸、胱氨酸等比玉米高 3 倍,比大麦高 1.7 倍;粗纤维含量不超过 22%～35%;含有胡萝卜素、维生素 C、维生素 K、维生素 E 和 B 族维生素;矿物质中钙多磷少,磷不属于植酸磷,铁、铜、锰、锌等较多。在配合饲料中加入一定量的草粉,对促进家兔生长、维持健康体质和降低成本有较好的效果。

豆科牧草是品质优良的粗饲料,粗蛋白质、钙、胡萝卜素的含量都比较高,其典型代表是苜蓿。其他的豆科牧草有三叶草、红豆草、紫云英、花生、豌豆等。禾本科牧草的营养价值低于豆科牧草,粗蛋白质、维生素、矿物质含量低。禾本科牧草有羊草、冰草、黑麦草、无芒雀麦、鸡脚草、苏丹草等。豆科牧草应在盛花前期刈割,禾本科牧草应在抽穗期刈割,过早刈割则干草产量低,过晚刈割则干草品质粗老、营养价值降低。

(2)作物秸秆和秕壳　秸秆和秕壳是农作物收获籽实后所得的副产品。脱粒后的作物茎秆和附着的干叶称为秸秆,如玉米秸、玉米蕊、稻草、谷草、各种麦类秸秆、豆类和花生的秸秆等。籽实外皮、荚壳、颖壳和数量有限的破瘪谷粒等称为秕壳,如大豆荚、豌豆荚、蚕豆荚、稻壳、大麦壳、高粱壳、花生壳、棉籽壳、玉米芯、玉米包叶等。

此类饲料粗纤维含量高达 30%～50%,其中木质素比例大、一般为 6.55%～12%,所以其适口性差、消化率低、能量价值低。蛋白质的含量低、只有 2%～8%,品质也差,缺乏必需氨基酸。豆科作物较禾本科要好些。矿物质含量高,如稻草中高达 17%,其中大部分为硅酸盐。钙、磷含量低,比例也不适宜。除维生素 D 以外,其他维生素都缺乏,尤其缺乏胡萝卜素。可见作物秸秆和秕壳饲料营养价值非常低,但因家兔饲粮中需要有一定量的粗纤维,所以这类饲料作为家兔饲粮的组成部分主要是补充粗纤维。

(3)树叶　我国树木资源丰富,除少数不能饲用外,大多数树木的叶子、嫩枝和果实都可作为家兔饲料。如槐树叶、榆树叶、紫穗槐叶、洋槐叶等粗蛋白质含量高达 15%以上,维生素、矿物质含量丰富。因含有单宁和粗纤维,不利于家兔对营养物质的消化,所以蛋白质和能量的消化利用率很低。在没有粗饲料来源时,树叶可作为饲粮的一部分。

4. 青绿多汁饲料　凡家兔可食的绿色植物都包含在这类饲料中,一般指的是天然水分含量高于 60%的一类饲料。这类饲料来源广、种类多,主要包括牧草类、青刈作物、蔬菜类、树叶、水生饲料等。青绿多汁饲料的营养特点:一是水分含量很高,柔软多汁,适口性好,消化率高,具有轻泻作用。一般水分含量为 70%～95%;水生饲料更高,达 90%～95%。消化能低,水生饲料更低。二是蛋白质含量较高且品质优良,一般含粗蛋白质 0.8%～6.7%,其按干物质计算为 10%～25%。含多种必需氨基酸,如苜蓿所含的 10 种必需氨基酸比谷类都多,其中赖氨酸含量比玉米高出 1 倍以上。粗蛋白质的消化率达 70%以上,而小麦秸仅为 8%。三是维生素含量丰富、种类多是青绿多汁饲料最突出的特点,也是其他饲料所不能比拟的,如与玉米籽实相比,每千克青草胡萝卜素含量高 50～80 倍,维生素 B_2 高 3 倍,泛酸高近 1 倍。另外还含有烟酸及维生素 C、维生素 E、维生素 K 等,但不含维生素 D。四是矿物质含量丰富,尤其钙、磷含量多且比例合适。豆科植物的含钙量高于其他科植物。五是所含碳水化合物中以无氮浸出物为主,粗纤维较少,因而消化率高。此类饲料的饲用特点是具有很好的适口性和润便作用,与干、粗饲料适当搭配,有利于粪便排泄。

5. 矿物质饲料　是补充矿物质的饲料,包括提供钙、磷、钠、镁、氯、硫等常量元素的矿物质饲料,也包括提供铁、铜、锰、锌、钴、碘、硒等各种微量元素的无机盐类或其他产品。根据在动物体内的含量和需要量,矿物质元素分为常量矿物质元素和微量矿物质元素,前者占体重的 0.01％ 以上,在饲料中的添加量通常以"％"表示;后者在动物体内的含量在 0.01％ 以下,在饲料中的添加量通常以"mg/kg"表示。矿物质元素在各种动植物饲料中都有一定含量,虽多少有差异,但由于动物采食饲料的多样性,往往可以相互补充而满足动物对矿物质的需要。但在舍饲条件下或对高产动物等情况,矿物质饲料的需要量大大增多,这时就必须在日粮中另行添加所需的矿物质。

(1)常量矿物质饲料　动物体需要的矿物质种类虽多,但在一般饲养条件下需要大量补充矿物质的饲料却不多,一般都是常量矿物质。

①食盐(氯化钠):精制食盐含氯化钠 99％,粗制食盐含氯化钠 95％,纯净的食盐含氯 60％、含钠 39％,此外尚有少量的钙、镁、硫等杂质。

植物性饲料大部分含钠和氯的数量较少,相反含钾丰富。为了保持生理上的平衡,对以植物为主食的畜、禽应补饲食盐。此外,食盐还可提高适口性,增强食欲,具有调味作用。但饲喂过量会引起食盐中毒。在饲粮中添加 0.5％ 的食盐完全可以满足家兔对钠和氯的需要,添加 1％ 以上时对家兔的生长有抑制作用。在补饲食盐时,一定要保证充足的饮水,以便及时调节体内盐的浓度。

②钙补充饲料:通常青、粗饲料一般含矿物质比较平衡,尤其是钙的含量较多,基本可满足畜禽的生理需要;而精饲料中一般含钙较少,需要补充。常用的含钙矿物质补充饲料有石灰石粉、贝壳粉、蛋壳粉、骨粉等。

③磷补充饲料:富含磷的矿物质饲料有磷酸钙(磷酸二氢钙、磷酸氢钙、磷酸钙)、磷酸钠类(磷酸二氢钠、磷酸氢二钠)、磷矿石、骨粉等。利用这一类饲料时,除了要注意不同磷源有着不同的利用率之外,还要考虑原料中有害物质如氟、铝、砷等是否超标,另外也要注意其所含矿物质元素比。钙补充饲料复杂,使用时必须正确计算其用量。例如补充碳酸钙,一般不需变动其他矿物质元素的供应量。而磷补充饲料不同。往往引起 2 种以上矿物质元素的含量变化。如磷酸钙含磷又含钙,所以在计算用量时,只能先按营养需要补充磷,再调整钙和钠等其他元素。

(2)微量矿物质饲料　随着集约化养殖业的发展,基础日粮中微量元素提供量与家畜对微量元素需要量差距较大。因此,需要向日粮中添加所需的微量元素。家畜需要的微量元素有铁、铜、锌、锰、硒、碘、钴等。但是以添加剂形式提供的并非这些元素单质，而是含有这些微量元素的化合物。目前有 3 种形式：其一为无机盐类，包括硫酸盐类、碳酸盐类、氧化物、氯化物等，这些盐类有不少缺陷，如易吸潮结块，影响其他饲料中的混合均匀度，对维生素也有一定的破坏作用。其二为有机酸盐，如柠檬酸铁。其三为微量元素—氨基酸螯合物，如苏氨酸铁。后 2 种形式弥补了第一种形式的缺陷，但因价格高，只在特定的条件下使用。常用微量元素化合物及其元素含量见表 4-21。

表 4-21　常用微量元素化合物及其元素含量

元　素	补充饲料名称	化学式	元素含量(%)
铁(Fe)	硫酸亚铁	$FeSO_4 \cdot 7H_2O$	20.1
	硫酸亚铁	$FeSO_4 \cdot H_2O$	32.9
	碳酸亚铁	$FeCO_3 \cdot H_2O$	41.7
铜(Cu)	硫酸铜	$CuSO_4 \cdot 5H_2O$	25.5
	硫酸铜	$CuSO_4 \cdot H_2O$	35.8
	碳酸铜	$CuCO_3$	51.4
锌(Zn))	硫酸锌	$ZnSO_4 \cdot 5H_2O$	22.75
	氧化锌	ZnO	80.3
	碳酸锌	$ZnCO_3$	52.15
锰(Mn)	硫酸锰	$MnSO_4 \cdot 5H_2O$	22.8
	氧化锰	MnO	77.4
	碳酸锰	$MnCO_3$	47.8
硒(Se)	亚硒酸钠	Na_2SeO_3	45.6
	硒酸钠	Na_2SeO_4	41.77
碘(I)	碘化钾	KI	76.45
	碘酸钙	$Ca(IO_3)_2$	65.1
钴(Co)	硫酸钴	$CoSO_4 \cdot 7H_2O$	21.3
	氯化钴	$CoCl_2 \cdot 6H_2O$	25.1

在使用微量元素矿物质饲料时应注意以下问题。

第一，所选用的矿物质化合物要有较高的生物学效价，即家兔能消化、吸收、利用，并能发挥特定的生理功能。一般来说，水溶性好的吸收率高；但水溶性好的也具有亲水性，给添加剂的制作增加了困难。不同化合物中微量元素的生物学效价见表 4-22。

表 4-22　微量元素的相对生物学效价

元　素	化合物	相对生物学效价(%)
铁	硫酸亚铁	100
	氯化亚铁	98
	硫酸铁	83
	氯化铁	44
	氧化铁	4
	碳酸亚铁	2
铜	硫酸铜	100
	碳酸铜	41
	氧化铜	15
锌	硫酸锌	100
	碳酸锌	100
	氧化锌	92
锰	硫酸锰	100
	氯化锰	100
	碳酸锰	90
	一氧化锰	90
	二氧化锰	80
硒	亚硒酸钠	100
	硒酸钠	89
	硒化钠	42
	硒元素	7

第二,要注意化合物中杂物要少,有毒有害物质在允许范围内。

第三,注意价格、适口性、理化性质、细度等。

第四,严格控制用量,严防中毒事故发生。在配合饲料的加工过程中,计量、混合等工序必须严格把关。

6. 维生素饲料　指在饲料中补加的、用来补充饲料中天然维生素不足的一类合成维生素制剂。和其他营养物质相比,家兔所需维生素的数量很小,但日粮中长期缺乏维生素会引起家兔代谢紊乱,甚至引起缺乏病。

在家庭饲养条件下,家兔常喂大量的青绿饲料,一般不会发生维生素缺乏。在舍饲和采用配合饲料喂兔时,尤其冬、春枯草季节,青绿多汁饲料来源缺乏,常需补充维生素饲料。另外,在高生产效率下,仅凭饲料中的维生素不能满足家兔需要,也需在饲粮中补充维生素饲料。

维生素按其溶解性,可分为脂溶性维生素和水溶性维生素。由于某些维生素很不稳定,易受光、热等因素的影响而被破坏,在制作工艺上往往采取加载体制成微型胶囊等稳定化合物,以免与其他营养成分发生反应。在剂型上有粉剂、水剂、针剂与复合制剂等,以粉剂最好,水剂次之。使用时应注意维生素的有效含量。

(1)脂溶性维生素　包括维生素 A、维生素 D、维生素 E、维生素 K,它们不从兔尿中排出,能在体内长期贮存。每种维生素又有不同结构形式的衍生物,但都有同样的功能,在生物效价方面可能不同。

(2)水溶性维生素　包括 B 族维生素和维生素 C。谷物和牧草是水溶性维生素的良好来源。另外家兔盲肠里的细菌也能合成 B 族维生素和维生素 C,合成量高于饲粮中含量的许多倍。当家兔食入软粪后,这些维生素可被吸收利用。软粪中的 B 族维生素比硬粪中高 3～6 倍,所以家兔食软粪是摄取 B 族维生素的主要来源。试验证明,家兔粪中维生素 B_{12} 的含量比饲料中的摄入量高 22 倍,所以家兔一般不会缺乏此类维生素。

(3)复合多种维生素　为了生产使用方便,可预先按各类动物对维生素的需要,拟制出实用配方,按配方将各种维生素与抗氧化剂、疏散剂加到一起,再加惰性物稀释剂和载体,充分混合均匀,即成为复合多种维生素,也称维生素预混料。

7. 饲料添加剂　是在饲料中添加的少量成分,是现代全价配合饲料不可缺少的组分,也是现代集约化养殖不可缺少的部分。它在配合饲料中起着完善饲料营养价值和全价性、改善饲料品质、提高饲料利用率、抑制有害物质、防止动物疾病发生、增进健康的作用,从而达到增进畜产品质量、提高畜禽生产能力、节约饲料和增加经济效益的目的。

常用的饲料添加剂大致分为两类,一类是营养性添加剂,另一类是非营养性添加剂。

营养性添加剂,主要包括氨基酸、维生素和微量元素。

非营养性添加剂包括以下几种:①生长促进剂,如抗生素(限用)、铜制剂(慎用)、酶制剂和活菌制剂;②驱虫保健剂,如驱虫性抗生素,抗球虫剂;③饲料品质改良剂,如着色剂、调味剂、黏结剂;④饲料保藏剂,如防霉剂、抗氧化剂;⑤中草药添加剂。

营养性添加剂系指添加到饲料中的营养物质,如氨基酸、维生素、微量元素等,它们都是常规饲料中所含有的营养成分,但有时由于在配合饲料中其含量不足而需要添加。维生素和微量元素添加剂在前面已单独叙述。非营养性添加剂是添加到饲料中的非营养性物质,种类很多,其作用是提高饲料利用率、促进动物生长和改善畜产品质量。

(二)常规饲料的开发利用应注意的问题

1. 能量饲料　玉米是主要的能量饲料,由于近年来的价格上涨,不得不考虑其用量问题。根据笔者试验,玉米的用量可以降低到 10％以内,以其他含能量近似的饲料,如小麦、次粉、细米糠等替代;高粱的营养与玉米相近,富含鞣酸,在一般饲料中弃之不用。但在断奶兔饲料中,以 5％～8％的比例添加是可以的。对于降低腹泻有较好作用。

2. 蛋白质饲料 豆饼(粕)同样由于价格问题,其用量必须下降。根据笔者的研究,控制在5%左右是可以的,以常用杂粕,如花生粕、菜籽粕、棉籽粕、芝麻饼、葵花饼等替代,只要配合比例适宜,养殖效果没有显著差异。

3. 粗饲料 我国的粗饲料种类繁多,产量不可低估。目前生产中常用的有花生秧、红薯秧、玉米秸、豆秸、花生壳、杂草或东北羊草、苜蓿草等。只要质量可靠,其永远是中小型养兔场的主要粗饲料原料。但是作为饲料生产企业而言,除了优质的花生壳以外,其他很难大量全年供应,必须开辟其他途径。

(三)非常规饲料的开发思路

从以上情况可以看出,依靠常规饲料发展规模化养兔的道路是相当艰难的。很多人在问:如果没有玉米、豆粕和苜蓿草,家兔该怎么养?

几年来,笔者在这方面进行了一些思考,同时进行了一定的探讨。提出以下思路。

1. 开发 农产品加工、酿造、制药等企业的副产品可供开发利用。

(1)工业糟渣饲料 糖渣(甘蔗渣、甜菜渣)、果渣(苹果渣、梨渣、葡萄渣、沙棘果渣)、糟粕(白酒糟、啤酒糟、醋糟、玉米淀粉渣、红薯淀粉渣)、大麦皮、菊花粉等。这类饲料不是简单的粗饲料或蛋白饲料,其综合营养价值甚高。工厂化生产,批量大。只要及时干燥,妥善保存,质量可以保证。但是其多为季节性生产,初级产品含水率很高,如果没有人工干燥条件和不能及时得到除去水分,有一定风险。

(2)工业蛋白饲料 葡萄饼粕、椰子粕、葵花粕、棕榈仁粕、葡萄籽、豌豆蛋白、DDGS、味精菌体蛋白、甜菜粕、米糠饼(粕)、玉米胚芽粕、玉米喷浆蛋白、玉米溶浆蛋白、红花粕、辣椒粕、菊花粕、花椒籽、麦芽根、豆腐渣、青霉素菌体蛋白、土霉素菌体蛋白、维生素 B_{12} 菌体蛋白、维生素 C 渣、肉粉、酵母粉等。多为廉价的蛋白质资源。

(3)中药厂药渣饲料 近年来,一些中药厂改进生产工艺,浓缩中药成分,生产注射剂、饮水剂和外擦剂等,将大量的中药渣抛弃,造成极大的浪费。其实很多药渣不仅可以作为饲料开发,而且有一定的预防疾病的作用。尤其是作为出口兔肉生产或绿色兔肉生产,具有很高的开发价值。

以上产品往往是大型养兔企业和大型饲料加工厂的主要原料来源。

2. 采集 农村粗饲料资源丰富,主要包括树叶类、秸秆类、秕壳类、糠麸类、野草类、中草药残余物类。

(1)树叶类 槐叶(刺槐、土槐、紫穗槐)、果树叶(苹果、桃、梨、杏、李、山楂)、松、柏、杨、柳、桑、榆、枸杞叶等。

(2)秸秆类 除了常规的秸秆以外,谷草、稻草、油葵具有一定的开发价值。尤其是谷草,很少发霉,是过去农村喂牛和驴的主要粗饲料。笔者在一些地方调查,用来喂兔效果良好。

(3)秕壳类 除了花生壳被开发以外,葵花籽壳(盘)、稻壳、麦壳和谷壳也可以使用。葵花籽壳(盘)在西北地区数量巨大,使用效果良好;稻壳在南方是主产区,麦壳和谷壳主要在中西部地区。尽管它们的营养价值不高,但一般质量可以保证,适当添加是可以的。

(4)**糠麸类**　除了麦麸大量用于养兔以外,稻糠(营养差异较大,细稻糠的能量和脂肪含量很高)、小米糠(与稻糠相近)、玉米糠(玉米淀粉厂的副产品)也是值得开发的。

(5)**野草类**　农区和山区,野草资源极其丰富。秋季采集的潜力很大。笔者今年暑期到河北承德调研,遍地的青蒿草,农民用来喂兔,很少得病。1个人半天收获1车。我想,其他地区同样有值得采集的野草。

(6)**中草药残余物**　河北省安国是全国知名的药都,全县中药材种植面积1.1万 hm^2,年产药材2.5万 t,其淘汰的非药用部分,为可用部分的多倍。河北、宁夏、甘肃、云南、江苏、贵州、重庆等17个省、自治区、直辖市批准建设"中药现代化科技产业基地",总种植面积113万 hm^2。这部分饲料质量较好,如果合理配伍,不仅提供营养,而且具有一定的药物成分,对于出口兔肉生产和绿色兔肉生产是一个极佳的机遇。

3. 栽培　适合栽培的地区主要是西部干旱地区,以耐干旱的豆科牧草为主,如沙打旺、苜蓿、紫穗槐和草木樨等。由于干旱少雨,草粉的质量有保证。此外,近年来兴起的沙柳、饲料桑、大叶槐等,不仅产量高,而且营养价值高,适合在北部和西部地区开展栽培。

4. 脱毒　一些蛋白质饲料由于含有一定的有害物质(以棉籽粕和菜籽粕为主),在饲料中受到很大的限制。它们的蛋白质含量较高,氨基酸比例尚可,价格低廉。如果通过科技创新,进行脱毒处理,将为我国蛋白质饲料资源的开发和畜牧业的快速发展提供优质的蛋白质资源。近年来笔者对棉籽粕进行了生物脱毒的初步研究,试验表明前景是乐观的。

第四节　家兔饲料配方设计

一、全价饲料配方设计

(一)全价饲料配方设计的基本要求

配方设计是进行科学饲养动物的一个重要环节,设计饲料配方的目的不仅在于满足动物的营养需要和采食特点,而且要求配方适应本地饲料资源情况、成本最优、效益最好。一个好的饲料配方应达到以下要求。

1. 营养丰富,配比平衡　其中营养成分能充分满足动物生长、生产需要;各营养元素间搭配合理,营养平衡,不会造成某种营养素的浪费。

2. 易于消化,便于采食　依据配方配制出的饲料,应符合饲喂对象的生理消化特点,消化利用率高,而且适口性好、动物喜食。

3. 充分利用现有本地资源 减少运输费用,提高经济效益。

(二)全价饲料配方设计的必需资料

在进行饲料配方设计时,必须首先具有以下几方面资料,才能进行数学计算。

1. 家兔饲养标准 饲养标准是进行饲料配方设计的原则和依据。现在发达的畜牧业国家都已经根据自己的本国畜禽品种和饲养条件制定了相应的饲养标准。我国家兔的饲养标准尚处于摸索阶段,没有统一的饲养标准。可根据兔场的实际情况,尤其是家兔的品种和生产水平,选择国内外相关标准作为参考。

2. 饲料种类、营养和价格

(1)饲料成分和营养价值表 饲料成分和营养价值表是通过对各种饲料的常规成分、氨基酸、矿物质和维生素等成分进行化学分析,再经过计算、统计,并经动物饲喂,在消化代谢的基础上对饲料进行营养评价之后而综合制定的。它客观地反映了各种饲料的营养成分和营养价值,对合理利用饲料资源、提高生产效率、降低生产成本具有重要作用。饲料配方设计就是根据饲养标准所规定的各种养分需要量,选择饲料原料,在应用饲料成分和营养价值表,经科学计算获得符合需要的配方。

(2)饲料种类和来源 在进行配方设计时,要了解所能使用饲料原料的数量、种类和来源。在一般情况下,宜选择使用本地饲料资源。一方面本地资源由于减少了交通运输、采购等费用,一般价格相对便宜,另一方面,本地资源由于生长环境、加工方式相对稳定,所以质量相对也会较为恒定,所以配制的饲料质量也能保持相对稳定。

(3)饲料价格 在进行饲料配制时,必须考虑饲料原料价格。由于不同地区同一原料的来源不同,所以价格差别较大。所以在选择原料时,必须进行质量价格比的比较。在满足营养需要,符合使用条件、范围的基础上,选择质优价廉的饲料原料,才能配制出最优成本配方,获得最佳经济效益。

此外,还应考虑饲料是否需要加工预处理,加工后对其营养价值是否有影响,如果需要加工,应选用加工费用较低的饲料原料。

3. 日粮类型、预期采食量、预期生长速度和生产性能

(1)日粮类型 在进行饲料配方设计之前,应了解所要设计的配方是何种类型饲料,是全价饲料、用于补充粗饲料营养不足的精料补充料、还是浓缩饲料、预混料,只有在明白这些要求的基础上,才能够进行饲料原料、饲养标准的选择。

(2)预期采食量 饲料配方设计之前,还应考虑家兔饲料采食量,因为家兔每天所需要的营养成分只能由饲料来供给,而家兔的消化道容积是有限的,所以饲料必须保证一定营养浓度,营养浓度过低,会使家兔即使采食大量饲料,仍不能满足营养需要;如果营养浓度过高,又会使家兔采食量过低而造成消化道过空,而使家兔产生食欲造成食入过多而使饲料浪费。

(3)预期生长速度和生产性能 在进行饲料配方设计时,还应考虑饲喂对象的预期生长速度和生产性能,因为家兔对饲料的需求,除了满足维持需要外,还应保证一定的生长速度和生产性能(繁殖、泌乳、产毛等),所以配制饲料时要考虑饲料的消化利用率,家兔的正常采食量和正常的生长速度、生产性能,以便配制出合理的饲料。

(三)全价饲料配方设计的原则

1. 用与饲养对象相适应的饲养标准　饲养标准是对动物进行科学饲养的依据,因此经济合理的饲料配方必须依据饲养标准规定的营养物质需要量的指标进行设计,在选用合适的饲养标准基础上,再根据实际饲养实践中动物的生长和生产性能情况作适当调整,一般按动物的膘情和季节等条件的变化,在对饲养标准进行上、下10%的调整,并注意以下几方面问题。

(1)能量是饲料的基本指标　在所有家兔的饲养标准中,能量都是第一项指标,只有在满足能量需要的基础上,才能再进一步考虑蛋白质、粗纤维、矿物质和维生素等其他营养的需要,对维生素、矿物质、氨基酸的不足通过饲料添加剂补充;反之,如果在饲料配方设计时不首先满足能量,而事先考虑蛋白质、矿物质等的需要,最后如果能量不能满足需要,可能要对配方的多种原料进行调整。

(2)能量与其他营养物质之间、其他各种营养物质之间比例应合乎饲养标准要求　如果营养物质之间比例不合适,会造成营养不平衡,导致营养不良。饲料中能量蛋白质的比例关系一般用能量蛋白比来表示,所谓能量蛋白比是指单位重量饲料有效能与蛋白质含量的比例。日粮中有效能高时,要相应提高蛋白质含量;反之,如果饲料中能量不足,就应相应降低饲料中蛋白质含量,否则会造成饲料利用率下降、报酬降低。

(3)控制饲料中粗纤维含量　在配制家兔饲料时,必须保证一定的粗纤维含量。粗纤维不足,会造成家兔消化道疾病、粪便不成形。但对于不同品种、不同生理阶段的家兔,粗纤维需要量也有所不同。一般幼龄阶段、患病阶段的家兔粗纤维需要量低,而成年家兔的需要量则相对较高。一般家兔饲料中粗纤维含量需要12%以上。

2. 选用合适的饲料原料　在进行饲料配方设计之前,首先应对本地饲料资源进行详细的调查,了解可用原料的来源、数量、质量、价格,只有这样,才能够确定如何较为均衡、合理的利用本地资源。特别应该注意以下几方面。

(1)饲料品质　应该尽量选用新鲜、无霉变、质地良好的饲料原料,饲料中有毒有害成分(如黄曲霉毒素、铅、汞)含量不能超过标准,对于含有毒素、抗营养因子的原料(如棉籽粕、菜籽粕)要首先进行脱毒处理,或者限制用量,以免造成毒副作用。

(2)饲料体积　饲料种类不同,密度差异较大,一般干草、秸秆、麸皮等饲料密度较小、体积较大,营养浓度较低;相反,豆粕、玉米等饲料密度则较高,体积较小,营养浓度较高。所以在配制饲料时除了考虑营养含量,还应考虑饲料体积是否适合家兔消化道容积。饲料营养浓度过低、体积过大,会造成消化道负担过重而影响消化,同时又不能满足家兔对营养的需要;饲料体积过小,即使满足营养需要,但由于家兔达不到饱感,而处于不安状态,也会影响生长发育。一般家兔饲料中麸皮、干草等低密度饲料应占整个配合饲料的30%~50%,幼龄时少一些,成年时多一些。

（3）饲料适口性　　直接影响家兔对饲料的采食量，所以在选择原料时，应尽力选用那些适口性好、无异味的原料，对影响适口性的饲料原料（如菜籽粕、血粉）应限制用量，以免造成采食量过低。后在幼兔饲料加工调制时加入适当的调味剂以提高饲料适口性。

3. 注意饲料成本控制　　饲料在养殖总成本中一般占 60%～70%，所以家兔饲料价格如何，直接影响养殖最终效益，因此如何控制饲料成本，是提高家兔饲养效益的关键。

（1）尽量选用本地资源　　是降低饲料成本的有效方法。本地资源一般来源有保证，质量稳定，价格由于省去了运输费也会相对便宜，所以与其他饲料比较有其不可比拟的优势，应尽量开发使用。

（2）注意多种原料搭配使用　　进行饲料配制时，要尽量选用多种原料进行搭配。各种不同原料营养特点不同，进行合理比例的搭配，不仅可以降低成本，而且通过营养互补，可以使配制出的饲料营养平衡，利用率提高。

（四）全价饲料配方设计的方法

饲料配方方法很多，它是随着人们对饲料、营养知识的深入，对新技术的掌握而逐渐发展的，最初人们使用较为简单易理解的对角线法、试差法，后来发展为联立方程法、比价法等。近年来，随着计算机技术的发展，人们开发出了功能越来越完全、使用越来越简单、速度越来越快的计算机专用配方软件，使配方越来越合理。

1. 试差法　　又叫凑数法。是最容易理解、目前国内使用范围最广的一种手工计算方法。

第一步，根据经验初步拟定出现有各种原料在配合饲料中的大致比例。

第二步，用各自的比例去乘以该种原料所含的各种养分的含量。

第三步，将各种原料的同种养分之积相加，即得到该配方的每种养分的总和。

第四步，将所得的结果与相应的饲养标准进行比较，若有一种或几种养分超标或不足，可通过增加或减少相应的原料比例进行调整和重新计算，直到所有的营养指标都基本满足需要为止。

这种方法优点较多。首先，容易理解，简单易学，一般人通过使用后都可以掌握；其次，这种方法在进行饲料原料选择时，如果配方设计者对饲养对象了解深刻，在考虑饲料原料的营养特性、消化吸收率、密度、适口性等基本条件的基础上，根据经验对所用饲料的大致比例进行限定，从而使得配制出的饲料更实用，这些是其他方法不可能完全考虑的；此外，配方设计者会随着营养知识、养殖经验的丰富，对配方设计越来越科学。

该种方法的缺点也很明显。首先是由于要进行多次的配方调整，反复计算，所以计算量较大，十分烦琐；其次是由于配方设计时盲目性较大，所以一般获得的配方营养含量常与目标（饲养标准）有一定差异，很难筛选出最佳配方、获得最佳经济效益。下面举例说明该种方法的具体操作步骤。

【实 例】 为生长肉兔配制全价配合饲料。

可使用的饲料原料有苜蓿草粉、玉米、大麦、豆饼、鱼粉、食盐、蛋氨酸、赖氨酸、骨粉、石粉、0.5％维生素和微量元素肉兔专用预混料。

现根据兰州畜牧研究所1989年制定的肉兔饲养标准和肉兔饲料营养价值表为标准为生长肉兔配制全价饲料。

第一步,依据饲养对象选择饲养标准,确定营养需要量,如表4-23所列。

表4-23 生长肉兔的营养需要 （MJ/kg,％）

营养素	消化能	粗蛋白质	粗纤维	钙	磷	食盐	赖氨酸	蛋氨酸＋胱氨酸
含 量	10.45	16	14	0.5	0.3	0.3	0.6	0.5

第二步,选择饲料原料并依据营养价值表或实测获得饲料养分含量各种原料营养成分,见表4-24。

表4-24 所选饲料主要营养成分

饲 料	粗蛋白质（％）	消化能（MJ/kg）	粗纤维（％）	钙（％）	磷（％）	赖氨酸（％）	蛋氨酸＋胱氨酸（％）
苜蓿草粉	11.49	5.81	30.49	1.65	0.17	0.06	6.41
麸 皮	15.62	12.15	9.24	0.14	0.96	0.56	0.28
玉 米	8.95	16.05	3.21	0.03	0.39	0.22	0.20
大 麦	10.19	14.05	4.31	0.10	0.46	0.33	0.25
豆 饼	42.30	13.52	3.64	0.28	0.57	2.07	1.09
鱼 粉	58.54	15.75	0.0	3.91	2.90	4.01	1.66
骨 粉				23	12		
石 粉				38			

第三步,日粮初配。根据饲养经验或现成配方,按能量和蛋白质需要初步确定各种原料的大致比例,并计算能量和粗蛋白质水平,与营养标准进行比较。生长家兔的饲粮中各种饲料的大致比例一般为:优质牧草30％～50％,谷物籽实类能量饲料30％～40％,蛋白质饲料15％～25％,矿物质饲料及各种添加剂1％～3％(表4-25)。

一般初配时,配方中不考虑矿物质饲料,所以总量应小于100％,以便留出最后添加钙磷矿物质、食盐和维生素、微量元素、氨基酸等添加剂所需要的空间,能量饲料和蛋白质饲料原料一般占总比例的98％～99％。

表4-25 日粮初配营养水平

原 料	配比（％）	消化能（MJ/kg）	粗蛋白质（％）
苜蓿草粉	40	2.32	4.60
麸 皮	10	1.33	1.72

原　料	配比（%）	消化能（MJ/kg）	粗蛋白质（%）
玉　米	25	4.01	2.24
大　麦	14	1.96	1.43
豆　饼	8	1.08	3.38
鱼　粉	1.5	0.24	0.88
合　计	98.5	10.94	14.25
与标准比较	−1.5	+0.49	−1.75

第四步，配方调整，使消化能和粗蛋白质含量符合饲养标准规定量。进行能量、蛋白质调整的方法是降低配方中某一饲料原料的比例，同时增加另一饲料原料的含量，二者增减数相同。即用一定比例的一种饲料原料替代另一种饲料原料。计算时，先求出每替代 1% 时，饲粮能量和蛋白质的改变程度。然后结合初配方中求出的营养含量与标准值的差值，计算出应该替代的百分数。

上述初配日粮的营养水平计算后与标准比较，能量稍高于标准（0.49MJ/kg），而粗蛋白质含量低于标准（1.75%），可用能量稍低而蛋白质较高的豆饼替代部分能量较高而蛋白质较低的玉米，豆饼蛋白质含量为 42.3%，玉米蛋白质含量为 8.95%。每代替 1%，蛋白质净增 0.33%。因此，减少 5% 的玉米，增加 5% 的豆饼即可提高蛋白质含量 0.33×5＝1.65，而能量下降（16.05－13.52）×0.05＝0.13MJ/kg，与要求的蛋白质能量比较接近。调整后的日粮营养水平见表 4-26。

表 4-26　调整后的日粮营养水平

原　料	配　比（%）	消化能（MJ/kg）	粗蛋白质（%）	粗纤维（%）	钙（%）	磷（%）	赖氨酸（%）	蛋氨酸＋胱氨酸
苜蓿草粉	40	2.32	4.6	12.20	0.66	0.07	0.024	0.164
麸　皮	10	1.33	1.72	1.02	0.02	0.11	0.062	0.031
玉　米	20	3.21	1.79	0.64	0.01	0.08	0.044	0.04
大　麦	14	1.96	1.43	0.56	0.01	0.06	0.046	0.035
豆　饼	13	1.76	5.50	0.47	0.04	0.07	0.269	0.142
鱼　粉	1.5	0.24	0.88	0	0.06	0.04	0.06	0.025
合　计	98.5	10.82	15.92	14.80	0.80	0.43	0.50	0.43
与标准比较	−1.5	0.37	−0.08	0.80	0.30	0.13	−0.10	−0.07

从结果看，消化能和粗蛋白质含量与标准比较，分别相差 0.37 和 0.08，基本符合要求。粗纤维含量与标准相差 0.8，也在差异允许范围之内。

第五步，调整钙、磷、食盐、氨基酸含量，添加微量元素、维生素。如果钙、磷不足，可用常量矿物质如石粉、骨粉、磷酸氢钙等添加，。食盐不足部分使用食盐补充。从上表中发现，钙、磷含量已能满足家兔需要。赖氨酸、蛋氨酸不足，使用人工合成的L-赖氨酸和DL-蛋氨酸进行补充。微量元素和维生素添加可使用肉兔专用的饲料添加剂补充。食盐不足使用外加补充。

第六步，列出配方及主要营养指标。

原料配比（％）：苜蓿草粉40，麸皮10，玉米20，大麦14，豆饼13，鱼粉1.5，食盐0.3，微量元素0.5，维生素0.5，赖氨酸0.1，蛋氨酸0.07。

营养含量（％）：消化能10.82MJ/kg，粗蛋白质15.92，粗纤维14.8，钙0.8，磷0.43，赖氨酸0.6，，（蛋＋胱）氨酸0.5。

2. 计算机法　随着越来越多的农业院校、科研机构科技人员对计算机配方技术的研究开发，计算机配方技术的逐渐成熟，配方软件的功能越来越完善，操作越来越简单，获得的配方也逐渐变得更加实用。从最初的只能进行线性规划、获得全价饲料最低成本配方，发展到现在的目标规划、多配方技术、概率配方、生产工艺管理、原料与成品的竞争处理技术、原料采购决策与灵敏度分析技术、多套原料组分概念、配方渐变分析与综合分析技术等，可同时进行全价饲料、浓缩饲料、预混料等配方设计，而且操作界面也越来越友好、简单易用。

应用饲料配方软件进行配方设计时一般主要经过以下几个步骤。

其一，根据饲养对象，选择合适的饲养标准，并依据实际饲养环境，进行营养需要量的确定。

其二，根据现有饲料资源选择饲料原料，并根据实际分析结果，修改饲料原料营养成分含量和价格，并确定饲料原料的大致使用量范围。

其三，进行优化计算，获得理论配方。

其四，依据实际生产情况，进行适当调整，获得使用饲料配方、即生产配方。

下面以设计生长兔饲料配方为例，用现在应用较广的某种配方软件具体说明饲料配方软件的使用方法。

【实　例】　为生长兔设计饲料配方。

第一步，输入标准。

①进入标准窗。用鼠标点击【标准选择】，进入标准窗。

②输入标准编号和名称。如果不知道该标准的编号，可选择点击【引用】键，进入配方的标准库，进行相应标准的选择，然后点击【保存】键，可将标准保存在应用库中。

③选择营养素。用鼠标选择对话框中的被选择营养素，可选择需要计算的营养素标准，在此可对营养标准根据实际情况进行修改。

④得到生长兔的营养标准（表4-27）。

表 4-27 生长家兔营养标准

营养素名称	单 位	标准最小值	标准最大值
代谢能	MJ	10.38	
粗蛋白质	%	15	
粗纤维	%	14	
钙	%	0.4	0.8
总 磷	%	0.22	
食 盐	%	0.2	0.5
赖氨酸	%	0.65	
蛋氨酸+胱氨酸	%	0.45	

第二步,输入原料。

①选择原料窗。用鼠标点击【原料选择】,进入原料选择窗。

②选择原料。根据现有原料,用鼠标点击对话框右侧原料库,进行饲料原料选择。

③根据现在市场行情和不同饲料原料特点,确定饲料价格和限量值(表 4-28)。

表 4-28 所选饲料限量值

参配原料	编 号	价格(元)	最小限量(%)	最大限量(%)
豆 粕	C102	1.8	10	
花生粕	C116	1.5		5
石 粉	C504	0.2		
磷酸氢钙	C505	1.6		
赖氨酸	C507	23		
食 盐	C511	0.5		
棉籽粕	0117	1.2		3
玉 米	0279	1.0	20	
小麦麸	0069	0.82	8	15
菜籽粕	0121	1.1		3
苜蓿草粉	0074	0.8	10	
预混料	0510	6	0.5	0.5

④确定限定的饲料。需要限量的饲料原料主要有以下几种情况:对有毒有害(如棉粕、菜粕等)或适口性较差(如芝麻粕、蚕蛹粉)的饲料原料,应限制最高用量,以免造成毒副作用或影响饲料适口性等;对需定量使用原料,如添加剂等,应固定最高和最低用量;对必须使用的原料,应限制最低用量。

⑤修改原料营养价值。对应用的饲料原料,应根据实际分析结果修改饲料营养成分含量。

第三步,优化计算。

①进入优化计算窗,用鼠标点击【优化计算】,进行优化计算。

②观看优化配方结果(表 4-29 和表 4-30)。

表 4-29　配方结果　(成本价格 0.9519 元/kg)

参配原料	编　号	价格(元)	配合比例(%)
豆　粕	0102	1.8	6.5290
花生粕	0116	1.5	0.0000
石　粉	0504	0.2	0.0000
磷酸氢钙	0505	1.6	0.0000
赖氨酸	0507	23	0.0000
食　盐	0511	0.5	0.2041
棉籽粕	0117	1.2	0.0000
玉　米	0279	1.0	29.7966
小麦麸	0069	0.82	8.0000
菜籽粕	0121	1.1	0.0000
苜蓿草粉	0074	0.8	54.9704
预混料	0510	6	0.5000

表 4-30　营养含量

营养素名称	单　位	营养标准	实际含量
代谢能	MJ	10.38	8.9752
粗蛋白质	%	15	17.1551
粗纤维	%	14	14.0000
钙	%	0.4	0.8052
总　磷	%	0.22	0.3464
食　盐	%	0.2	0.2000
赖氨酸	%	0.65	0.7286
蛋氨酸+胱氨酸	%	0.45	0.4657

第四步,手工调整,产生生产配方。

通过优化计算获得的配方是最低成本配方,但其与实际可能有一定差距,所以要进行手工调整,以达到可以实际应用的生产配方,在调整过程中,主要进行以下两方面工作。

①将原料用量进行微调,由于优化配方得到的结果常常数据非常精确(一般精确到小数点后3~4位),如果实际生产应用将难于操作,所以应进行微调,保留一位小数即可。

②对优化配方未应用的原料,有时可适当加入,比如鱼粉,其营养价值不完全体现在其可测定的化学成分上,它还含有未知生长因子,加入一部分后,可提高动物生长、生产性能,应适当添加。

依据以上原则进行调整后获得生产配方(表4-31和表4-32)。

表 4-31　生产配方　(kg)

参配原料	编　号	价格(元)	配合比例(%)
豆　粕	0102	1.8	3.5
食　盐	0511	0.5	0.2
棉籽粕	0117	1.2	3.0
玉　米	0279	1.0	40.0
小麦麸	0069	0.82	5.0
苜蓿草粉	0074	0.8	47.8
预混料	0510	6	0.5

表 4-32　营养含量

营养素名称	单　位	营养标准	实际含量
代谢能	MJ	10.38	9.83
粗蛋白质	%	15	16.18
粗纤维	%	14	13.42
钙	%	0.4	0.70
总　磷	%	0.22	0.32
食　盐	%	0.2	0.20
赖氨酸	%	0.65	0.65
蛋氨酸+胱氨酸	%	0.45	0.46

【实　例】　以某公司开发的饲料配方软件为工具,以生长獭兔配方设计为例,简述操作过程如下。

第一步,系统登录。输入用户名称和密码,回车。

第二步,进入系统主界面。该界面分为7个功能按钮,分别是标准选择、原料选择、优化计算、手工调整、配方管理、系统帮助和退出系统。

第三步,选择标准。点击系统主界面【标准选择】按钮。点击上方功能区中的【引用】按钮,调出所要的断奶-3月龄兔的饲养标准,编号为223。如果对于本标准的营

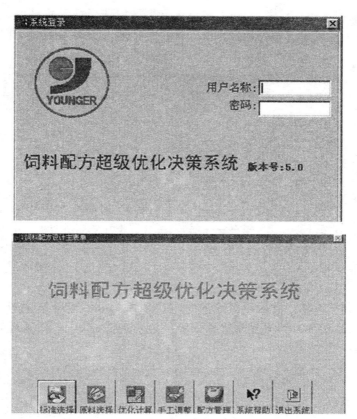

养指标不满意,可以进行调整。如果对营养素进行增加或去除,可以点击右侧功能区,即待选营养素中的相应营养素。本配方设计的营养素主要有 8 项。由于家兔绝大多数饲料的消化能欠缺,以猪的消化能代替。

第四步,选择饲料原料。按返回键,退出饲养标准选择表单,进入主界面,点击原料选择键。根据本地饲料资源,在右侧待选原料区域选择饲料原料。如果饲料原料的价格有变动,可以进行相应调整。根据自己的经验,对所选原料的上限和下限进行限定。

第五步,优化计算。点击返回键,返回主界面。点击优化计算按钮,进行自动配方设计。很快出现配方结果显示表单。分别给出配方成本、不同原料的配合比例。下面列出饲料的营养含量。

第六步,手工调整。从原料的配合比例看出,有些原料选择的不尽合理,如在粗饲料中仅仅选择了谷草,而菊花粉等没有选择。有些原料保留的小数位数较多,在饲料生产时不好掌握。其营养指标也不尽合理,可以利用自己的经验,对配方和营养指标进行适当的调整。

点击返回按钮,返回主界面。点击手工调整按钮。按照自己的要求对不同饲料进行调整。一边调整,一边观看右侧界面营养含量与标准的差异,直至满意为止。

第七步,配方定型,保存或打印。当配方调整理想之后,可以点击写字板,将配方保

存在设定的文件夹内（如配方文件夹 123）；或点击打印，将配方及营养指标打印出来。

饲 料 配 方 单

配方编号：223 配方名称：断奶-3 月龄

配方成本价格：1.718 8 元/kg 日期：2009 年 10 月 21 日

原 料 配 比

编　号	原料名称	原料价格	原料配比（%）
0729	兔乐	20.00	0.30
0511	食盐	0.70	0.50
0279	玉米 8.7	1.72	25.00
0506	蛋氨酸	72.00	0.16
0507	赖氨酸	16.00	0.2401
0730	球净	24.00	0.25
0731	复合酶	10.00	0.20
0504	石粉	0.20	0.20

编　号	原料名称	原料价格	原料配比（%）
0503	骨粉	1.00	1.20
0505	磷酸氢钙	2.40	0.00
0102	大豆粕43.0	3.50	10.00
0116	花生仁饼44	1.72	13.00
0069	小麦麸15.7	1.60	3.50
0807	低醇母18	1.20	15.00
0728	菊花粉11	0.90	4.50
0806	谷草4.7	0.50	26.00
0723	三七统糠5	0.54	0.00
合　计		100.0501	

配方营养

营养素名称	计量单位	配方营养
粗蛋白质	％	17.64
粗纤维	％	13.28
钙	％	0.75
总　磷	％	0.40
食　盐	％	0.49
赖氨酸	％	0.82
蛋氨酸＋胱氨酸	％	0.54
消化能	MJ/kg	2.32

　　计算机配方设计计算速度快、结果精确，是配方技术与电脑结合的产物，代表配方技术的最新进展，也是配方技术发展的最终方向。尽管由于设备的限制和技术的缺陷使其现在应用尚未普及，但随着时间的发展，必将会成为最终的普及技术而为广大用户接受使用。

二、浓缩饲料配方设计

　　浓缩料是指由蛋白质饲料、维生素、矿物质、微量元素预混料组成的饲料，它按一定比例加入能量饲料后即成为全价配合饲料。一般由专业饲料厂生产，养殖户（场）购买后按规定加入能量饲料后即可，这样既可以减少购买各种原料的麻烦，又可以降低成本。

　　(一)浓缩饲料配方的设计原则

　　第一，浓缩饲料和能量饲料的比例应为一个整数，以便应用。例如，浓缩饲料用量一般为20％、30％、35％或40％，则能量饲料和纤维饲料之和相应为80％、70％、

65％和60％。

第二，浓缩饲料的添加比例，应根据在同一营养水平下用常用几个不同饲料组成配方的所占的比例最大的一个为参数。这是因为蛋白质饲料、矿物质饲料中所含的蛋白质、钙、磷等的量会因原料的种类、产地、加工工艺的不同而有所差别，所以使用比例最大的一种可以保证浓缩料质量稳定的情况下，浓缩料使用比例不变。

第三，能量饲料的蛋白质含量应该有一个恰当、客观的估计。玉米蛋白质含量最低的为7.3％，而最高的则可达到9.8％，一般为8％左右，而玉米在家兔饲料中占比例为一般在20％～30％，如果使用极端数字，可使饲料蛋白质相差近1.5个百分点。

第四，一般来讲，对不同生长阶段家兔，应有不同的浓缩饲料，但为了生产方便，往往设计2种浓缩料（1～3月龄的生长兔单独一种，内添加抗球虫药物），除了生长兔浓缩料以外，用一种浓缩料。但按不同比例添加，前期使用比例多一些，后期使用比例少一些。

（二）浓缩饲料配方的设计方法

浓缩饲料的设计方法有2种：一种是首先根据家兔饲养标准及饲料原料来设计全价配合饲料（详见前述），然后把能量饲料和粗饲料从配方中抽去，即为浓缩饲料；另一种方法是单独设计浓缩饲料配方。在这里主要介绍第二种方法。

单独设计浓缩饲料配方，主要是一些浓缩饲料专门厂家根据现有原料及市场需求，为养殖场使用、运输方便而专门制作的半成品。它的设计主要分2种情况：一种是厂家根据蛋白质、矿物质饲料的供应情况和价格，决定浓缩料的营养水平，像进行全价配合饲料一样计算出最低成本配方，用户购买后再根据其营养成分含量选择能量饲料和粗饲料的种类和配合比例，获得全价饲料配方。这种方式能够充分利用各种现有原料，获得最低成本配方。但要求生产商必须准确标明浓缩料的各种营养成分含量，同时要求使用者具有一定的营养知识，能够进行准确计算配制。另一种情况是生产商根据一般市场要求的浓缩料使用比例和使用者所有的能量饲料种类、数量和质量，结合家兔营养需要确定浓缩料各营养成分应达到的水平，计算饲料配方。下面以第二种情况为例，举例说明浓缩饲料的配方设计步骤。

【实　例】　为生长育肥肉兔设计浓缩料，其中要求玉米：苜蓿草粉：麸皮：浓缩料＝35：40：10：15。

第一步，查肉兔饲养标准，获得肉兔营养需要（表4-33）。

表4-33　生长肉兔的营养需要　（MJ/kg，％）

营养素	消化能	粗蛋白质	粗纤维	钙	磷	食盐	赖氨酸	蛋氨酸＋胱氨酸
含量	10.45	16	14	0.5	0.3	0.3	0.6	0.5

第二步，依据营养价值表获得饲料养分含量（表4-34）。

表 4-34　各种原料营养成分

饲　料	粗蛋白质 (%)	消化能 (MJ/kg)	粗纤维 (%)	钙 (%)	磷 (%)	赖氨酸 (%)	蛋氨酸＋胱氨酸 (%)
苜蓿草粉	11.49	5.81	30.49	1.65	0.17	0.06	6.41
麸　皮	15.62	12.15	9.24	0.14	0.96	0.56	0.28
玉　米	8.95	16.05	3.21	0.03	0.39	0.22	0.20
大　麦	10.19	14.05	4.31	0.10	0.46	0.33	0.25
豆　饼	42.30	13.52	3.64	0.28	0.57	2.07	1.09
鱼　粉	58.54	15.75	0.0	3.91	2.90	4.01	1.66
骨　粉				23	12		
石　粉				38			

第三步,计算玉米、麸皮和苜蓿草粉所能达到的营养水平(表 4-35)。

表 4-35　玉米、麦麸和苜蓿草粉提供的主要营养成分

饲　料	用　量	提供营养成分数量						
		粗蛋白质	消化能	粗纤维	钙	磷	赖氨酸	(蛋＋胱)氨酸
玉　米	35	3.13	5.62	1.12	0.01	0.14	0.08	0.07
麸　皮	10	1.56	1.41	0.92	0.01	0.10	0.06	0.03
草　粉	40	4.60	2.32	12.20	0.66	0.07	0.02	0.16
合　计	85	9.29	9.35	14.24	0.68	0.31	0.16	0.26
标　准	100	16	10.45	14	0.5	0.3	0.6	0.5
相　差		−15	−6.71	−1.1	0.24	0.18	0.01	−0.44	−0.24

第四步,计算浓缩饲料应达到的营养水平(表 4-36)。

表 4-36　生长肉兔浓缩料所应达到的营养水平

消化能	粗蛋白质	赖氨酸	(蛋＋胱)氨酸	食　盐
1.1/0.15＝7.33	6.71/0.15＝44.73	0.44/0.15＝2.93	0.24/0.15＝1.6	0.3/0.15＝2

由以上计算可知,能量类饲料已能满足肉兔粗纤维、钙、磷的需要,所以对于浓缩料来讲,只需注意保证蛋白质、消化能、赖氨酸、蛋氨酸、食盐需要即可。浓缩料营养成分含量按以下公式计算:

$$某营养素含量＝差值/浓缩料添加比例$$

第五步,依据饲料原料确定浓缩料配方。原料选择依据可使用原料的种类、质量、价格,进行饲料配合。配方设计方法与全价饲料配方方法相同。对赖氨酸、蛋氨

酸的不足可使用工业生产的纯品补充(表 4-37)。浓缩料营养含量可完全满足要求。

表 4-37 生长育肥肉兔浓缩料配方及主要营养指标

	饲料原料	比例(%)
饲料配方	豆 饼	76.9
	鱼 粉	19.9
	食 盐	2.0
	微量元素	0.2
	维生素	0.1
	赖氨酸	0.5
	蛋氨酸	0.4
营养含量	营养指标	含 量
	消化能	13.5
	粗蛋白质	45.0
	赖氨酸	2.9
	(蛋+胱)氨酸	1.6

三、预混料配方设计

(一)预混料的概念与意义

预混料又叫添加剂预混料,是一种或多种添加剂与载体或稀释剂按一定比例配制的均匀混合物。

预混料可分为单项预混料和综合预混料两类:单项预混料,即同类添加剂预混料,是由同一种类饲料添加剂配制而成均匀混合物,如微量元素预混料、维生素预混料等。综合预混料,又叫复合预混料,它是由不同种类的多种饲料添加剂按配方制作的匀质混合物,如维生素、微量元素、氨基酸及抗球虫药物等其他成分混合在一起的预混料。

使用预混料的优点:一是配料速度快、精度高,混合均匀度好;二是配好的添加剂预混料能克服某些添加剂稳定性差、静电感应及吸湿结块等缺点;三是有利于标量化,对各种添加剂活性、各类药物和微量元素的使用浓度等的表示均可量化,有利于配合饲料生产和应用。

(二)预混剂的载体与稀释剂

1. 载体和稀释剂的作用和种类 配制添加剂必须有载体和稀释剂。所谓载体,是指能够接受和承载粉状活性添加剂微量成分的可饲物料,它不仅能对微量添加剂成分起稀释作用,而且还可提高添加剂的流散性,使添加剂更易于均匀地分布到饲料中去,一般常用的有玉米粉、次粉、麸皮、脱脂米糠、玉米芯粉、大豆壳粉、碳酸钙、滑石、蛭石等。豆粕、磷酸氢钙、草粉等由于在混合过程中易产生粉尘而不适合作载体。稀释剂与载体不同,它是指掺入到一种或几种微量添加剂中起稀释作用的物料,它可起稀释活性组分的浓度的作用,但不起承载添加剂的作用。常用的载体有葡萄糖、磷酸二钙、石粉、贝壳粉、高岭土、膨润土、沸石粉等。

2. 选择载体和稀释剂应注意满足的条件

(1)含水量　载体或稀释剂的含水量是必须首先考虑的因素,一般认为含水量越低越好。含水量要求在10%以下,最高不超过12%。如果水分过高,在配制预混料时,混合困难,而且活性成分容易在贮存过程中失活、失效。

(2)粒度　预混料载体粒度要求在30～80目(0.59～0.17mm),不合格颗粒不应超过10%;稀释剂的粒度要求比稀释剂要均匀和细一些,在30～200目(0.59～0.074mm)。

(3)密度　载体与稀释剂的密度也是影响混合均匀度的重要因素,应考虑载体和稀释剂的密度尽量与活性成分相接近才能保证活性成分在混合过程中均匀混合,如果差别过大,贮存、运输过程中容易发生分级。

(4)表面特性　载体表面要求粗糙或具有小孔,这样在与微量元素充分混合时,微量成分能进入载体表面小孔或被粗糙表面吸附;稀释剂不具备承载性能,要求表面光滑,具有较好的流散性,才能使微量成分被均匀稀释分散。

(5)吸湿性、结块性　吸湿性使之载体在空气中吸附水分后使其本身潮解和增加水分的性能。当载体或稀释剂的吸湿性强时,制成预混料后就容易结块,活性成分易于变质。所以在选择载体时应尽量选择吸湿性差的载体,如酒糟风干物、乳清粉等均不宜作载体或稀释剂。如果选择其作载体,应加入二氧化硅、疏水淀粉等抗结块剂,以减少结块。

(6)流动性　载体或稀释剂要求有一定的流动性。如果流动性太差,不易混匀;流动性太强,预混料在运输过程中容易产生分离而影响质量。

(7)pH值　预混料中的活性成分本身都有一定的pH值,而且都要求有一个适宜的pH值,如果不适宜,会造成活性成分失活变性,因此要求载体和稀释剂要具备一定的缓冲能力,使预混料接近中性。

(8)静电荷　由于载体和稀释剂以及微量成分都是非常细小的颗粒,而且非常干燥,所以非常容易产生静电荷。混合时,这些带静电的小颗粒会相互排斥,造成粉尘,活性成分损失,也会造成物料流动性下降。消除的方法是加入一定量的植物油或糖蜜。

(三)预混料配方的设计方法

以微量元素预混料设计为例,说明预混料设计的具体方法和步骤。

1. 微量元素预混料配方设计的方法和步骤

(1)根据饲养标准确定微量元素用量　饲养标准是确定动物营养需要的基本依据。为计算方便,通常是将饲养标准中的微量元素需要量作为添加量。还可参考可靠的研究和使用成果进行权衡,修订微量元素的具体添加种类和数量。

(2)微量元素原料的选择 综合原料的生物效价、价格和加工工艺的要求,选择微量元素原料,同时要查明微量元素的含量、杂质及其他元素的含量,以备应用。

(3)计算微量元素原料的用量 根据原料中微量元素含量和预混料的需要量,计算在预混料中各种微量元素所需的商品原料量。其计算公式如下:

$$纯原料量=某微量元素需要量/纯品中元素含量$$
$$商品原料量=纯原料量/商品原料纯度$$

(4)确定载体的用量 根据预混料在配合饲料中的比例,计算载体用量。一般认为预混料占全价配合饲料的 0.1%～0.5%为宜。载体用量的计算公式如下:

$$载体用量=预混料量-所需微量元素商品原料量$$

(5)列出微量元素预混料配方

2. 微量元素预混料配方设计举例 为肉用生长育肥兔设计 0.2%微量元素预混料配方。具体步骤如下。

第一步,查饲养标准,获得肉兔微量元素需要量,即为添加量(表 4-38)。

表 4-38 肉兔微量元素需要量 (mg/kg)

微量元素	铜	铁	锰	锌	碘
需要量	15	50	10	40	0.2

第二步,微量元素盐的选择见表 4-39。

表 4-39 商品微量元素盐的规格 (%)

商品微量元素盐	分子式	元素含量	商品纯度
硫酸铜	$CuSO_4 \cdot 5H_2O$	Cu:25.5	96
硫酸亚铁	$FeSO_4 \cdot 7H_2O$	Fe:20.1	98.5
硫酸锰	$MnSO_4 \cdot H_2O$	Mn:32.5	98
硫酸锌	$ZnSO_4 \cdot 7H2O$	Zn:22.7	99
碘化钾	KI	I:76.4	98

第三步,计算商品原料量。将需要添加的各种微量元素折合为每千克风干全价配合饲料的商品原料量。其计算公式如下:

$$商品原料量=某微量元素需要量/纯品中该元素含量/商品原料纯度$$

按此种方法计算,获得以上 5 种商品原料在 1 千克全价配合饲料中的添加量(表 4-40)。

表 4-40 每千克全价饲料中微量元素盐商品原料用量 (mg/kg)

商品原料	计算式	商品原料量
硫酸铜	15÷25.5%÷96%	61.3
硫酸亚铁	50÷20.1%÷98.5%	252.5

商品原料	计算式	商品原料量
硫酸锰	$10 \div 32.5\% \div 98\%$	31.4
硫酸锌	$40 \div 22.7\% \div 99\%$	178.0
碘化钾	$0.2 \div 76.4 \div 98\%$	0.27
合　计		523.47

第四步，计算载体用量。预混料的用量为 0.2%，即每千克全价料中微量元素预混料的添加量为 2g，则预混料中载体的用量为预混料量与微量元素盐商品原料之差。$2-0.52347=1.476\,53g$，所以每吨全价料中微量元素载体添加量为 1.47 653kg。

第五步，列出肉兔微量元素预混料的生产配方（表 4-41）。

表 4-41　肉兔微量元素预混料的生产配方

商品原料	每吨全价料用量(g)	每吨预混料用量(kg)	配合率(%)
硫酸铜	61.3	30.65	3.065
硫酸亚铁	252.5	126.25	12.63
硫酸锰	31.4	15.7	1.57
硫酸锌	178.0	89	0.89
碘化钾	0.27	0.135	0.014
载　体	1476.53	738.27	73.8
合　计	2000	1000	100

第五章 家兔保健与疾病控制

第一节 家兔防疫保健理念

一、家兔疾病发生的基本规律

(一)疾病发生的原因

疾病是动物机体与外界致病因素相互作用而产生的损伤与抗损伤的复杂斗争过程。在这个过程中,机体对环境的适应能力降低,动物的生产能力下降。

兔病发生的原因一般可分为外界致病因素和内部致病因素两大类。

1. 外界致病因素 是指家兔周围环境中的各种致病因素。

(1)生物性致病因素 包括各种病原微生物(细菌、病毒、真菌、螺旋体等)和寄生虫(如原虫、蠕虫等),主要引起传染病、寄生虫病、某些中毒病及肿瘤等。

(2)化学性致病因素 主要有强酸、强碱、重金属盐类、农药、化学毒物、氨气、一氧化碳、硫化氢等化学物质,可引起中毒性疾病。

(3)物理性致病因素 指炎热、寒冷、电流、光照、噪声、气压、湿度和放射线等诸多因素,有些可直接致病,有些可促使其他疾病的发生。如炎热而潮湿的环境容易中暑,高温可引起烧伤,强烈的阳光长时间照射可导致日射病,寒冷低温除可造成冻伤外还能削弱动物机体的抵抗力而促使感冒和肺炎的发生等。

(4)机械性致病因素 是指机械力的作用。大多数情况下这种病因来自外界,如各种击打、碰撞、扭曲、刺戳等可引起挫伤、扭伤、创伤、关节脱位、骨折等。个别的机械力是来自体内,如体内的肿瘤、寄生虫、结石、毛球和其他异物等,可因其对局部组织器官造成的刺激、压迫和阻塞等而造成损害。

(5)营养因素 除上述各种致病因素外,机体正常生理活动所需的各种营养物质和功能代谢调节物质,如蛋白质、糖、脂肪、矿物质、维生素、激素、氧气和水等,因供给不足或过量,或是体内产生不足或过多,也都能引起疾病。

(6)应激因素 在疾病发生上的意义也日益受到重视。

2. 内部致病因素 兔病发生的内部因素主要是指兔体对外界致病因素的感受性和抵抗力。机体对致病因素的易感性和防御能力与机体的免疫状态、遗传特性、内分泌状态、年龄、性别和兔的品种等因素有关。

(二)家兔疾病的分类

根据兔病发生的原因可将其分为传染病、寄生虫病、普通病和遗传病4种。

1. 传染病 是指由致病微生物(即病原微生物)侵入机体而引起的具有一定潜

伏期和临床表现,并能够不断传播给其他个体的疾病。常见的传染病有病毒性传染病、细菌性传染病和真菌性传染病3大类。

2. 寄生虫病 是由各种寄生虫侵入机体内部或侵害体表而引起的一类疾病。在临床上,家兔寄生虫病的感染和发生比较普遍。有的能引起严重的疾病,并导致死亡,如兔球虫病;有的虽不引起严重的疾病,却常常表现为带虫者或亚临床症状,如栓尾线虫、囊尾蚴病等感染。常见的兔寄生虫病有原虫病、蠕虫病和外寄生虫病3种。

3. 普通病 是由一般性致病因素引起的一类疾病,也称非传染病。引起兔普通病常见的病因有创伤、冷、热、化学毒物和营养缺乏等。临床上,比较重要和常见的普通病有营养代谢病、中毒性疾病、内科病、外科病及其他病等。

4. 遗传病 是指由于遗传物质变异而对动物个体造成有害影响,表现为身体结构缺陷或功能障碍,并且这种现象能按一定遗传方式传递给其后代的疾病,如在家兔可见的短趾、八字腿、白内障、牛眼等。

(三) 家兔疾病发生的特点

家兔疾病的发生、发展和防治有其自身的特点。了解这些特点,有助于在养兔生产实践中控制疾病的发生、发展。

第一,与其他动物相比,家兔体小、抗病力差,容易患病,治疗不及时死亡率高。因此,在生产中必须贯彻"预防为主"的方针,同时及早发现、及时治疗。

第二,单个家兔经济价值较低,如果患病进行治疗,多数情况下治疗效果差。有的虽能治愈,但治疗成本往往较高。因此,养兔必须坚持"预防为主,防重于治"的方针。

第三,家兔腹壁肌肉较薄,且腹壁紧贴着地面,若所在环境温度低,导致腹壁着凉。肠壁受冷刺激时,肠蠕动加快,特别容易引起消化功能紊乱,引起腹泻,继而导致大肠杆菌、魏氏梭菌等疾病,为此应保持家兔所在环境温度相对恒定。

第四,家兔属小型草食动物,拥有类似于牛、羊等反刍动物瘤胃功能的盲肠,对饲草、饲料的消化主要靠盲肠微生物的发酵来完成。因此,保持盲肠内微生物区系相对恒定,是降低消化道疾病发生率的关键之一。为此生产中要坚持"定时、定量、定质,更换饲料要逐步进行"的原则。同时,治疗疾病时慎用抗生素。如果长期口服大量抗生素,就会杀死或破坏兔盲肠中的微生物区系,导致消化紊乱。这一特点要求我们在预防、治疗兔病中要注意抗生素的种类,使用一种新的抗生素要先做小试,同时给药方式以采取注射方式为宜,也要注意用药时间、剂量等。

第五,大兔耐寒怕热,小兔怕冷。高温季节要注意中暑的发生。小兔要保持适宜的温度。

第六,家兔抗应激能力差,气候、环境、饲料配方、饲喂量等突然变化,往往极易导致家兔发生疾病。因此,在生产的各个环节要尽量减少各种应激,以保障兔群健康。

二、家兔疾病防制新理念

事业做得大小和发展得快慢,在很大程度上取决于观念。对于兔场的防疫也是如此。有的兔场疾病很少,兽医天天闲得没有事做。药没多用,活没多干,钱没少赚。而有的兔场天天治病,总是治不过来。药没有少买,兔没有少死,劲没有少费,就是钱没有多赚。

笔者走访了众多的兔场,了解到他们不同的观念。

有的兔场主动防疫观念淡薄,往往不见兔病不用药,预防兔病花 1 分钱也心痛,而治疗兔病花 10 元钱也舍得。兔舍里的病兔只要有一口气也舍不得淘汰,一天没有死亡也尽量抢救,可谓"救死扶伤",十足的"人道主义"。

有的兔场以预防为主,平时加强卫生管理和环境控制,主动注射疫苗和投喂预防性药物,发现病兔及时诊疗或淘汰,把疾病控制在萌芽状态。也就是说,兔场坚持以预防为主,治疗仅仅作为一种辅助手段。

总结众多成功和失败的经验教训得出这样的结论:防重于治,平安无事;治重于防,买空药房。

家兔是一种弱小的动物,对疾病的抵御能力不强。不得病活蹦乱跳,一旦得病便凶多吉少。家兔的一些疾病传播速度很快,当疾病传播的时候,临时预防是无济于事的。对于养兔企业来说,一定要观念更新。笔者提出"防病不见病,见病不治病"的理念,贯彻健康养殖的精神,饲养健康兔群,提供绿色产品,保障人、兔安全。

实现"防病不见病,见病不治病",应该从饲养管理入手,从重点疫病防控着眼,做好各项工作。

(一)加强饲养管理

1. 饲养健康兔群　基础群的健康状况对安全生产至关重要。如果基础打不好,后患无穷!一般而言,应坚持自繁自养的原则,有计划有目的地从外地引种,进行血统的调剂。引种前必须对提供种兔的兔场进行周密地调查,对引进种兔进行检疫。

2. 提供良好环境　良好的生活环境对于保持家兔健康至关重要。比如在兔场建筑设计和布局方面应科学合理,清洁道和污染道不可混用和交叉,周围没有污染源;严格控制如温度、湿度、通风、有害气体等气象指标;避免噪声、其他动物的闯入和无关人员进入兔场。

3. 提供安全饲料　有一个适宜的饲养标准;根据当地饲料资源,设计全价饲料配方,并经过反复筛选,确定最佳方案;严把饲料原料质量关,特别是防止购入发霉饲料,控制有毒性饲料用量(如棉籽饼类),避免使用有害饲料(如生豆粕),禁止饲喂有毒饲草(如龙葵)等;防止饲料在加工、晾晒、保存、运输和饲喂过程中发生营养的破坏和质量的变化,如日光暴晒造成维生素的破坏、贮存时间过长使营养流失、遭受风吹雨淋发生霉烂变质、被粪便或有毒有害物质污染等。

4. 把好入口关　主要指饲料和饮水的安全卫生,防止病从口入。

5. 制定合理的饲养管理程序 根据家兔的生物学特性和本场实际,以兔为本,人主动适应兔,合理安排饲养和管理程序,并形成固定模式,使饲养管理工作规范化、程序化、制度化。

6. 主动淘汰危险兔 原则上讲,兔场不治病,有了患病兔(主要是指病原微生物引起的传染病)立即淘汰。理论和实践都表明,淘汰 1 只危险兔(患有传染病的兔)远比治疗这只兔子的意义大得多。

(二)注重疾病的预防

1. 定期检疫 除了对新引进的种兔严格检疫和隔离观察以外,兔群应有重点地定期检疫。如每半年 1 次对巴氏杆菌病检测(0.25%～0.5%煌绿溶液滴鼻),每季度对全群进行疥癣病检疫和对皮肤病检查,每 2 月进行一次伪结核的检查等。每 2 周对幼兔球虫进行检测(一年四季检测都有必要),种兔配种前对生殖系统进行检查(主要检查梅毒、外阴炎、睾丸炎和子宫炎),母兔产仔后 5 天以内每天检查 1 次,此后每周进行 1 次乳房检查等。

2. 计划免疫 根据每个兔场的具体情况,确定免疫对象和制定免疫程序。兔场规模不同,饲养环境不同,防疫的项目也不一样(见防疫部分)。

3. 防疫消毒 消毒是综合防制措施中的重要环节,其目的是杀灭环境中的病原微生物,以彻底切断传染途径,防止疫病的发生和蔓延。选择消毒药物和消毒方法,必须考虑病原微生物的特性和被消毒物体的种类以及经济价值等。如对于木制用具,可用开水或 2%火碱溶液烫洗;金属用具,可用火焰喷灯或浸在开水中泡 10～15分钟;地面和运动场可用 10%～20%石灰水或 5%漂白粉溶液喷洒,土地面可先将表土铲除 10cm 以上,并喷洒 10%～20%石灰水或 5%漂白粉溶液,然后换上一层新土夯实,再喷洒药液;食具和饮具等,可浸泡于开水中或在煮沸的 2%～5%碱水中 10～15 分钟;毛皮可用 1%石炭酸溶液浸湿,或用福尔马林熏蒸;工作服可放在紫外灯消毒室内消毒或在 1%～2%肥皂水内煮沸消毒;粪便进行堆积生物发酵消毒。

4. 药物预防 有些疾病目前还没有合适的疫苗,有针对性地进行药物预防是搞好防疫的有效措施之一。特别是在某些疫病的流行季节到来之前或流行初期,选用高效、安全、廉价的药物,添加在饲料中或饮水中服用,可在较短的时间内发挥作用,对全群进行有效地预防。或对家兔的特殊时期(如母兔的产仔期)单独用药预防,可收到明显效果。药物预防的主要疾病为细菌性疾病和寄生虫病,如大肠杆菌病、沙门氏菌病、巴氏杆菌病、波氏杆菌病、葡萄球菌病、球虫病和疥癣病等。

药物预防应注意药物的选择和用药程序。要有针对性地选择药物,最好做药敏试验,当使用某种药物效果不理想时应及时更换药物或采取其他方案。用药要科学,按疗程进行,既不可盲目大量用药,也不可长期用药和时间过短。每次用药都要有详细的记录登记,如记载药物名称、批号、剂量、方法、疗程。观察效果,对出现的异常现象和处理结果更应如实记录。

5. 定期驱虫 家兔的体外寄生虫病主要有疥癣病、兔虱病;体内寄生虫主要有球虫病、囊尾蚴病、栓尾线虫病等。而疥癣病和球虫病是预防的重点,其他寄生虫病在个别兔场零星发生也应引起注意。在没有发生疥癣病的兔场,每年定期驱虫1~2次即可;而曾经发生过疥癣病的兔场,应每季度驱虫一次。无论是什么样的饲养方式,球虫病必须预防,尤其是6~8月份是预防的重点。但近年来有全年化的趋势。囊尾蚴病的传染途径主要是狗和猫等动物粪便对饲料和饮水的污染,控制养狗、养猫,或对其定期驱虫,防止其粪便污染即可降低囊尾蚴的感染率。线虫病每年春、秋2次进行普查驱虫,使用如苯丙咪唑、伊维菌素或阿维菌素广谱驱虫药物,可同时驱除线虫、绦虫、绦虫蚴及吸虫。

6. 隔离和封锁　在发生传染病时,对兔群进行封锁,并对不同家兔采取不同的处理措施。病兔:在彻底消毒的情况下,把有明显症状的兔子单独或集中隔离在原来的场所,由专人饲养,严加看护,不准越出隔离场所。饲养人员不准相互串门,工具固定使用,入口处设消毒池。当查明为少数患兔时,最好捕杀,以防后患。可疑病兔:症状不明显,但与病兔及污染的环境有接触(同笼、同舍、同一运动场)的家兔,有可能处在潜伏期,并有排毒的危险,应在消毒后另地看管,限制活动,认真观察。可进行预防性治疗,出现病症时按病兔处理,如果2周内没有发病,可取消限制。假健群:无任何症状,没有与上面2种兔有明显的接触。应分开饲养,必要时转移场地饲养;在整个隔离期间,禁止向场内运进和向场外运出家兔、饲料和用具,禁止场外人员进入,也禁止场内人员外出。当传染病被消灭2周。不再出现病兔后,解除封锁。

7. 抗病力育种　将抗病力作为育种的主要目标之一,从根本上解决家兔对某些疾病的抗性问题,是今后育种的方向和重点。简单而实用的方法是在发病的兔群选择不发病的个体作为种用。因为在发病的兔群里,每只兔子所受到的病原微生物感染的机会理论上讲是同等的,有些兔子的抗性低而发病,有些兔子的抗性强而保持健康,这种抗性如果是遗传所造成的,那么就能将这种品质遗传给后代,使个体品质变成群体品质。如果用现代育种方法,测定控制家兔对某些疾病有抗性的基因或将具有抗性的基因片段导入家兔的染色体内,就可培育出对某些疾病有抗性的兔群。

第二节　兔场防疫措施与疾病诊治技术

一、兔场的卫生防疫措施

(一)建立防疫制度并认真贯彻

1. 进入场区要消毒　在兔场和生产区门口及不同兔舍间,设消毒池(图5-1)或紫外线消毒室,池内消毒液要经常保持有效浓度,进场人员和车辆等必须经消毒后方可入内。兔场工作人员进入生产区,应换工作服、穿工作鞋、戴工作帽,并经彻底消毒后进入,出来时脱换。在场区内不能随便串岗串舍。非饲养人员未经许可不得进入兔舍。

2. 场内谢绝参观,禁止闲杂人员和有害动物进入场内　兔场原则上谢绝入区进

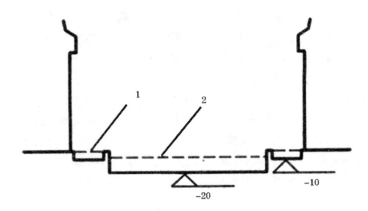

图 5-1 兔场大门口车辆消毒池及人的脚踏消毒池断面 （单位:m）
1. 脚踏消毒池　2. 车辆消毒池

舍参观,必须的参观或检查者按场内工作人员对待,严格遵守各种消毒规章制度。严禁兔毛、兔皮及肉兔商贩、场外车辆、用具进入场区。已调出的兔严禁再返回兔舍,种兔场种兔不准对外配种,场区内不准饲养其他畜禽。兔场要做到人员、清粪车、饲喂用具等相对固定,不准乱拿乱用。

　　3. 搞好兔场环境卫生,定期防疫消毒　　首先饲养人员要注意个人卫生,结核病人不能在养兔场工作。兔笼、兔舍及周围环境应天天打扫,经常保持清洁、干燥,使兔舍内温度、湿度、光照适宜,空气清新无臭味、不刺眼。食槽、水槽和其他器具也应保持清洁,定期对兔笼、地板、产箱、工作服等进行清洗、消毒。全场每隔半年进行 1 次大清除和消毒,清扫的粪便及其他污物等应集中堆放于远离兔舍的地方进行焚烧、喷洒化学消毒药、掩埋或做生物发酵消毒处理。生物发酵经 30 天左右,方可作为肥料使用。

　　4. 杀虫、灭鼠、防兽,消灭传染媒介　　蚊、蝇、虻、蜱、跳蚤、老鼠等是许多病原微生物的宿主和携带者,能传播多种传染病和寄生虫病,要采取综合措施设法消灭。

　　(二)严格执行消毒制度

　　消毒是预防兔病的重要一环。其目的是消灭散布于外界环境中的病原微生物和寄生虫,以防止疾病的发生和流行。在消毒时要根据病原体的特性、被消毒物体的性能和经济价值等因素,合理地选择消毒剂和消毒方法。

　　1. 兔舍消毒　　应先彻底清除剩余饲料、垫草、粪便及其他污物,用清水冲洗干净,待干燥后进行药物消毒。

　　2. 场地消毒　　在清扫的基础上,除用常用消毒药外,还可选用 5% 来苏儿等。

　　3. 兔笼及用具消毒　　应先将污物去除,用清水洗刷干净,干燥后再进行药物消毒。

　　4. 仓库消毒　　常用 5% 过氧乙酸溶液、福尔马林熏蒸消毒。

　　5. 毛、皮消毒　　常用环氧乙烷等消毒。

　　6. 医疗器械消毒　　除煮沸或蒸汽消毒外,常用药物有 0.1% 洗必泰、0.1% 新洁尔灭等。

7.工作服、手套消毒　可用肥皂水煮沸消毒或高压蒸汽消毒。

8.尸体、粪便及污物消毒　可采用烧毁、掩埋或生物热发酵等方法处理。

(三)制定免疫程序并严格实施

免疫接种是预防和控制家兔传染病十分重要的措施。免疫接种就是用人工的方法,把疫(菌)苗等注入家兔体内,从而激发兔体产生特异性抵抗力,使易感的家兔转化为有抵抗力的家兔,以避免传染病的发生和流行。

1.家兔常用的疫(菌)苗　目前家兔常用的疫(菌)苗种类、使用方法及注意事项见表5-1。

表 5-1　常用疫(菌)苗种类和用法

疫(菌)苗名称	预防的疾病	使用方法及注意事项	免疫期
兔瘟灭活苗	兔瘟	30~35日龄初次免疫,皮下注射2ml;60~65日龄二次免疫,剂量1ml,以后每隔5.5~6个月免疫1次,5天左右产生免疫力。一般初免用单联苗,以后可用二联或单联苗	6个月
巴氏杆菌灭活苗	巴氏杆菌病	仔兔断奶免疫,皮下注射1ml,7d后产生免疫力,每兔每年注射3次	4~6个月
波氏杆菌灭活苗	波氏杆菌病	母兔配种时注射,仔兔断奶前1周注射,以后每隔6个月皮下注射1ml,7d后产生免疫力,每兔每年注射2次	6个月
魏氏梭菌(A型)氢氧化铝灭活苗	魏氏梭菌性肠炎	仔兔断奶后即皮下注射2ml,7d后产生免疫力,每兔每年注射2次	6个月
伪结核灭活苗	伪结核耶新氏杆菌病	30日龄以上兔皮下注射1ml,7d后产生免疫力,每兔每年注射2次	6个月
大肠杆菌多价灭活苗	大肠杆菌病	妊娠20日龄进行首免,皮下注射1ml;待仔兔断奶后再免疫1次,皮下注射2ml。7d后产生免疫力,每兔每年注射2次	6个月
沙门氏杆菌灭活苗	沙门氏杆菌病(下痢和流产)	怀孕初期及30日龄以上的兔皮下注射1ml,7d后产生免疫力,每兔每年注射2次	6个月
克雷伯氏菌灭活苗	克雷伯氏菌病	仔兔20日龄进行首免,皮下注射1ml;仔兔断奶后再免疫1次,皮下注射2ml。每兔每年注射2次	6个月

疫(菌)苗名称	预防的疾病	使用方法及注意事项	免疫期
葡萄球菌病灭活苗	葡萄球菌病	每兔皮下注射 2ml,7d 后产生免疫力	6 个月
呼吸道病二联苗	巴氏杆菌病、波氏杆菌病	怀孕初期及 30 日龄以上的兔,皮下注射 2ml,7d 后产生免疫力,母兔每年注射 2 次	6 个月
兔瘟-巴氏-魏氏三联苗	兔瘟、巴氏杆菌病、魏氏梭菌性肠炎	青年、成年兔每兔皮下注射 2ml,7d 后产生免疫力,每兔每年注射 2 次。不宜作初次免疫	4～6 个月

2. 免疫接种类型 家兔免疫接种类型有以下 2 种。

(1)预防接种 为了防患于未然,平时必须有计划地给健康兔群进行免疫接种。

(2)紧急接种 在发生传染病时,为了迅速控制和扑灭疫病的流行,而对疫群、疫区和受威胁区域尚未发病的兔群进行应急性免疫接种。

紧急接种除使用疫(菌)苗外,也常用免疫血清。免疫血清虽然安全有效,但常因用量大、价格高、免疫期短,大群使用往往供不应求,目前在生产上很少使用。

3. 推荐的兔群防疫程序 为了保障兔群安全生产,促进养兔业健康发展和经济效益的提高,养兔场、户应根据兔病最新流行特点和本场兔群实际情况,制定科学、合理的兔群防疫程序并严格执行。根据笔者研究结果和生产实践,以下程序可供参考。

(1)17～90 日龄仔、幼兔 每千克饲料中加 150 mg 氯苯胍或 1 mg 地克珠利,可有效预防兔球虫病的发生。治疗剂量加倍。目前添加药物是预防家兔球虫病最有效、成本最低的一种措施。

(2)产前 3 天和产后 5 天的母兔 每天每只喂穿心莲 1～2 粒、复方新诺明片 1 片,可预防母兔乳房炎和仔兔黄尿病的发生。对于乳房炎、仔兔黄尿病、脓肿发生率较高的兔群,除改变饲料配方和控制产前、产后饲喂量外,繁殖母兔每年应注射 2 次葡萄球菌病灭活疫苗,剂量参照说明书确定。

(3)20～25 日龄仔兔 注射大肠杆菌疫苗,以防因断奶等应激造成大肠杆菌的发生。有条件的大型养兔场可用本场分离到的菌株制成的疫苗进行注射,预防效果确切。

(4)30～35 日龄仔兔 首次注射兔瘟单联疫苗,每只颈皮下注射 2 ml。60～65 日龄时再皮下注射 1 ml 兔瘟单联苗或二联苗以加强免疫。种兔群每年注射 2 次兔瘟疫苗。注意点:首次免疫必须用兔瘟单联苗。

(5)40 日龄幼兔 注射魏氏梭菌疫苗,皮下注射 2 ml,免疫期为 6 个月。种兔群应注射魏氏梭菌疫苗,每年 2 次。

（6）毛癣病的预防　引种必须从健康兔群中选购，引种后必须隔离观察至第一胎仔兔断奶时，如果仔兔无本病发生，才可以混入原兔群。严禁商贩进入兔舍。

（7）中毒病的预防　对使用的草粉应进行全面、细致的检查，一旦发现有结块、发黑、发绿、有霉味、含土量大、有塑料薄膜等，应坚决弃之不用。外观不能确定时，应进行实验室真菌检测。同时也应对其他原料如小麦麸皮、玉米、豆饼（粕）等进行质量检查。饲料中使用菜籽饼、棉籽饼等时，要经过脱毒处理，同时添加量应不超过 5％，仅可饲喂商品兔。

4. 防疫过程中应注意的事项

第一，购买疫苗时，最好使用国家正式批准生产厂家的疫苗，同时应认真检查疫苗的生产日期、有效期及用法、用量说明。另外还要检查苗瓶有无破损、瓶塞有无脱落与渗漏，禁止使用无批号或有破损的疫苗。

第二，注射用针筒、针头要经煮沸消毒 15～30 分钟、冷却后方可使用。疫区应做到一兔一针头。

第三，疫苗使用前、注射过程中应不停地振荡，使注射进去的疫苗浓度均匀。当天开瓶的疫苗当天用完，剩余部分要坚决废弃。

第四，严格按规定剂量注射，不能随意增加或减少剂量。为了防止疫苗吸收不良，引起硬结、化脓，对于注射 2 ml 的疫苗，针头进入皮下后做扇形运动，一边运动、一边注射疫苗或在两个部位各注射一半。

第五，防疫注射必须在兽医师指导、监督下进行，由掌握注射要领的人员实施，一定要认真仔细安排，由前到后、由上到下逐个抓兔注射，防止漏注。对未注射的家兔应及时补注。临产母兔尽量避免注射疫苗，以防因抓兔而引起流产。

第六，同一季节需注射多种疫苗时，未经联合试验的疫苗宜单独注射，且前后 2 次疫苗注射间隔时间应在 7 天左右。

第七，兽医师要填写疫苗免疫登记表，以便安排下一次防疫注射日期。

第八，疫苗空瓶要集中做无害化处理，不能随意丢弃。

第九，使用的药物和添加剂要充分搅拌均匀。使用一种新的饲料添加剂或药物，先做小批试验，确定安全后方可大群使用。

（四）有计划地进行药物预防及驱虫

对兔群应用药物预防疾病，是重要的防疫措施之一。尤其在某些疫病流行季节之前或流行初期，应用安全、低廉、有效的药物加入饲料、饮水或添加剂中进行群体预防和治疗，可以收到显著的效果。如产后 3 天内，母兔每次服 0.5g 长效磺胺，每日 2 次，连喂 3 天，可预防乳房炎和仔兔黄尿病的发生。

在兔群中防治球虫病是提高幼兔成活率的关键，目前在饲料中使用抗球虫药，是预防家兔球虫病最经济、最有效、最方便的措施。在春、秋两季还应对全群普遍驱虫，可用如丙硫咪唑等高效、低毒、广谱驱虫药，驱除线虫、绦虫及吸虫等；用伊维菌素，可驱除线虫、疥螨等寄生虫。必须注意的是，长期使用药物预防时，容易产生耐药菌而影响药物的防治效果。因此,需经常进行药敏试验,选用有高度敏感性的药物。同时,使用的药物要详细记录名称、批号、剂量、方法、用药时间等,以便观察效果,及时处理出现的问题。

(五)加强饲料质量检查,注意饲喂、饮水卫生,预防中毒病

俗话说"病从口入"。饲料、饮水卫生的优劣与家兔的健康密切相关,应严格按照饲养管理的原则和标准实施。饲料从采购、采集、加工调制到饲料保存、利用等各个环节,要加强质量和卫生检查与控制。严禁饲喂发霉、腐败、变质、冰冻饲料,保证饮水清洁而不被污染。

(六)细心观察兔群,及时发现、及时诊治或扑灭疾病

兔场每天早上由饲养管理人员在饲喂前和饲喂过程中,注意细心观察兔的行为、采食等异常变化,并进行必要的检查,发现异常,及时由兔场兽医进行及时诊断和治疗,以减少不必要的损失或将损失降低至最小程度。

二、兔病的诊断技术

家兔得了病,首先要进行诊断。兔病诊断内容包括临床诊断、流行病学调查、剖检病理学诊断、实验室诊断和综合诊断。

(一)临床诊断

临床诊断是疾病诊断工作中最常用和首先采用的一些检查方法。它是利用人的感觉器官或借助一些最简单的诊断器材(如体温计、听诊器等)直接对病兔进行检查。对于家兔某些具有特征性症状表现的典型病例,经过仔细的临床检查,一般不难作出诊断。临床诊断的基本方法如下。

1. 问诊 是以询问的方式向饲养管理人员或防疫员等调查了解与发病有关的情况和经过,一般在做其他检查之前进行,也可贯穿于其他检查过程之中。问诊内容主要包括以下几个方面。

(1)病史 包括既往病史和现有病史。了解患兔以往的健康状况,以前是否发生过类似疾病,如何处置,效果如何?本次疾病发生的时间、发病经过、主要表现,采取过什么措施,用什么药物及效果等。

(2)周围兔只或本场其他兔群的健康状况 了解同一兔群中有多少兔先后或同时发生过类似疾病,邻舍及附近场、区兔群最近是否也有类似疾病发生等。

(3)饲养管理及预防用药情况 主要了解饲料的种类、来源、质量、饲喂量及最近是否有什么变化,饲养人员是否有顶班现象,场舍的卫生状况,管理制度;接种疫苗的种类、来源,接种时间和接种方法,以及其他预防药物的使用情况等。

问诊时语言要通俗,所问内容应根据情况而定,既要全面、又要有重点。对问诊所掌握的情况,要实事求是地记录下来,不能随意发挥。

2. 视诊 主要是用肉眼直接观察病兔目前的状态和各种异常现象。通过视诊可以发现许多很有意义的症状,为进一步诊断检查提供线索。

视诊的内容很多,包括体形外貌、体格发育、营养状况、精神状态、运动姿势及被毛、皮肤和可视黏膜的变化等;还要注意某些生理活动是否正常,如有无喘气、咳嗽、流涎及异常的采食、咀嚼、吞咽和排泄动作等;也要留意粪便和尿液的性状、数量等。

视诊的方法虽然简单,但要想客观而全面地收集症状,并能进行综合分析和判断,必须具有敏锐的观察力和准确的判断力,要求兽医人员加强临床实践锻炼和善于进行总结。

3. 触诊　是用手触摸按压检查部位进行疾病诊断的一种方法。通过触诊可以判断被检器官和组织的状态,确定病变的位置、形态、大小、质地、温度、敏感性和移动性等。

浅部触诊主要用于检查体表和浅在部位器官组织的功能状态,如检查体表温度、湿度,皮肤及皮下组织厚度、弹性、硬度,肌肉紧张性及局部肿物的性状等。检查者常以手掌的掌面或背面接触或按压被检部位皮肤,或按一定顺序触摸,对可疑部位或患部肿物用手指按压或揉捏,根据手感和检查时病兔的反应进行判断。深部触诊常用于体腔内器官的检查,常用像家兔妊娠检查的方法,触摸腹部(图 5-2)。有时还可借助器械进行间接触诊,如用探针对某些创伤进行探诊检查等。

4. 听诊　是通过听觉辨别患病动物及其体内某些器官活动过程中所产生的各种声音,根据声音及其性质的变化推断体内器官功能状态和病理变化的一种诊断方法。临床上常用于心脏、肺和胃肠的检查,如听诊心脏的搏动音,可知其频率、强度、节律及有无杂音;听诊肺部可知呼吸数、呼吸节律、肺泡呼吸音的强弱及是否有啰音和摩擦音等;听诊腹部可知胃肠是否蠕动及蠕动的强弱等。

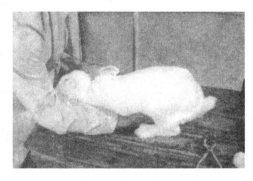

图 5-2　腹部触诊法

5. 叩诊　是对患病家兔体表某一部位进行叩击,根据所产生声音的特性来推断叩击部位组织器官有无病理变化的一种诊断方法,可用于胸、腹腔脏器的检查。叩诊时所产生声音的性质主要取决于叩诊部位有无气体或液体,以及其量的多少,还与叩诊部位组织的厚度、弹性等有关。如叩击腹部有鼓音,则系胃肠严重臌气。

6. 嗅诊　是利用嗅觉辨别患病动物的排泄物、分泌物、呼出气体以及兔舍和饲料等的气味,借以推断疾病的方法。嗅诊在兽医临床诊断检查中有时具有重要意义,如当患兔呼出气体有烂苹果味(酮味),可能患妊娠毒血症;患兔腹泻时排出的恶臭水样粪便,提示患魏氏梭菌病等。

(二)流行病学诊断

流行病学诊断就是通过问诊、座谈、查阅病历、现场观察和临床检查等方式取得第一手资料。

1. 疾病的发生情况 了解最初发病的时间和兔舍,传播蔓延速度和范围,发病数量、性别、年龄、症状表现,发病率和死亡率以及剖检变化等。如仅为母兔发病尤其是怀孕妊娠、哺乳及假妊娠的可能为妊娠毒血症;外生殖有病变,且多为繁殖兔(包括母兔、公兔)应考虑兔密螺旋体病、外生殖道炎症等;发病死亡率高,年龄多在3月龄以上,可能是兔瘟;断奶前后兔,腹泻的多为大肠杆菌病。

2. 病因调查 了解本场或本地过去是否发生过类似疾病,流行情况如何,是否做过确诊,采取过何种防治措施、效果如何。本次发病前是否引进种兔,新购种兔进场是否检疫和隔离;饲料原料、配方及饲养管理最近是否有较大调换,包括饲料的种类、来源、贮存、调制、饲喂方式等,同时注意饲养人员是否调换;饲料质量怎样,是否发霉变质;如果是购买的饲料,了解厂家的饲料配方、原料是否变化;当地气候是否突变,兔舍的温度、湿度和通风情况如何,附近有无工矿废水和毒气排放;兔场的鼠害情况和卫生状况好坏;兔场是否养狗、猫等动物;最近是否进行过杀虫、灭鼠或消毒工作,用过什么药物等。收皮、收毛等商贩是否进入过兔舍。

常见的引起家兔发病的原因有以下几种:①仔兔上笼引起大肠杆菌或魏氏梭菌病。②饲料配方突然改变导致魏氏梭菌病暴发。③饲养人员改变或调换笼位导致消化道疾病发生。④气候突变、温度突然升高导致中暑,突然降温导致断奶前后仔兔发生大肠杆菌病。⑤饲料霉变引起家兔流产、腹泻和盲肠秘结等。⑥兔群搬进新建潮湿的兔舍引起魏氏梭菌或大肠杆菌病。⑦新引进的种兔繁殖的仔兔患毛癣。⑧给饲料中添加驱虫药、磺胺类药物时随意添加或搅拌不均匀,导致迅速死亡或发生魏氏梭菌病。⑨兔产品收购商贩进入兔场或兔舍之后迅速流行兔瘟。⑩养犬场、户的兔群普遍患豆状囊尾蚴病和棘球蚴病。

3. 预防用药情况 了解本场兔群常用什么药物和疫苗进行疾病预防,用量多少,如何使用。饲料中添加过哪些添加剂,什么时候开始,使用了多长时间等。常见的有兔瘟免疫程序不当或疫苗问题导致兔瘟发生。未进行小试就大面积使用厂家推荐的饲料添加剂导致消化道疾病发生。

4. 疾病的发展变化和防治效果 了解病兔的初期表现与中、后期表现,一般病程多长,结局怎样,是否使用过什么药物进行防治,药物用量,使用多长时间,效果如何等。

(三)病理学诊断

根据临床诊断尚不能确诊的疾病,必须对病兔或尸体进行解剖,根据剖检特点,再结合临床症状、流行病学特点,对疾病作出正确诊断。

对死亡的兔尸或病兔进行解剖检查时,通过对内脏器官、组织病变进行观察,了解疾病所在的部位、性质,为明确诊断提供依据。

剖检最好在专门的剖检室(或兽医室)进行,便于消毒和清洗。如现场剖检,应选择远离兔舍和水源的场所进行。

（四）实验室诊断

通过临床症状、剖检难以确诊的疾病，应进一步做实验室检查。实验室诊断即利用实验室的各种仪器设备，通过实验室操作，对来自病兔的各种病料进行检查或检测，随后通过结果分析，对疾病作出比较客观和准确的判断。实验室检查的内容很多。对普通病，一般只进行一些常规检查；对于某些传染病和寄生虫病，则应做病原检查；若疑为中毒性疾病，有条件时可进行毒物检测。

（五）综合诊断

根据流行病学调查、临床检查、病理剖检、实验室检查等资料，进行综合分析，最终作出诊断。根据结果，选择相应的治疗药物和方法，以达到治愈疾病的目的，同时做好今后兔病的预防工作。需要指出的是，兔病诊断过程需要具有丰富兽医、畜牧知识和实践经验，同时具备在众多信息中敏锐地找出主要矛盾的能力。在具体诊断过程中，如果善于抓住带有特征性临床表现、流行特点或病理变化等，可以迅速作出较为准确的诊断。因此，要求兔场兽医工作者，不断加强业务学习，虚心向有经验的专家请教，在实践过程中勤于思考，这样就可在发生疾病时及时作出诊断。

三、兔病的治疗技术

（一）给药方法

1. 口服给药

（1）自由采食法 适用于毒性小、适口性好、无不良异味的药物，或兔患病较轻、尚有食欲或饮欲时。

①方法：把药混于饲料或饮水中。饮水中药物应易溶于水。

②注意事项：药物必须均匀地混于饲料或饮水中。本法多用于大群预防性给药或驱虫。

（2）灌服法 适用于药量小、有异味的片（丸）剂药物，或食欲废绝的病兔。

①方法：片剂药物要先研成粉状，把药物放入匙柄内（汤匙倒执），一手抓住耳部及颈部皮肤把兔提起，另一手执汤勺从一侧口角把药放入嘴内，取出汤勺，让兔自由咀嚼后再把兔放下（图5-3）。如果药量较多，药物放入嘴内后再灌少量饮水。如果是水剂可用注射器（针头取掉）从口角一侧慢慢把药挤进口腔。

②注意事项：服药时要观察兔只吞咽与否，不能强行灌服，否则易灌入气管内，造成异物性肺炎。

（3）胃管给药法 一些有异味、毒性较大的药品或病兔拒食时采用此法。

①方法：由助手保定兔并固定好头部，用开口器（木或竹制，长10 cm、宽1.8～2.2 cm、厚0.5 cm，正中开一比胃管稍大的小圆孔、直径约0.6 cm）使口腔张开，然后将胃管（或人用导尿管）涂上润滑油，经胃管穿过开口器上的小孔，缓缓向口腔咽部插入（图5-4）。当兔有吞咽动作时，趁其吞咽及时把导管插入食管，并继续插入胃内。

②注意事项：插入正确时，兔不挣扎，无呼吸困难表现；或者将导管一端插入水

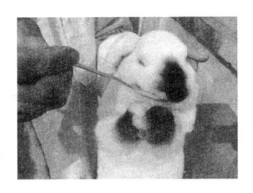

图5-3 灌 药

头拔出,用乙醇棉球按压消毒。

③注意事项:宜用短针头,以防刺入肌肉内。如果注射正确,可见局部隆起。

(2)肌内注射 适于多种药物,但不适用于强刺激性药物(如氯化钙等)。

①部位:多选在臀肌和大腿部肌肉。

②方法:注射部位用70%乙醇棉球消毒。把针头刺入肌肉内,回抽无回血后,缓缓注入药物(图5-6)。拔出针头,用乙醇棉球按压消毒。

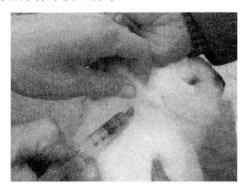

图5-5 皮下注射

中,未见气泡出现,即表明导管已插入胃中,此时将药液灌入。如误入气管,则应迅速拔出重插,否则会造成异物性肺炎。

2. 注射给药

(1)皮下注射 主要用于疫苗注射和无刺激性或刺激性较小的药物。

①部位:多在耳部后颈部皮肤处。

②方法:注射部位用70%乙醇棉球消毒。用左手拇指和食指捏起皮肤,使成皱褶。右手持针斜向将针头刺入,缓缓注入药液(图5-5)。注射结束后将针

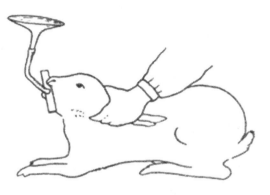

图5-4 胃管给服法

③注意事项:一定要保定好兔子,防止乱动,以免针头在肌肉内移动伤及大血管、神经和骨骼。

(3)静脉注射 刺激性强、不宜做皮下或肌内注射的药物,或多用于病情严重时的补液。

①部位:一般在耳静脉进行。

②方法:先把刺入部位毛拔掉,用70%乙醇棉球消毒。静脉不明显时,可用手指弹击耳壳数下或用乙醇反复涂擦刺激静脉处皮肤,直至静脉充血怒张。

立即用左手拇指与无名指及小指相对,捏住耳尖部,针头沿着耳静脉刺入,缓缓注射药物(图5-7)。拔出针头,用乙醇棉球按压注射部位1~2分钟,以免流血。

③注意事项:一定要排净注射器内的气泡,否则兔子会因栓塞而死。第一次注

射先从耳尖的静脉部开始，以免影响以后刺针；油类药剂不能静注；注射钙剂要缓慢；药量多时要加温。

（4）腹腔内注射　多在静脉注射困难或家兔心力衰竭时选用。

①部位：部位选在脐后部腹底壁、偏腹中线左侧 3 mm 处。

②方法：注射部位剪毛后消毒，抬高家兔后躯，对着脊柱方向，针头呈 60°刺入腹腔，回抽活塞不见气泡、液体、血液和肠内容物后注药（图 5-8）。刺针不

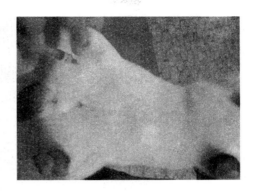

图 5-6　肌内注射

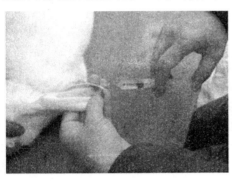

图 5-7　静脉注射

宜过深，以免伤及内脏。怀疑肝、肾或脾肿大时，要特别小心。

③注意事项：注射最好是在兔胃、膀胱空虚时进行。1 次补液量为 50～300 ml，但药液不能有较强刺激性。针头长度一般以 2.5 cm 为宜。药液温度应与兔体温相近。

3. 灌肠给药　适于发生便秘、毛球病等，有时口服给药效果不好，可选用灌肠给药。

①方法：一人将兔蹲卧在桌上保定，提起尾巴，露出肛门。另一人将橡皮管或人用导尿管涂上凡士林或液状石蜡后，将导管缓缓自肛门插入。深度 7～10cm。最后将盛有药液的注射器与导管连接，即可灌注药液（图 5-9）。灌注后使导管在肛门内停留 3 分钟左右，然后拔出。

②注意事项：药液温度应接近兔体温。

4. 局部给药

（1）点眼　适用于结膜炎症，可将药液滴入眼结膜囊内。如为眼膏，则将药物挤入囊内。眼药水滴入后不要立即松开右手，否则药液会被挤压并经鼻泪管开口而流失。点眼的次数一般每隔 2～4 小时 1 次。

（2）涂擦　用药物的溶液剂和软膏剂涂在皮肤或黏膜上，主要用于皮肤、黏膜的感染及疥癣、毛癣菌等治疗。

（3）冲洗　用药物的溶液冲洗皮肤和黏膜，以治

图 5-8　腹腔注射

图 5-9 灌 肠

疗局部的创伤、感染。如眼结膜炎,鼻腔及口腔黏膜的冲洗、皮肤化脓创口的冲洗等。常用的有生理盐水和0.1%高锰酸钾溶液等。

(二)用药剂量

兔病用药与人病用药有许多相似之处,确定家兔药物用量时和人病用药一样,一般按体重计算。家兔体重是人体重的1/20。理论上说用药量也应该是人用药量的1/20,但家兔是草食动物,实际上口服药物的剂量应适当大一些。如果以成年人用药量为1,则家兔口服剂量为1/6~1/3。同一药物因投药方法不同,药物被吸收的速度也不同,因此应该用不同的剂量。如果以口服为标准,各种投药方法的剂量比例是:口服为1,灌肠为1.5,皮下注射为1/3~1/2,肌内注射为1/4~1/3,静脉注射为1/4。

第三节　家兔主要疾病控制

一、传 染 病

(一)细菌性传染病

1.巴氏杆菌病 本病是由多杀性巴氏杆菌引起的各种病症的总称。表现为败血型、肺炎型、传染性鼻炎、中耳炎、化脓性眼结膜炎、子宫脓肿、睾丸炎和脓肿病灶等病症。是家兔的一个主要疾病。

【病　原】 兔巴氏杆菌为革兰氏阴性菌,两端钝圆、细小,呈卵圆形的短杆状。

【流行特点】 本病多发生于春、秋两季,常呈散发或地方性流行。多数家兔鼻腔黏膜带有巴氏杆菌,但不表现临床症状。当长途运输、过分拥挤和饲养不当或卫生条件不良(如兔舍空气污浊等)以及其他疾病等应激因素的作用,使兔机体抵抗力下降,存在于上呼吸道黏膜以及扁桃体内的巴氏杆菌则大量繁殖,侵入下部呼吸道,引起肺病变,或由于毒力增强而引起本病的发生。外源病菌经呼吸道、消化道或皮肤、黏膜伤口而感染。

【典型症状和病理变化】

(1)败血型 急性时精神委靡,不食,呼吸急促,体温达41℃以上,鼻腔流出浆液性、脓性鼻液。死前体温下降,四肢抽搐。病程短的24小时内死亡,长的1～3天死亡。流行初有的病例不显症状而突然倒毙。剖检见全身性出血、充血和坏死变化。该型可激发于其他任何一型巴氏杆菌病,但最多见于鼻炎型和肺炎型之后,此时可见到其他型的症状和病变。

(2)肺炎型 以急性纤维素化脓性肺炎和胸膜炎为特征。病初食欲不振,精神沉郁,常以败血症告终。肺的病变为纤维素性、化脓性、坏死性肺炎以及纤维素性胸膜炎和心包炎变化。

(3)鼻炎型 以浆液性或黏脓性鼻炎和副鼻窦炎为特征。

(4)中耳炎型 单纯中耳炎多无明显症状,如炎症蔓延至内耳或脑膜、脑炎,则可表现斜颈、头向一侧偏斜甚至出现运动失调和其他神经症状。剖检时在一侧或两侧中耳的鼓室内有白色或淡黄色渗出物。鼓膜破裂时,从外耳道流出炎性渗出物。也可见化脓性内耳炎和脑膜脑炎。

(5)结膜炎型 眼睑中度肿胀,结膜发红,有浆液性、黏液性或黏脓性分泌物。

(6)生殖器官感染型 母兔感染时可无明显症状,或表现为不孕并有黏脓性分泌物从阴道流出。子宫扩张,黏膜充血,内有脓性渗出物。公兔感染初期附睾出现病变。随后一侧或两侧的睾丸肿大,质地坚硬,有的伴有脓肿。

(7)脓肿型 全身各部皮下、内脏均可发生脓肿。皮下脓肿可触摸到。脓肿内含有白色、黄褐色奶油状脓汁。

【诊断要点】 春、秋季多发,呈散发或地方性流行。除精神委顿、不食与呼吸急促外,据不同病型的症状、病理变化可作出初步诊断,确诊须做细菌学检查。

【防治措施】

(1)预防 建立无多杀性巴氏杆菌种兔群。定期消毒兔舍,降低饲养密度,加强通风。对兔群经常进行临诊检查,将流鼻液、中耳炎、结膜炎的病兔及时检出,隔离饲养和治疗。定期注射兔巴氏杆菌灭活疫苗,每年3次。

(2)治疗 ①青霉素、链霉素联合注射。每兔青霉素2万～5万U,链霉素5万～10万U,混合,1次肌内注射,每日2次,连用3天。②磺胺二甲嘧啶内服,首次量每千克体重0.2g,维持量为0.1g,每日2次。用药同时应注意配合等量的碳酸氢钠。③皮下注射抗巴氏杆菌高免单价或多价血清,每千克体重6ml,8～10小时再重复注射1次。

【注意事项】 本病病型较多,因此诊断时要仔细,并注意与兔出血症、葡萄球菌病、波氏杆菌病、李氏杆菌病等鉴别。

2. 魏氏梭菌病

本病是由 A 型或 E 型产气荚膜菌(即魏氏梭菌)及其所产生的外毒素引起的一种消化道传染病,死亡率很高,是兔的重要传染病之一。

【病　原】　本病病菌魏氏梭菌属于梭状芽胞杆菌的一种,为两端稍钝圆的革兰氏阳性大杆菌。本病主要由 A 型菌及其所产生的 α 毒素所致,少数为 E 型菌。

【流行特点】　除哺乳仔兔外,不同年龄、品种、性别的兔对本菌均易感染。1～3月龄幼兔发病率最高,体质强壮、肥胖的兔发病率较高。本病一年四季均可发生,但以冬、春两季发病率最高。各种应激因素均可诱发本病发生,如长途运输、青粗料短缺、饲料突然更换(尤其从低蛋白质、低能量向高蛋白质、高能量转变过程)、长期饲喂抗生素,气候骤变等。本病传播途径为消化道。

【典型症状和病理变化】　急性腹泻。粪便有特殊腥臭味,呈黑褐色或黄绿色,污染肛门等部。轻摇兔体可听到"咣、咣"的拍水声。多数水泻后当天或次日死亡。流行期有未见腹泻即迅速死亡的病例。胃多胀满,黏膜脱落,有出血斑点和溃疡。小肠壁充血、出血,肠腔充满含气泡的稀薄内容物。盲肠浆膜有条纹状出血,内容物呈黑色或黑褐色。心脏外膜血管怒张呈树枝状。有的膀胱积有茶色或蓝色尿液。

【诊断要点】　①发病不分年龄,以 1～3 月龄幼兔多发,饲料配方、气候突变、长期饲喂抗生素等多种应激因素均可诱发本病。②急性腹泻后迅速死亡。③胃与盲肠有出血、溃疡等特征病变。④抗生素治疗无效。⑤病原菌及其毒素检测。

【防治措施】

(1)预防　日粮中应有足够的粗纤维,饲料变更应逐步进行,减少各种应激因素的作用。兔群定期注射 A 型魏氏梭菌疫苗,每年 2 次。

(2)治疗　发生本病后,在饲料中增加粗饲料比例的同时,还应注射 A 型魏氏梭菌高免血清。感染早期可试用卡那霉素每千克体重 20ml,肌注,每日 2 次,连用 3 天。或用磺胺药、红霉素等口服。同时配合对症治疗,如腹腔注射 5‰葡萄糖生理盐水进行补液,口服食母生(5～8g/只)和胃蛋白酶(1～2g/只),疗效更好。

【注意事项】　诊断本病时应抓住腹泻症状和出血坏死性胃肠炎的病变。由于腹泻,故注意与泰泽氏菌病、大肠杆菌病、沙门氏菌病、球虫病等疾病做鉴别。治疗对初期效果较好,晚期无效。对无临床症状的兔紧急注射疫苗,剂量加倍。

3. 大 肠 杆 菌 病

本病是由一定血清型的大肠杆菌及其分泌的毒素引起的一种暴发性、死亡率很高的仔、幼兔肠道传染病。其特征为水样或胶冻样粪便及脱水。

【病　原】　本菌为革兰氏阴性,无芽胞,一般具有鞭毛、有运动性。能引起仔兔大肠杆菌病的大肠杆菌主要有 O_{128}、O_{85}、O_{119} 和 O_{26} 等几个血清型。

【流行特点】　本病一年四季均可发生,主要侵害 1～4 月龄的兔,哺乳仔兔也有发生。大肠杆菌在自然界分布很广,也存在于家兔肠道内,正常情况下不发病,但遇饲养管理不良、气候突变等应激因素时,肠道正常菌群活动受到破坏,使肠道内致病性大肠杆菌数量急剧增加，其产生的毒素大量积累引起腹泻。

【典型症状和病理变化】 以腹泻、流涎为主。最急性的未见任何症状突然死亡，急性的1～2天死亡，亚急性的7～8天死亡。体温正常或稍低，四肢发冷，磨牙，精神沉郁，被毛粗乱，腹部膨胀（肠道充满气体和液体所致）。病初有黄色明胶样黏液和附着有该黏液的干粪排出。有时带黏液粪球与正常粪球交替排出，随后出现黄色水样稀粪或白色泡沫。有的肛门周围干净，但用手挤压仅有少量黏液排出。主要病理变化为胃肠炎。胃膨大，充满多量液体和气体。十二指肠通常充满气体和染有胆汁的淡黄色黏液。空肠扩张，充满半透明胶液。回肠内容呈胶样。粪球细长、两头尖，外面有黏稠液或白色胶冻样分泌物。结肠扩张有透明胶样黏液。结肠和盲肠黏膜充血或有出血斑点。胆囊扩张，黏膜水肿。有些病例心、肝有局部性的小坏死灶。初生患兔胃内充满白色凝乳物，并伴有气体。小肠肿大，充满半透明胶样液，并伴有气泡。膀胱内充满尿液，使膀胱极度膨大。成年兔盲肠黏膜极度水肿。

【诊断要点】 ①有改变饲料配方、气候骤变等应激史。②断奶前后仔、幼兔多发。③从肛门排出黏胶状物。④有明显的黏液性肠胃炎病变。⑤病原菌及其毒素检测。

【防治措施】

（1）预防 减少各种应激因素。仔兔断奶前后不能骤然改变饲料，饲喂要定时定量，春、秋季要注意保持舍温的相对恒定。20～25日龄仔兔皮下预防接种。用本场分离的大肠杆菌制成的疫苗预防注射，效果最好。也可给断奶前后的仔兔拌料喂给痢特灵，连喂3～5天。

（2）治疗 最好先做药敏试验，选择高敏药物进行治疗。①链霉素，每千克体重20mg肌注，每日2次，连用3～5天。②庆大霉素，每只1万～2万U肌注，每日2次，连用3～5天；③促菌生，每只2ml（约10亿个活菌）口服，每日1次，连用3次。④对症治疗时，可在皮下或腹腔注射葡萄糖生理盐水或口服生理盐水及收敛药等，以防脱水。

【注意事项】 注意与泰泽氏菌病、球虫病、沙门氏菌病、魏氏梭菌病等做鉴别，但本病腹泻的特征是黏胶样肠内容物，这是鉴别要点之一。本病早期治疗效果较好，晚期治疗效果差。饲料添加或注射药物是预防兔群不再发病的主要措施。

4. 葡萄球菌病 本病是由金黄色葡萄球菌引起的，以身体各部位、各器官化脓性炎症或致死性脓毒败血症为特征的家兔常见多发病。

【病　原】 本菌为革兰氏染色阳性，常呈葡萄串状排列。该菌对青霉素、卡那霉素、庆大霉素、红霉素、金霉素等抗生素高度敏感。

【流行特点】 家兔是对金黄色葡萄球菌最敏感的一种动物。通过各种不同途径都可能发生感染，尤其是皮肤、黏膜的损伤，哺乳母兔的乳头口是葡萄球菌进入机体的重要门户。

【典型症状和病理变化】 常表现以下几种病型。

（1）脓肿　原发性脓肿位于皮下或某一内脏，手摸时兔有痛感、稍硬、有弹性，以后逐渐增大变软。脓肿破溃后流出浓稠、乳白色的脓液。一般患兔精神、食欲正常。以后可引起脓毒血症，并多在脏器发生转移性脓肿或化脓性炎症。

（2）仔兔脓毒败血症　仔兔出生后2～3天皮肤发生粟粒大白色脓疱，脓汁呈乳白色乳油状，多在2～5天以败血症的形式死亡。剖检时肺脏和心脏常见许多白色小脓疱。

（3）乳房炎　产后5～20天的母兔多发。在急性病例，乳房肿胀、发热，色红有痛感。乳汁中混有脓液和血液。慢性时，乳房局部形成大小不一的硬块，之后发生化脓，脓肿也可破溃流出脓汁。

（4）仔兔急性肠炎（黄尿病）　因仔兔食入患乳房炎母兔的乳汁而引起。一般全窝发生。病仔兔肛门四周和后肢被稀粪染污。仔兔昏睡，不食。死亡率高。剖检见出血性胃肠炎病变。膀胱极度扩张并充满淡黄色尿液，氨臭味极浓。

（5）脚皮炎　足底部皮肤脱毛、红肿，之后形成脓肿、破溃，最终形成大小不一的溃疡面。病兔小心换脚休息，跛行。有些病例可因败血症死亡。

【诊断要点】　根据皮肤、乳腺和内脏器官的脓肿及腹泻等症状与病变可怀疑本病，确诊应进行病原菌分离鉴定。

【防治措施】

（1）预防　清除兔笼内一切锋利的物品，产箱内垫草要柔软、清洁；兔体受外伤时要及时做消毒处理；疫苗注射部位要严格消毒；产仔前后的母兔适当减少饲喂量和多汁饲料供给量；发病率高的兔群要定期注射葡萄球菌疫苗，每年2次。

（2）治疗

①局部治疗：局部脓肿与溃疡按常规外科处理，涂擦5％龙胆紫酒精溶液，或5％碘酊、5％石炭酸溶液、青霉素软膏、红霉素软膏等药物。

②全身治疗：新青霉素Ⅱ，每千克体重10～15mg，肌内注射，每日2次，连用4天。

【注意事项】　眼观初步诊断时一定要发现化脓性炎症。仔兔的肠炎要注意和其他疾病所致的肠炎做鉴别。由于巴氏杆菌病、绿脓杆菌病等也可表现化脓性炎症，因此要从病原和病变等多方面来做鉴别。

5. 支气管败血波氏杆菌病　本病是由支气管败血波氏杆菌引起的家兔的一种呼吸器官传染病，其特征是鼻炎和化脓性支气管炎。

【病　原】　本菌为一种细小杆菌，革兰氏阴性。本菌对消毒剂抵抗力不强，常用消毒剂均对其有效。

【流行特点】　本病多发于气候多变的春、秋两季，冬季兔舍通风不良时也易流行。传染途径主要是呼吸道。家兔患感冒、寄生虫等疾病时，机体抵抗力降低。或兔舍通风不良，有害气体浓度增高，呼吸道黏膜受到刺激，均易诱发本病。本病常与巴氏杆菌、李氏杆菌病并发。

【典型症状和病理变化】　鼻炎型：较为常见，多与巴氏杆菌混合感染，鼻腔流出浆液或黏液性分泌物（通常不呈脓性）。病程短，易康复。支气管肺炎型：鼻炎长期不愈。鼻腔流出黏性至脓性分泌物。呼吸加快，食欲不振，逐渐消瘦。成年兔多为慢性，幼兔和青年兔常呈急性。剖检时，如为支气管肺炎型，支气管腔可见混有泡沫的黏脓性分泌物，肺有大小不等、数量不一的脓肿。肝、肾等器官也可见脓肿。

【诊断要点】 ①有明显鼻炎、支气管肺炎症状。②有特征的化脓性支气管肺炎和肺脓肿等病变。③病原菌分离鉴定。

【防治措施】

(1)预防 保持兔舍清洁和通风良好；及时检出、治疗或淘汰有呼吸道症状的病兔。定期注射波氏杆菌疫苗，每只皮下注射1ml，免疫期6个月。

(2)治疗 ①庆大霉素，每只每次1万～2万U肌注，每日2次。②卡那霉素，每只每次1万～2万U肌注，每日2次。③链霉素，每千克体重20mg肌注，每日2次，连用4天。也可用红霉素。

【注意事项】 鼻炎型应与巴氏杆菌病及非传染性鼻炎鉴别，支气管肺炎型应与巴氏杆菌病、绿脓假单胞菌病及葡萄球菌病鉴别。治疗本病停药后易复发。有脓肿的病例治疗效果不明显，应及时淘汰。

6. 沙门氏菌病 沙门氏菌病又称副伤寒，是由鼠伤寒沙门氏菌和肠炎沙门氏菌引起的一种消化道传染病，幼兔多表现为腹泻和败血症，怀孕母兔主要表现为流产。

【病 原】 鼠伤寒沙门氏菌和肠炎沙门氏菌为革兰氏阴性杆菌。该菌对外界环境中具有一定抵抗力，常用消毒药物均能杀死。

【流行特点】 断奶幼兔和怀孕25天后的母兔易发病。传播方式有2种：一种是健康兔食入了被病兔或鼠类污染的饲料和饮水。另一种是健康兔肠内寄生的本菌，遇饲养管理不当，气候突变、卫生条件差或患其他疾病时，机体抵抗力下降，病原菌趁机繁殖、毒力增强而发病。幼兔还可经子宫内或脐带感染。

【典型症状和病理变化】 个别不显症状突然死亡。幼兔多表现急性腹泻，粪便带有黏液，体温升高，不食，渴欲增强，很快死亡。剖检见内脏充血、出血，淋巴结肿大，肠壁有灰白色结节，肝有小坏死灶，脾肿大等。母兔多表现化脓性子宫内膜炎和流产，流产多发生于1个月前后，故胎儿多发育完全。孕兔流产后常引起死亡，流产的胎儿多数已发育完全。如未死而康复者不易受胎。未流产的胎儿常发育不全、木乃伊化或液化。

【诊断要点】 ①根据幼兔腹泻、内脏病变和孕母兔化脓性子宫内膜炎、流产可作出初步诊断。②确诊应根据细菌学与血清学检查。

【防治措施】

(1)预防 加强饲养管理，增强兔体抗病力。定期对兔舍、用具进行消毒。彻底消灭老鼠和苍蝇。怀孕前后母兔注射鼠伤寒沙门氏菌灭活疫苗，每只皮下注射1ml。疫区兔每年定期注射2次。定期用鼠伤寒沙门氏菌诊断抗原普查带菌兔，对阳性者要隔离治疗，无治疗效果者严格淘汰。

(2)治疗　首选药为氯霉素,其次是土霉素、链霉素。①氯霉素,肌内注射,每次每千克体重 20～25mg,每日 2 次,连用 3～4 天。②链霉素,每只 0.1～0.2 g 肌注,每日 2 次,连用 3～4 天。

【注意事项】　本病的临床诊断主要依靠腹泻和流产症状,但这些症状见于多种疾病,如腹泻见于魏氏梭菌病、大肠杆菌病、泰泽氏菌病、葡萄球菌病、球虫病等,应注意鉴别。用氯霉素、土霉素治疗注意休药期。

7. 李氏杆菌病　本病为人兽共患传染病,是由产单核细胞李氏杆菌引起的。以突然发病死亡或表现间歇性神经症状,也可发生流产。

【病　原】　李氏杆菌为杆状或球状细菌,革兰氏阳性。本菌对青霉素有抵抗力。对链霉素敏感,但易形成抗药性。对新霉素极为敏感,对四环素和磺胺类药物也很敏感。

【流行特点】　鼠类常为本菌在自然界的贮藏库。本病多为散发,有时呈地方性流行,发病率低,死亡率高,幼兔和怀孕母兔易感染。

【典型症状和病理变化】　潜伏期一般为 2～8 天。急性型:幼兔多发,精神委靡,不吃,体温升高到 40℃以上。鼻炎、结膜炎,1～2 天内死亡。亚急性与慢性型:主要表现间歇性神经症状,如嚼肌痉挛,全身震颤,眼球凸出,头颈偏向一侧,做转圈运动等。如侵害孕兔则于产前 2～3 天发病,阴道流出红色或棕褐色分泌物。血中单核细胞增多。

(1)急性、亚急性型　肝脏实质有散在或弥漫性针头大的淡黄色或灰白色的坏死点。心肌、肾、脾也有相似的病灶。淋巴结尤其是肠系膜淋巴结和颈部淋巴结肿大或水肿。胸腔、腹腔和心包内有多量清亮的渗出液。皮下水肿。肺出血性梗死和水肿。

(2)慢性型　病变和急性型相似。脾和淋巴结尤其是肠系膜淋巴结和腹股沟淋巴结显著肿大。子宫内积有化脓性渗出物或暗红色的液体。如母兔死亡,子宫内有变形的胎儿,皮肤出血或有灰白色凝乳块状物,子宫壁可能有坏死病灶和增厚。有神经症状的病例,脑膜和脑组织充血或水肿。病兔常可见到单核白细胞显著增加,可达白细胞总数的 30%～50%。

【诊断要点】　①幼兔(常呈急性)与孕兔(多为亚急性与慢性)较多发。②急性病例呈一般败血性变化、鼻炎与结膜炎、肝灶状坏死;亚急性与慢性有子宫、脑和内脏的特征变化。③确诊需做李氏杆菌分离鉴定与动物接种试验。

【防治措施】

(1)预防　做好灭鼠和消灭蚊虫工作。发现病兔,立即隔离治疗或淘汰,消毒兔笼和用具。对有病史的兔场或长期不孕的兔,可采血检验单核白血球变化情况,以确定隐性感染的家兔。

(2)治疗　①磺胺脒或磺胺嘧啶,每千克体重 0.3g 肌注,每日 2 次。②增效磺胺嘧啶,每千克体重 25mg 肌注,每日 2 次。③四环素,每只 200mg 口服,每日 1 次。④庆大霉素,每千克体重 1～2 mg 肌注,每日 2 次。⑤新霉素,每只 2 万～4 万 U,混于饲料中喂给,每日 3 次。

【注意事项】　本病的诊断要考虑全面,不能仅看到流鼻液、神经症状或流产便诊断为本病,脑的病理组织检查、血液单核细胞检查和病原菌鉴定不能忽视。注意与巴氏杆菌病、沙门氏菌病等鉴别。本病能传染给人,注意个人防护。

8. 野兔热　本病又称土拉热。是由土拉热弗朗西斯菌引起人兽共患的一种急性、热性、败血性传染病。本病的特征为体温升高和淋巴结、肝、脾等内脏器官的化脓坏死结节形成。

【病　原】　土拉热弗朗西斯菌为革兰氏阴性。氨基糖苷类抗生素、链霉素、庆大霉素、卡那霉素等对本菌都有杀灭作用,四环素及氯霉素对本菌有抑制作用。

【流行特点】　病兔及被污染的饲料、垫草、饮水及厩肥等都能成为传染源。病菌可通过皮肤、黏膜侵入兔体,也能通过吸血昆虫传播。多发生于春末夏初。

【典型症状和病理变化】

(1)急性型　不易看到临床症状,仅有个别病例于临死时表现精神委靡、食欲不振、运动失调,2～3 天内呈急性败血症而死亡。

(2)慢性型　发生鼻炎,鼻腔流出黏性或脓性分泌物。体温升高 1℃～1.5℃。极度消瘦,最后衰竭而死。

剖检特征根据病程长短而有所不同。急性死亡的病兔呈现败血症,并伴有下述特征性病变。病程较长的病兔,淋巴结显著肿大、呈深红色,可能有针头大的灰白色干酪样的坏死点。脾脏肿大、呈深红色,表面和切面有灰白色或乳白色粟粒至豌豆大的坏死点。肝脏肿大,并有多发性灶性坏死或粟粒状坏死灶。肾肿大,并有灰白色粟粒大的坏死点。肺充血并含有块状的实变区。骨髓也可能有坏死病灶。

【诊断要点】　①多发于春末夏初啮齿动物与吸血昆虫活动季节。②有鼻炎、体温升高、消瘦、衰竭与血液白细胞增多等临诊症状。③有特征病理变化。④病原菌检查。

【防治措施】

(1)预防　兔场要注意灭鼠杀虫,驱除兔体外寄生虫,经常对笼舍及用具进行消毒,严禁野兔进入饲养场。引进种兔要隔离观察,确认无病后方可入群。发现病兔要及时治疗,无治疗价值的要扑杀处理。疫区可试用弱毒疫苗预防接种。

(2)治疗　病初可用以下药物治疗:①卡那霉素,每兔每次 10～20mg,肌内注射。每日 2 次,连用 3～4 天。②链霉素,每千克体重 20mg 肌注,每日 2 次,连用 4天。③金霉素,每千克体重 20mg,用 5%葡萄糖液溶解后静脉注射,每日 2 次,连用 3天。④甲砜霉素,每千克体重 20～40mg,肌内注射,每日 2 次,连用 3～5 天。

【注意事项】　此病的症状无特异性,只能作为诊断参考。病理变化有较大诊断价值,但要与伪结核病、李氏杆菌病等做鉴别。本病属人兽共患病,剖检时要注意防护,以免感染。治疗应尽早进行,病至后期疗效不佳。

9. 伪结核病　本病是由伪结核耶尔森氏菌所引起的一种慢性消耗性人兽共患

病。兔以及多种哺乳动物、禽类,尤其是啮齿动物鼠类都能感染发病。该病的临床特征为腹泻。

【病　原】　伪结核耶尔森氏杆菌为革兰氏阴性、多形态杆菌。

【流行特点】　本菌在自然界广泛存在,主要经消化道也可由皮肤伤口、交配和呼吸道内感染。啮齿动物是本病菌的贮存所,因此家兔很易自然感染发病。本病多呈散发,偶尔也可引起地方流行。

【典型症状和病理变化】　主要表现腹泻、消瘦,经3~4周直瘦到皮包骨头时才死亡。但有些病例有腹泻、体温升高以及呼吸困难等症状。剖检见盲肠蚓突、圆小囊、肠系膜淋巴结与脾等内脏器官有粟粒状灰白色坏死结节形成。盲肠蚓突肿大、肥厚、变硬似小香肠。脾肿大,较正常肿大约5倍肠黏膜也可增厚,起皱,表面似脑回。此外,肾、肺和胸膜也可能有同样干酪样小结节。而心脏、四肢的淋巴结核关节很少出现病变。偶有呈败血症而死亡的病例。

【诊断要点】　①慢性腹泻与消瘦。②内脏典型的坏死性结节病变。③取材检查病原菌可确诊。

【防治措施】

(1)预防　本病以预防为主,发现可疑病兔立即淘汰,消毒兔舍和用具,加强卫生和灭鼠工作。同时注意人身防护。注射伪结核耶尔森氏菌多价灭活疫苗,每兔皮下注射1 ml,每年注射2次可预防本病的发生。

(2)治疗　对确诊的病例用抗生素治疗有一定的疗效。本菌对链霉素、卡那霉素、四环素和甲砜霉素敏感,可应用于治疗。①链霉素,肌注,每次每千克体重20mg,每日2次,连用3~5天。②卡那霉素,每千克体重10~20mg肌内注射,每日2次,连用3~5天。③四环素片,内服,每千克体重30~50mg,每日2次,连用3~5天。④甲砜霉素,每千克体重40mg口服或肌内注射,每日2次,连用3~5天。

【注意事项】　根据典型病变结合症状,一般可作出初步诊断,但确诊可做病原菌检查。由于病变为坏死性结节,所以注意与结核病、球虫病、沙门氏菌病、李氏杆菌病及野兔热做鉴别。

10. 坏死杆菌病　本病是由坏死梭杆菌引起的以皮肤和口腔黏膜坏死为特征的散发性慢性传染病。

【病　原】　坏死杆菌为一种不运动、不形成芽胞、多形态的革兰氏阴性杆菌。

【流行特点】　病兔和带菌兔的分泌物、排泄物均可成为传染源。本菌不能侵入正常的皮肤和黏膜,只有当因外伤、病菌感染而使组织受损时,细菌乘机进入受损部位引起发病,所以本病多为散发。另外,其他嗜氧菌并存时,消耗大量氧气,有利于本菌的生长。幼兔比成年兔易感。

【典型症状和病理变化】　病兔停止摄食,流涎。一种病型是在唇部、口腔黏膜和齿龈等处发生坚硬的肿块,以后坏死。肿块也常发生于颈部的髻以至胸部,经2~3周后死亡。另一种病型是在腿部和四肢关节或颌下、颈部、面部以至胸前等处的皮下组织发生坏死性炎症,形成脓肿、溃疡,并可侵入内部的肌肉和其他组织。病灶破溃后发出恶臭。发病过程长达数周到数月。病兔体温升高,体重减轻和衰弱。

口腔黏膜、齿龈、舌面、颈部和胸前皮下肌肉坏死。淋巴结尤其是颌下淋巴结肿大,并有干酪样坏死病灶。许多病例在肝、脾、肺等处见有坏死灶和胸膜炎、心包炎。后腿有深层溃疡的病变。有些病例多处见有皮下脓肿,内含黏稠的化脓性或干酪样物质。在病变部可见到血栓性静脉炎栓塞的变化。坏死组织具有特殊的臭味。

【诊断要点】　根据患病部位组织的坏死及特殊臭味可作出初步诊断。确诊应依据坏死梭杆菌的鉴定。

【防治措施】

(1)预防　清除饲草、笼内的锐利物,以防损伤兔体表面皮肤和黏膜。对已经破损的皮肤、黏膜要及时用3%双氧水或1%高锰酸钾溶液洗涤,但不可涂结晶紫和龙胆紫。

(2)治疗

①局部治疗:清除掉坏死组织,口腔先用0.1%高锰酸钾溶液冲洗,然后涂擦碘甘油或10%氯霉素酒精溶液,每日2~3次。其他部位可用3%双氧水或5%来苏儿冲洗,然后涂擦5%鱼石脂酒精或鱼石脂软膏。患部出现溃疡时,清理创面后涂擦土霉素或青霉素软膏。

②全身治疗:可用磺胺二甲嘧啶,每千克体重0.15~0.2g肌注,每日2次,连用3天。

【注意事项】　本病较易诊断,治疗应局部与全身同时进行,效果较好。注意与绿脓杆菌病、葡萄球菌病和传染性水疱性口炎鉴别。

11. 绿脓杆菌病　本病是由绿脓假单胞菌引起的人和动物共患的一种散发性传染病。

【病　原】　绿脓假单胞菌为革兰氏阴性杆菌。本菌对磺胺、青霉素等不敏感,而对多黏菌素B和E、庆大霉素、金霉素、链霉素、新霉素、土霉素、四环素敏感。但本菌易产生抗药性,故治疗时应先进行药敏试验。

【流行特点】　病原体广泛分布于土壤、水和空气中,在人、畜的肠道、呼吸道和皮肤上也普遍存在。因此,病兔及带菌动物的粪便、尿液和分泌物所污染的饲料、饮水和用具是本病的主要传染源。经消化道、呼吸道及伤口而感染。任何年龄的家兔都可发病,一般为散发,无明显的季节性。不合理使用抗生素预防或治疗兔病,也可诱发本病。

【典型症状和病理变化】　患兔精神沉郁,食欲减退或废绝,呼吸困难,体温升高。腹泻,拉出褐色稀便,一般在出现腹泻24小时左右死亡。慢性病例有腹泻表现。有的出现皮肤脓肿,脓液呈淡绿色或灰褐色黏液状,有特殊气味。也可见到化脓性中耳炎病变。剖检可见病兔胃内有血样液体。肠道内尤其是十二指肠、空肠黏膜出血,肠腔内充满血样液体。腹腔有多量液体。脾脏肿大、呈樱桃红色。肺有点状或广泛性出血,有的病例肺肿大,呈深红色、肝样变。有些病例在肺部以及其他器官形成淡绿色或褐色黏稠的脓液。

【诊断要点】 ①急性为败血性,无特异症状和病变;慢性主要见皮下、内脏等部的脓肿或化脓性炎症以及腹泻和出血性肠炎。②确诊应做病原菌检查和动物接种。

【防治措施】

(1)预防 加强日常饮水和饲料卫生,防止水源和饲料被污染。做好兔场防鼠灭鼠工作。有病史的兔群可用绿脓假单胞菌疫苗进行预防注射,每只 1ml,皮下注射,免疫期半年,每年 2 次。

(2)治疗 ①多黏菌素,每千克体重 1 万 U,分 2 次肌内注射,连用 3～5 天。②新霉素,每千克体重 2 万～3 万 U,每日 2 次,连用 3～5 天。(3)庆大霉素,每只 2 万 U,每天 2 次,连用 4 天。

【注意事项】 注意与梭菌病、葡萄球菌病、泰泽氏病鉴别。由于本病易产生抗药性,药物治疗时,应先进行药敏试验,选择高敏药物进行治疗。

12. 泰泽氏菌病 本病是由毛样芽胞杆菌引起的急性传染病。特征是严重腹泻,排水样或黏液样粪便,脱水或迅速死亡。

【病 原】 毛样芽胞杆菌为严格的细胞内寄生菌,形体细长,革兰氏染色阴性,能形成芽胞,PAS(过碘酸锡夫氏)染色着色良好。本菌抵抗力强,但对氨苄青霉素、链霉素敏感。

【流行特点】 本病除兔易感外,大小白鼠、仓鼠、猫等均可感染。传染途径主要是消化道。各种年龄兔均可发生,尤以 6～12 周龄兔易感。过热、拥挤、饲养管理不当等应激会降低兔体抵抗力,诱发本病。应用磺胺类药物治疗其他疾病时,因干扰了胃肠道内微生物的生态平衡,也易导致本病的发生。

【典型症状和病理变化】 发病急,以严重的水泻和后肢沾有粪便为特征。患兔精神沉郁,不吃,迅速脱水而消瘦,于 1～2 天内死亡。少数耐过者,长期食欲不振,生长停滞。剖检见盲肠、回肠末端、结肠前段浆膜面潮红,浆膜下有出血点。盲肠壁水肿、肥厚,肠管内有褐色水样内容物,黏膜面粗糙呈细颗粒状。慢性病例肠管狭窄。重症者肝肿大,肝表面和切面有灰黄色、针尖大到米粒大或弥散性坏死点,常见心肌有白色片状条状或点状病灶。

【诊断要点】 ①6～12 周龄幼兔较易发病,严重腹泻,12～48 小时死亡。②盲肠、结肠、肝与心脏有特征病变。③肝、肠病部组织涂片,姬姆萨或 PAS 染色,在细胞浆中发现病原菌。

【防治措施】

(1)预防 加强饲养管理,注意清洁卫生,兔的排泄物要进行发酵处理。消除如过热、拥挤等各种应激因素。

(2)治疗 患病早期用 0.006％～0.01％土霉素水供患兔饮用。也可用青霉素、链霉素联合肌注。治疗无效时,应及时淘汰。

【注意事项】　本病的诊断要依腹泻、肠炎、肝与心脏坏死等特征、病原菌检查可以确诊,由于本病有腹泻症状,故注意与沙门氏菌病、大肠杆菌病及梭菌病鉴别。注意土霉素的休药期。

13. 链球菌病　本病是由溶血性链球菌引起的一种急性败血性传染病,主要危害幼兔。

【病　原】　本病主要由革兰氏分类 C 型链球菌所引起。

【流行特点】　病菌存在于许多动物和家兔的呼吸道、口腔及阴道中,在自然界分布很广。本病主要侵害幼兔,发病不分季节,但以春、秋两季多见。

【典型症状和病理变化】　体温升高,不吃,精神沉郁,呼吸困难,间歇性腹泻。或死于脓毒败血症。有的病例不显临床症状而急性死亡。剖检见皮下组织浆液出血性炎症、卡他出血性肠炎、脾肿大等败血性病变,肝、肾呈脂肪变性。肺脏暗红—灰白色,伴有胸膜肺炎、心外膜炎。

【诊断要点】　根据症状流行特点和病变可怀疑本病,确诊须进行病原菌分离鉴定。

【防治措施】

(1)预防　防止兔感冒,减少诱病因素。发现病兔立即隔离,并进行药物治疗。

(2)治疗　①青霉素,每只 5 万～10 万 U 肌注,每日 2 次,连续 3 天。②红霉素,每只 50～100mg 肌注,每日 2～3 次,连用 3 天。③磺胺嘧啶钠,每千克体重 0.2～0.3g 内服或肌注,每日 2 次,连用 4 天。

【注意事项】　本病的一般症状和病变,诊断时要综合考虑。由于有腹泻和肠炎变化,故应注意与沙门氏菌病、泰泽氏病等作鉴别。

14. 肺炎克雷伯氏菌病　本病是由肺炎克雷伯氏菌引起的一种家兔散发性传染病,青年、成年兔以肺炎及其他器官化脓性病灶为特征,幼兔以腹泻为特征。

【病　原】　本菌为革兰氏阴性、短粗、卵圆形杆菌。本菌对升汞、氯亚明、石炭酸等消毒药敏感,链霉素对本菌有抑制和杀死作用。

【流行特点】　本菌为肠道、呼吸道、土壤、水和谷物等的常见菌。当兔机体抵抗力下降或其他原因造成应激,如忽冷忽热、饲料的突然变化、长途运输等时,可促使本病发生,引起呼吸道、泌尿系统和皮肤感染。各种年龄、品种、性别的兔均易感染,但以断奶前后仔兔及怀孕母兔发病率最高、受害最为严重。

【典型症状和病理变化】　青、成年患兔病程长,无特殊临床症状,一般表现为食欲逐渐减少和渐进性消瘦,被毛粗乱,行动迟钝。呼吸时而急促,打喷嚏,流稀水样鼻涕。剖检见肺部和其他器官、皮下、肌肉有脓肿,脓液呈灰白色或白色黏稠物。幼兔剧烈腹泻,迅速衰弱以至死亡。幼兔肠道黏膜充血、淤血、肠腔内有多量黏稠物和少量气体。本病常与大肠杆菌病并发。

【诊断要点】　通过生化鉴定及动物接种进行确诊。

【防治措施】　目前无特异性预防方法。治疗用链霉素,按每千克体重肌内注射

2万 U,每日 2 次,连用 3 天。

【注意事项】 注意与肺炎球菌病、链球菌病、支气管败血波氏杆菌病、绿脓假单胞杆菌病和仔兔大肠杆菌病做鉴别,应从细菌生物学特性方面加以鉴定区别。

(二)病毒性传染病

1. 兔病毒性出血症(兔瘟、出血热)

1984 年 2 月,兔病毒性出血症首先在我国江苏省的无锡、江阴等地暴发,随后迅速蔓延到全国各地。目前世界各地均有此病流行的报道。兔病毒性出血症俗称兔瘟、兔出血症,是由兔病毒性出血症病毒引起的家兔的一种急性、高度接触性传染病,是危害养兔生产的主要疾病之一。

【病　　原】 兔病毒性出血症病毒是一种新发现的病毒,属于杯状病毒科。本病毒对热、pH 酸性环境稳定,能耐氯仿、乙醚等有机溶剂的处理。对人"O"型红细胞的凝集活性最强,血凝的 pH 和温度范围都很宽。10％漂白粉溶液作用 2～3 小时,20％甲醛溶液作用 2.5 小时,1％氢氧化钠溶液作用 3.5 小时,均可完全杀死病毒。生石灰、过氧乙酸效果较差。

【流行特点】 本病自然感染只发生于兔,其他畜禽不会染病。各类型兔中以毛用兔最为敏感,獭兔、肉兔次之。同龄公、母兔的易感性无明显差异。但不同年龄家兔的易感性差异很大。本病主要侵害 3 月龄以上的青年兔和成年兔,但目前出现低龄化趋势,也有刚断奶兔发生本病的报道。本病一年四季均可发生,但春、秋两季更易流行。病兔、死兔和隐性传染兔为主要传染源,呼吸道、消化道、伤口和黏膜为主要传染途径。

【典型症状和病理变化】 最急性病例突然死亡。急性病例体温升到 41℃ 以上,精神委靡,不喜动,食欲减退,饮水增多,病程 12～48 小时。死前表现呼吸急促,兴奋,挣扎,狂奔,啃咬兔笼,全身颤抖,体温突然下降。有的尖叫几声后死亡。有的鼻孔流出泡沫状血液。肛门松弛,周围被少量淡黄色胶样物沾污,粪球沾有淡黄色胶样物。慢性的可耐过、康复。

(1)最急性型和急性型 患兔以全身器官淤血、出血、水肿为特征。胸腺胶样水肿,并有针头大至粟粒大的出血点。气管黏膜呈弥散性鲜红色或暗红色,呈现红色指环外观,气管腔内含有白色或淡红色带血的泡沫。肺淤血、水肿、色红,有出血点,从针帽大至绿豆大以至弥漫性出血不等。胃肠浆膜下血管扩张充血,胃内常积留多量食物,有些病例胃肠黏膜和浆膜上有出血点。肝淤血肿大、质脆、色暗红或红黄,也可见出血和灰白色病灶。胆囊肿大,有的充满暗绿色浓稠胆汁,胆囊黏膜脱落。肾肿大,色暗红、紫红或紫黑,有的肾表面有针帽大小凹陷,被膜下可见出血点,灰白色斑点、质脆,切口外翻,切面多汁。脾肿大,边缘钝圆,颜色呈紫色,呈高度充血、出血,质地脆弱,切口外翻,胶样水肿。肠系膜淋巴结胶样水肿,切面有出血点。膀胱积尿,内充满黄褐色尿液。有些病例尿中混有絮状蛋白质凝块,黏膜增厚、有皱褶。

(2)慢性型 患兔严重消瘦。肺部有数量不等的出血斑点。肝脏有不同程度肿胀,肝细胞索较明显,尤其在尾状叶或乳头突起和胆囊部周围的肝组织有针头到粟粒大的黄白色坏死病灶区。肠系膜淋巴结水样肿大,其他器官无显著眼观病变。

【诊断要点】　①青年兔与成年兔的发病率、死亡率高。月龄越小发病越少,仔兔一般不感染。一年四季均可发生,多流行于冬、春季。②主要呈全身败血性变化,以多发性出血最明显。③确诊需做病毒检查鉴定以及血凝和血凝抑制试验。

血凝(HA)和血凝抑制(HI)试验:采集病兔的肝脏或脾脏,用生理盐水或磷酸盐缓冲液制成10%组织匀浆液,冻融1次,经每分钟3 000转离心20分钟,收集上清液。用96孔板做微量血凝试验,并用正常兔肝脏的匀浆上清液作阴性对照,把待检物做2倍系列稀释,然后加入1%人"O"型红细胞,在37℃下作用60分钟后观察结果。

在做HA试验的同时,必须用RHDV阳性血清做HI试验,以鉴定HA试验的特异性。在该病流行初期,病兔肝的HA价可达$10\times2^{14}\sim10\times2^{18}$,一般血凝滴度在$2^{6}$以上,则可判为是RHDV阳性。

【防治措施】

(1)预防　①定期注射兔瘟疫苗。30~35日龄用兔瘟单联苗,每只皮下注射2ml。60~65日龄时再次注射1ml。以后每隔5.5~6个月注射1次,每只皮下注射1ml。②禁止从疫区购兔。③严禁收购肉兔、兔毛、兔皮等商贩进入生产区。④病死兔要深埋或焚烧,不得乱扔。使用的一切用具、排泄物均需用1%氢氧化钠消毒。

(2)治疗　本病无特效药物,可使用抗兔瘟高免血清。一般在发病后尚未出现高热症状时使用。若无高免血清,应对未表现临床症状兔进行兔瘟疫苗紧急接种,剂量加倍,一兔用一针头。

【注意事项】　注意与急性巴氏杆菌病鉴别,但本病发病率与死亡率高。目前兔瘟流行趋于低龄化。首次免疫必须用兔瘟单联苗。发生本病用疫苗进行紧急预防接种后,短期内兔群死亡率可能有升高的情况。

2. 兔传染性水疱口炎　本病俗称流涎病,是由兔水疱性口炎病毒引起的一种急性传染病。其特征是口腔黏膜形成水疱和伴有大量流涎。具有较高的发病率和死亡率(达50%)。

【病　原】　为水疱性口炎病毒,属弹状病毒科水疱病毒属。该病毒存在于病兔的水疱液、水疱皮及局部淋巴结中。紫外线、脂溶剂都能杀灭本病毒,1%氢氧化钠溶液、1%福尔马林溶液能在几分钟内杀死病毒。

【流行特点】　本病多发生于春、秋两季,以蚊、蝇较多的夏季多发。一般通过病兔口腔的分泌物和坏死组织污染了饲料、饮水和用具等而引起感染。饲养管理不当、饲喂发霉变质或带刺的饲料(如拉拉秧等)时,引起黏膜损伤,更易感染。本病主要为1~3月龄的仔幼兔多发,青、成年兔发病率较低。

【典型症状和病理变化】　口腔黏膜发生水疱性炎症,并伴随大量流涎。仔、幼兔发病2天左右死亡,青、成年兔一般可维持较长时间(为5~10天)。仔、幼兔死亡率可达 50％以上，青、成兔较低。患兔食欲下降或废绝，精神沉郁，消化不良，常发生腹泻，日渐消瘦、虚弱。病初口腔黏膜潮红、充血，随后出现粟粒至扁豆大结节的水疱。水疱破溃后形成溃疡。流涎使颌下、胸前和前肢被毛粘成一片，发生炎症、脱毛。如继发细菌性感染，常引起唇、舌、口腔黏膜坏死，发出恶臭。

【诊断要点】 根据流行病学资料、症状和病变常可作出诊断，必要时做病毒鉴定。

【防治措施】

（1）预防 经常检查饲料质量，严禁用粗糙、带芒刺饲草饲喂幼兔。发现流口水兔，及时隔离治疗，并对兔笼、用具等用 2％氢氧化钠溶液消毒。

（2）治疗 ①可试用青霉素粉剂涂于口腔内，剂量以火柴头大小为宜，一般 1 次可治愈。但剂量大时易引起兔死亡。②先用防腐消毒液（如 1％盐水）冲洗口腔，然后涂擦碘甘油、明矾与少量白糖的混合剂，每日 2 次。全身治疗可内服磺胺二甲嘧啶，每千克体重 0.2～0.5g，每日 1 次。③对可疑病兔喂服磺胺二甲嘧啶，剂量减半。

【注意事项】 本病的诊断比较容易，但注意与坏死杆菌病、兔痘和化学药物、有毒植物、真菌毒素的刺激及物理损伤等引起的口炎相鉴别。治疗最好局部与全身兼治，疗效较好。

3. 仔兔轮状病毒病 本病是由轮状病毒引起的仔兔的一种肠道传染病，以腹泻为特征，死亡率达 40％。

【病 原】 轮状病毒属于呼肠弧病毒科轮状病毒属，是幼兔腹泻的主要病原之一。

【流行特点】 本病主要侵害 2～6 周龄的仔兔，尤以 4～6 周龄仔兔最易感，发病率和死亡率最高。成年兔多呈隐性感染，发病率高，死亡率低。在新发生的兔群常呈突然暴发，迅速传播。兔群一旦发生本病，随后将每年连续发生。传染途径为消化道。病兔或带毒兔的排泄物含有大量病毒。健康兔因食入被污染的饲料、饮水或乳头而感染发病。

【典型症状和病理变化】 病兔昏睡，食欲下降或废绝。排出半流体或水样粪便，后臀部沾有粪便。多数于腹泻后 2 天内死亡。青年兔、成年兔常呈隐性感染而带毒，多数不表现症状，或仅见少数病例呈短暂的食欲不振和排软便。剖检病死兔，空肠、回肠部的绒毛呈多灶性融合和中度缩短或变钝，肠细胞呈中度扁平。有些肠段的黏膜固有层和下层轻度水肿。

【诊断要点】 兔群一旦发生本病，随后将每年连续发生。仅根据病理变化难以作出诊断，但从本病的流行特点（2～6 周龄的仔兔，尤以 4～6 周龄仔兔最易感，发病率和死亡率最高）和特征性临床症状以及治疗试验（抗生素疗效不佳）可作出倾向性诊断。

【防治措施】

（1）预防 本病目前尚无有效的疫苗与治疗办法，重点在于预防。

（2）治疗 治疗以纠正体液、电解质平衡失调、防止继发感染为原则。用轮状病毒高免血清治疗，每千克体重皮下注射 2ml，每日 1 次，连用 3 天。

【注意事项】　注意与魏氏梭菌病、球虫病做鉴别。

（三）其他传染病

1.兔密螺旋体病（兔梅毒）　本病是由兔梅毒密螺旋体引起成年兔的一种性传播的慢性传染病。

【病　原】　兔梅毒密螺旋体是革兰氏染色阴性的细长螺旋形微生物。本病原微生物只感染兔，其他动物不受感染。

【流行特点】　本病只发生于家兔和野兔，病原体主要存在于病变部组织，主要通过配种经生殖器传播，未参加配种的青年兔、幼兔很少发生。育龄母兔发病率比公兔高，放养兔比笼养兔发病率高，发病的兔几乎无一死亡。

【典型症状和病理变化】　潜伏期为 2～10 周。病兔精神、食欲、体温均正常，主要病变为母兔阴唇和肛门皮肤和黏膜发生炎症、结节和溃疡。公兔阴囊水肿，皮肤呈糠麸样。阴茎水肿，龟头肿大。睾丸也会发生病变。通过搔抓病部分泌物中的病原体带至鼻、唇、眼睑、面部、耳等处。慢性者导致患部呈干燥鳞片状病变，被毛脱落。腹股沟与腘淋巴结肿大。母兔病后失去配种能力，受胎率下降。

【诊断要点】　成年兔多发，放养兔较笼养兔易发。发病率高，但几乎无死亡。根据外生殖器的典型病变可作出初步诊断，确诊应依病原体的检出来确定。

【防治措施】

（1）预防　定期检查公、母兔外生殖器，对患兔或可疑兔停止配种，隔离治疗。重病者淘汰，并用 1％～2％烧碱对笼具进行消毒。引进的种兔，隔离饲养 1 个月，确认无病后方可入群。

（2）治疗　新胂凡纳明（九一四），每千克体重 40～60mg，用生理盐水配成 5％溶液，耳静脉注射。1 次不能治愈者，间隔 1～2 周重复 1 次。配合青霉素治疗，效果更佳。青霉素每日 50 万 U，分 2 次肌内注射，连用 5 天。局部可用 2％硼酸溶液、0.1％高锰酸钾溶液冲洗后，涂擦碘甘油或青霉素软膏。治疗期间停止配种。

【注意事项】　注意与外生殖器官一般炎症、疥螨病鉴别。用新胂凡纳明进行静脉注射时，切勿漏出血管外，以防引起坏死。

2.毛癣菌病（皮肤真菌病）　本病是由致病性皮肤癣真菌引起的以皮肤局部脱毛、形成痂皮甚至溃疡为特征的传染病。该病是养兔场严重的传染病之一。

【病　原】　须发癣菌是引起本病最常见的病原体，石膏状小孢霉、犬小孢霉、舍恩莱发癣菌、奥杜盎氏小孢霉等也可引起，但不常见。

【流行特点】　本病主要通过健康兔与病兔直接接触而传播，也可通过刷拭用具、其他用具及饲养人员而间接传播。温暖、潮湿、污秽的环境条件下可促进本病的发生。兔群一旦有个别兔发病，如果不隔离会迅速蔓延到全群。患过本病的兔场，极可能再次发生。

【典型症状和病理变化】　病初多发生在头部（如嘴周围、鼻部、面部、眼周围）、耳朵及颈部等皮肤，继而感染肢端、腹下和其他部位。患部皮肤呈不规则的块状或圆形、椭圆形脱毛或断毛,覆盖一层灰白色糠麸状痂皮,并发生炎性变化,最后形成溃疡。患兔剧痒,骚动不安,采食下降。逐渐消瘦,或继发感染使病情恶化而死亡。有些母兔眼观外表皮肤无病变,但当产仔哺乳数天,见乳头周围出现白色糠麸状痂皮,同时哺乳仔兔眼圈、嘴周等部位出现脱毛、红肿、结痂,继而扩散至皮肤其他部位。

【诊断要点】 ①有从感染本病兔群引种史。②仔、幼兔易发,成年兔虽无临床症状但多为带菌者。③特征性皮肤病变。④刮取病部皮屑检查,发现真菌孢子和菌丝体即可确诊。

【防治措施】

(1)预防 引种要慎重。对来自种兔场的兔尤其是仔、幼兔要严格调查,确信无本病时方可引种。一旦发现兔群有患兔可疑,立即隔离治疗,最好做淘汰处理,并对所在环境进行全面彻底消毒。

(2)治疗 由于本病传染快,治疗效果虽然较好但易复发,故建议以淘汰为主。局部治疗先用肥皂或消毒药水涂擦,以软化痂皮,将痂皮去掉,然后涂擦 2% 咪康唑软膏或益康唑真菌软膏等,每日涂 2 次,连涂数日。全身治疗时,口服灰黄霉素,按每千克体重 25～60mg,每日 1 次,连服 15 天,停药 15 天再用 15 天。

【注意事项】 本病可传染给人,尤其是小孩、妇女,因此应注意个人防护工作。注意与螨病鉴别。

3. 附红细胞体病 本病是由附红细胞体引起的人兽共患的一种传染病。其特征是发热、贫血、黄疸、消瘦和脾脏、胆囊肿大。我国于 1981 年首先在家兔中发现附红细胞体病后,目前已分布于全国各地。

【病　原】 附红细胞体是一种多形态微生物,多数为环形、球形和卵圆形,少数为顿号形和杆状。本菌对干燥和化学药品比较敏感,常用浓度的消毒药可在几分钟内将其杀死。

【流行特点】 本病可经直接接触传播。如通过注射、打耳号、剪毛及人工授精等经血源传播,或经子宫感染垂直传播。吸血昆虫如扁虱、刺蝇、蚊、蜱等以及小型啮齿动物是本病的传播媒介。本病一年四季均可发生,但以吸血昆虫大量繁殖的夏、秋季节多见。兔舍与环境严重污染、兔体表患寄生虫病、存在吸血昆虫滋生的条件等,可促使本病的发生与流行。

【典型症状和病理变化】 精神不振,食欲减退,体温升高,结膜淡黄,贫血,消瘦,全身无力,不愿活动,喜卧。呼吸加快,心力衰弱,尿黄,粪便时干时稀。有的病兔出现神经症状。病死兔血液稀薄,黏膜苍白,质膜黄白色,腹腔积液,脾脏肿大,胆囊胀满,胸膜脂肪和肝脏黄染。

【诊断要点】 可根据贫血、消瘦等临床症状和病理变化而作出初步诊断。确诊则需做实验室检查。

【防治措施】

(1)预防 消除各种应激因素对兔体的影响,夏、秋季节防止昆虫叮咬。发生疫情时,隔离病兔进行治疗,无治疗价值的一律淘汰。用0.3%过氧乙酸溶液或2%火碱溶液进行全面消毒。未发病兔群,喂服混有四环素的饲料,并饮用含有0.003%百毒杀的水,进行药物预防。

(2)治疗　①新肿凡纳明,每千克体重40~60mg,以5%葡萄糖溶液溶解成10%注射液,静脉缓慢注射,每日1次,隔3~6天重复用药1次。②四环素,每千克体重40mg,肌内注射,每日2次,连用7天。③土霉素,每千克体重40mg,肌内注射,每日2次,连用7天。④血虫净(贝尼尔)、氯苯胍等也可用于本病的治疗。贝尼尔+强力霉素或贝尼尔+土霉素按说明用药,具有良好的效果。

【注意事项】　饲养管理人员接触病兔时,注意自身防护,以免感染本病。

4. 烟曲霉菌病　本病主要是由烟曲霉引起家兔的一种深部真菌病。其特征是呼吸器官(尤其是肺和支气管)发生霉菌性炎症,以幼龄兔最为常见。

【病　原】　主要为烟曲霉,有时为黑曲霉。真菌及其孢子中的毒素是致病的主要原因。

【流行特点】　本菌及其所产生的孢子在自然界中分布很广,如稻草、谷物、木屑、发霉的饲料以及地面、用具和空气中都有存在。自然感染一般多由于兔舍或巢箱内潮湿、闷热,通风不良或由于家兔食入大量发霉饲料,吸入大量孢子而引起。

【典型症状和病理变化】　急性病例很少见。慢性病例逐渐消瘦,呼吸困难,且日益加重,症状明显后几周内死亡。剖检在肺部可看到粟粒大的圆形结节。在肺表面的胸膜下和肺组织内到处都有散在的黄色或暗灰色结节,结节的内容物呈黄色干酪样。结节周围有红色晕圈。有时结节较为扁平,互相融合为不规则的、边缘呈锯齿状的坏死灶,与结核病和坏死杆菌病相似。

【诊断要点】　多见于仔兔,常成窝发生。临床虽可表现程度不等的消瘦和呼吸困难,但生前难以诊断。剖检时,在肺部可见粟粒大的圆形结节,其中为干酪样物,周围有红晕;或在肺中形成边缘不整齐的片状坏死区。确诊需做组织切片,并取材检查曲霉菌。

【防治措施】

(1)预防　本病应以预防为主。放入产箱内的垫料应清洁、干燥,不含真菌孢子;不喂发霉饲料;兔舍内保持干燥、通风。

(2)治疗　本病目前尚无有效的治疗方法。可试用以下方法:①饮水中添加制霉菌素,每只兔每天10万U;对症疗法采用静脉注射葡萄糖液10~15ml,加维生素C 2ml,连续处理3~5天。为缓解盲肠秘结,可肌内注射10倍稀释的新斯的明1ml。②应用灰黄霉素,按每千克体重25mg口服,每天1次,连用3~5天。③两性霉素B,用注射水配成0.99%的浓度,按每千克体重0.125~0.5mg,缓慢静脉注射,隔日1次,连用2~4天。此外,也可用硫酸铜、碘制剂等药物治疗。

【注意事项】　本病症状不特异,故生前诊断须慎重。死后可用病理组织学诊断或病原菌检查。

5. 兔流行性腹胀病　本病以腹胀、具传染性为特征的一种新出现的疾病。近年来，此病发生呈大幅上升的趋势，对养兔业造成严重经济损失。

【病　因】　目前不清楚其病因。

【流行特点】　本病一年四季均可发病，秋后至翌年春天发病率较高。不分品种，毛兔、獭兔、肉兔均可发病。以断奶后至4月龄兔发病为主，特别是2～3月龄兔发病率高，成年兔很少发病，断奶前兔未见发病。此外，还发现在某个地区流行一段时间后自行消失，暂时不再发生。

【典型症状和病理变化】　发病初，病兔减食，精神欠佳，腹胀，怕冷，扎堆，渐至不吃料，但仍饮水。粪便起初变化不大，后粪便渐少，病后期以拉黄色、白色胶冻样黏液为主。部分兔死前少量腹泻。摇动兔体，有响水声。腹部触诊，前期较软，后期较硬，部分兔腹内无硬块。发病期间体温不升高，死亡前体温下降至37℃以下。病程3～5天，发病兔绝大部分死亡，极少能康复。发病率50%～70%。死亡率90%以上，一些兔场发病死亡率高达100%。剖检见尸体脱水、消瘦。肺局部出血。胃臌胀，部分胃黏膜有溃疡，胃内容物稀薄。部分小肠出血，肠壁增厚、扩张。盲肠内充气，内容物较多，部分干硬成块状、如马粪。部分肠壁出血，水肿增厚。结肠至直肠多数充满胶冻样黏液。剪开肠管，胶冻样物呈半透明状或带黄色。肝、脾、肾等未见明显变化。

【诊断要点】　①断奶至4月龄兔易发病。②腹胀，摇动兔体有响水声。腹部触诊前期较软，后期较硬。③胃臌胀等病理变化。

【防治措施】

（1）预防　加强饲养管理，饲料配方要合理，注意饲料中粗纤维饲料比例。定时定量。变化饲料要逐步进行；定期注射大肠杆菌、魏氏梭菌疫苗；霉变饲料禁止喂兔；季节交替时保持兔舍温度相对恒定。饲料中按0.1%（以原药计算）添加复方新诺明，断奶后幼兔连用5～7天，有一定效果。病情严重的，隔1周重复1个疗程。

（2）治疗　目前无有效方法，将患病兔在庭院自由活动，部分兔自然康复而存活。

二、寄生虫病

1. 球虫病　本病主要是由艾美耳属的多种球虫引起兔的一种为害极其严重的体内寄生虫病，其临床特征是腹泻、消瘦、贫血。

【病原及生活史】　侵害家兔的球虫约有17种。主要有兔艾美耳球虫、穿孔艾美耳球虫、大型艾美耳球虫与无残艾美耳球虫。目前已知兔球虫13种（图5-10），除斯氏艾美耳球虫寄生在胆管上皮引起肝球虫病外，其余各种都寄生于肠上皮细胞，引起肠球虫病，但往往为混合感染引起混合型球虫病。

【流行特点】　各种品种兔均易感染，断奶至3月龄的幼兔最易感，死亡率高达80%左右。成年兔因抵抗力强，即使带虫也能耐过。球虫病耐过者或治愈者，可成为长期带虫者和传播源。本病主要通过消化道传染。母兔乳头沾有卵囊，饲料和饮水被病兔粪便污染，都可传播球虫病。也可通过兔笼、用具及苍蝇、老鼠传播。本病多

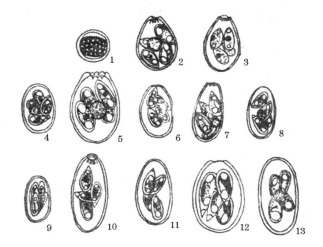

图 5-10　各种兔球虫卵囊

1.小型艾美耳球虫　2.肠艾美耳球虫　3.梨形艾美耳球虫　4.穿孔艾美耳球虫
5.大型艾美耳球虫　6.松林艾美耳球虫　7.盲肠艾美耳球虫
8.中型艾美耳球虫　9.那格甫尔艾美耳球虫　10.长形艾美耳球虫
11.斯氏艾美耳球虫　12.无残艾美耳球虫　13.新兔艾美耳球虫

发生在温暖潮湿多雨季节,南方多发于开春和梅雨季节,北方一般在 7~8 月。若兔舍保持在 10℃以上,则随时均可发生,一般呈地方流行性。

【典型症状和病理变化】　精神不振,食欲减退或废绝,喜卧,贫血,消瘦,腹胀,眼、鼻分泌物及唾液增多,眼结膜苍白,腹泻。尿频或常呈排尿姿势。肝区压痛。后期可见痉挛或麻痹、头后仰、抽搐等神经症状,终因衰竭而死亡。剖检时,肝型见肝肿大,表面有粟粒至豌豆大的圆形白色或淡黄色结节病灶,切面胆管壁增厚,管腔内有浓稠的液体或有坚硬的矿物质。胆囊肿大,胆汁浓稠、色暗。腹腔积液。肠型见小肠、盲肠黏膜发炎、充血甚至出血,内容物含有大量卵囊。慢性病例肠黏膜呈淡灰色,可见小的灰白色结节(内含卵囊),尤其是盲肠蚓突黏膜。

【诊断要点】　①温暖潮湿环境易发。②断奶至 3 月龄幼兔易感,死亡率高。③主要表现腹泻、消瘦、贫血等症状。④肝、肠特征病变。⑤检查粪便卵囊,或用肠黏膜、肝结节内容物及胆汁制作涂片,检查卵囊、裂殖体与裂殖子等。

【防治措施】

(1)预防　①实行笼养,大小兔分笼饲养,定期消毒,保持室内通风干燥。②兔粪尿要堆积发酵,杀灭粪中卵囊。病死兔要深埋或焚烧。兔青饲料地严禁用兔粪作肥料。③定期对成年兔进行药物预防。④17~90 日龄兔的饲料或饮水中添加抗球虫药物。

(2)治疗

①磺胺喹啉(SQ):预防剂量为 0.05%饮水,治疗量为 0.1%饮水。

②磺胺邻二甲氧嘧啶（SDM）：预防剂量为 0.025%，治疗剂量为 0.05%～0.07%。

③氯苯胍：饲料中添加 0.015%氯苯胍，从开始采食连续喂到断奶后 45 天，可预防兔球虫，紧急治疗时剂量为 0.03%，用药 1 周后改为预防量。

④莫能霉素（Monensin）：也称莫能菌素。按 0.002%混合于饲料中拌匀或制成颗粒饲料，饲喂断奶至 60 日龄幼兔，有较好预防作用。在球虫严重污染地区或兔场，用 0.004%剂量混于饲料中饲喂，可以预防和治疗兔球虫病。

⑤马杜拉霉素：又称加福、抗球王、抗球皇、杜球。属于聚醚类离子载体抗生素。预防剂量与中毒剂量十分接近，临床上随意加大剂量或搅拌不匀，均可引起中毒、死亡。笔者建议养兔户禁止使用本药。

⑥乐百克：即 Lerbek 的中文名，由 0.02%氯羟吡啶和 0.001 67%苄氧喹甲酯配合组成。预防剂量为 0.02%，治疗剂量为 0.1%。

⑦甲基三嗪酮：主要含甲基三嗪酮。作用于球虫生活史所有细胞内发育阶段的虫体，可作为治疗兔球虫病的特效药物。预防剂量：0.001 5%饮水，连喂 21 天。治疗剂量：每天饮用药物浓度为 0.002 5%的饮水，连喂 2 天，间隔 5 天，再服 2 天，即可完全控制球虫病。但应注意，若本地区饮水硬度极高和 pH 值低于 8.5 的地区，饮水中必须加入碳酸氢钠（小苏打）以使水的 pH 值调整到 8.5～11 的范围内。

⑧扑球：其主要活性成分是氯嗪苯乙氰（Diclazuril），商品名有 Clinacox（刻利禽）、伏球、杀球灵、地克珠利、威特神球等。0.000 1%浓度（饲料或饮水）连续用药是最佳选择，对预防家兔肝球虫、肠球虫均有极好的效果。目前该药应作为预防兔球虫病的首选药物。

【注意事项】 注意球虫引起的肝结节与囊尾蚴、肝毛细线虫等引起的肝病变鉴别。预防用药要经常轮换使用或交替使用，以防产生抗药性。

2. 弓形虫病 本病是由龚地弓形虫引起的人兽共患的原虫病，呈世界性分布。

【病原及生活史】 龚地弓形虫，寄生于细胞内，按其发育阶段有 5 种形态：滋养体、包囊-裂殖体、配子体和卵囊。其生活史见图 5-11。

【流行特点】 猫是人和动物弓形体病的主要传染源。卵囊随猫粪便排出后发育成具有感染能力的孢子化卵囊，卵囊通过消化道、呼吸道与皮肤等途径侵入体内。也可通过胎盘感染胎儿。

【典型症状和病理变化】 急性主要见于仔兔，表现突然不吃，体温升高，呼吸加快，眼、鼻有浆液性或黏脓性分泌物，嗜睡，后期有惊厥、后肢麻痹等症状，发病后 2～9 天死亡。慢性多见于老龄兔，病程较长，食欲不振，消瘦，后躯麻痹。有的会突然死亡，但多数可以康复。剖检见坏死性淋巴结炎、肺炎、肝炎、脾炎、心肌炎和肠炎等变化。慢性病变不大明显，但组织上可见非化脓性脑炎和细胞中的虫体。

【诊断要点】 ①兔场及其附近有养猫史。②特征性病理变化为胸、腹腔积液。③非化脓性脑炎。小胶质细胞、血管内皮与外膜细胞增生，其中可发现虫体。发现虫

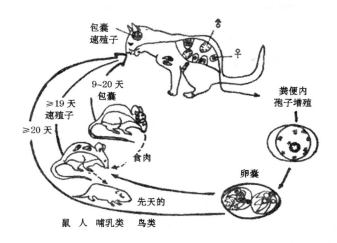

图 5-11　弓形虫生活史示意

体即可确诊。

【防治措施】

(1)预防　兔场禁止养猫并严防外界猫进入兔场。注意不使兔饲料、饮水被猫粪便污染。留种时须经弓形虫检查,确为阴性者方可留用。

(2)治疗　磺胺类药物对本病有较好的疗效。磺胺嘧啶,按每千克体重 70mg;联合乙胺嘧啶,按每千克体重 2mg。首次量加倍,每日 2 次内服,连用 3～5 天。

【注意事项】　病理检查在本病诊断上起重要作用,而症状仅作参考。还应注意与内脏有坏死或结节病变的疾病(野兔热、李氏杆菌病、泰泽氏病、结核病、伪结核病、沙门氏菌病等)鉴别。治疗应在发病初期及时用药。注意饲管人员个人防护。

3. 脑炎原虫病　本病是由兔脑炎原虫引起,一般为慢性或隐性感染,常无症状。有时见脑炎和肾炎症状,发病率 15％～76％。

【病原及生活史】　兔脑炎原虫是一种细胞内寄生的原虫。

【流行特点】　本病广泛分布于世界各地。病兔的尿液中含有兔脑炎原虫,消化道是主要感染途径,经胎盘也可传染。

【典型症状和病理变化】　通常呈慢性或隐性感染,常无症状。有时可发病。秋、冬季节多发,各年龄兔均可感染发病。见脑炎和肾炎症状,如惊厥、颤抖、斜颈、麻痹、昏迷,平衡失调,蛋白尿及腹泻等。剖检见肾表面有小白色点或大小不等的凹陷状病灶,病变严重时肾表面呈颗粒状或高低不平。

【诊断要点】　主要根据肾脏的眼观变化及肾、脑的组织变化作出诊断。肾、脑可见淋巴细胞与浆细胞肉芽肿,肾小管上皮细胞和脑肉芽肿中心可见脑炎原虫。

【防治措施】　目前尚无有效的治疗药物。有人用烟曲霉素治疗有效。一般采取淘汰病兔、加强防疫和改善卫生条件有利于本病的预防。

【注意事项】　本病生前诊断很困难,因为神经症状和肾炎症状很难与本病联系在一起。注意与有斜颈症状的疾病(如李氏杆菌病、巴氏杆菌病等)鉴别。

4. 蛲虫病　本病是由栓尾线虫引起的一种感染率较高内寄生虫病。

【病原及生活史】　栓尾线虫,雄虫长 3～5mm、宽 330μm,有一根长约 13μm 的弯曲的交合刺。雌虫长 8～12mm、宽 500μm,阴门位于前端,肛门后有一细长尾部。虫卵大小为 103μm×43μm,卵壳光滑,一端有卵盖,内含 8～16 个胚细胞成一条蜷曲的幼虫。虫卵排出后不久即达感染期。兔吃到感染性虫卵而感染,虫体在盲肠和结肠发育成成虫。

【流行特点】　本病分布广泛,是家兔常见的线虫病。獭兔多发,成虫寄生于獭兔的盲肠、结肠。

【典型症状和病理变化】　少量感染时,一般不表现症状。严重感染时,表现心神不定。因肛门有蛲虫活动而发痒,用嘴舌啃舔肛门,采食、休息受影响,食欲下降,精神沉郁,被毛粗乱,逐渐消瘦,下痢,可发现粪便中有乳白色线头样栓尾线虫。剖检见大肠内也有栓尾线虫。

【诊断要点】　家兔多发。根据患兔常用嘴舌啃舔肛门的症状可怀疑本病,在肛门处、粪便中或剖检时在大肠发现虫体即可确诊。实验室可用饱和盐水浮集法检查虫卵。

【防治措施】

(1)预防　①加强兔舍、兔笼卫生管理,对食盒、饮水用具定期消毒,粪便堆积发酵处理。②引进的种兔隔离观察 1 个月,确认无病方可入群。③兔群每年可用丙硫咪唑或伊维菌素。进行 2 次定期驱虫。

(2)治疗　①伊维菌素有粉剂、胶囊和针剂,根据说明使用。②丙硫咪唑(抗蠕敏),每千克体重 10mg,口服,每日 1 次,连用 2 天。②左旋咪唑,每千克体重 5～6mg,口服,每日 1 次,连用 2 天。

【注意事项】　本病容易诊断。虽然致死率极低,但对兔的休息和营养影响较大,故应引起重视。

5. 肝片吸虫病　本病是由肝片吸虫寄生于肝脏胆管内引起的一种家兔寄生虫病。

【病原及生活史】　肝片吸虫,虫体扁平,呈柳叶状,长 20～30mm、宽 5～13mm。新鲜时呈棕红色。中间宿主为锥实螺。虫体在胆管中产出虫卵,随胆汁进入消化道,随粪便排出体外,落入水中孵化出毛蚴。毛蚴钻入中间宿主——锥实螺体内,经过胞蚴、母雷蚴、子雷蚴多个发育阶段,最后形成大量尾蚴逸出,附着在水生植物或水面上,形成灰白色、针尖大小的囊蚴。兔吃或饮入带有囊蚴的植物或水而被感染。囊蚴进入十二指肠后童虫脱囊而出,穿过肠壁进入腹腔,而后经肝包膜进入肝脏,通过肝实质进入胆管发育为成虫(图 5-12)。虫体在动物体内可生存 3～5 年。

【流行特点】　在家畜中以牛、羊发病率最高,家兔也可发生。有地方性流行的特点,多发生在以饲喂青饲料(青饲料多采集于低洼和沼泽地带)为主的兔群中。

图 5-12　肝片吸虫生活史示意
A. 终末宿主　**B.** 中间宿主
1. 虫卵　2. 毛蚴　3. 胞蚴　4. 雷蚴　5. 尾蚴　6. 囊蚴

【典型症状和病理变化】　主要表现精神委顿,食欲不振,消瘦,衰弱,贫血和黄疸等。疾病严重时眼睑、颌下、胸腹部皮下水肿。剖检见肝脏胆管明显增粗,呈灰白色索状或结节状,突出于肝脏表面。

【诊断要点】　①多发生在以饲喂青饲料(青饲料多采集于低洼和沼泽地带,易受幼虫感染)为主的兔群中,呈地方性流行。②肝脏特征病变。③粪便检查虫卵。

【防治措施】

(1)预防　注意饲草和饮水卫生,不喂沟、塘及河边的草和水。对病兔及带虫兔进行驱虫。驱虫的粪便应集中处理,以消灭虫卵。消灭中间宿主锥实螺。

(2)治疗　①硝氯酚,具有疗效高、毒性小、用量少等特点,按每千克体重 1～2g 肌注。②双酰胺氧醚 10％混悬液,每次每千克体重 100mg 口服。③丙硫咪唑,每千克体重 3～5mg 拌入饲料中喂给。④肝蛭净,每千克体重每次 10～12mg,口服。

【注意事项】　流行特点仅作为诊断参考,确诊应依据粪便虫卵检查和肝病变检查。注意与肝球虫病鉴别。

6. 血吸虫病　本病是由日本分体吸虫引起的一种严重的人兽共患病。广泛流行于长江流域和南方地区。

【病原及生活史】　病原体是日本分体吸虫,为雌雄异体。虫体呈细线状。寄生于门静脉系统的小血管内,虫卵寄生于肝和肠。中间宿主为湖北钉螺。

【典型症状和病理变化】　少量感染无明显症状,大量感染表现腹泻、便血、消瘦、贫血,严重时出现腹水过多,最后死亡。病理检查时见肝和肠壁有灰白色或灰黄色虫卵结节。慢性病例表现肝硬化,体积缩小,硬度增加,用刀不易切开。在门静脉和肠系膜静脉可找到成虫。

【诊断要点】 ①流行于南方各省；②粪便中虫卵检查；③肝肠典型病变。

【防治措施】 采取综合防治措施,注意饮水卫生,不喂被血吸虫尾蚴污染的水草,搞好粪便管理。发现病兔及早治疗。治疗人、畜血吸虫病的药物如血防846、硝硫氰胺、吡喹酮等可按说明使用于家兔。

【注意事项】 本病的确诊要依靠粪便虫卵检查和病变组织检查。也可用血清学试验如间接血球凝集试验。注意与肝、肠有结节病变的疾病鉴别。

7. 豆状囊尾蚴病 本病是由豆状带绦虫的中绦期幼虫——豆状囊尾蚴寄生于兔的肝脏、肠系膜和网膜等所引起的疾病。

【病原及生活史】 囊尾蚴透明、球形,直径10～18mm。豆状带绦虫寄生于狗、猫和狐狸等野生食肉兽的小肠内,成熟绦虫排出含卵结片,兔食入污染有这种结片和虫卵的饲料后,六钩蚴便从卵中钻出,进入肠壁血管,随血流到达肝脏。再钻出肝膜,进入腹腔,在肠系膜、胃网膜等处发育为豆状囊尾蚴。豆状囊尾蚴虫体呈囊泡状,大小如豌豆,囊内含有透明液和一个小头节。兔场饲养犬、猫或其他野生肉食动物的兔群易感染本病。感染途径为消化道。

【典型症状和病理变化】 轻度感染一般无明显症状。大量感染时可导致肝炎和消化障碍等表现,如食欲减退、腹围增大、精神不振、嗜睡、逐渐消瘦,最后因体力衰竭而死亡。急性发作可引起突然死亡。剖检见囊尾蚴寄生在肠系膜、网膜、肝表面等处,数量不等,状似小水泡或葡萄串。有些肝实质中见弯曲的纤维化组织。

【诊断要点】 ①剖检发现豆状囊尾蚴即可作出确诊。②生前仅以症状难以作出诊断,可用间接血球凝集试验诊断。

【防治措施】

(1)预防 兔场内禁止饲养犬、猫或对犬、猫定期进行驱虫。驱虫药物可用吡喹酮,每千克体重5mg,拌料喂服。带虫的病兔尸体勿被犬、猫食入。

(2)治疗 可用吡喹酮,每千克体重10～35mg,口服,每日1次,连用5天。

【注意事项】 兔群一旦检出1个病例,应考虑全群预防和治疗。

8. 连续多头蚴病 本病是由连续多头绦虫的中绦期幼虫——连续多头蚴寄生于兔的皮下、肌肉、脑、脊髓等组织中所引起一种疾病。

【病原及生活史】 成虫长约70cm,头节上有顶突和4个吸盘,顶突上有26～30个小钩,子宫分支、20～25对,虫卵内含有六钩蚴。连续多头绦虫成虫寄生于犬科动物。主要中间宿主为兔和松鼠等啮齿类动物,人也偶然感染。成虫寄生于犬的小肠,虫卵随犬的粪便排出体外,污染饲料或饮水,被兔等中间宿主吞入,六钩蚴便在消化道内逸出,钻入肠壁,随血液循环到达皮下和肌间结缔组织,发育增大。当带有这种包囊的未经煮熟的兔肉再被犬食入后,犬即感染连续多头绦虫。

【典型症状和病理变化】 症状因幼虫寄生部位的不同而异。多数虫体包囊寄生于皮下或肌间结缔组织,其直径可达40～50mm。有的可达网球大小,呈现相对自由活动的软肿特征。外部则表现为皮下肿块。如寄生于脑及脊髓,则可出现神经症状及麻痹。剖检在病兔的皮下、肌肉,尤其是外嚼肌、股肌、肩部、颈部和背部肌肉中,偶尔在体腔和椎管内可见樱桃大至鸡蛋大的结节。

【诊断要点】 摸到特征性的、可移动的、位于皮下的包囊,可以推测为本病,确诊靠剖检或手术摘出虫体。

【防治措施】 与豆状囊尾蚴病相同。虫体位于浅部,可采取外科手术摘除(但不要将包囊内容物流出)。

【注意事项】 人偶尔被幼虫感染而寄生于皮下或脑内,故接触犬粪应当心。

9. 螨病 本病主要是由痒螨或疥螨引起的一种高度接触性皮肤寄生虫病。对养兔业危害较大。

【病 原】 寄生于兔的螨较常见的有痒螨科的兔痒螨(图 5-13)和兔足螨,疥螨科的兔疥螨(图 5-14)和兔背肛螨(图 5-15)。痒螨虫体呈长椭圆形,体长 0.5～0.9mm,肉眼可见。兔疥螨外观呈龟形,浅黄白色,背面隆起,腹面扁平。雌螨体长 0.33～0.45mm,宽 0.25～0.35mm;雄螨体长 0.2～0.23mm,宽 0.14～0.19mm。兔螨的发育过程分为虫卵、幼虫、稚虫和成虫 4 个阶段。

【流行特点】 本病主要通过健兔和病兔

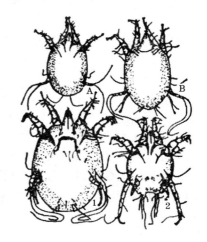

图 5-13 兔痒螨(腹面)
A. 幼虫 **B.** 若虫
1. 雌虫 2. 雄虫

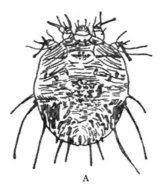
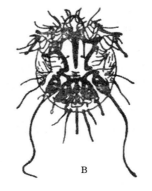

图 5-14 兔疥螨
A. 雄虫背面 **B.** 雌虫腹面

接触而感染,也可由兔笼、饲槽和其他用具而间接传播。日光不足、阴雨潮湿及秋、冬季节最适于螨的生长繁殖和促使本病的发生。本病可传播给人。

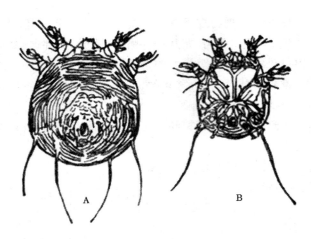

图 5-15　兔背肛疥螨

A. 雌虫背面　B. 雄虫腹面

【典型症状和病理变化】　痒螨病：由兔痒螨和兔足螨引起。兔频频甩头，检查见耳根、外耳道内有黄色痂皮和分泌物或在头部、外耳道、脚掌下面的皮肤发生炎症和痂皮。疥螨病：由兔疥螨和兔背肛螨引起。一般先在头部和掌部无毛或短毛部位的脚掌面、耳边缘、鼻尖、口唇、眼圈等部位，引起灰白色痂皮，然后蔓延到其他部位，兔有痒感，频频用嘴啃咬患部。故病部发炎、脱毛、结痂、皮肤增厚和龟裂，采食下降，最终消瘦、贫血死亡。

【诊断要点】　①秋、冬季节多发。②皮肤特征病变，病变部有痒感。③在病部与健部皮肤交界处刮取痂皮检查，发现螨虫可确诊。

【防治措施】

（1）预防　兔舍、兔笼定期用火焰或 2％敌百虫水溶液进行消毒。发现病兔，应及时隔离治疗，种兔停止配种。

（2）治疗　①伊维菌素，是目前预防和治疗本病的最有效的药物，有粉剂、胶囊和针剂，根据说明使用。②螨净，按 1：500 比例稀释，涂擦患部。

【注意事项】　注意与毛癣菌病鉴别。治疗时注意以下几点：①治疗后，隔 7～10 天再重复一个疗程，直至治愈为止。②治疗与消毒兔笼同时进行。③家兔不适于药浴，不能将整个兔浸泡于药液中，仅可依次分部位治疗。

三、普 通 病

1. 维生素 A 缺乏症

【病　因】　日粮中缺乏青绿饲料、胡萝卜素或维生素 A 添加剂；饲料贮存方法不当如暴晒、氧化等，破坏饲料中维生素 A 前体；患肠道病、肝球虫病等，影响维生素 A 的转化和贮存。

【典型症状和病理变化】　仔、幼兔生长发育缓慢，视觉障碍。母兔繁殖率下降，不易受胎,受胎的易发生早期胎儿死亡和吸收、流产、死产或产出先天性畸形仔兔(脑积水、瞎眼等)。长期缺乏可引起眼睛干燥,结膜发炎,角膜浑浊,严重者失明。有的出现转圈,惊厥,左右摇摆,四肢麻痹等。

【诊断要点】　①饲料中长期缺乏青饲料或维生素 A 含量不足。②有发育、视力、运动、生殖等功能障碍症状。③测定血浆中维生素 A 的含量,低于 $20\sim80\mu g/L$ 为缺乏。

【防治措施】

(1)预防　经常喂给青绿多汁饲料。兔日粮尤其是妊娠、泌乳母兔日粮中有维生素 A 添加剂,其量应考虑制粒过程的破坏。及时治疗兔球虫病和肠道疾病。

(2)治疗　群体每 10kg 饲料中添加鱼肝油 2ml。个别病例可内服或肌内注射鱼肝油制剂。

2. 维生素 E 缺乏症

【病　因】　饲料中维生素 E 含量不足;饲料中含过量不饱和脂肪酸(如猪油、豆油等)酸败产生过氧化物,促进维生素 E 的氧化;兔患肝脏疾病(如球虫病)时,维生素 E 贮存减少,利用和破坏反而增加。

【典型症状和病理变化】　患兔表现僵直、进行性肌肉无力。不爱运动,喜卧地,全身紧张性降低。肌肉萎缩并引起运动障碍,步态不稳,平衡失调,食欲减退甚至废绝。体重逐渐减轻,全身衰竭,大小便失禁,直至死亡。幼兔表现生长发育停滞。母兔受胎率降低,发生流产或死胎;公兔睾丸损伤,精子产生减少。剖检见骨骼肌、心肌颜色变淡或苍白。

【诊断要点】　根据运动障碍、生殖功能下降和肌肉特征病变可怀疑本病,也可进行治疗性诊断。但综合性诊断较为全面、准确。

【防治措施】

(1)预防　经常给兔饲喂如大麦芽、苜蓿、胡萝卜等青绿多汁饲料,或补充维生素 E 添加剂。避免喂含不饱和脂肪酸酸败饲料。及时治疗兔肝脏疾病,如兔球虫病等。

(2)治疗　可在日粮中添加维生素 E,每千克体重每日 $0.32\sim1.4$ml。或肌注维生素 E 制剂,每次 1000U,每日 2 次,连用 $2\sim3$ 天。

3. 佝偻病　佝偻病是幼兔维生素 D 缺乏、钙和磷代谢障碍所致的以消化紊乱、骨骼变形、运动障碍为特征的疾病。

【病　因】　饲料中钙、磷缺乏,钙、磷比例不当或维生素 D 缺乏。

【典型症状和病理变化】　精神不振,四肢向外侧斜,身体呈匍匐状,凹背,不愿走动。四肢弯曲,关节肿大。肋骨与肋软骨交界处出现"佝偻珠"。死亡率较低。

【诊断要点】　①检测饲料中的钙、磷。②特征症状和骨关节病变。③治疗性诊断,即补钙剂疗效明显。

【防治措施】

(1)预防　经常在饲料中添加足量骨粉或磷酸氢钙和维生素 D,增加光照。

（2）治疗　维生素 D 胶性钙，每次 1 000～2 000U 肌注，每日 1 次，连用 5～7 天。

【注意事项】　幼兔饲料中的钙、磷比例一定要合适（1～2∶1），高于或低于此比例，尤其伴有轻度维生素 D 不足即可发生此病。

4. 吞食仔兔癖　本病是一种新陈代谢紊乱和营养缺乏综合征，表现为一种病态的食仔恶癖。

【病　因】　日粮营养不平衡，饲料中缺乏食盐、钙、磷、蛋白质或 B 族维生素等。母兔产前、产后得不到充足的饮水，口渴难忍。产仔时母兔受到惊扰，产箱、垫草或仔兔带有异味，或发生死胎时死仔未及时取出等。初产母兔较经产母兔发病率高。

【典型症状和病理变化】　母兔吞食刚生下或产后数天的仔兔。有些将胎儿全部吃掉，仅发现笼底或巢箱内有血迹，有些则食入部分肢体。

【诊断要点】　初产母兔易发。有明显的食仔行为。

【防治措施】　母兔应供给富含蛋白质、钙、磷和维生素的平衡日粮。产箱要事先消毒，垫草、棉花等物切勿带异味。产前、产后供给充足淡盐水。分娩时保证舍内安静。产仔后，检查巢窝，发现死亡仔兔立即清除。检查仔兔时，必须洗手后（不能涂擦香水等化妆品）或带上消毒手套进行。

一旦发现母兔食仔症状，迅速把产箱连同仔兔拿出，采取母仔分离饲养法。

5. 食毛症　本病是因营养紊乱而发生以嗜食被毛成癖为特征的营养缺乏病。

【病　因】　①日粮营养不平衡，如缺乏钙、磷及维生素或含硫氨基酸时，兔相互啃食被毛。②管理不当，如兔笼狭小、相互拥挤而吞食其他兔的绒毛；未能及时清除掉在料盆、水盆中和垫草上的兔毛，被家兔误食。

【典型症状和病理变化】　1～3 月龄幼兔多发。秋、冬或冬、春季节交替时多发。头部或其他部位缺毛。食毛症状有自食、吃他兔或互食几种。食欲不振，好饮水，大便秘结，粪球中可见兔毛。触诊时胃内或肠内有块状毛球，胃体积膨大。剖检见胃内容物混有毛或形成毛球，有时因毛球阻塞而出现肠内空虚现象，或毛球阻塞肠而发生腹痛和阻塞部位前段臌气。

【诊断要点】　①有明显食毛症状。②有皮肤少毛、无毛病变。③胃、肠可发现毛团或毛球及其所致的腹痛、臌气症状。④饲料营养成分测定。

【防治措施】

（1）预防　日粮营养要平衡，精、粗料比例要适当。供给充足的蛋白质、无机盐和维生素。饲养密度要适当。及时清理掉在饮水盆和垫草上的兔毛。兔毛可用火焰喷灯烧掉。每周停喂一次粗饲料或在饲料中添加 1.87% 氧化镁。

（2）治疗　病情轻者，多喂青绿多汁饲料，多运动即可治愈。胃肠如有毛球可内服豆油或蓖麻油，每次 10～15ml，然后让家兔运动，待进食后喂给易消化的柔软饲料。同时用手按摩胃肠，排出毛球。食欲不好时，可喂给大黄苏打片等健胃药。对于治疗无效者，应施以外科手术或淘汰。

6. 食足癖　由于营养失调或其他原因致使病兔经常啃食脚趾皮肉和骨骼的现

象。

【病　因】　饲料营养不平衡,患寄生虫病,内分泌失调。

【典型症状和病理变化】　家兔不断啃食脚趾尤其后脚趾,伤口经久不愈。严重的露出趾节骨,有的感染化脓或坏死。

【诊断要点】　青、成年兔多发,獭兔易发。体内外寄生虫病、内分泌失调的兔易发。患兔不断啃咬脚趾,流血、化脓,长久不能愈合。

【防治措施】　配制合理的饲料,注意矿物质、维生素的添加。及时治疗体内外寄生虫。目前无有效治疗方法,可对症治疗。

发现此病时除改善饲料配合物外,患部应及时进行外科处理。

7. 霉菌毒素中毒　本病是指家兔食入发霉饲料的毒素而引起的中毒性疾病。这是目前危害养兔生产的一类重要疾病。

【病　因】　自然环境中,许多真菌寄生于含淀粉的粮食、糠麸、青粗饲料上,如果温度(28℃左右)和空气相对湿度(80%～100%)适宜,就会大量生长繁殖,有些会产生毒素,家兔采食即可引起中毒。常见的毒素有黄曲霉毒素、赤霉毒素等。

【典型症状】　精神沉郁,不食,便秘后腹泻,粪便带黏液或血,流涎,口唇皮肤发绀。常将两后肢的膝关节凸出于臀部两侧,呈"山"字形伏卧笼内。呼吸急促,出现神经症状,后肢软瘫,全身麻痹。母兔不孕,孕兔流产。慢性者精神委靡,不食,腹围膨大。剖检见肺充血、出血,肝样病变。肠黏膜易脱落,肠腔内有白色黏液。肾、脾肿大,淤血。盲肠积有大量硬粪,肠壁菲薄,有的浆膜出血斑点。

【诊断要点】　①有饲喂霉变饲料史。②触诊大肠内有硬结。③肺、肾、脾出血、肿大等病变。④检测饲料有真菌或毒素。

【防治措施】

(1)预防　禁喂霉变饲料是预防本病的重要措施。在饲料收集、采购、加工、保管等环节上要加以监控。

(2)治疗　首先停喂发霉饲料,用2%碳酸氢钠溶液50～100ml灌服洗胃,然后灌服5%硫酸钠溶液50ml,或稀糖水50ml,外加维生素C 2ml;或将大蒜捣烂喂服,每兔每次2g,1日2次。10%葡萄糖50ml加维生素C 2ml,静脉注射,每日1～2次;或氯化胆碱70ml、维生素B$_{12}$5mg、维生素E 10mg,1次口服。

【注意事项】　注意与其他中毒性疾病鉴别。饲料中添加防霉制剂如0.1%丙酸钠或0.2%丙酸钙对真菌有一定的抑制作用。

8. 乳房炎　本病是多种因素引起家兔乳腺组织的一种炎症性疾病。是严重危害繁殖母兔的一种常见疾病。

【病　因】　①乳房受到机械性损伤后伴有细菌感染,如仔兔啃咬、抓伤,兔笼和产箱进出口的铁丝刺伤等。创口感染的病原菌主要有金黄色葡萄球菌、链球菌等。②母兔妊娠末期大量饲喂精料,使营养过剩,产仔后乳汁分泌多而稠。或因仔兔少或仔兔弱小不能将乳房中的乳汁吸完,容易使病原菌入侵。③兔舍及兔笼卫生条件差,容易诱发本病。

【典型症状和病理变化】

(1)急性型　又称为败血型。表现为精神沉郁,食欲降低或废绝,体温升高,伏卧,拒绝哺乳。初期乳房局部红、肿、热、痛,稍后即呈蓝紫色甚至呈乌黑色,若不及时治疗,多在2～3天内因败血症死亡。

(2)慢性型　病兔一个或多个乳头发炎,局部红、肿、热、痛,皮肤紧张、发亮,触之乳房内有肿块,拒绝哺乳。

(3)化脓型　多由慢性转化而来,若乳房内肿块治疗不及时,即变为化脓结节,甚至形成坏疽,并表现明显的全身反应。

【诊断要点】　多发生于产后5～25天。仔兔相继死亡或患黄尿病。特征性乳房病变。

【防治措施】

(1)预防　根据仔兔数量,适当调整产前、产后精料和多汁饲料饲喂量,以防引起乳汁分泌的异常(过稠过多或过稀过少),避免造成乳房炎。保持兔笼和运动场的清洁卫生,清除尖锐物,特别要保持兔笼和产箱进出口处的光滑,以免损伤乳头。繁殖母兔皮下注射葡萄球菌疫苗2ml,每年2次,可减少本病发生。

(2)治疗　①封闭疗法:青霉素10万～20万U,0.25%普鲁卡因注射液10～20ml,在乳房患部做周边封闭,每日1次,连用3天。②热敷:患病24小时后可用5%硫酸镁溶液热敷。③急性及化脓性病例同时用青、链霉素各20万U进行肌内注射,每天上、下午各1次,连续3～5天。已形成脓肿者,应切开排脓,按脓肿处理。

【注意事项】　对于多个乳头发生脓肿,最好做淘汰处理。

9. 不孕症　不孕是引起母兔暂时或永久性不能生殖的各种繁殖障碍的总称。

【病　因】　母兔原因有母兔过肥、过瘦,饲料中蛋白质缺乏或质量差,维生素A、维生素E或微量元素等含量不足,换毛期间内分泌功能紊乱。各种生殖器官疾病,如子宫炎、阴道炎、卵巢肿瘤等。公兔原因有过肥,长时间不用。配种方法不当。生殖器官先天性发育异常等均可造成配种不孕。

【典型症状和病理变化】　母兔在性成熟后或产后一段时间内不发情或发情不正常(无发情表现、微弱发情、持续性发情等),或母兔经屡配或多次人工授精不受胎。

【防治措施】

(1)预防　加强饲养管理,供给全价日粮,保持种兔八成膘情,防止过肥、过瘦。光照充足。掌握发情规律,适时配种。及时治疗或淘汰患生殖器官疾病的种兔。对屡配不孕者应检查子宫状况,有针对性地采取相应措施。

(2)治疗　①过肥的兔通过降低饲料营养水平或控制饲喂量降低膘情,过瘦的种兔采取增加饲料营养水平或饲喂量,恢复体况。②若因卵巢功能降低而不孕,可试用激素治疗。皮下或肌内注射促卵泡素(FSH),每次0.6mg,用4ml生理盐水溶解,每日2次,连用3天。于第四天早晨母兔发情后,再耳静脉注射2.5mg促黄体素

(LH),之后马上配种。用量一定要准,量过大反而效果不佳。

【注意事项】 通过摸胎法可检查母兔子宫是否患有积脓、肿瘤等疾病。

10. 流 产 本病是胎儿和(或)母体的生理过程受到破坏所导致的怀孕未足月即排出胎儿。

【病 因】 主要有机械性流产、精神性流产、药物性流产、营养性流产、交配刺激性流产、中毒性流产、疾病性流产、习惯性流产、遗传性流产和代谢性流产。

【典型症状和病理变化】 多数母兔突然流产,一般无特征表现,只是在兔笼内发现有未足月的胎儿、死胎或仅有血迹才被注意。发病缓慢者,可见如正常分娩一样的衔草、拉毛营巢等行为,但产出不成形的胎儿。有的胎儿多数被母兔吃掉或掉入笼底板下。流产后母兔精神不振,食欲减退,体温升高。有的母兔在流产过程中死亡。

【诊断要点】 发现笼地板有未足月的胎儿或仅见有血迹。摸胎无胎儿,即可确诊本病。

【防治措施】

(1)预防 本病关键在于预防,根据病因采取相应的措施。

(2)治疗 发现有流产征兆的母兔可用药物进行保胎,方法是肌内注射黄体酮15mg。流产的母兔易继发阴道炎、子宫炎,应使用磺胺等抗菌类药物控制炎症以防感染。流产母兔应加强营养,防止受凉。待完全恢复健康后才能进行配种。

【注意事项】 根据流产发生的日期、胎儿形状判断流产的原因,根据病因采取相应措施。

11. 产后瘫痪 本病是母兔分娩前后突然发生的一种严重代谢性疾病,其特征是由于低血钙而使知觉丧失及四肢瘫痪。

【病 因】 饲料中缺钙、频密繁殖、产后缺乏阳光、运动不足和应激是致病的主要原因,尤其是母兔产后遭受到贼风的侵袭时最易发生。另外,分娩前后消化功能障碍及雌激素分泌过多,均可引起发病。一般发生于产后2～3周,个别母兔发生在临产前2～4天。

【典型症状和病理变化】 突然发病,精神沉郁,坐于角落,惊恐胆小,食欲下降甚至废绝。轻者跛行、半蹲行或匍匐行进,重者四肢向两侧叉开,不能站立。反射迟钝或消失全身肌肉无力,严重者全身麻痹,卧地不起。有时出现子宫脱出或出血症状。体温正常或偏低,呼吸慢,泌乳减少或停止。

【诊断要点】 产后轻者跛行,重者后肢麻痹、瘫卧。实验室检查血清钙含量明显降低,严重的可下降至每升70mg以下(正常含量为每升250mg)。

【防治措施】

(1)预防 对怀孕后期或哺乳期母兔,应供给钙、磷比例适宜和维生素D充足的日粮。

(2)治疗 10%葡萄糖酸钙5～10ml、50%葡萄糖10～20ml,混合1次静脉注射,每日1次。也可用10%氯化钙5～10ml与葡萄糖静脉注射。或维丁胶性钙2ml,

肌内注射。有食欲者饲料中加服糖钙片1片，每日2次，连续3～6天。同时调整日粮鱼粉、骨粉和维生素D含量。

【注意事项】 注意与创伤性脊椎骨折做鉴别，前者用针刺后肢反应强烈，后者在后肢用针刺无反应。

12. 妊娠毒血症 本病是家兔妊娠末期营养负平衡所致的一种代谢性疾病，其临床特征是神经功能受损，共济失调，虚弱、失明和死亡。妊娠、产后哺乳及假妊娠的母兔都可发生。

【病　因】 该病的病因仍不十分清楚，但妊娠末期营养不足，特别是碳水化合物缺乏易发本病，尤以怀胎多且饲喂不足的母兔多见。另外，可能与内分泌功能失调、肥胖和子宫肿瘤等因素有关。

【典型症状和病理变化】 初期精神极度不安，常在兔笼内无意识漫游，甚至用头顶撞笼壁。安静时缩成一团，精神沉郁，食欲减退，全身肌肉间歇性震颤，前后肢向两侧伸展。有时呈僵直痉挛。严重病例出现共济失调、惊厥、昏迷，最后死亡。剖检见乳腺分泌功能旺盛，卵巢黄体增大，肠系膜脂肪有坏死区。肝脏、肾脏和心脏苍白。肾上腺变小、苍白，常有皮质瘤。甲状腺也变小、苍白。组织学变化以脂肪肝和脂肪肾为主。

【诊断要点】 ①本病只发生于如母兔怀孕、母兔泌乳、假妊娠母兔，其他年龄兔、公兔不发生。②临床症状和病理特点。③实验室检查，血液丙酮试验呈阳性。血液中非蛋白氮显著升高，血糖降低和蛋白尿。

【防治措施】

(1)预防 合理搭配饲料。妊娠初期，适当控制母兔营养，以防过肥。妊娠末期，必须饲喂营养充足的优质饲料，特别是富含碳水化合物的饲料，以保证母体和胎儿的需要，并避免不良刺激如饲料和环境突然变化等。

(2)治疗 添加葡萄糖可防止酮血症的发生和发展。对此病主要是争取稳定病情，使之能够维持到分娩，而后得到康复。治疗的重点是保肝解毒，维护心、肾功能，提高血糖，降低血脂。发病后口服丙二醇4ml，每日2次，连用3～5天。还可试用肌醇2ml、10％葡萄糖10ml、维生素C 100mg，一次静脉注射，每日1～2次。肌内注射复合维生素B 1～2ml，有辅助治疗作用。

【注意事项】 本病治疗效果缓慢，要耐心细致。

13. 腹泻 腹泻不是独立性疾病，是泛指临床上具有腹泻症状的疾病。主要表现是粪便不成球，稀软，呈粥状或水样。

【病　因】 引起腹泻的原因很多，主要有以下几个：①以消化障碍为主的疾病，如消化不良、胃肠炎等；②某些传染病，如大肠杆菌病、魏氏梭菌病、副伤寒、泰泽氏菌病、肠结核等；③一些寄生虫病，如球虫病、线虫病等；④中毒性疾病，如有机磷中毒等。后3种情况除腹泻之外，还有各自疾病的固有症状。这里只介绍引起腹泻的胃肠道疾病。

与饲料品质不良和饲养管理不当有关的腹泻。归纳起来有以下几个方面:饲料配方不合理,如精料比例过高。饲料不清洁,混有泥沙、污物等,或饲料发霉、腐败变质。饲料含水量过多,或吃了大量的冰冻饲料。饮水不卫生,或夏季不经常清洗饲槽、不及时清理饮水管内污物,不及时清除料槽内残存饲料,以至酸败而致病。突然更换饲料,家兔不适应,特别是断乳的幼兔更易发病。兔舍潮湿,温度低,家兔腹部着凉。口腔及牙齿疾病,也可引起消化障碍而发生腹泻。

【典型症状和病理变化】　病兔精神沉郁,食欲不振或废绝。臌气腹胀,大肚子,粪便稀软、呈糊状或水样。经常污染肛门及其周围被毛,使其失去光泽,病兔常勾头舔啃肛门处。该病多在天气突然变化、气温骤降时,腹部受凉或吃了带冰霜露水的草而发病。随着病情加剧,体温升高,消瘦,全身状况恶化而死亡。

【防治措施】

(1)预防　加强饲养管理,注意饲料品质,饮水要清洁。变换饲料要逐步进行。兔舍要保温、通风、干燥和卫生。做到定期驱虫。及早治疗原发病。

(2)治疗　一般应用磺胺类药物和抗生素类药物均有效果。对脱水严重的病兔,可静脉注射林格氏液、5％葡萄糖氯化钠注射液20～30ml。也可灌服,或让病兔自由饮用补盐液。

14. 中暑　本病又称日射病或热射病。是家兔受湿热或烈日暴晒所致的中枢神经系统功能紊乱的一种疾病。家兔汗腺不发达,体表散热慢,极易发生本病。

【病　因】　①气温持续升高,兔舍通风不良,兔笼内密度过大、散热慢,是引起本病的重要原因。②炎热季节进行车船长途运输,装载过于拥挤,中途又缺乏饮水,也易发生本病。③露天兔舍,遮光设备不完善,长时间受烈日暴晒,易引起中暑。

【典型症状和病理变化】　病初患兔精神不振,食欲减少甚至废绝,体温升高。用手触摸全身有灼热感。呼吸加快,口腔、鼻腔和眼结膜充血。步态不正,摇晃不定。病情严重时,呼吸困难,黏膜发绀,从口腔和鼻中流出带血色的液体。病兔常伸腿伏卧,头伸展、下颌触地,四肢呈间歇性震颤或抽搐,直至死亡。有时则突然虚脱、昏倒,呈现痉挛而迅速死亡。

【诊断要点】　长毛兔、妊娠兔易发。根据气温高而持续时间较长、临床表现可作出诊断。

【防治措施】

(1)预防　当气温超过35℃时,通过打开通风设备、用冷水喷洒地面、降低饲养密度等措施,增加兔舍通风量,降低舍温。露天兔舍应加设荫棚。

(2)治疗　首先将病兔置于阴凉通风处,可用电风扇微风降温,或在头部、体躯上敷以冷水浸湿的毛巾或冰块,每隔数分钟更换1次,加速体热散发。药物治疗,内服十滴水2～3滴,加温水灌服。或服人丹2～3粒。用20％甘露醇注射液,或25％山梨醇注射液,1次10～30ml,静脉注射;对于有抽搐症状的病兔,用2.5％盐酸氯丙嗪注射液,每千克体重0.5～1ml,肌内注射。

15. 溃疡性脚皮炎 本病是指家兔跖骨部的底面以及掌骨指骨部的侧面所发生的损伤性溃疡性皮炎。家兔极易发生。

【病　因】 笼地板粗糙、高低不平,金属底网铁丝太细、凸凹不平,兔舍过度潮湿等均易引发本病。神经过敏、脚毛不丰厚的成年兔、大型兔种较易发生。

【典型症状和病理变化】 患兔食欲下降,体重减轻,驼背,呈踩高跷步样,四肢频频交换支持负重。跖骨部底面或掌骨部侧面皮肤上覆盖干燥硬痂或大小不等的局限性溃疡。溃疡部可继发细菌感染,有时在痂皮下发生脓肿(多因金黄色葡萄球菌感染)。

【诊断要点】 家兔易感,笼底制作不规范的兔群易发。后肢多发。明显的临床症状。

【防治措施】

(1)预防 兔笼底以竹板为好。笼底要平整,竹板上无钉头外露,笼内无锐利物等。保持兔笼、产箱内清洁、卫生、干燥。选择脚毛丰厚者作种。

(2)治疗 先将患兔放在铺有干燥、柔软的垫草或木板的笼内。治疗方法有以下几种:①用橡皮膏围绕病灶重复缠绕(尽量放松缠绕),然后用手轻握压,压实重叠橡皮膏,20～30 天可自愈。②先用 0.2％醋酸铝溶液冲洗患部,清除坏死组织,再涂擦15％氧化锌软膏或土霉素软膏。当溃疡面开始愈合时,可涂擦 5％龙胆紫溶液。如病变部形成脓肿,应按外科手术排脓后用抗生素进行治疗。

【注意事项】 局部治疗和全身治疗结合。

16. 创伤性脊椎骨折

【病　因】 捕捉、保定方法不当,受惊乱窜或从高处跌落以及长途运输等原因均可使腰椎骨折、腰荐脱位。

【典型症状和病理变化】 后躯完全或部分突然麻痹,患兔拖着后肢行走。脊髓受损,肛门和膀胱括约肌失控,大小便失禁,臀部被粪尿污染。轻微受损时,也可于较短期内恢复。剖检见脊椎某段受损断裂,局部有充血、出血、水肿和炎症等变化,膀胱因积尿而胀大。

【诊断要点】 发病突然,症状明显,剖检时见椎骨局部有明显病变,骨折常发生在第 7 腰椎体或第 7 腰椎后侧关节突。

【防治措施】 本病无有效的治疗方法,可采取以下的预防措施:①保持舍内安静,防止生人、其他动物(如狗、猫等)进入兔舍。②正确抓兔和保定兔,切忌抓腰部或提后肢。③关好笼门,防止兔掉下。

第六章　家兔标准化饲养管理

第一节　兔场规划与建设

一、家兔对环境的基本要求

环境因素是指所有作用于家兔机体的外界因素的统称。了解和掌握家兔对环境因素的要求,有助于做好兔场的选址和笼舍设计,创造适宜家兔生长的环境条件,利于养兔生产中饲养管理工作的开展,促使家兔最大限度地发挥生产性能,让经营者最终获得最佳经济效益。

(一)温　度

家兔是一种恒温动物,正常体温为 38.5℃～39.5℃,但受环境温度的影响较大。通常夏季高于冬季,中午高于夜间。最适宜家兔生长和繁殖的环境温度,初生仔兔为 30℃～32℃,成年兔为 15℃～20℃。温度对家兔的生长发育、性成熟、繁殖、育肥及饲料报酬等方面都有影响。家兔生活在适宜温度范围时,机体处于最佳生理状态,从而表现出良好的经济性能。生产实践证明,当环境温度达到 32℃ 以上时,可引起家兔食欲下降、消化不良、性欲降低和繁殖困难等,尤其是长毛兔,在高温季节常发生"夏季不育现象"。若环境温度持续 35℃ 以上,则家兔极易中暑死亡。相对而言,家兔能耐受低温和寒冷,即使在严寒季节,成年兔也能在开放式兔舍中安全越冬,而仅会影响其生长发育,增加饲料消耗。初生仔兔体温调节能力较差,体温常随环境温度的变化而变化,至 10～12 日龄时体温才能保持恒定。因此,环境温度过高或过低均会对仔兔产生危害。

(二)湿　度

空气湿度往往伴随温度而对家兔产生影响,高温高湿和低温高湿对兔都有不良影响。高温高湿会抑制散热,容易引起家兔中暑,尤其长毛兔更是如此。低温高湿又会增加散热,使家兔产生冷感,易患各种呼吸道疾病(感冒、咳嗽、气管炎及风湿病等)和消化道疾病,特别是幼兔易患腹泻。温度适宜而又潮湿的环境有利于病原微生物和寄生虫的滋生,使家兔易患球虫病、疥癣病、霉菌病和湿疹等皮肤病,影响其生长、繁殖及经济效益。同时,还容易使饲料发霉而引起霉菌毒素中毒。如果空气湿度过小、过于干燥,则使黏膜干裂,降低兔对病原微生物的防御能力。因此,兔舍内相对湿度尽量保持恒定,以 60%～65% 为宜,一般不应低于 55% 或高于 70%。

(三)光　照

家兔是夜行性动物,不需要强烈的光照,同时光照时间也不宜过长。光照对家兔的生理功能有着重要的调节作用,适宜的光照有助于家兔增进食欲,促进钙、磷代谢。据生产实践经验,光照对生长兔的日增重和饲料报酬影响很小,但对繁殖和育肥效果等有明显作用。据研究,繁殖母兔每天光照14~16小时,可获得最佳繁殖效果,每只成年母兔的断奶仔兔数,接受人工光照的要比自然光照的高8%~10%;但持续光照超过16小时,将引起公兔睾丸重量减轻和精子数减少。通常适宜的持续光照时间,公兔为每天12~14小时,繁殖母兔为14~16小时,育肥家兔应少于8小时。目前,小型兔场一般采用自然光照,兔舍门、窗的采光面积占地面面积的15%左右时,即能满足家兔的生理需要;集约化兔场多采用人工光照或人工补充光照,兔舍光照强度以每平方米4W为宜。

(四)有害气体

有害气体主要有氨、硫化氢、二氧化碳等。这些有害气体对家兔有直接毒害作用,如容易诱发家兔呼吸道疾病等。家兔对氨特别敏感,当空气中含氨$50\mu L/L$时,可使家兔呼吸频率减慢、流泪和鼻塞;达$100\mu L/L$时会使家兔眼泪、鼻涕和口涎显著增多。根据我国有关部门规定,畜舍中的有害气体含量,氨不得超过$30\mu L/L$,二氧化碳不得超过$3\,500\mu L/L$,硫化氢不得超过$10\mu L/L$,一氧化碳不得超过$24\mu L/L$。降低舍内有害气体浓度的主要办法是勤打扫、勤冲洗,尽量减少粪尿在兔舍内的滞留时间;加强通风换气,引进新鲜空气,排除舍内污浊空气。此外,在兔舍的粪沟内撒一些过磷酸钙,也可降低氨浓度。

(五)噪　声

家兔胆小怕惊,无规律的噪声极易引起家兔不安,使其在笼中乱窜、碰撞而发生损伤;突然的噪声可引起妊娠母兔流产或产仔期难产,哺乳母兔拒绝哺乳,甚至发生残食仔兔等严重后果。因此,在建造兔场时应将环境的噪声作为重要的因素去考虑,一定要远离高噪声区,同时避免猫、狗等动物的惊扰,尽量保持舍内安静,使环境的噪声在85dB以下。

二、兔场规划

(一)场址选择

选择兔场场址,除应注意有适宜、充足的饲料基地外,还要考虑家兔的生活习性及建场地点的自然和社会条件。一个比较理想的场址应具备以下几方面条件。

1. 地势高燥平坦　建兔场应选择地势高燥平坦、背风向阳、地下水位低(2m以下)、排水良好的地方,最好以沙质土壤为宜,因为沙质土壤透水、透气性好,易保持兔场干燥,可防止病原菌和寄生虫卵等的生存、繁殖。如在山区建场,应选择坡度小、比山底高一些的暖坡。低注、山谷、背阴地区不宜建兔场。为便于排水,兔场地面要平坦或有1%~3%的坡度为宜,地形开阔、整齐和紧凑,不宜过于狭长和边角过多。

2. 水源充足卫生　水源和水质应作为兔场场址选择的一个重要因素,因为兔场在生产过程中,除保证家兔的正常饮水外,饲料用水、清洁用水等的需水量都很大,因此兔场附近必须有水量充足、水质良好的水源。要求水质清洁无异味,不含有毒物质、过多的杂质、细菌、寄生虫和过量的无机盐。水源还应便于防护,取用方便,无污染。此外,在选择场址时,还要调查是否有因水质不良而出现过某些地方性疾病等情况。较理想的水源是自来水和卫生达标的深井水;江河湖泊中的流动活水,只要未受生活污水及工业废水的污染,稍做净化和消毒处理,也可作为生活用水。

3. 交通方便,配套完善 兔场应选择在相对隔离、环境比较安静、交通方便的地方,不能靠近公路、铁路、港口、车站、采石场等,避免噪声干扰。还应远离屠宰场及有污染的工厂。一般选择距主要交通干线和市场 300m(如设隔墙或天然屏障,距离可缩短至 100m)、距一般道路 100m 的地方,以便形成卫生缓冲带。

兔场应设在供电方便的地方,可经济合理地解决全场照明和生产、生活用电。规模化兔场,特别是集约化程度较高的兔场,用电设备比较多,对电力条件依赖性强,因此兔场所在地的电力供应应有保障,且需离输电线路较近,以便节省通电费用。兔场应有自备电源,以保证场内供电的稳定性和可靠性。电力安装容量每只种兔为 3~4.5W,商品兔为 2.5~3W。

4. 杜绝污染周围环境 家兔生产过程中形成的有害气体及排泄物会对大气和地下水产生污染,因此兔场不宜建在人口密集和繁华地带。兔场应设围墙与附近居民区、交通道路隔开。这样,既利于场内外物资的运输方便,又利于安全生产。兔场与居民区之间应有 200m 以上的间距,并且处在居民区的下风口,尽量避免兔场成为周围居民区的污染源。

(二)兔场布局

场址选定后,应根据兔群的组成和规模、饲养工艺、生产流程及当地的地形、自然环境和交通运输条件等进行兔场的总体布局,合理安排生产区、管理区、生活区、辅助区及以后的发展规划等。兔场的建筑布局既要做到土地利用经济合理,布局整齐紧凑,又要做到有利于防疫和组织安全,建立最佳生产联系和卫生防疫条件。兔场应根据地势高低、主导风向合理安排不同功能区的建筑物。

1. 生产区 是兔场的核心区,以设在人流较少和兔场的上风方位为宜,必要时要加强与外界隔离措施。其建筑物包括种兔舍(种公兔舍和种母兔舍)、繁殖兔舍、幼兔舍、育成兔舍和育肥兔舍等。优良种兔舍(即核心群)应置于僻静环境最佳的上风位置。繁殖舍要靠近育成舍,以便兔群周转。幼兔舍和育成兔舍放在空气新鲜、疫病较少的位置,可为以后生产力的发挥打下良好的基础;育肥兔舍安排在靠近兔场出口处,以减少外界的疫情对场区深处传播的机会,同时便于与外界联系。兔场朝向应以日照和当地主导风向为依据,为便于通风,兔舍长轴应与夏季主风方向垂直。生产区入口处应设消毒间、消毒池、更衣室,对入场人员进行消毒,以防止疫病传入。消毒池上必须有防雨篷,以防雨水冲淡消毒液。

2. 管理区 管理区与社会联系频繁,应安排在上风口和地势高的地段,并设围墙与生产区分隔。外来人员及车辆只能在管理区活动,不准进入生产区。管理区的主要建筑物有饲料加工车间、饲料库、维修间、变电室、供水设备等。饲料原料库和加工车间应尽量靠近饲料成品库,后者应与各兔舍保持较短的距离,以缩短生产人员的往返路程。一般来说,管理区与生产区应至少保持 200～300m 的距离,最好保持 500m 的距离。

3. 生活区　包括办公室、职工宿舍、食堂、浴室等,应设在全场地势较高地段和上风口,一般应单独成院,严禁与兔舍混建,既要考虑照顾工作和生活方便,又要有一定距离与兔舍隔开。

4. 隔离区　包括兽医室、病兔隔离舍、无害化处理室、蓄粪池和污水处理池等。该区是病兔、污物集中之地,是卫生防疫、环境保护工作的重点,应设在全场下风向和地势最低处,并设隔离屏障(栅栏、林带和围墙等)。隔离及粪便、尸体处理区应符合兽医和公共卫生的要求,与兔舍保持一定距离。生产区与隔离区之间的距离不少于 50m,兽医室、病死兔无害化处理室、蓄粪池与生产区的间距不少于 100m。隔离区应单独设出入口,出入口处设置进深不小于运输车车轮一周半长、宽度与大门相同的消毒池,旁边设置人员消毒更衣间。

5. 场区道路　是场区建筑物之间、场内外之间联系的纽带,不仅关系到场内运输、组织生产活动的正常进行,而且对卫生防疫、提高工作效率都具有重要作用。生产区的道路应分为运送饲料、健康兔、兔毛或工作人员行走的清洁道和运送粪便、垃圾、病死兔的易污染道。清洁道和易污染道应严格分开,不能交叉或混用,以利于防疫。道路应坚实,排水良好。场区道路的宽度要考虑场内车辆的流量,尤其是主干道。由于主干道与场外运输道相连接,其宽度要保证能顺利错车,宽度应在 5～6m。支干道与饲料室、兔舍等连接,其宽度一般在 1.5～3m 即可。

6. 场地绿化　绿化不仅可改善小气候、美化环境、净化空气,而且还可起到防火、防疫、减少空气中细菌含量、减少噪声等作用。夏季树木和草地可阻拦和吸收太阳直接辐射,所吸收的辐射热,大部分用于蒸腾和光合作用。因此,能降低气温和增加空气中的湿度。植物可使空气中的灰尘数量大大减少,使细菌失去附着物从而数量相应减少。兔舍附近可选种一些树冠大、枝条长的通风性好的树种(如柿、核桃、枣等),既有遮荫效果,又不影响通风排污。在各个场区之间,场界周边种植乔木混合林带,可选择树干高、树冠大的乔木,行株距要稍大些。在运动场应选择花荫树种,以相邻两株树冠相连,又能通风为好。在靠近建筑物的采光地段,不应种植枝叶过密、过于高大的树种,以免影响兔舍采光。

7. 发展规划　兔场占地面积应本着既要节约用地、少占农田不占良田,又要满足生产和为以后发展留有余地的原则。在设计时,要根据兔场的生产方向、经营特点、饲养规模方式和集约化程度等因素而确定。

兔场的规模主要以繁殖母兔的数量为标准。100 只母兔每年能出栏商品兔 3 200 余只(每只母兔以每年 6 胎,每胎 7 只,配怀率 90%,出栏率 85% 计)。以长×宽为 60cm×60cm、3 层重叠式兔笼为标准修建,每只母兔需 3 个笼位,1 个为母兔笼位、2

个为仔兔笼位,每只母兔所需土地面积为 0.36m²。饲料道宽为 0.4～0.8m,粪尿沟宽为 0.6～0.8m。再考虑到补饲箱、产仔箱等所需面积。如一栋面积为 20m×5m＝100m² 的房屋,若设置成兔笼,则可设置 12 列 3 层兔笼,每列 24 个笼位,共 288 个笼位;若考虑辅助设施所需面积,则可修建兔笼 216 个笼位。还要考虑饲料贮藏及加工车间、办公室、职工宿舍以及场区绿化等所需土地。以建设一个繁殖母兔 300 只、公兔 40 只、年产商品兔 1 万只的规模化兔场为例,约需生产区 300m²,管理区 200m²,生活区 100m²,绿化区 100m²。整个兔场占地约 667m²(1 亩)。

三、兔场建设

(一)兔舍设计的原则

兔场建设的核心是兔舍的建造。兔舍设计与建造的合理与否,直接影响家兔的健康、生产力的发挥和饲养人员劳动效率的高低。兔舍的设计与建造要遵循以下原则。

1. 顺应家兔的生物学特性　兔舍设计应充分考虑家兔的生物学特性。满足家兔对环境的要求,以保证家兔健康地生长和繁殖,有效提高其产品的数量和质量。家兔有啮齿行为,喜干燥,怕热耐寒。因此,应选择地势高燥的地方建场。兔笼门的边框、产仔箱的边缘等凡是能被家兔啮到的地方,都应采取必要的加固措施,可选用合适的、耐啮咬的材料。

2. 有利于提高劳动生产率　兔舍的设计应便于饲养人员的日常饲养管理、防疫治病操作,从而提高劳动生产率。通常兔笼设计多为 1～3 层,室内兔笼前檐高45～50cm。过高或层数过多,极易给饲养人员的操作带来困难,影响工作效率。为便于清扫和消毒,双列式兔舍工作走道宽以 1.5m 左右为宜,粪水沟宽应不小于 0.3m。

3. 满足家兔生产流程的需要　家兔的生产流程因饲养目的、生产类型的不同而不同。兔舍设计应满足相应的生产流程的需要,不能违背生产流程进行盲目设计,要避免生产流程中各环节在设计上的脱节或不协调、不配套。如种兔场,以生产种兔为目的,应按种兔生产流程设计建造相应的种兔舍、测定兔舍、后备兔舍等;商品兔场则应设计种兔舍、商品兔舍等。各种类型兔舍、兔笼的结构要合理,数量要配套。

4. 综合考虑多种因素,力求经济实用　设计兔舍时,应综合考虑饲养规模、饲养目的、家兔品种等因素,并从自身的经济条件出发,因地制宜、因陋就简,不要盲目追求兔舍的现代化,要讲求实效,注重整体合理、协调。同时,兔舍设计还应结合生产经营者的发展规划和设想,为以后的长期发展留有余地。

(二)兔舍设计与建筑的一般要求

为了充分发挥家兔的生产潜力,提高养兔经济效益,兔舍设计必须符合家兔的生活习性,有利于其生长发育、配种繁殖及提高产品品质;有利于保持清洁卫生和防止疫病传播;便于饲养管理,有利于提高饲养人员的工作效率,有利于实现机械化操作。

1. 建筑材料　要因地制宜、就地取材,尽量降低造价,以节省投资。由于家兔有啮齿行为和刨地打洞的特殊本领,因此建筑材料应具有防腐、保温、坚固耐用等特点,宜选用砖、石、水泥、竹片及网眼铁皮等。

2. 设施要求 兔舍应配备防雨、防潮、防风、防寒、防暑设施,以保证兔舍通风、干燥、光线充足、冬暖夏凉。屋顶有覆盖物,具有隔热功能;室内墙壁、兔笼的内壁、承粪板的承粪面等应坚固、平滑,便于除垢、消毒;地面应坚实、平整、防潮,一般应高出兔舍外地面20~25cm。兔舍窗户的采光面积为地面面积的15%,光线的入射角度不低于25°。兔舍门要求结实、保温、防兽害,门的大小以方便饲料车和清粪车的出入为宜。

3. 兔舍容量 一般大、中型兔场,每栋兔舍以饲养成年兔1 000只为宜。同时根据具体情况分隔成小区,每区250~300只。兔舍规模应与生产责任制相适应。据生产实践经验,一般每个饲养间以100个笼位较为适宜。

4. 兔舍的排水要求 在兔舍内设置排水系统,对保持舍内清洁、干燥和应有的卫生状况有重要的意义。如果兔舍内没有排水设施或排水不良,将会产生大量的氨、硫化氢和其他有害气体,污染环境。排水系统主要由排水沟、沉淀池、地下排水道、关闭器和粪水池组成。

(1)排水沟 主要用于排除兔粪、尿液、污水。排水沟的位置设在墙脚内外,或设在每排兔笼的前后。各地可根据便于管理和利于保持兔舍内干燥、清洁的原则酌情决定。排水沟必须不透水,表面光滑,便于清洁,有一定坡度便于尿液顺利流走。

(2)沉淀池 是一个四方小井,用于尿液和污水中固体物质沉淀,它既与排水沟相连,也与地下水道相接。为防止排水系统被残草、污料和粪便等堵塞,应在污水等流入沉淀池的入口处设置金属滤隔网,池口上加盖。

(3)地下排水道 是沉淀池通向粪水贮集池的管道,其通向粪水池的一端,最好开口于池的下部,以防臭气回流,管道要呈直线,并有3%~5%的坡度。

(4)关闭器 用以防止分解出的不良气体由粪水池流入兔舍内。关闭器要求密封、耐用。

(5)粪水贮集池 用于贮集舍内流出的尿液和污水。应设在舍外5m远的地方,池底和周壁应坚固耐用、不透水。除池面上保留有80cm×80cm的池口外,其他部分应密封,池口加盖。池的上部应高出地面5~10cm,以防地面水流入池内。

(三)兔舍的类型

兔舍类型主要依饲养目的、方式、饲养规模和经济承受能力而定。随着我国规模化养兔业的发展,家兔的饲养模式已逐渐过渡为笼养。笼养具有便于控制家兔的生活环境,便于饲养管理、配种繁殖及疫病防治等优点,是值得推广的一种饲养模式。这里介绍几种以笼养为前提的兔舍建筑。

1. 室外单列式兔舍 兔笼正面朝南,利用3个叠层兔笼的后壁作为北墙。采用砖混结构,单坡式屋顶,前高后低,屋檐前长后短,屋顶、承粪板采用水泥预制板或石棉瓦,屋顶可配挂钩,便于冬季悬挂草帘保暖(图6-1)。为适应露天条件,兔舍地基要高,最好前后有树木遮荫。这种兔舍的优点是结构简单,造价低廉,通风良好,管理方便,夏季易于散热,有利于幼兔生长发育和防止疾病发生。缺点是舍饲密度较低,单笼造价较高,不易挡风雨,冬季繁殖仔兔有困难。

2. 室外双列式兔舍　中间为工作通道,通道两侧为相向的两列兔笼。兔舍的南墙和北墙即为两列兔笼的后壁,屋架直接搁在兔笼后壁上,墙外有清粪沟,屋顶为人字形或钟楼式,配有挂钩,便于冬季悬挂草帘保暖(图 6-2)。这类兔舍的优点是单位面积内笼位数多,造价低廉,室内有害气体少,湿度低,管理方便,夏季能通风,冬季也较容易保温。缺点是易遭兽害,光照较差。

图 6-1　室外单列式兔舍示意

图 6-2　室外双列式兔舍示意

列兔笼之间为清粪沟,靠近南北墙各一条工作走道(图 6-4);另一种是两列兔笼面对面排列在兔舍两侧,两列兔笼之间为工作走道,靠近南北墙各有 1 条清粪沟。南北墙有采光通风窗,屋顶为双坡式、钟楼式或半钟楼式。这种兔舍室内温度易于控制,通风透光良好。但朝北的一列兔笼光照、保暖条件较差。由于空间利用率高、饲养密度大,在冬季门窗紧闭时有害气体浓度也较大。

3. 室内单列式兔舍　沿兔舍纵轴方向放置一列兔笼,一般兔笼列于兔舍内的北面,笼门朝南,兔笼与南墙之间为工作走道,与北墙之间为清粪道(图 6-3)。这类兔舍四周有墙,南北墙有采光通风窗。优点是通风良好,管理方便,有利于保温和隔热,光线充足。缺点是兔舍利用率低。

4. 室内双列式兔舍　沿兔舍纵轴方向放置两列兔笼。有 2 种形式:一种是两列兔笼背靠背排列在兔舍中间,两

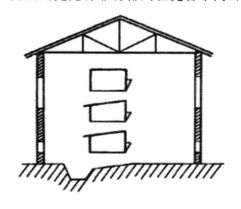

图 6-3　室内单列式兔舍示意

5. 室内多列式兔舍　沿兔舍纵轴方向放置三列以上兔笼,有四列三层式、四列阶梯式、四列单层式、六列单层式、八列单层式等多种形式。屋顶为双坡式,其他结构与双列式兔舍大致相同,只是兔舍的跨

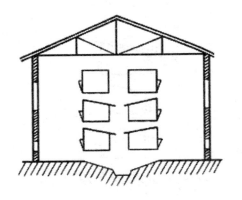

图 6-4 室内双列式兔舍示意

度加大,一般为 8～12m(图 6-5、图 6-6)。这类兔舍的最大特点是空间利用率高,缺点是通风条件差、室内有害气体浓度高、湿度比较大。安装通风、供暖和给排水等设施后,可组织集约化生产,一年四季皆可配种繁殖,有利于提高兔舍的利用率和劳动生产率。在没有通风设备和供电不稳定的情况下,不宜采用这类兔舍。

国内外常用的多列式兔舍参见图 6-5 和图 6-6。

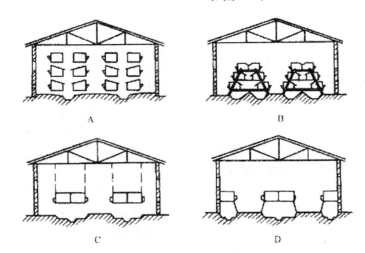

图 6-5 国内多列式兔舍示意

A. 四列式兔舍 B. 四列阶梯式兔舍 C. 单层悬挂式兔舍 D. 四列多单层兔舍

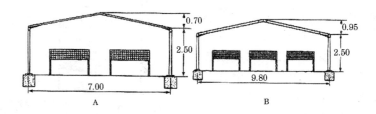

图 6-6 国外多列式兔舍示意

A. 四列式兔舍 B. 六列式兔舍

四、兔笼与设备

（一）兔　笼

兔笼是规模化养殖必备的基础设施，是提高生产效率的必要手段。笼养家兔是使家兔完全在人工控制的环境条件下生活，即采食、饮水、排泄、运动、休息、繁殖后代及其他的活动均在兔笼内完成。所以，笼具的设计、材料、建造是否合理，直接影响到饲养管理过程和产品质量。

1. 兔笼结构　一个完整兔笼主要由笼门、笼壁、底网和承粪板等构成。

（1）笼门　一般安装在多层兔笼的前面或单层兔笼的上层。笼门取材多样，可用竹片、镀锌钢丝、铁网等制成。笼门要设计合理、坚固耐用，且启闭方便，内侧光滑，能防御兽害。为提高工效，食槽、草架、饮水装置等均可挂在笼门上，但乳头式自动饮水器多安装在笼后壁或顶网上。尽量做到不开门喂食，以节省工时。

（2）笼壁　一般用砖、石或水泥板砌成，也可用竹片、金属丝网或铁皮等钉成。要求笼壁平滑，以免损伤兔体和钩脱兔毛。采用砖砌或水泥预制件，必须预留承粪板和笼底板搁肩（3～5cm）。采用竹、木栅条或金属板条，条宽以 1.5～3cm、间距 1.5～2cm 为宜。

（3）底网　是兔笼最关键的部分。因兔直接接触的是底网，底网的质地、网孔大小、平整度等对兔的健康及笼的清洁卫生有直接影响。若制作不好，如间距太大，表面有毛刺，极易造成家兔骨折和脚皮炎的发生。底网一般采用竹片或镀锌钢丝制成。如用竹片钉成，制作时应将竹节锉平，要求竹片光滑，条宽 2.5～3cm、厚 0.8～1cm、间距 1～1.2cm。竹片钉制方向应与笼门垂直，以防家兔打滑形成八字脚。如用镀锌钢丝制成，其焊接网眼规格为 50mm×13mm 或 75mm×13mm，钢丝直径为 1.8～2.4mm。底网要便于家兔行走，宜设计成可拆卸的，便于定期取下清洗、维修和消毒。

（4）承粪板　宜用水泥预制件，厚度为 2～2.5cm。要求防漏防腐，便于清理消毒。在多层兔笼中，上层承粪板即为下层兔笼的笼顶，为避免上层兔笼的粪尿、污水溅污下层兔笼，承粪板应向笼体前面伸出 3～5cm、后面伸出 5～10cm。在设计、安装时还需有一定的倾斜度，呈前高后低斜坡状，角度为 15°左右，以便粪尿经板面自动落入粪沟，并利于清扫。

2. 兔笼规格　兔笼大小，应按家兔品种、类型和年龄的不同而定，一般以家兔能在笼内自由活动为原则。种兔笼比商品兔笼大些，室内兔笼比室外兔笼略小些。兔笼的大小可依据家兔的体长大小而定。推荐标准兔笼的大小：笼宽为体长的 1.5～2 倍，笼深为体长的 1.1～1.3 倍，笼高为体长的 0.8～1.2 倍。详见表 6-1 和表 6-2。

表 6-1　室外兔笼规格　（cm）

品种类型	宽	深	前檐高	后檐高
大型品种	100～120	65	60～70	40～45
中型品种	80～85	65	60～70	40～45
小型品种	70～75	65	60～70	40～45

表 6-2　室内兔笼规格　（cm）

品种类型	宽	深	前檐高	后檐高
大型品种	75～90	45～50	45～50	35～40
中型品种	60～65	45～50	45～50	35～40
小型品种	45～60	45～50	45～50	35～40

一般公兔、母兔和后备种兔每只所需面积为 $0.25～0.4m^2$，育肥家兔为 $0.12～0.15m^2$。

3. 兔笼形式　兔笼的形式有多种多样。根据构建兔笼的主体材料不同，可分为木制或竹制兔笼、砖木混合结构兔笼、水泥预制件兔笼、金属兔笼和塑料兔笼等；根据组装、拆卸及移动的方便程度不同，可分为活动式和固定式 2 种。下面介绍一些常见的兔笼形式。

（1）根据兔笼材料不同划分

①水泥预制件兔笼：兔笼的侧壁、后墙和承粪板都采用水泥预制件组装成，笼门和底网由其他材料制成。这类兔笼的优点是构件材料来源较广，造价低廉，坚固耐用，防腐性强，适于多种消毒方法消毒。缺点是防潮、隔热性能较差，通风不良。

②砖、石制兔笼：用砖、石、水泥或石灰等材料砌成，一般 2～3 层。主要优点是就地取材，造价低廉，耐腐蚀，耐啃咬，防兽害，保温、隔热性较好。缺点是通风性能差，不易彻底消毒。占地面积大，管理不方便。室外砖砌笼舍夏季防暑和冬季保温仍有较大难度。

③竹木制兔笼：在山区竹木用材较为方便、兔子饲养量较少的情况下，可采用竹木制兔笼。其优点是可就地取材，价格低廉，移动性强，且有利于通风、防潮、易维修，隔热性能较好。缺点是容易腐烂，不耐啃咬，难以彻底消毒，不宜长久使用。

④金属兔笼：一般由镀锌钢丝焊接而成。这类兔笼的优点是结构合理，安装、使用方便，通风透光，耐啃咬，特别适宜于集约化、机械化生产。缺点是造价较高，如无镀锌层其锈蚀更为严重，且污染兔毛，又易引起脚皮炎，只适宜于室内养兔或比较温暖地区使用。室外使用时间较长后容易腐锈，必须设有防雨、防风设施。

⑤全塑兔笼：采用工程塑料零件组装而成。这类兔笼的优点是结构合理，拆装方便，便于清洗和消毒，耐腐蚀性能较好，脚皮炎发生率较低。缺点是造价较高，不耐啃

咬,塑料易老化,且只能采用液体消毒,因而使用不很普遍。

(2)根据兔笼固着方式不同划分

①活动式兔笼:一般由竹木或镀锌钢丝等轻体材料制成。移动方便,构造简单,易保持兔笼清洁和控制疾病等。但仅适用于家庭小规模饲养。

②固定式兔笼:以砖、石、水泥等材料直接在地上垒砌而成。坚固耐用,但不能搬移,有固定式单向双层兔笼、固定式双向(背靠背或面对面)兔笼等形式。

③组装固定式兔笼:由金属等材料制成单体兔笼,再以金属支架连成一体,置于兔舍地板上。若干个单笼组合成一列兔笼,可重新拆装,但不能轻易搬动,或仅能在较小范围内移动,适于规模化、工厂化养兔场采用。

④悬吊式兔笼:用轻体金属材料制作兔笼,再以金属链条或钢丝绳悬吊于舍顶支架上。一般为单层排列,适于工厂化繁殖兔舍采用(图6-7)。具有透光透气性好、管理和观察方便、易清扫和消毒、适于机械化操作等优点,但一次性投入较高,特别是舍顶支架要十分牢固坚实。养兔发达的国家机械化养兔多采用悬吊式兔笼。

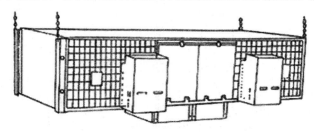

图6-7　悬吊式兔笼示意

(3)按兔笼组装排列方式划分

①平列式兔笼:兔笼全部排列在一个平面上,门多开在笼顶。兔笼可悬吊于屋顶,也可用支架支撑,粪尿直接流在笼下的粪沟内,不需设承粪板。兔笼平列排列,饲养密度小,兔舍的利用率低。但管理方便,环境卫生好,透光性好,有害气体浓度低,仅适用于养殖繁殖母兔。

②重叠式兔笼:多采用水泥预制件或砖木结构组建而成,一般上下叠放2～4层笼体,层间设承粪板。优点是兔舍利用率高,单位面积饲养密度大,占地面积小。但清扫粪便困难,有害气体浓度较高。重叠层数不宜过多,以2～3层为宜。舍内的通风透光性差,兔笼的上下层温度和光照不均匀。

③全阶梯式兔笼:在兔笼组装排列时,上下层笼体完全错开,粪便直接落入笼下的粪沟内,不设承粪板(图6-8)。饲养密度较平列式高,通风透光好,观察方便。由于层间完全错开,层间纵向距离大,上层笼的管理不方便。同时,清粪也较困难。因此,全阶梯式兔笼最适于二层排列和机械化操作。

④半阶梯式兔笼:上下层兔笼之间部分重叠,重叠处设承粪板(图6-9)。因为缩短了层间兔笼的纵向距离,所以上层笼易于观察和管理,较全阶梯式饲养密度大,兔

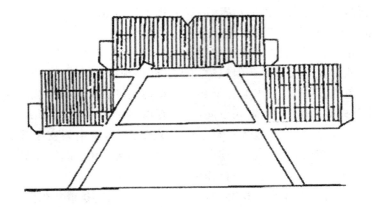

图 6-8　全阶梯式兔笼示意

舍的利用率高。它是介于重叠式兔笼和全阶梯式兔笼中间的一种形式,既可手工操作,又适用于机械化管理。

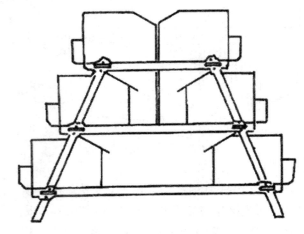

图 6-9　半阶梯式兔笼示意

(二)养兔设备

1. 饲槽　是用于盛放配合饲料、供兔采食的必备工具。对饲槽的要求是坚固耐啃咬,易清洗消毒,方便装料,方便采食,防止扒料和减少污染等。兔用饲槽有很多类型,按喂料方式可分简易饲槽和自动饲槽。简易饲槽制作简单、成本低,适合盛放各种调制类型的饲料。但喂料时的工作量大,饲料容易被污染、也容易造成兔扒料浪费。自动饲槽容量较大,安置在兔笼前壁上,适合盛放颗料饲料,从笼外添加饲料,喂料省时省力,饲料不容易被污染、浪费也少。但制作较复杂,成本也比较高。目前的养兔业采用自动饲槽较多。自动饲槽用镀锌铁皮制作或用工程塑料模压成形,兼有喂料及贮料的功能,加料 1 次,供兔几天采食,多用于大型兔场及工厂化集约化养兔场。饲槽悬挂于兔笼门上。笼外加料,笼内采食。料槽由加料口、贮料仓、采食口和采食槽等几个部分组成。隔板将贮料仓和采食槽隔开,仅底部留 2cm 左右的间隙,使饲料随着兔不断采食,采食槽内的饲料不断减少,贮料仓内的饲料缓缓补充。为防止粉尘吸入兔呼吸道而引起咳嗽和鼻炎,槽底部常均匀地钻上小圆孔。国外一些自动饲槽底部为金属网片,保证颗粒料粉尘及时漏掉。采食口边缘往里卷沿 1cm,以防扒食(图 6-10)。自动饲槽分个体槽、母仔槽和育肥槽。这种食槽使用时省时省工,但制作复杂、造价较高,对兔饲料的调制类型有限制。

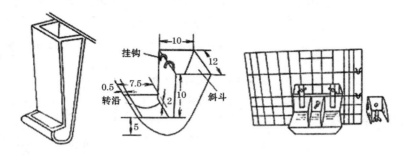

图 6-10　自动饲槽　（单位:cm)

2. 草架　是投喂粗饲料、青草或多汁料的饲具。为防止饲草被兔踩踏污染,节省饲草,一般采用草架喂草。草架多用木条、竹片或钢筋做成"V"字形。群养兔用的草架长 100cm,高 50cm,上口宽 40cm;笼养兔的草架一般固定在笼门上,草架内侧间隙为 4cm、外侧为 2cm(图 6-11)。

3. 饮水器　形式有多种。小型兔场或家庭养兔可用瓷碗或陶瓷水钵。优点是清洗、消毒方便,经济实用。缺点是每次换水要开启笼门,水钵容易翻倒,且易被家兔的粪尿污染。一般家庭笼养兔可用贮水式饮水器,即将盛水玻璃瓶或塑料瓶倒置固定在笼壁上,瓶口上接一橡皮管通过笼前网伸入笼门,利用空气

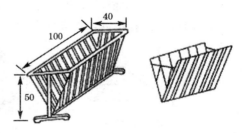

图 6-11　草架　（单位:cm)

压力控制水从瓶内流出,任家兔自由饮用;大型兔场可采用乳头式自动饮水器,由饮水乳头、塑料送水管、三通、减压水箱组成。每栋兔舍装有贮水箱,通过塑料管或橡皮管连至每层兔笼,然后再由乳胶管通向每个笼位。这种饮水器的优点是可以源源不断地供给家兔清洁的饮水,利于防疫,而且省工,能防止污染,节约用水;缺点是投资成本较大,对水质要求较高,容易堵塞和漏水(图 6-12)。

4. 产仔箱　是人工模拟洞穴环境供兔产仔、育仔的重要设施,一般应以防咬、易清洗消毒、保温、防暑、防害兽、避风、母兔进出自由为条件。多用木板、纤维板或硬质塑料制成。通常在母兔产仔前放入笼内或悬挂在笼门外。目前,我国各地兔场采用

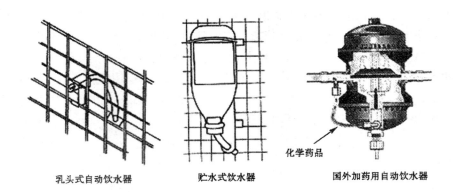

乳头式自动饮水器　　　　贮水式饮水器　　　　国外加药用自动饮水器

化学药品

图 6-12　饮水器示意

的产仔箱有 2 种类型，一种为平放式，另一种为悬挂式。

（1）平放式产仔箱　有 2 种类型：一种是平口产箱，上口呈水平，多用 1～1.5cm 厚的木板钉成 40cm×26cm×13cm 的长方形木箱，箱底有粗糙锯纹，并开有小洞，使仔兔不易滑倒并有利于透气和排除尿液，产仔箱上口周围需用铁皮或竹片包裹。母兔产后和哺乳后可将产箱重叠排放，以防鼠害。另一种为月牙形缺口产箱，产箱一侧壁上部呈月牙状缺口，以便母兔出入。顶部有 6cm 宽的挡板，在仔兔睡眠期可侧倒产箱，更方便母兔喂奶（图 6-13）。此种产箱在我国应用较普遍，材料有木制、塑料制和金属制，以木板钉制为主。制作时应注意表面的平整度，特别是月牙缺口处和箱底内表面，防止因过于粗糙而造成母兔乳房挫伤和刺伤仔兔皮肤。可竖立或横倒使用。产仔、哺乳时可横侧向，以增加箱内面积；平时则竖立以防仔兔爬出产仔箱。

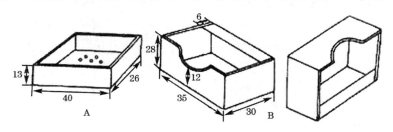

图 6-13　平放式产仔箱　（单位：cm）

A. 平口产仔箱　B. 月牙形缺口产仔箱

（2）悬挂式产仔箱　多采用保温性能好的发泡塑料或轻质金属等材料制作。悬挂于兔笼的前壁笼门上，在与兔笼接触的一侧留有一个大小适中的方形缺口，其底部刚好与笼底板齐平。产仔箱上方加设一块活动盖板（图 6-14）。具有不占笼内面积、管理方便的特点。

5. 编号工具　为便于兔场做好种兔的管理和良种登记工作，仔兔断奶时必须编号。家兔最适宜编号的部位是耳内侧部，因此称为耳号。目前常用编号工具有耳号钳和耳标。

（1）耳号钳　配有活动数码块，根据耳号配好数码块后，先对兔耳和数码块消毒，然后在数码块上涂上墨汁，接着钳压兔耳，最后再在打上数码的兔耳上涂抹墨汁，这样经数日后可留下永久不褪色的数字（图6-15）。国外耳号钳的数码是固定的，比国内的使用方便。

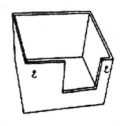

图 6-14　悬挂式产仔箱示意　　　　　　　图 6-15　耳号钳示意

（2）耳标　有金属和塑料2种。将所编耳号事先冲压或刻画在耳标上，打耳号时直接将耳标卡在兔耳上即可，印有号码的一面在兔耳内侧（图6-16）。耳标具有使用方便、防伪性能好、不易脱落等特点，并且可根据自己兔场的需要印上品牌商标。

6. 运输用笼具　仅作为种兔或商品兔途中运输使用，一般不配置草架、饮水器和食槽等（图6-17）。此类笼具要求制作材料轻，装卸方便，结构紧凑，坚固耐用，透气性好，规格一致，下有承粪板，并能适用于各种消毒方法。

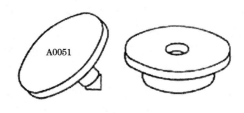
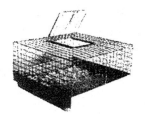

图 6-16　耳标示意　　　　　　　　　　图 6-17　运输用笼具示意

第二节　各类型家兔的饲养管理

对家兔进行科学的饲养与管理，就是把优良的兔种饲养在建筑结构合理的兔舍中，并给予品质优良的饲料，使兔群能健康正常地生长、发育、繁殖与周转。如果饲养管理不当，就会造成饲料浪费、生长发育不良、抗病力降低、死亡率增加、繁殖率降低、生产性能下降、生产成本上升等问题，甚至还会导致品种退化。因此，对家兔进行科学的饲养与管理，是养兔生产的重要环节。不同用途、不同品种、不同性别、不同年龄、不同生理阶段的家兔，其代谢特点和对各种营养物质的需求状况有明显的不同，对日常饲养管理也有不同的要求。因此，要想养好家兔，就必须根据不同情况进行相适应的饲养与管理。根据生产类型和发育阶段的不同，可将家兔分为成年种兔、仔兔、幼兔、青年兔、商品兔(肉用、毛用、皮用)。各类型家兔对饲养管理条件的要求不同。

一、种公兔的饲养管理

饲养种公兔的目的是用它来与母兔进行配种、繁殖，以获得更多的优良后代。种公兔质量的优劣直接影响着整个兔群的质量，而种公兔的质量与饲养管理有着密切的关系。因此，种公兔的饲养管理十分重要。生产上要求种公兔应具备种性纯、生长发育良好、体质健壮、配种力强、繁殖后代量多质优等特点。为了保证种公兔的质量，要切实做好种公兔的饲养管理工作。

(一)饲料营养要全面均衡

种公兔的营养与其精液的数量和质量有密切的关系，特别是蛋白质、维生素和矿物质等营养物质，对精液品质有着重要作用。

蛋白质的数量和质量对种公兔的精液品质和配种能力影响明显。饲粮中蛋白质充足时，种公兔的性欲旺盛，精液品质好，不仅一次射精量大，而且精子密度大、活力强，母兔受胎率高。低蛋白质饲粮会使种公兔的性欲低下，精子的数量减少，精液品质降低。由于制造精液需要蛋白质，而且在性机能的活动中，如激素、各种腺体的分泌物以及生殖系统的各个器官也随时需要蛋白质加以修补和滋养。因此，种公兔应从配种前 2 周起至整个配种期，采用精、青饲料合理搭配，饲粮中粗蛋白质含量为16％～17％，同时添加熟大豆、豆粕或鱼粉等蛋白质饲料，使蛋白质供给充足，提高其繁殖力。实践证明，对精液品质不佳、配种能力不强的种公兔，适量喂给鱼粉、豆饼及豆科饲料中的紫云英、苜蓿等优质蛋白质饲料，可以改善精液品质，提高配种力。

维生素与种公兔的配种能力和精液品质有密切关系。规模型兔场在饲喂全价配合饲料时，一定要添加足够的维生素。当压制颗粒饲料时，还应适当提高维生素含量，以补充由于压粒过程中高温对维生素的破坏。对于小规模兔场，在青饲料供应丰富的季节，可降低维生素的添加水平。但冬季青绿饲料少，或常年饲喂颗粒饲料而不喂青饲料时，容易出现维生素缺乏症。特别是维生素 A 缺乏时，会引起公兔睾丸曲细精管上皮变性，精子数量减少，畸形精子增多。如能及时补喂青草、菜叶、胡萝卜、大麦芽或多种维生素添加剂就可得到改善。

矿物质对种公兔的精液品质也有明显影响、饲粮缺钙时，精子发育不全，活力降低，公兔四肢无力。饲粮中加入 2％的骨粉即可满足种公兔对钙的需要。饲粮中有精料供应时，一般不会缺磷，但要注意钙的补充，钙、磷比例以 1.5～2：1 为宜。如在精料中能经常供给 2％～3％的骨粉、蛋壳粉或贝壳粉，就不会引起钙、磷缺乏症。锌对精子的成熟有重要作用。缺锌时，精子活力降低，畸形精子增多。日粮中添加微量元素添加剂，可保持种公兔具有良好的精液品质。

对种公兔的饲养，除应注意营养的全面性之外，还应着眼于营养的长期性。因为精细胞的发育需要一个较长的时间过程。实践证明，饲料变动对精液品质的影响很缓慢，对精液品质不佳的公兔改用优质饲料来提高精液品质时，要长达 20 天左右才能见效。因此,对一个时期集中使用的种公兔,在配种前 20 天左右就应调整饲粮,达到营养价值高、营养物质全面、适口性好的要求。

(二)保持种用体况

种公兔不宜喂过多能量饲料、体积大的秸秆粗饲料或含水分高的多汁饲料,要多喂含粗蛋白质和维生素类的饲料。如配种期玉米等能量饲料喂得过多,会造成种公兔体况过肥,导致性欲减退、精液品质下降、影响配种受胎率。喂给大量体积大的饲料,导致腹部下垂,配种难度大。对种公兔应实行限制饲养,防止体况过肥而导致配种力差、性欲降低、精液品质变差。自由采食颗粒料时,每只兔每天的饲喂量不超过150g;或者料槽中一定时间有料,其余时间只给饮水,一般料槽中每天的有料时间为5 小时。

(三)合理利用种公兔

要充分发挥种公兔的作用,应掌握合理的配种强度,严禁使用过度。首先,种公兔、种母兔的比例要适宜:一般商品兔场,公、母兔以 1∶8～10 为宜;种兔场应不小于1∶5,若采用人工授精可减少种公兔的数量。其次,要注意配种的强度:在配种旺季,不能过度使用公兔配种。青年公兔 1 天配种 1 次,连用 2～3 天,休息 1 天。成年公兔 1 天配种 1 次,1 周休息 1 天;或 1 天配种 2 次,连用 2～3 天,休息 1 天。每天配种2 次时,间隔时间至少应在 4 小时以上。如果种公兔出现消瘦现象,应停止配种 1 个月,待其体力和精液品质恢复后再参加配种。

换毛期内种公兔营养消耗较多,体质较差,影响配种受胎率。所以换毛期内应减少配种次数或停止配种,并加强饲养管理。患病的种公兔不应参加配种。

种公兔的配种时间要合理,在喂料前后 0.5 小时之内不宜配种或采精。冬季最好在中午前后和春、秋季节上、下午均可配种,而夏季高温季节应停止配种。

在饲养管理条件好的兔场可实行频密繁殖、又称“血配”,即母兔在产仔当天或第二天就配种,哺乳与妊娠同时进行。采用此法,繁殖速度快,适用于年轻体壮的母兔,主要用于生产商品兔。采用频密繁殖一定要用优质的饲料来满足母兔的营养需要,同时加强饲养管理。在生产中,可根据母兔体况、饲养条件、环境条件综合起来考虑,将频密繁殖、半频密繁殖(产后 7～14 天配种)和分散繁殖(断奶后再配种)3 种配种方式交替采用。

频密繁殖和半频密繁殖制度对母兔的要求高、利用强度大,需要有充分的营养和完善的技术管理作为支撑。不具备条件的兔场不宜采用。在我国多数兔场,仍应以常规繁殖为主,仅在条件较好的兔场或特别适宜繁殖的春、秋季节结合使用频密繁殖或半频密繁殖制度。

(四)饲养管理要精心

1. 适宜的环境　根据保温降温设施和当地气候条件,安排好配种季节与交配时间。当室温超过 30℃时,种兔食欲下降、性欲减退,室温低于 5℃会使种兔性欲减退、影响繁殖,所以要选择气候温暖适宜的时间配种繁殖。

2. 足够休息,适当运动 应为种公兔创造一个安静的生活环境,种公兔要单笼饲养,防止早配、乱配和打架斗殴致伤、致残。公、母兔笼应有一定距离,避免因异性刺激而影响休息。种用公兔要经常晒太阳,适当运动,可每天放出笼外运动1～2小时增强体质。运动能使种公兔身体强壮,激发其性功能,从而产生强烈的交配欲。

3. 加强种兔疾病防治 兔笼应保持清洁干燥,经常洗刷消毒,防止肠道病、球虫病、疥癣病的发生。种公兔不宜长期饲养在一个兔笼里,应在2个月内换笼饲养。同时,还要特别注意对种公兔生殖器官疾病的诊治,如公兔的梅毒、阴茎炎、睾丸炎或附睾炎等。对患有生殖器官疾病的种兔要及时治疗或淘汰。

二、种母兔的饲养管理

种母兔是兔群的基础,饲养种母兔的目的是用它来繁殖数量多、品质好的仔兔。种母兔的饲养管理比较复杂,因为种母兔在空怀、妊娠、哺乳阶段的生理状态不同,因此种母兔的饲养管理应根据不同生理阶段的特点采取相应的措施。

(一)空怀母兔的饲养管理

空怀母兔是指从仔兔断奶到再次配种妊娠之前这段时期的母兔。母兔空怀期的长短取决于繁殖制度。采用频密式和半频密式繁殖制度时,空怀期很短或几乎不存在,一般不按空怀母兔对待,仍按哺乳母兔对待;而采用分散式繁殖制度的母兔,有一定的空怀期,这期间饲养管理的关键是补饲催情、调整膘情,促使其尽快发情,早日配种,提高配种率。为此,在饲养管理上应做好以下几个方面的工作。

1. 保持适当体况 空怀母兔应保持中等体况、即七八成膘的肥度,过肥或过瘦都会影响母兔的发情、配种。空怀母兔的营养要全面,但营养水平不宜过高。在规模化家兔生产中,可视母兔的体况及时调整饲粮。过于肥胖的母兔应实行限制饲养,减少颗粒饲料的饲喂量或停止精料补充料的饲喂,增喂青绿饲料或干草,并加强运动;而对于过于消瘦的母兔则应增加颗粒饲料或精料补充料的饲喂量,每天75～100g。适配长毛兔应在配种前10～15天剪毛,并适当增加营养,复膘后再行配种。

2. 注意青绿饲料或维生素的补充 配种前体况良好的母兔应以青绿多汁饲料为主,每天精料补充料控制在50～75g。在冬季和早春的淡青季节,每天需供给100g左右的胡萝卜或冬牧70黑麦、大麦芽等,以保证繁殖所需维生素(主要是维生素A、维生素E)的供给,促使母兔正常发情。在规模较大的兔场可在饲粮中添加复合维生素添加剂或繁殖兔专用添加剂。在配种前7～10天实行短期优饲,每天增加混合精料25～50g,以利于早发情、多排卵、多受胎和多产仔。

3. 改善兔舍管理条件 在管理上要给母兔创造适宜的环境条件,温度、湿度要适宜,室内兔舍应注意通风透光,兔笼及兔体要保持清洁卫生。采光不好的母兔要调换到光线充足的笼内,以促进机体的新陈代谢,保持母兔性功能的正常活动。冬季可适当增加光照时间,使每天的光照时间达14～16小时,光照强度为每平方米1.5～2W,电灯高度2m左右,以利于发情受胎。

4. 诱导发情　对体况正常但发情不明显或不发情的母兔,在改善饲养管理条件同时,可实施人工催情,常用的方法有异性诱导法、激素刺激法和药物催情法。异性催情法是早晚将不发情的母兔放入试情公兔笼内,让公兔爬跨、追逐。或让母兔到公兔笼内活动,一般反复进行 2～3 次,可使母兔发情。激素催情法是给不发情母兔肌内注射孕马血清,每天每只 0.5～1ml,一般 2～3 天后可发情配种。药物催情法常用的是催情散,配方为淫羊藿 19.5％、阳起石 19％、当归 12.5％、番附 15％、益母草 19％、菟丝子 15％。每天每只 10g 拌于混合精料中,连服 7 天。或每只肌内注射苯甲酸求偶二醇 1ml,连用 2～3 天。

5. 按时摸胎,及时补配　母兔配种后 9～11 天为摸胎的最适时间。此期间摸胎不仅准确率较高,而且有利于空怀母兔的及时补配。9 天以前摸胎容易与粪球混淆,准确率较低;12 天以后摸胎,虽然准确率很高,但会因部分空怀母兔发情期已过,错过补配的最佳时机。

(二)妊娠母兔的饲养管理

母兔自配种妊娠到分娩的这一时期称妊娠期。家兔的妊娠期 29～35 天(平均 31 天)。这一期饲养管理的中心任务是根据妊娠母兔的生理特点和胎儿的生长发育规律,采取科学的饲养管理措施,保证胎儿的正常生长发育。

1. 加强营养　妊娠母兔需要大量的营养物质。据报道,妊娠母兔的营养需要量是空怀母兔的 1.5 倍,所以妊娠期应给予母兔富含蛋白质、维生素和矿物质的饲料,提供充足和全价的营养以满足妊娠的需要。另外,妊娠期母兔的营养需要有明显的阶段性。妊娠前期(1～15 天)主要是各种组织器官的形成阶段,增重仅占整个胚胎期的 1/10 左右,对营养物质的数量要求不高,一般按空怀母兔的营养供给或稍高于空怀母兔营养水平,但要注意饲料的质量。妊娠 15 天以后应逐渐增加饲料喂量。妊娠后期(19 天至分娩)胎儿处于快速生长发育阶段,增重加快,需要的营养物质多。因此,妊娠后期要加强营养,增加饲喂量,同时要特别注意蛋白质、维生素和矿物质饲料的供给。蛋白质是构成胎儿的重要营养成分,矿物质中的钙和磷是胎儿骨骼生长所必需的物质。如饲料中蛋白质含量不足,则会引起死胎增多,仔兔初生重降低、生活力减弱;维生素缺乏则会导致畸形、死胎与流产;矿物质缺乏,会使仔兔体质瘦弱、死亡率增加。所以,保持母兔妊娠期特别是妊娠后期的适当营养水平,对保持母体健康、提高泌乳量、促进胎儿和仔兔的生长发育具有重要作用。

2. 限制饲养　对妊娠母兔要实行限制饲养,但要在满足妊娠母兔营养需要的前提下进行,目的是防止母兔过肥,减少胚胎在附植前后的损失,保持母兔较好繁殖力。限制饲养的方法是自由采食颗粒料时每天的饲喂量控制在 150～180g,混合饲喂时每天饲喂的混合精料或颗粒饲料控制在 100～120g 为宜。

母兔临产前 3 天减少混合精料或颗粒饲料的喂量,增加青绿饲料的喂量,供给充足干净饮水,防止乳房炎和难产。

3. 搞好护理,防止流产　母兔流产多发生于妊娠后 15～25 天,引起流产的原因可分为机械性、营养性和疾病等。机械性流产多因捕捉、惊吓、不正确的摸胎、挤压等引起。营养性流产多数由于营养不全、突然改变饲料,或因饲喂发霉变质、冰冻饲料等引起。很多疾病如巴氏杆菌病、沙门氏杆菌病、密螺旋体病以及生殖器官疾病等也可引起流产。为了杜绝流产的发生,母兔妊娠后要一兔一笼,防止挤压;不要无故捕捉,摸胎时动作要轻,尽量避免兔体受到冲击,轻捉轻放,使家兔保持安静、温驯;保持舍内安静,禁止突然声响及狗、猫等动物的惊扰;严禁喂给母兔霉变变质及冰冻饲料和有毒青草,保证营养全面平衡。冬季最好饮温水,以防水温过低引起腹痛而流产;经常保持兔笼舍干燥,搞好卫生消毒,防止疾病发生。发现有病母兔应查明原因,及时治疗。毛用兔禁止在妊娠期采毛。

4. 做好产前准备和产后护理工作 妊娠后期要做好产前准备工作。根据预产期提前 3 天将消毒过的产仔箱铺上柔软的垫草(稻草),放入母兔笼内或置于兔笼的某个位置上,让母兔熟悉环境拉毛营巢。产仔箱内的垫草可随气温变化多放或少放,但不能不放。母兔在产前 1～2 天要拉毛做窝,有的初产母兔不会拉毛要进行人工诱导拉毛。

母兔分娩时一定要保持兔舍安静,舍内光线不能过强,突然惊吓会使母兔残食仔兔或延长产仔时间。母兔产后急需饮水,因此临产前必须备好充足的清洁饮水,水中可加些食盐和红糖,避免母兔因口渴而发生吃仔兔现象。母兔产后应及时整理产箱,清点仔兔,称测初生窝重,将污湿的草、毛、死胎、畸形胎和弱胎取走。如母兔产前没有拉毛或拉毛不多,还应进行人工辅助拉毛,以刺激母兔泌乳和冬季仔兔保暖。冬季室内要防寒保温,夏季要防暑防蚊。

(三)哺乳母兔的饲养管理

母兔从分娩到仔兔断奶这段时期称为哺乳期。哺乳期母兔的饲养管理直接影响到母兔和仔兔的健康。哺乳期的中心任务是保证哺乳母兔正常泌乳,提高母兔泌乳力和仔兔成活率。

1. 保证哺乳母兔充足的营养和饮水 哺乳期母兔泌乳量较高,每天可分泌 60～150ml 乳汁,高产母兔泌乳量可达 150～200ml,相对体重来讲比牛还高。而且乳汁黏稠,干物质含量达 24.6%,约相当于牛、羊的 2 倍,仅次于鹿。哺乳母兔每天都需要大量的营养物质,而这些营养物质必须从饲料中获取。因此,哺乳母兔的饲粮必须营养全面,富含蛋白质、维生素和矿物质,在自由采食颗粒料的同时,适当补喂青绿多汁饲料。哺乳母兔饲粮的消化能水平最低为 10.88MJ/kg,可以高达 11.3MJ/kg,蛋白质水平应达到 18%。据报道,仔兔在哺乳期的生长速度和成活率,主要取决于母兔的泌乳量。因此,保证哺乳母兔充足的营养,是提高母兔泌乳力和仔兔成活率的关键。

哺乳母兔的饲喂量要随仔兔的生长发育逐渐增加,以满足其不断增长的营养需要。如果饲喂量不足,会导致营养缺乏,从而大量消耗作内贮存的营养,母兔很快消瘦,既影响母兔的健康,又影响仔兔的生长发育和下一胎次的妊娠。

哺乳母兔的需水量大,要确保其充足干净的饮用水。在没有安装自动饮水设备的养兔场(户),冬季应饮温水。

2. 保持兔舍安静 母兔哺乳时要保持兔舍内外环境的安静,防止产生吊乳和影响哺乳。

3. 实施人工催乳、人工强制哺乳 应注意观察分娩后母兔的哺乳情况,对母兔无乳或有乳不哺,查明情况后可进行人工催乳或人工强制哺乳。人工催乳可喂给母兔适量牛奶、羊奶、豆浆或花生米(每天早晚各5～10粒,直至断奶),也可喂煮熟的黄豆以及蒲公英、苦荬菜、鲜苜蓿、胡萝卜等青绿多汁饲料。还可喂给洗净的蚯蚓来催乳(5～10条开水烫死,切成5cm长,拌入少量饲料喂母兔,1次即可)。同时也可喂王不留行、木通等中草药或口服人工催乳灵(每日1片,连用3～5天)。

有乳不哺多发生在初产母兔,产前没有拉毛,产后不会哺乳。首先应人工辅助拉毛刺激乳腺泌乳,同时还应人工强制母兔哺乳。具体方法是将母兔固定在产仔箱内,使其保持安静,把仔兔分别放置在母兔的每个乳头旁,嘴顶母兔乳头,让其自由吮乳,每天进行2～3次,每次20～30分钟,连续3～5天后母兔便会自动哺乳。当仔兔较长时间没有吃奶,又处于较低的气温条件下,仔兔往往没有能力寻找和捕捉奶头,此时需要人扶着仔兔吮乳。

4. 预防乳房炎 母兔产前的3天就要减少精料,增加青绿饲料。而产后的3～4天则要逐步增加精料。多给青绿多汁饲料,同时每天喂给磺胺噻唑0.3～0.5g和苏打片1片,每日2次,连喂3天。同时,应经常检查维修产仔箱、兔笼,减少乳房、乳头被擦伤和挂伤的机会。保持笼舍及其用具的清洁卫生,减少乳房或乳头被污染的机会。经常检查母兔的乳房、乳头,了解泌乳情况。如发现乳房有硬块、红肿,应及时进行治疗,防止诱发乳房炎。乳汁过稠时,应增加青绿多汁饲料的喂量和饮水量;乳汁过多时,可适当增加哺乳仔兔的数量或使兔多运动。同时适当减少精料和多汁饲料的喂量,可多喂些优质青干草,也可饮些凉的盐开水。

哺乳母兔饲养管理的好坏,可根据仔兔的粪便情况进行辨别。如产仔箱内保持清洁干燥,很少有仔兔粪尿,而且仔兔吃得很饱,说明饲养较好、哺乳正常。如尿液过多,说明母兔饲料中含水量过高;粪便过于干燥,则表明母兔饮水不足。如果饲喂发霉变质饲料,还会引起腹泻和消化不良。

三、仔兔的饲养管理

从初生到断奶这段时期的小兔称仔兔。仔兔的器官功能发育不完全,调节功能差,适应外界环境的能力很差,抵抗力低,但生长发育极为迅速。此期的中心任务是进行细致周到的管理,保证仔兔的正常生长发育,提高仔兔成活率。仔兔管理主要是抓好初生关、开食关、断奶关。

(一)初 生 关

除保证母兔妊娠和泌乳期的营养水平外,仔兔出生后应让其及时吃足初乳,采用强制哺乳、人工哺乳、寄养等措施,实行母仔分养、定时哺乳的方法,切实做好仔兔保温防冻、防病、防吊乳、防鼠害,确保母仔安静舒适的生活。

1. 早吃初乳 母兔分娩后应当尽早让仔兔吃到乳汁。因为初乳营养丰富,含有丰富的镁盐和免疫球蛋白,是初生仔兔生长发育所需养分的直接来源,又能帮助排泄胎粪和提供机体免疫力。如果初生仔兔未及时吃到初乳,则很易发病造成死亡,降低成活率。母性好的母兔一边产仔一边哺乳,产仔箱内的仔兔表现安静不动、腹围大,皮肤红润有光泽,且很少有皮肤皱褶。而当母兔母性差、产仔数过多或母兔突然患病不能给仔兔哺乳或仔兔吃不饱时,产仔箱内的仔兔就表现不安静(吱吱叫)、腹部干瘦、皮肤灰暗无光泽且有皱褶。生产中为保证仔兔及时吃到初乳,在产后 6 小时内要进行哺乳检查。对一些母性不好的母兔、不会给仔兔哺乳的初产母兔,则可采用人工辅助哺乳的方法进行强制哺乳,以确保仔兔的正常生长发育和高成活率。

2. 保温防冻 仔兔出生前处于恒温的环境中,母体子宫内的温度为 39℃ 左右,而生后仔兔裸体无毛,没有任何保温能力,容易受冷冻而死亡。出生后前 3 天,产仔箱需保持较高的温度、最好提供 30℃～32℃ 的温度。因此要注意保温,使兔舍温度保持 15℃～25℃ 范围内。产仔箱内的垫草和垫毛可适当多放,并保持产仔箱干燥。也可在产仔箱内放置电热毯或实行母仔分养、定时哺乳的管理方法。

3. 防鼠害 可主动灭鼠和被动防鼠相结合。主动灭鼠是利用药物和器械灭鼠,但投放药物要注意安全,防止家兔误食药物;被动防鼠是处理好地面与下水道等,或采用密封式悬挂产箱,或将仔兔和产仔箱放在老鼠不能进入的地方,即采用母仔分养、定时哺乳的管理方法。

4. 调剂与寄养 将大窝仔兔中过多的仔兔调剂到小窝中,由养母代养。为确保成功,仔兔的调剂与寄养应在产后 3 天内进行,两窝仔兔的日龄要接近,最好相差1～2 天。为防止养母识别,要使两窝仔兔的气味一致。为防止血统混乱,尽量选择在不同毛色、品种或品系间相互寄养,或在被寄养的仔兔身上做标记,并做好记录,尤其是种兔场。母兔产后死亡或者患乳房炎不能哺乳时,也要进行仔兔的调整。

5. 人工哺乳 需调整或寄养的仔兔找不到养母兔代养时,可进行人工哺乳,用牛奶、羊奶或稀释奶粉代替兔奶。奶的浓度不宜过大,以防消化不良。一般最初加入1～1.5 倍的水,1 周后加入 1/3 的水,15 天后可喂全奶。喂前煮沸消毒,待温度降至37℃～38℃ 时再喂,每天 1～2 次。人工哺乳的工具可用注射器、塑料眼药水瓶等,在管端接一段乳胶管。

6. 预防吊乳 吊乳是指仔兔在哺乳时由于某种原因被母兔带出产仔箱的现象。吊乳发生有 2 种原因:一是母乳不足或者乳多仔兔也多时,仔兔吃不饱,吸着乳头不放,而母兔的放乳时间很短(3～5 分钟),放乳结束后母兔就会跳出产仔箱,将仔兔带出,发生吊乳;二是母兔在哺乳时受到惊吓,突然跳出产仔箱,将仔兔带出。为预防吊乳的发生。对母乳不足者要加强饲养管理,提高其泌乳量;乳多仔兔也多时,可进行仔兔的调剂与寄养;同时保持兔舍安静,避免母兔哺乳时受到惊扰。也可设计使用专门的产仔箱,如月牙形产仔箱、外挂式产仔箱。或实行母仔分养、定时哺乳的方法,来预防吊乳的发生。

7. 防治黄尿病　1周龄内仔兔极易发生黄尿病,主要是因为仔兔吃了患有乳房炎的乳汁,引起急性肠炎。病兔尿液呈黄色,粪便为黄色水便、腥臭,并沾污后躯,体弱无力,昏睡,一般全窝发生,死亡率高。预防此病的方法主要是防治母兔乳房炎,母兔如患乳房炎要立即停止哺乳,并将仔兔寄养。患病仔兔每日滴服氯霉素眼药水(滴鼻)或庆大霉素(口服),每日3~4次,每次2~3滴。

(二)开食关

随着仔兔日龄的增加,单纯依靠母乳不能完全满足仔兔的营养需要,必须给仔兔补饲,以补充其快速生长所需的营养物质。

1. 及早诱食　对15~16日龄的肉用品种仔兔、17~18日龄的毛兔品种仔兔和獭兔仔兔开始诱食。方法是把新鲜、易消化的幼嫩青绿饲料或全价颗粒饲料放到仔兔嘴边诱导其采食,每天3~5次,一般1~2天仔兔即能学会自己采食各种草料。

2. 科学补饲　一般肉用品种在15~16日龄、毛兔品种和獭兔在17~18日龄开始补饲。仔兔补饲有"母仔料"和配制仔兔专用补充料。在我国大多数养兔场(户)最好采用第二种方法。山东省农业科学院畜牧兽医研究所通过大量试验,研究提出了补饲仔兔建议营养供给量为:消化能11.51~12.13MJ/kg饲料,粗蛋白质20%,粗纤维8%~10%,粗脂肪3%~5%,钙1.2%,磷0.6%~0.8%,赖氨酸1%,含硫氨基酸0.7%,精氨酸1%。

仔兔专用补饲料应选用营养全面、适口性好、易消化的饲料配制,含有矿物质、维生素和抗生素药物,以达到促进生长、防止疾病的目的。当仔兔经过1~2天的诱食后,将全窝仔兔与母兔隔离,转入补饲笼,开始补饲专用仔兔补饲料。一般肉兔品种的仔兔在23~28日龄前(视血配、留种与否)以吃奶为主、吃料为辅,而在23~28日龄后应转变为以吃料为主、吃奶为辅;毛用兔和獭兔的仔兔过渡时间可延迟到30日龄左右。为防仔兔易患消化道疾病,补饲量应逐渐增加,少喂多餐,一般日喂5~6次。补饲期间应将母兔捉入补饲笼内给仔兔哺乳,每日1次。

3. 充足饮水　仔兔单位体重的需水量显著高于成年兔,仔兔开食后采食的干物质量增加,单纯依靠母乳的水分已不能满足仔兔对水的需要量。为保证仔兔充足干净的饮用水,最为安全有效的办法是安装自动饮水器。

(三)断奶关

1. 适时断奶　应根据仔兔品种、用途、生长发育情况、气候、饲养水平、母兔体况及繁殖制度等因素确定适宜的断奶时间。一般肉用品种兔可在28~35日龄断奶,毛用品种兔、獭兔可在35~42日龄断奶。农村副业养兔,仔兔断奶时体重应在500克以上;集约化、半集约化养兔,仔兔断奶时体重应达600g以上。留种仔兔断奶时间应适当延长,体重应达750g以上。对频密繁殖的母兔,仔兔应在23~25日龄断奶,以给母兔留出1周左右的休息时间。

2. 适法断奶 仔兔断奶方法可分为一次性断奶法和分期分批逐步断奶法。如全窝仔兔体质健壮且生长发育整齐均匀,可采取一次性断奶法。规模较大的兔场在断奶时可将仔兔成批转至幼兔育成舍。养兔规模较小的兔场或养兔户,断奶时应将仔兔留在原笼位饲养1周,将母兔移走,可防止因环境的改变造成的仔兔精神不安、食欲不振等应激反应,能提高仔兔成活率和整齐度,也有利于增重。据测定,原窝断奶法可提高断奶幼兔成活率10%～15%,且生长速度较快。多数情况下,同窝仔兔生长发育不均匀,体质强壮不一,需采取分期分批断奶法,即将体格健壮、体重较大、不留种的仔兔先断奶,让弱小或留种仔兔继续哺乳数日,再全部断奶。断奶母兔在2～3天内只喂青粗饲料,停喂混合精料,以减少乳汁分泌,促进断奶。

3. 加强管理 实行母仔分养、定时哺乳的管理方法,既可以避免仔兔追吃母乳引起母兔掉膘,也可以减少仔兔感染球虫病的机会。同时要经常更换垫草,保持产仔箱内清洁干燥和卫生。

四、幼兔的饲养管理

从断奶到3月龄的兔称为幼兔,幼兔阶段是死亡率最高、较难饲养的时期。所以需要科学饲养,加强管理。

(一)科学饲养

1. 更换饲料逐渐进行 幼兔阶段是生长发育速度最快的时期,但消化系统发育尚不完善,特别是肠道内还未形成正常的微生物群系,对食物的消化能力弱,但此时幼兔食欲旺盛,往往由于贪吃而引起消化紊乱和腹泻。因此,断奶后1～2周内,要继续饲喂仔兔补饲料,然后逐渐过渡到幼兔料,以防因饲料突然改变而导致消化系统疾病。

2. 限制饲养 为预防消化道疾病,幼兔在断奶后2～3周内要进行限制饲养。自由采食颗粒料3周的喂量依次是45g/日·只、70g/日·只、100g/日·只;混合饲喂时,补喂的混合精料或颗粒饲料的3周量依次为30g/日·只、40g/日·只、50g/日·只。

3. 建立完善的饲喂制度 断奶后幼兔饲喂时应注意少量多餐、定时定量,一般日喂4～6次,饲喂量随年龄的增加而逐渐增加,以防止消化道疾病的发生。

4. 配制相应的断奶幼兔料 为促进幼兔生长,提高饲料消化率、降低发病率,应选择清洁卫生、容积小、营养丰富、容易消化的饲料,分别配制断奶毛兔、肉兔、獭兔全价饲料,同时注意维生素添加剂、微量元素添加剂、酶制剂、药物添加剂和含硫氨基酸的供应。

5. 供应充足干净的饮水 幼兔单位体重对水的需要量较高,保证饮水是幼兔快速生长的重要条件,最好使用自动饮水器让幼兔自由饮水。

(二)加强管理

1. 分笼饲养,编号登记 应根据性别、体重、体质强弱、日龄大小进行分群饲养,并进行编号,建立档案。按笼舍大小确定饲养密度,幼兔每笼(面积约0.5m²)4～5

只为宜,群养时 8～10 只组成小群,以使幼兔吃食均匀,生长发育均衡。对体弱有病的幼兔还要单独饲养,仔细观察,精心管理。

2. 适时剪毛　长毛兔幼兔在 2 月龄左右应进行第一次剪毛,把乳毛全部剪掉。体质健壮的幼兔剪毛后,采食量增加,生长发育加快;体质较弱的幼兔不宜剪毛,可延迟一段时间再剪。剪毛后为防其受凉感冒,2 周以内应加强防寒保暖措施。

3. 防寒保暖,加强运动　幼兔对环境的变化敏感,尤其是对寒流等气候条件比较敏感。为降低发病率、促进发育,应给其提供舒适的环境条件,保持兔舍清洁卫生,环境安静,干燥通风。要防止潮湿和风寒。幼兔舍最好建有运动场,根据气温变化安排放出运动的时间。春、秋两季早晨放出,傍晚归笼;冬季中午放出;夏季黎明时放出,晚上凉爽时归笼。运动场要通风向阳、防暑防寒。封闭式兔舍则应注意维生素 A、维生素 D 的供给。

4. 预防疾病　幼兔阶段是多种传染病的易发期,应严格防疫制度,采用环境隔离、药物预防、疫苗注射和加强管理相结合的方法。除注射兔瘟疫苗外,还应注射魏氏梭菌疫苗及波氏—巴氏二联苗。兔场可根据本场的实际情况,注射大肠杆菌、葡萄球菌苗和克雷伯氏杆菌疫苗。由于以上几种病原菌产生变异的可能性较大,最好利用本场分离出来的病原菌制作疫苗,以提高免疫效果。有些疾病疫苗的保护率不高,有的目前还没用适宜的疫苗。因此,不能放松药物预防,特别是球虫病和巴氏杆菌病。在春、秋两季,还应注意预防感冒、肺炎和传染性口腔炎等疾病。定期驱虫,防止疥癣的发生与传播。

我国中草药资源丰富,有些中草药的效果很好,特别是在预防病毒性疾病方面可以发挥作用。如在饲料中加入洋葱、大蒜或韭菜等植物,不仅可以防病,而且可促进生长。

五、商品肉兔的饲养管理

育肥是在短期内增加体内的营养贮积、减少营养消耗,使肉兔采食的营养物质除了维持必需的生命活动外,能大量贮积在体内,形成更多的肌肉和脂肪。所以,商品肉兔饲养管理的核心是为其快速生长提供适宜的环境条件,在其消化吸收限度内,保证全价饲料的供给。

(一)抓断奶体重

育肥速度在很大程度上取决于早期增重的快慢。凡断奶体重大的仔兔,育肥期的增重就快,就容易抵抗环境应激,顺利度过断乳期。相反,断奶体重越小,育肥期增重越慢。一般标准要求 30 天断乳个体重中型兔 500g 以上,大型兔 600g 以上。为实现此目标,应采取措施提高母兔的泌乳力,保证母兔蛋白质、必需氨基酸、维生素、矿物质等营养的供应和生活环境的舒适。同时,要及时给仔兔补料,生产中一般从仔兔16 日龄以后开始补料,一直到断奶为止。在 16～25 日龄仍然以母乳为主、补料为辅,之后以补料为主、母乳为辅。仔兔补饲料要营养丰富,容易消化,适当添加酶制剂和微生态制剂等。

(二)过好断奶关

断奶会引起仔兔的应激反应。第一,由母仔同笼突然到独立生活;第二,由乳料结合到完全采食饲料;第三,由原来的笼舍转移到其他陌生环境。仔兔从断奶向育肥的过渡非常关键,如果处理不好,在断奶后 2 周左右增重缓慢,甚至停止生长或发病死亡。断奶后最好原笼原窝饲养,即采取移母留仔法进行断奶。育肥期实行小群笼养,切不可一兔一笼。或打破窝别和年龄,实行大群饲养。断奶后 1~2 周内应饲喂断奶前的饲料,以后逐渐过渡到育肥料。预防腹泻是断奶仔兔疾病预防的重点。以微生态制剂强化仔兔肠道有益菌,对于控制消化功能紊乱非常有效。

(三)直接育肥

直接育肥是指仔兔断奶后就开始育肥,经过 30~45 天饲养,使其体重达到 2~2.5kg 进行屠宰。育肥期间应饲喂全价颗粒饲料,满足幼兔快速生长发育对营养的需求。饲料营养水平为蛋白质 16%~18%,粗纤维 10%~12%,消化能 10.47MJ/kg以上,钙 1%~1.2%,磷 0.5%~0.6%。实行自由采食颗粒饲料,自动饮水。并注意添加幼兔生长专用添加剂,满足育肥兔对维生素、微量元素及氨基酸的需要。维生素A、维生素 D、维生素 E 和微量元素锌、硒、碘等能促进体内蛋白质的沉积,提高日增重;含硫氨基酸能刺激消化道黏膜,起到健胃的作用,并能增加胆汁内磺酸的合成,从而增强消化吸收能力,提高营养物质的利用率。常规营养以外,另外可选用一些高科技饲料添加剂。如稀土具有提高增重和饲料利用率的功效;杆菌肽锌有降低发病率和提高育肥效果的作用;腐殖酸可提高家兔的生产性能;酶制剂可帮助消化,提高饲料利用率;微生态制剂有强化肠道内源有益菌群,预防微生态失调的作用;寡糖有提供有益菌营养、增强免疫和预防疾病的作用;中草药饲料添加剂由于组方不同,效果各异。

(四)环境控制

育肥效果的好坏,在很大程度取决于为其提供的环境条件,主要是指温度、湿度、密度、通风和光照等。温度对于肉兔的生长发育十分重要,过高和过低都是不利的,最好保持在 25℃左右,在此温度下体内代谢最旺盛,体内蛋白质的合成最快。适宜的湿度不仅可以减少粉尘污染,保持舍内干燥,还能减少疾病的发生。最适宜的湿度应控制在 55%~60%。饲养密度应根据温度和通风条件而定。在良好的条件下,每平方米笼养面积可饲养育肥兔 18 只。我国农村多数兔场的环境控制能力有限,饲养密度一般应控制在每平方米 14~16 只。育肥兔舍饲养密度大,通风不良会造成舍内氨气浓度过大,影响增重,还容易诱发呼吸道等多种疾病。因此,育肥兔对通风换气的要求较为迫切。光照对家兔的生长和繁殖都有影响。育肥期实行弱光或黑暗,仅让兔子看到采食和饮水,能抑制性腺发育,延迟性成熟,促进生长,减少活动,避免咬斗,快速增重,提高饲料的利用率。

(五)控制疾病

肉兔育肥期短,生长强度大,在有限的空间内基本上被剥夺了运动自由,对疾病的耐受性差。因此,降低发病、控制死亡是肉兔育肥的基本原则。肉兔育肥期易感染的主要疾病有球虫病、腹泻和肠炎、巴氏杆菌病及兔瘟。球虫病是育肥兔的主要疾病,全年发生,以 6～8 月份为甚。应采取药物预防、加强饲养管理和搞好卫生相结合的方法积极预防。预防腹泻和肠炎的方法是提倡卫生调控、饲料调控和微生态制剂调控相结合,尽量不用或少用抗生素和化学药物,不用违禁药物。卫生调控就是搞好环境卫生和饮食卫生,粪便堆积发酵,以杀死寄生虫卵。饲料调控的重点是饲料配方中粗纤维含量的控制,一般应控制在 12%,在容易发生腹泻的兔场可增加到 14%。选用优质粗饲料是控制腹泻和提高育肥效果的保障。微生态制剂调控是一项新技术,效果好,投资少,见效快。预防巴氏杆菌病,除搞好兔舍的环境卫生、通风换气和加强饲养管理外,在疾病的多发季节应适时进行药物预防和免疫注射。兔瘟只有定期注射兔瘟疫苗才可控制。一般断奶后(35～40 日龄注射最好)每只皮下注射 1ml 即可至出栏。对于兔瘟顽固性发生的兔场,最好在第一次注射 20 天后再强化免疫 1 次。

(六)适时出栏

出栏时间应根据品种、季节、体重和兔群表现而定。在目前我国饲养条件下,一般肉兔 80～90 日龄达到 2.5kg 体重即可出栏。大型品种骨骼粗大,生长速度快,但出肉率低,出栏体重可适当大些。中型品种骨骼细,肌肉丰满,出肉率高,出栏体重达 2.25kg 以上即可。春、秋季节,青饲料充足,气温适宜,家兔生长较快,育肥效益高,可适当增大出栏体重。如果在冬季育肥,维持消耗的营养比例较高,尽量缩短育肥期,只要达到最低出栏体重即可出售。家兔育肥是在有限的空间内高密度养殖。育肥期疾病的风险很大,如果在育肥期周围发生了传染性疾病,应封闭兔场,禁止出入,严防病原微生物侵入。若此时育肥期基本结束,兔群已基本达到出栏体重,为了降低继续饲养的风险,可立即结束育肥。

六、商品獭兔的饲养管理

(一)选择优良品种和杂交组合

饲养獭兔的最终目的是获得优质毛皮。獭兔皮的生产有 2 条途径:其一,优良纯系直接育肥。即选择优良的种兔,繁殖大量的优秀后代,生产高质量的皮张。其二,系间杂交。目前我国饲养的獭兔主要有美系、德系和法系。据测定,美系獭兔的繁殖力最高,德系兔最低,法系兔居中。但从生长速度来看,德系兔的生长潜力最大。以美系獭兔为母本,以德系或法系为父本,进行经济杂交,可获得较理想的杂种优势;若以美系獭兔为母本,先以法系獭兔为第一父本进行杂交,从杂交后代中选择优秀母兔,再与第二父本——德系兔进行杂交,三元杂交后代直接育肥,其效果更好。

(二)抓早期增重

獭兔的生长和毛囊的分化存在明显的阶段性。根据测定,在3月龄以前,无论是体重的增长还是毛囊的分化都相当强烈,而且被毛密度与早期体重呈现正相关、即体重增长越快,毛囊分化越快。3月龄以后,体重增长和毛囊分化急剧下降。因此,獭兔体重和被毛密度在很大程度上取决于早期增重。提高断奶体重和3月龄体重是养好獭兔的关键。一般要求仔兔30天断奶重500g,3月龄体重达到2000g以上,即可实现5月龄有理想的皮板面积和被毛质量。

(三)前促后控

对商品獭兔不仅要求有一定的体重和皮张面积,还要求皮张质量,特别是遵循兔毛的脱换规律,使被毛的密度和皮板达到成熟。如果仅仅考虑体重和皮张面积,一般在良好的饲养条件下3.5月龄可达到一级皮的面积,但皮板厚度、韧性和强度不足。獭兔的育肥期比肉兔长,如果商品獭兔在整个育肥期全程高营养,有利于前期的增重和被毛密度的增加,但后期容易出现营养过剩现象(如皮下脂肪沉积),对皮张的处理产生不利影响。因此,采取前促后控的育肥技术,即断奶到3.5月龄,提高营养水平(蛋白质含量17.5%),采取自由采食,充分利用其早期生长发育速度快的特点,挖掘其生长的遗传潜力。3.5月龄后适当控制,一般有2种控制方法,一是控质法,一是控量法。前者是控制饲料的质量,使其营养水平降低,如能量降低10%,蛋白质降低1~1.5个百分点,仍然采取自由采食;后者是控制饲喂量,每天投喂相当于自由采食80%~90%的饲料量,而饲养标准和饲料配方与前期相同。采取前促后控的育肥技术,不但可以节省饲料、降低饲养成本,而且使育肥兔皮张质量好,皮下不会有多余的脂肪和结缔组织。但在取皮前1个月,饲粮中粗蛋白质水平不应低于16%,含硫氨基酸为0.5%,并注意添加獭兔专用添加剂。

(四)公兔去势

獭兔育肥期长(5~6月龄出栏),性成熟早(4月龄左右),育肥出栏期在性成熟以后。如果不进行去势,在群养条件下会出现一些严重问题:第一,公兔之间相互咬斗,大面积皮肤破损,降低皮张质量;第二,公兔追配爬跨母兔,影响采食和生长,消耗饲料,增加成本;第三,公母混养时偷配乱配,造成母兔早期妊娠,影响生长和降低皮张质量;第四,实行群养不便于管理,实行个体单养会占用大量的笼具、降低房舍利用率。因此,獭兔的公兔可实行去势育肥,以2.5~3月龄进行最佳。刀骟法简便,痛苦时间短,效果好。

(五)预防疾病

环境污浊可使毛皮品质下降,还可使獭兔患病。因此,应兔笼保持清洁干燥,及时清除兔笼舍的粪尿及其他污物,避免污染獭兔毛皮,以保持兔体清洁卫生。兔舍要定期按常规消毒,切断疾病传染源。用药物预防直接损害毛皮的毛癣病、兔痘、兔坏死杆菌病、兔疥癣病、兔螨病、兔虱病、湿性皮炎和黄尿病等疾病。一旦发病,应立即隔离治疗,并对病兔笼彻底消毒。

（六）适时出栏

獭兔的出栏屠宰时间以皮张和被毛质量为依据。獭兔具有年龄性换毛和季节性换毛。前者指生后仔兔到 6 月龄之间进行 2 次年龄性换毛，后者指 6 月龄以后獭兔的春季换毛和秋季换毛。在换毛期绝对不能取皮。因此，獭兔的屠宰应错开换毛期。

獭兔皮板和被毛需经过一定的发育期方可成熟。被毛成熟的标志是被毛长齐、密度大，毛纤维附着结实、不易脱落。皮板成熟的标志是达到一定的厚度，具有相当的韧性和耐磨力。商品獭兔 5～6 月龄时，体重达 2.75kg 以上，皮板和被毛均已成熟，是屠宰取皮的最佳时机。对于淘汰的成年种兔，只要错过春、秋换毛季节即可。但母兔应在仔兔断奶一定时间、腹部被毛长齐后再淘汰。

七、商品毛兔的饲养管理

饲养商品毛兔的目的是生产量多、优质的兔毛，而兔毛产量是由兔毛生长速度（即兔毛长度）、兔毛密度和产毛有效面积决定的。因此，商品毛兔的饲养管理应从以下几个方面采取措施。

（一）抓早期增重

加强早期营养可以促进毛囊分化、提高被毛密度，同时增加体重和皮表面积，这是养好毛兔的关键措施。一般掌握断奶到 3 月龄以较高营养水平的饲料饲喂，消化能 10.46MJ/kg、粗蛋白质 16%～18%、含硫蛋氨酸 0.7%～0.8%。

（二）控制最终体重

体重越大产毛面积越大，但体重并非越大越好。体重过大产毛效率低，即用于产毛的营养与维持营养的比例小。商品毛兔的体重一般控制在 4～4.5kg。饲粮的营养水平采取前促后控的原则。一般掌握能量降低 5%，蛋白质降低 1 个百分点，保持蛋氨酸水平不变；也可以采取控制采食量的办法，即提供自由采食量的 85%～90%，而营养水平保持不变。

（三）注意营养的全面性和阶段性

毛兔的产毛效率高。高产毛兔的年产毛量可达其体重的 40% 以上，远远大于其他产毛家畜（如绵羊）。产毛需要较高水平的蛋白质和必需氨基酸，尤其是含硫氨基酸。据报道，毛兔产 1kg 兔毛所消耗的蛋白质相当于肉兔产 7kg 兔肉所消耗的蛋白质。同时，其他营养（如能量、纤维、矿物质和维生素等）必须保持全面平衡。营养的阶段性是指毛兔剪毛前后环境发生了很大的变化，因而营养供给也要适应这种变化的需要。尤其是在较寒冷的季节，剪毛后突然失去了厚厚的保温层，维持体温要求较多的能量，同时剪毛刺激兔毛生长，需要大量的优质蛋白质。因此，应根据季节、生理状态、产毛水平等影响产毛量的诸多因素配制相应的全价饲粮。理想的高产毛兔饲粮中粗蛋白质水平为 16%～18%，含硫蛋氨酸 0.7%～0.8%。一般在剪毛后 3 周内，饲粮的能量和蛋白质水平要适当提高，饲喂量也应有所增加。或采取自由采食的方法，以促进兔毛的生长。为了提高产毛量和兔毛品质，可在饲粮中添加含硫物质和促进兔毛生长的生理活性物质,如稀土添加剂、松针粉、土茯苓、蚕砂、硫磺、胆碱、甜菜碱等。

(四)注意笼具质量和单笼饲养

产毛兔的被毛生长很快、可长达 10cm 以上,很容易被周围的物体挂落或污染,影响兔毛产量和质量。因此,饲养毛兔的笼具四周最好用表面光滑的物料、如水泥板。由于铁网笼具很容易缠挂兔毛、给消毒带来一定困难,同时还容易诱发毛球病,一般不采用这种笼具。为了防止毛兔之间相互接触而诱发食毛症,有条件的兔场应实行单笼饲养。

(五)及时梳毛

兔毛生长到一定长度,容易缠结。特别是被毛密度较低的毛兔,缠结现象更加严重。梳毛没有固定的时间,主要根据毛兔的品种和兔毛生长状况而定。只要发现兔毛有缠结现象,应及时梳理。

(六)适时采毛

兔毛生长有一定的规律性,剪毛后刺激皮肤毛球,使血液循环加快,毛纤维生长加速。据测定,剪毛后 1～3 周,每周兔毛增长 5.1mm,3～6 周为 4.7mm,7～9 周为 4.1mm,9～11 周为 3.7mm。兔毛的生长速度随着剪毛后时间的延长呈现递减趋势。因此,增加剪毛次数可以提高产毛量。一般南方较温暖地区每年剪毛 5 次,养毛期 73 天;北部地区可剪毛 4 次或 2 年 9 次。为了提高兔毛质量和毛纤维的直径,可采取拔毛的方式进行采毛。在较寒冷地区的冬天尤为适用。

(七)加强剪毛期管理

对剪毛后的长毛兔应加强管理,否则容易诱发呼吸道、消化道及皮肤疾病。剪毛应选择晴朗的天气进行,气温低时剪毛后应适当增温和保温。剪毛对兔来说是一个较大的应激,剪毛前后可适当投服抗应激物质如维生素 C 或复合维生素(速补 14、维补 18 等水可弥散型维生素、氨基酸和微量元素合剂)。为预防消化道疾病,可在饮水中加入微生态制剂;预防感冒可添加一定的抗感冒药物(以中药最佳);对于有皮肤病(疥癣和真菌病)的兔场,剪毛后 7～10 天进行药浴效果较好。

第七章　家兔产业化经营模式

第一节　青岛康大模式

青岛康大集团是 1999 年由原青岛胶南市外贸局国有企业改制而成的民营企业。青岛康大集团是一家适度多元化发展的民营股份制企业,主要有食品制造、地产开发、资本运作和战略投资等业务单元,多次入选中国成长企业 100 强、中国大企业集团竞争力 500 强、中国食品工业 100 强和全国民营企业 500 强;先后荣获国家农业产业化重点龙头企业,国家农产品加工示范企业,国家级星火外向型企业,全国大型农产品加工流通企业,全国优秀食品龙头企业,全国龙头企业技术创新中心等荣誉称号。

康大集团在食品事业领域拥有肉兔、快餐调理、肉鸡 3 大产业链,形成了以肉兔和快餐调理食品为主导,包括肉鸡、饲料、水产、生物制品等几百个品种的产品组群;拥有肉兔、肉鸡、水产、偶蹄动物等 12 个出口检疫代号和对日本、韩国、欧盟、美国 HACCP 等多国注册,是国内唯一获得肉兔、肉鸡 2 种出口注册代号的企业。

康大集团从 2004 年开始尝试发展规模化、工厂化肉兔养殖,探索发展中国肉兔产业的标准化养殖模式。2005 年从法国引进"伊普吕肉兔配套系"祖代种兔;2006 年开始培育具有中国自主知识产权的肉兔配套系,预计 2010 年项目完成;2007 年从美国进口"加利福尼亚兔"和"新西兰兔"纯种兔;2008 年从法国引进"伊拉肉兔配套系"曾祖代原种兔。现在,肉兔产业已经成为康大集团的骨干产业,截止到 2009 年,康大集团肉兔产业已经具备每年 2 400 只的屠宰加工能力,产业分布在山东、河北、吉林等省,肉兔产品销往欧盟、美国、俄罗斯、中东、日本、韩国等 50 多个国家和地区。

所谓青岛康大模式就是:康大集团以出口和内销为龙头拉动,以屠宰加工带动,以自繁自育养殖场示范,以"公司+合作养殖场(农户或农村专业合作社)+标准化+食品安全体系"为主要模式发展当地兔产业。公司建立了"良种繁育中心"、"养殖动物保健中心"、"饲料研究中心"等服务部门为合作养殖者和社会养殖者提供肉兔良种、肉兔保健、系列饲料等配套服务。具体模式因地制宜,多种形式发展。

一、公司-标准化养殖场-食品安全体系模式

标准化养殖场为康大独资建设,养殖场在国家进出口检验检疫局备案。这种发展模式源于欧盟法规对中国肉兔出口企业的要求。这种模式的种兔、饲料、兽药、疫苗、笼舍、环境、生产流程、环保、废弃物和病死动物无害化处理等符合欧盟法规要求。公司对肉兔养殖过程绝对控制,保障出口产品质量。

二、公司-合作标准化养殖场-食品安全体系模式

标准化养殖场为康大参股建设或者社会力量合作建设,合作方可以是企业法人或者自然人,合作方有志于发展肉兔养殖业,在双赢乃至多赢的合作框架内发展肉兔养殖,养殖场需要在国家进出口检验检疫局备案。公司提供种兔、饲料、兽药、疫苗、笼舍、环境、生产流程、环保、废弃物和病死动物无害化处理符合欧盟法规的技术方案,公司可派驻技术骨干和管理骨干参与合作标准化养殖场的经营管理。公司对肉兔养殖过程也要绝对控制,以保障出口食品安全。

三、公司-农村专业合作社(专业村镇)-食品安全体系模式

通过与农村专业合作社签订肉兔供货合同,带动农村肉兔养殖的发展。专业合作社将公司的大订单分解到合作社成员,由合作社组织这些成员发展肉兔生产。公司给予合作社专业培训,有专业技术人员巡防,帮助农民发展肉兔养殖。为保障食品安全,公司免费提供保健服务或者达到一定肉兔供货量时退还药费,以避免农户滥用药物和添加剂,保障食品安全。

第二节 河北临漳模式

河北省临漳县地处冀豫两省交界,属太行山东麓漳河冲积扇平原,是一个平原农业县,县域总面积 744km²,耕地 5 万 hm²,且有 6 700hm² 漳河故道滩涂,全县辖 14 个乡(镇)425 个行政村,总人口 60 万,其中农业人口 56 万。全县农业已初步形成了以粮食种植为基础,以畜牧、蔬菜、林果三大主导产业为骨架,以獭兔等特色产业为内涵,以沼气生态农业为纽带的现代农业格局。先后被国家列为全国獭兔养殖基地县、生态家园富民计划示范县、农科教三结合示范县、科技工作先进县等。

临漳县獭兔养殖始于 1988 年,群众自发养兔并不断发展,到 1995 年全县獭兔饲养量达到 80 万只,引起当地党委和政府的重视。1996 年,县委、县政府在组织有关部门和专家队伍深入考察、多方论证的基础上,把獭兔养殖作为全县一大主导特色产业进行强力推进与重点扶持。提出了"科技先导、强化服务、合同连结、建强龙头、壮大龙身、摆动龙尾"的产业化发展思路。通过 20 多年的努力,该县已建有临英兔业有限责任公司、天逸皮草制品有限公司、三益兔业发展中心、华元兔业服务中心、张涛制裘厂、柳元销染厂、欣邺皮草制品有限公司、江森皮草制品有限公司 8 家总投资 8 600 万元的养殖、加工两大类骨干龙头企业。另外,还建成了 3 家獭兔核心繁育场、10 家年饲养量 2 000 只以上的优质獭兔示范基地和 150 个养殖专业村,养殖农户发展到近 3 万户,年饲养量达 300 万只以上,实现销售产值 2.95 亿元,占全县畜牧业产值的 37.7%,初步形成了"龙头连基地,基地连农户"的养殖模式和集科研、生产、加工、销售为一体的产业化格局。临漳县獭兔良种已辐射省内 18 个县、市和河南、山东、山

西、内蒙古等省、自治区,龙头企业的兔皮产品远销美国、德国、意大利、日本、俄罗斯、加拿大、荷兰、中国香港等国家和地区。临英公司的"临英"牌兔肉产品、天逸皮草公司的"斯堪贝尔"牌裘皮服饰产品、江淼兔业开发公司的"珐斯特尔"牌裘皮服饰产品被全国第二十二届兔业交流暨兔业大赛大会评为金奖产品。

临漳县獭兔产业的发展经验和模式如下。

一、领导重视,市场运作

临漳县县委、县政府经过认真论证,充分认识到獭兔养殖的巨大潜力。第一,临漳县是一个平原农业大县,饲草、饲料资源丰富,非常适合草食动物养殖业的发展。第二,獭兔养殖投资少、风险小,既适合一家一户庭院饲养,又适合规模饲养,容易形成特色产业。第三,獭兔养殖周期短、见效快、经济效益高。农民购买 1 只基础母兔,仅需投资 60～70 元,而 1 只基础母兔年可出栏商品獭兔 25 只左右,年可获毛利千元以上,是一个难得的富民项目。第四,经过几年的发展,农民群众较好地掌握了饲养技术,积累了养殖经验,具有良好的群众养殖基础。第五,獭兔产品市场前景广阔。獭兔皮具有质轻、毛密、平细、牢固、易着色的优点,是取代高档野生动物皮毛的最佳选择,国际市场十分俏销。獭兔肉卵磷脂(宜智成分)含量高、胆固醇含量低,素有"肉中之王"之称,深受国内外消费者的欢迎。第六,獭兔养殖不仅符合国家产业政策,而且可以与当地实施的沼气生态农业形成有机结合,实现绿色獭兔养殖。

县委、县政府先后出台了扶持獭兔产业的相关政策,县"五大班子"将獭兔产业作为重点工作去抓,并作为每个乡(镇)考核的重要指标。几年来,县里的领导班子主要成员多次变更,但是他们重视獭兔产业、支持獭兔发展的政策没有变。他们并非以行政代替市场,而是采取行政扶持,市场引导。他们组织成立了"临漳县獭兔协会",由养兔大户和相关企业家组成协会领导集体,兔业发展通过协会直接抓。而县领导支持协会的工作,为协会工作开展解决实际问题,包括资金、建场(厂)用地、产品供应、专业市场建设和产品销售、专家的联系和技术人员聘用、招商引资等。尤其是在扶持龙头企业方面下了很大工夫,在产品的加工和销售方面做了很多工作,解决了养兔的后顾之忧。

二、典型引路,模式化经营

临漳县獭兔产业发展之所以如此之快,与他们的发展模式有关。县领导将獭兔作为重点发展产业之后,采取典型引路和模式化经营的策略。首先选择发展较早、基础较好的乡(镇)作为试点,然后根据专家的建议,建设标准化样板:养兔重点乡——专业村——养兔大户,并制定相关标准。每个重点乡必须有 50％以上的村养兔,每个专业村必须由 80％以上的农户养兔,每个养兔大户,基础母兔在 200 只以上,年出栏商品獭兔 5 000 只以上。总结他们的经验,然后全县推广。最后形成了全县养兔没有空白村,有的村实现没有空白户。

獭兔饲养之后,前期的饲料、药品、疫苗的供应,中期的技术服务,后期的收购和加工,必须跟上。政府责成畜牧和科技部门明确分工,各负其责。并有计划地扶持龙头企业,尤其是兔皮和兔肉加工企业,使其尽快发展,承担起本地獭兔产业的后期收购和加工任务。由于加工基础薄弱,没有大型企业,他们采取多企并举,以小聚多,同步发展的策略。同时,引进外地企业到该县设置收购点,多管齐下,解决了养殖快速发展,加工收购滞后的缺陷。

临漳县獭兔产业发展模式如图 7-1 所示。

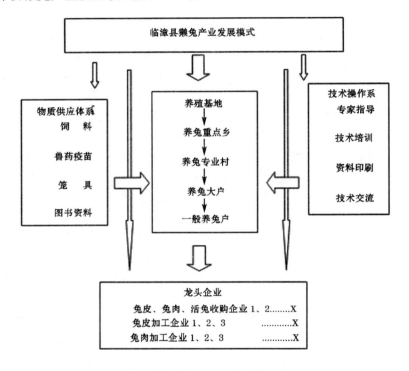

图 7-1 临漳县獭兔产业发展模式示意

三、尊重人才,科技先行

临漳县是一个偏僻的农业大县,说其偏僻,是因为其在河北省的最南端,与河南相邻。科技和人才是该县獭兔产业发展的主要限制因素。

为了解决限制该产业发展的技术问题,他们先后与河北农业大学、中国农业大学签署了合作协议,聘请全国知名专家组成顾问组,定期或不定期到该县指导工作。并与西北轻工业学院、河北科技大学等大专院校建立合作关系,解决兔皮和兔肉的加工难题。

他们利用外部智力资源,积极培养当地技术人员。对于养兔技术过硬、对养兔产业作出贡献的当地"土专家"给予破格提拔和重用,使当地掀起了学习科学技术、争当养兔模范的良好风气。经过精心的培养,当地涌现出很多养兔能手和"土专家",有的被聘请到外地当技术员,有的被邀请讲课或解决生产问题。临漳县也成为养兔技术的辐射源。

为了留住专家,为专家创造更好的工作环境,解决更多生产中的实际问题,他们积极与邯郸市、河北省和国家科技部等联系,对于生产中的重大难题,组织专家申请科研课题,联合攻关。先后在地方和国家立项獭兔课题8个,对促进该县獭兔产业的健康发展起到重要作用。

四、狠抓龙头,带动基地

獭兔产业化,龙头是关键。没有龙头的带动,没有收购、加工和销售的保证,养兔难以持续。临漳县深深知道龙头的重要性。但是由于该产业起步晚、发展较快、加工没有基础,短期内兴建大型兔皮和兔肉加工企业是很难的,如果没有龙头企业将会使蓬勃开展的獭兔养殖业处于不稳定状态。于是县委、县政府决定扶持獭兔产业化龙头企业的建立,在资金和政策上提供便利条件。在短短的几年时间内,首先有临英兔业有限责任公司成立,而后天逸皮草制品有限公司、三益兔业发展中心、华元兔业服务中心、张涛制裘厂、柳元销染厂、欣郯皮草制品有限公司、江森皮草制品有限公司8家总投资8 600万元的两大类骨干龙头企业兴起。活兔、兔皮和兔肉的就地收购和加工,促进了养殖基地的建设,解除了兔农的后顾之忧。不仅如此,也带动了周边县市獭兔业的发展。很多周边地区的兔农(包括相邻的河南省和山东省),也纷纷赶到临漳卖兔或采购用品。

五、技术培训,提高素质

养兔是一项劳动密集型产业,养兔效果的好坏取决于从事养兔农民的基本素质和技能。由于獭兔养殖发展迅速,很多从业者基础不牢,多数是看别人养兔赚钱而跟着养兔。怎样科学养兔,往往是照猫画虎,人家怎样他怎样。出现问题不知所措。品种退化、生长缓慢、死亡率高、皮张质量差等一系列的问题不约而至。

县委、县政府充分认识到提高养兔者素质的重要性,决定开展不同层次的养兔技术培训、不同阶段性养兔技术培训和不同方向的养兔技术培训。

所谓不同层次的养兔技术培训。第一,聘请全国知名专家进行高层次人员技术培训。参加的人员主要是有一定专业背景的业务干部[如畜牧局、科技局和相关机关的业务干部、乡(镇)畜牧兽医站畜牧兽医人员]。第二,举办养兔技术员培训班。主要请全国著名专家讲授,参加人员是养兔大户、乡镇农民技术员。第三,养兔饲养员培训班。主要是家庭兔场直接从事养兔的人员。以县畜牧局技术人员讲授为主,外聘专家为辅。

所谓不同阶段性技术培训,是指根据家兔生物学特性和季节性特点,根据生产中的出现的主流问题,聘请专家有针对性地进行技术培训。包括春繁培训、安全度夏培训、秋季培训和冬闲大规模培训。年年搞,但年年都有新内容。

所谓不同方向的养兔技术培训,是指专业方向不同的技术培训。如兔病防治培训、饲料资源开发和饲料配合培训、品种选育培训、人工授精培训、仿生养殖培训等。根据生产需要和专家的特长灵活安排。

13 年来,来自全国各地到临漳县进行技术培训和指导的专家有 30 多名,几乎全国多数知名养兔专家都来过临漳,有的多次来临漳,为临漳县獭兔产业的发展作出了贡献。

临漳县成立了生产力促进中心,县政府决定把投资 257 万元的科教大楼划归"中心"管理使用,并扶持资金 20 万元。建筑面积 2 600m² 的科教大楼集办公、接待、科研、培训为一体,功能齐全、环境优美。还投资 40 万元配置了微机、打印机、复印机、一体机、传真机、交通、通讯工具等现代化办公设备,以及多媒体、摄影摄像器材等,为更好地进行技术培训提供了良好条件,也为提高培训效果奠定了基础。

第三节　浙江嵊州模式

浙江省嵊州市畜产品有限公司利用自身的技术、服务优势和经营网络,于 1996 年组建了以畜产品有限公司为龙头、兔农为主体、家庭经营为基础的嵊州市长毛兔专业合作社,形成了以科技为先导,产、供、加、销为一体,技、工、贸相结合的家兔产业化经营模式。合作社制定了章程,选举产生了理事会、监事会,明确了社员权利和义务,做到专业化分工,社会化服务,程序化操作,标准化管理。合作社以市场为先导,以科研为主体,以服务为手段,进一步推进兔业产业化经营。同时,按照双方自愿原则,与兔农签订合同,实行统一配送、统一服务、统一防疫、统一管理、统一销售、统一品牌,为进一步做大做强家兔产业奠定了坚实基础。

嵊州市农民饲养家兔历史悠久,全市有 5 万户农民养兔,占全市总农户数的 22.4%,量大面广,是当地农村经济的一大支柱产业。但当地兔农一直是单家独户生产,养殖规模不大,生产发展不快,缺技术、缺信息,无法适应千变万化的市场,兔农迫切需要有自己的依靠组织。于是长毛兔专业合作社应运而生,并以畜产品有限公司为龙头,发动有一定规模的养兔户(存栏 100 只以上)和兔毛、兔具经营户共同参加的合作社,入社社员每户一次性缴纳入社费 300 元,并认购一定数量的股本金,每股 1 000 元,合作社成立初期仅有社员户 78 户,目前已发展到 112 户。

长毛兔专业合作社成立后,积极发挥专业合作社组织优势、规模优势,融生产、服务、经营于一体,并进一步完善了长毛兔产前、产中、产后系列化服务,推动兔业产业化经营。以浙江省农业科学院畜牧兽医研究所等科研院校为技术依托,加强科研与产业的进一步结合。目前,合作社带动的农户有 5 万多户,长毛兔的饲养量达到 85 万只,每年向全国各地供应良种,嵊州的"白中王"长毛兔已覆盖全市、辐射全国,为长毛兔产业服务的农村劳动力达 5 000 多人,长毛兔产业已成为嵊州市农村经济的一大支柱产业。通过长毛兔专业合作社建立，引导兔农走向产业化、规模化，大大增强了全市养兔户对市场风险的抗衡能力，保证了长毛兔生产稳定发展。饲养长毛兔已成为嵊州农民增收致富、振兴农村经济的重要门路。

一、嵊州模式的工作重点

（一）抓品种改良

合作社注重优良品种的推广，在全市建立了 120 多个良种兔人工授精站，500 多户良种繁育专业户，使全市的兔种都得到全面改良，良种覆盖率达到 100%。通过品种的改良，全市单只兔产毛量从 1995 年前的年均 850g 提高到 2009 年的 1 500g。合作社成立后每年举办赛兔会，产毛量年年提高，每届赛兔会都打破了世界新纪录。2009 年 4 月 25 日，在浙江省畜牧兽医局、嵊州市人民政府组织的"白中王"长毛兔产毛擂台赛中，合作社参赛的"白中王"长毛兔产毛量又一次刷新了世界纪录，赛兔会后全国各地到我市引进良种的客户络绎不绝。

（二）抓技术培训与信息指导

合作社每年举办 2 期养兔培训班，年受训养殖户达 500 余人次。每月还向社员户发放信息资料 1 期计 3 万余份，及时提供市场信息，布置阶段性生产任务，提供养兔技术，咨询市场信息和兔病防治知识等。合作社还建立了长毛兔专业网站，开设了农技师为兔农技术服务专栏。养兔专业村的社员还上了因特网，进行网上交易种兔和兔毛。

（三）抓科技示范与规模生产

为增强养兔业抗市场风险能力，合作社积极引导养兔户向规模经营和科学养兔方面发展。500 多户科技示范户通过帮助辅导后养兔效益比普通养兔户提高 25%，112 户专业合作社员户养兔效益比普通户要高 15%。由于重视抓规模生产，目前全市存栏量在 100 只以上有 3 000 多户，300 只以上有 800 多户，500 只以上有 100 多户，最多的达到 3 500 多只。还出现了 5 个养兔 1 万只以上的专业村和 2 个长毛兔养殖示范园区，形成了区域化布局，专业化生产，一体化经营，企业化管理，社会化服务的养兔产业化格局。

（四）抓好配套服务工作

为提高合作社的凝聚力，合作社对社员户制定了八项优惠措施，使社员户得到实惠，壮大了合作社的队伍。具体做法是：①每年为社员户免费技术培训 2 次。②每月免费赠送养兔信息 1 份。③免费提供防病技术。④每户 1 年优惠价供应兔用颗粒饲料 5t，价格比其他户低 20%。⑤每年组织全市性赛兔会 1 次，参赛费比其他户降低 50%。⑥专门指定技术人员对社员上门联系，帮助解决养兔中的具体困难。⑦每年召开 1 次全市性的社员大会，确定产品销售方式进行利益分配，交流养兔生产经验及市场信息。⑧对社员的产品随行就市保证收购，低潮时实行最低保护价。通过这些措施，体现了合作社的优越性，使长毛兔专业合作社朝着稳定健康方向发展。

(五)抓生产、销售、服务与产品开发

合作社在抓好生产发展的同时还积极开拓兔毛、种兔销售渠道,10年来已向全国17个省、自治区、直辖市的66个县(市)供种180多万只,销售兔毛4 500 t,解决了兔农产品卖难的后顾之忧。并根据市场需求推广细毛型长毛兔新品种,发展兔绒生产基地,引导兔农生产适销对路的产品,提高了兔产品的价格,使养兔户增加了收入。同时,帮助社员户向有关单位协调生产用地与资金贷款问题,为专业化经营提供可靠的保证。

(六)抓好产销联接,保护生产者利益

为保证社员户养兔生产的稳定发展,防止市场大起大落,合作社及畜产品有限公司每年和社员户签订产品产销服务合同,对兔毛、种兔实行保护措施,产生的利润按投售的数量返利或进行饲料补贴。当市场种兔价低于每千克10元,按10元最低保护价收购。兔毛每千克低于90元,按最低90元保护价收购或贴息保护。投售方式,凡遇上低潮时,在合同规定的兔毛数量内按保护价保证收购,并共同参与兔毛、种兔合股合作经营,按资金投入比例享受盈利分配,保护了社员的利益。

(七)抓好经营,搞活流通,增强合作实力

长毛兔专业合作社从1996年成立至今已有10多年,根据章程规定,经济上实行独立核算、自负盈亏。为了抓好经营管理,合作社在工作上开展两手抓,一手抓经营,一手抓服务。让一部分有经营头脑的社员去拓展市场,打通销路;让一部分有技术的社员在面上抓好生产,搞技术指导工作。合作社联合畜产品有限公司对社员户投售的兔毛、种兔按数量实行饲料、药品价格优惠的方式进行计算返利。

在过去传统的计划经济体制下,兔业始终只是一个提供初级产品的部门,难以作为一个完整的产业去独立地运作和发展。在一家一户分散经营的格局下,农民作为兔业生产的主体,在市场交换中处于极为不利的地位,不仅谈判地位低下,而且难以抵御市场波动带来的风险;即千家万户的农民难以面对千变万化的市场。从兔业现代化的要求看,兔业作为一个产业要发展,必须对传统的兔业经营形式进行改革。浙江嵊州专业合作社经营模式就是改革的必然结果。现代兔业产业化通过产前、产中、产后等环节的分工和衔接,使兔农从直接的市场交换中解脱出来,减少了市场风险和交易成本。通过贸、工、农一体化的经营,使兔业产业的组织化程度提高、竞争能力增强、谈判地位改善。同时,产、供、加、销一体化通过加工链的延长,扩展了更大的经营空间,可以容纳更多的劳动力就业,为农村剩余劳动力找到了出路;现代兔业产业化经营模式使兔农的生产成为专业化生产,为兔农学习先进生产技术提供了动力和条件,加快了兔业现代化的步伐。

二、完善嵊州模式的思考

为积极应对全球金融危机对兔业的影响,进一步推进兔业产业化进程,更好地完善兔业产业化经营模式,归纳了以下几点思考。

（一）合作社以龙头企业为依托，更有利于发展壮大

专业合作社是以农民为主体的经济联合体，现阶段龙头企业的积极参与可以成为合作社的技术服务、产品销售、网络依托。嵊州市长毛兔专业合作社的不断发展，就是有嵊州市畜产品有限公司作为依托，组合发挥了各网点的服务优势，帮助合作社建立信息服务网络，饲料生产供应点，产品收购门市部等，是在龙头企业的带动下，依托作用与专业合作社合作功能的完美结合。

（二）合作社合作的方式应以多样性为主

根据兔业专业合作社的实践，合作社的发展起步阶段，重点是引导社员户扩大生产规模，提升产业档次，在争取多种合作方式的基础上才能过渡到紧密型的经济联合体。没有一定的生产规模不可能走向合作。如果认为只要合作社组织一建立，就什么都能解决的想法是不现实的。把导向盯在紧密型一种模式，一味追求创多少利、分多少红，目前只是一种空想。因为根据现阶段市场经济的实际，把农户的产品推销出去已经是最大的成绩，也是农户最大的希望。长毛兔专业合作社就是抓住了单家独户的农户缺技术、缺良种、缺资金、缺销路、缺规模的重点问题，采取了各种合作方式，在组织上把合作社分为 8 个片，社员分为紧密型、半紧密型、松散型 3 种组织形式，合作方式分为技术合作、产品合作、资金合作、分阶段合作 4 种，使合作社的工作做得有声有色，队伍不断扩大、产业不断提升、实力不断壮大。10 年来，合作社社员户固定资产已超过 600 多万元，合作社产生的经济效益用于扩大规模、提高种质、技术推广、饲料补贴、产品保护价收购的让利和投入。

（三）合作社的发展在现阶段还需政府和各方面的引导扶持

从嵊州市长毛兔专业合作社的作用来看，确实对解决当地农村、农业、农民问题产生了很大影响，它提升了一个产业、致富了一方百姓，较好地体现了对农户的带动和合作功能、服务功能。但从合作社本身的利益看还是比较微薄的，它的市场抗风险功能仍然比较脆弱。为此，作为合作社为主要依托的嵊州市畜产品有限公司已投入 3 500 万元建立良种供应、饲料加工、防疫治病、产品收购销售、技术研发为一体的长毛兔科技创业园区，下一步将投资 1 500 万元进行兔毛纺纱织造深加工项目开发，并在西部地区外拓 10 个长毛兔养殖生产基地，将带动农户 10 万户。近几年来，政府也出台了一些优惠政策，对合作社的发展指明了方向，促使合作经济组织能够健康发展。

第四节　四川"哈哥"模式

短短几年时间，四川省井研县兔产业化迅猛发展，小兔子做成了大产业，这是一个奇迹。以四川省哈哥兔业有限公司为龙头的"哈哥"兔业发展模式不断创新和完善，形成了一套较完备的体系，概括为"支部＋公司＋协会＋农户"的"哈哥"模式。

一、"哈哥"模式的内涵

农业产业化是市场经济条件下农业发展的必然趋势。农业产业化的内涵,是以国内、外市场为导向,以提高经济效益为中心,对区域性主导产业进行专业化生产、系列化加工、企业化管理、社会化服务,农业生产逐步形成种养加、科工贸一体化生产的经营体系。农业产业化的本质是农业实现从粗放型经营方式向集约型经营方式的转变,农业产业化经营的核心是增加农民收入,在实现形式上表现为生产的专业化、布局的区域化、服务的社会化、管理的企业化。

农业产业化经营有不同的模式,"模式"的含义是:某种事物的标准形式或使人可以照着做的标准样式(源自《现代汉语词典》)。目前国内成熟的农业产业化经营模式有5种:龙头企业带动(龙头企业+农户)型;专业市场带动(市场+农户)型;服务组织带动(专业协会或专业合作社+农户)型;特色产业带动(规模特色产业+农户)型;基层组织引导(支部+专业协会或专门合组织+农户)型。"哈哥"兔业产业化经营,吸取以上5种模式的精华,探索出了"支部+公司+协会+农户"的"哈哥"兔业发展模式。这种模式是指:以龙头企业哈哥公司为主体,围绕特色兔产业,通过支部引导、公司带动、协会服务和建立稳定的利益联结机制,形成市场连龙头、龙头连基地、基地连农户,生产、加工、销售有机结合和相互促进的兔业产业化经营方式。

"哈哥"兔业发展模式由4部分要素(支部、公司、协会、农户)组成,每一部分要素具有不同的地位和作用。公司和农户是两个相对独立的经济实体,是"哈哥"模式中的核心要素。公司处于主体地位,是实现兔业产业化的中枢环节,是"哈哥"模式成败的关键,其经济实力的强弱和牵动能力的大小,决定着兔业产业化经营的规模和成效。支部起着宣传引导、组织发动的领导核心作用。专业合作组织起着技术、信息、营销等方面的服务作用。合理化的利益联结机制,把"哈哥"模式中的各要素结成了一个风险共担、利益共享的经济联合体。

二、"哈哥"模式的成功经验

2008年全县养兔农户达到25 800户,占全县农业总户数的28%。出栏商品兔500万只,比2000年的50万只增长了10倍。兔农总收入13 600万元,社员户均增收6 600元,全县农民兔业人均增收80元。从农户角度看,农户与企业达成了稳定、紧密的供求合作关系,养兔农户得到了实惠;从企业角度看,企业所需要原材料的数量和质量得到了有力保障,企业得到了发展;从政府角度看,既培植了税源,又促进了农业生产结构调整,促进了产业布局区域化和生产规模化,农业效益显著提高。"哈哥"兔业发展模式的成功运作,得到了各级领导的肯定,在全国产生了影响,其成功之处是多方面的。

(一)兔业发展前景良好,这是"哈哥"模式成功的前提

一是市场需求增加,国际市场畅通。兔肉营养价值丰富。兔肉与其他畜禽肉相比,它的营养价值与消化率均居于其他各种畜禽肉类之首。《本草纲目》记载:兔肉性寒味甘,具有补中益气、止渴健脾、凉血解热、利大肠之功效。也有古诗赞誉:"飞禽莫如鸽,走兽莫如兔"。正因为兔肉营养价值高,发达国家居民对兔肉的消费量很大。如西欧和东欧国家当今的人年均兔肉消费量 2kg。虽然我国人均年消费不足 500g(其中大部分为四川和沿海居民所消费),但随着我国经济的快速崛起,消费者消费水平的不断提高,对自身健康需求的日益增长,越来越多的人将加入到消费兔肉食品的"大军"中来。因此,专家预测,兔肉必将成为 21 世纪人们的重要食品之一。

2004 年 7 月 16 日,欧盟恢复进口我国肉兔产品,但由于此前的 2 年多时间里,欧盟对我国兔肉产品的绿色壁垒,致使国内兔存量减幅达 60%。目前,国际市场畅通,国内加大了对兔肉产品的需求,国际国内两扇大门均已打开,肉兔无论国际国内都有着巨大的需求空间和市场机遇,这决定了肉兔产业在相当长的时间内将保持良好的市场前景。

二是政策支持。当前,中央、省、市、县对兔产业都十分重视。四川省畜牧发展"十一五"计划和 2010 年远景规划明确指出:"十一五"目标(2005 年)是年产兔肉 20万 t。2015 年远景目标是年产兔肉 35 万 t,年递增率 12%;乐山市畜牧发展"十一五"计划和 2015 年远景规划也提出:年出栏肉兔 1 363.8 万只,年产兔肉 1.3 万 t,2015年远景目标是年出栏肉兔 3 000 万只,年产兔肉 3 万 t。井研县具有 1 500 多年的养兔历史,林果园地和荒山草坡地 3.34 万 hm²,气候适宜肉兔生长,兔产业在井研具有持续开发的潜力。因此,井研县高度重视兔产业发展,把兔产业作为了农民增收的主导产业来抓。

三是养兔投资少,见效快。与饲养其他动物相比,肉兔养殖是一个"短、平、快"的项目。如果按照饲养 2 公、18 母 20 只为一组进行计算,年投入 6 000 元,包括种兔费、饲料费、防疫费、笼舍费、工具和用具费、人工费、折旧费等,平均每只兔子年投入9.5 元;年商品兔出栏收入 11 340 元(按 1 只母兔年提供商品兔 35 只计算,一组年出栏商品兔为 630 只,按每只商品兔 2.25kg,以公司最低保护价 8 元/kg 计算);年纯收入 5 340 元。因此,一些养兔户形象地说:"利用自家空闲屋,喂养 30~40 只母兔,1年就成万元户"。

(二)"哈哥"公司不断发展壮大,这是"哈哥"模式成功的基础

没有"哈哥",就没有井研兔业的快速发展。问卷调查显示,58.9% 的养兔户最盼望的是"公司发展好,兔子不愁卖"。国内外产业化经营的实践也证明,"龙头劲,龙身活","农业产业化,没有企业这个龙头就舞不起来"。因此,"哈哥"公司是"支部＋公司＋协会＋农户"产业链条中的最关键环节,在市场营销中,起开发和推动的作用;在结构调整中,起引导和带动农户的作用;在技术进步方面,起载体和传导的作用;在区域产业格局形成中,起示范和辐射的作用。

四川省"哈哥"兔业有限公司创建于 2002 年,是农业产业化经营国家重点龙头企业,中西部地区最大的兔产品深加工农业产业化省级重点龙头企业,国家科技部星火计划项目企业,四川乐山国家农业科技园区畜牧科技园核心区企业,西部唯一出口兔肉到俄罗斯的企业。目前公司具备了年加工肉兔 1 000 万只、兔皮 1 000 万张的生产能力,产业链条不断延伸,打造出"哈哥"、"哈妹"品牌,"哈哥"品牌已获得"中国驰名商标"称号。企业通过了国家 QS 认证,产品通过了国家绿色食品认证、有机食品认证、四川省名牌产品认证,兔肉产品进入了全国各地大型超市,畅销全国 26 个省、自治区、直辖市。企业规模、销售收入、利税水平居中西部同行业第一位。公司起点比较高,定位比较合理,生命力很强。3 年后公司将达到年加工兔 4 000 万只、兔皮和兔裘皮 4 000 万张的生产能力,实现年产值 30 亿元。"哈哥"公司的不断发展壮大,其带动能力将更加增强。

(三)利益分配机制合理化,这是"哈哥"模式成功的关键

从国内外农业产业化成功的经验中看出,企业与农民互惠互利是产业联结的基础,妥善调节企业与农民的利益关系则是农业产业化赖以生存和发展的关键。近年来,"哈哥"公司从长远利益考虑,自觉让利于农民,利益分配机制日趋合理,建立了参股合作、订单生产、价格保护、利益返还、担保贷款一整套利益联结机制,既为公司赢得了良好声誉、树立了公司良好形象,又调动了各方面力量参与兔业发展的积极性,增强了兔业产业化发展的动力。

一是参股合作机制。企业以部分固定资产折价 200 万元入股,社员以种兔每 20 只(2 公、18 母)折资 500 元作股金,年底按 5‰的标准保底分红。同时鼓励社员以现金入股,专家以技术入股,年底按股额 5%分红,目前,有社员个股 16 000 股,股金 323 万元。

二是订单生产机制。推进产业化的合同制,企业根据自己的生产销售能力与农户之间签订养殖合同,定品种、定数量、定质量、定标准、定价格。企业在市场运行中与需求单位签订供货合同,从根本上降低企业与农户的投资风险,为农业产业化发展提供最基本的保证。2009 年已签订定单 13 600 余份。

三是价格保护机制。公司根据市场行情,在广播电视上公布兔子收购价格和公司的保护价格。2005 年兔子收购保护价为 6 元/kg,2007 年为 7 元/kg,2008 年为 8 元/kg,2009 年为 14 元/kg。獭兔 20 元/kg。对扶持的贫困户高于保护价 10%收购。

四是利益返还机制。公司从年终税后利润中安排 10%,建立养兔发展基金和社员分红基金,扶持兔产业发展。按每只兔 0.1~0.5 元的标准,对养殖户实行二次返利。几年共计返利 116 万元,社员户均返利 115.09 元。

五是贷款担保机制。企业出资 200 万元在农村信用合作社设立担保基金,为 526 户规模养殖户和资金短缺的贫困社员落实担保贷款 810 万元,并承担担保贷款资金的利息,解决社员生产资金不足的问题。合作社肉兔出栏量的一半是依靠这种基金担保发展起来的。

六是贫困户扶持机制。公司 2 年共投入资金 186 万元,扶持特困户 526 户,户均投入资金 3 536 元。采用的扶持方式是：垫资为贫困户修建兔笼、兔舍 18 000 个和提供种兔 12 000 只，只要农户每年交售 300 只商品兔给公司，所垫资金全部奖励给兔农。

（四）服务社会化，这是"哈哥"模式成功的保障

服务社会化是农业产业化发展的客观要求。社会化服务是指把农业生产经营过程中诸多服务职能分离出来，由各类社会组织承担，为农业产业化链条上的主要生产单位提供产前、产中、产后的专业化、全程化的服务，促进各种要素的优化组合。

养兔户获取技术主要有 3 个途径：专业合作组织进行培训指导、乡村基层组织开展技术培训和自学。这说明兔业服务体系日趋完善，初步建立了社会化服务体系，对养殖户进行产前、产中、产后各个环节上的服务。"哈哥"模式社会化服务的特点是：公司作后盾、专业合作组织为主体、基层支部组织引导、相关部门配合的无偿服务。企业积极实施"1234"工程，即 1 个目标：助农增收；2 个依托：依托科研院所、大专院校（四川省畜牧科学研究院、四川省草原科学研究院、四川农业大学、四川大学、成都大学和四川省兔业工程技术中心）的科技支撑，依托农村专业合作组织的引导服务；3 个服务：技术服务、信息服务、融资服务；4 个统一：统一优选品种、统一饲养规程、统一疫病防治、统一合同收购。专业合作组织积极发挥服务的主力军作用。建立了乐山市兔业协会和井研县兔业协会各 1 个，建立了乐山市兔业合作社和井研县兔业合作社各 1 个，建立了兔业合作分社 120 个，社员户达到 13 500 户。井研兔业协会和兔业合作社聘请专家教授举办养兔培训班，印发技术资料，开设"兔子医院"，常年聘请 5 名专业技术人员，定点联系、上门无偿技术服务；基层合作社也确定了专门技术人员，进行兔病防治技术指导，同时提供政策、信息等服务。公司对 120 个兔业合作社的技术人员每月补贴 50～100 元，年终视其工作成效另行奖励。

（五）市场化运作，这是"哈哥"模式成功的手段

农业产业化是在农业发展机制转轨时期催生出来的产业，从发展到壮大的全过程必然遵循最基本的市场经济规律。"哈哥"模式通过经济约束和签订协议，把兔业生产过程的各个环节，包括从专用物资的供应到养殖、收购、加工、包装和销售的各个环节纳入了同一个经营体内，初步形成了风险共担、利益均沾、互惠互利、共同发展的经济利益共同体。

采取政府引导、提供服务，企业实施、市场运作的方式，加快了肉兔生产基地建设，探索出了"市场连企业、企业建基地、基地带农户"的新模式。一是政府引导。按照市场化运作的思路，政府从直接参与组织基地建设，转变为在政府引导下，由企业组织农户实施。政府主要是搞好基地建设规划，支持企业和引导农户实施。养兔较多的乡镇党委、政府，积极发挥组织、引导、服务、协调的功能和作用，基地建设迅速。二是企业实施。龙头企业是农业产业化的主体，"哈哥"公司在基地建设上发挥了主体作用，通过免费建兔舍、送种兔、送兔舍修建专用材料、担保贷款等多种方式，鼓励、支持基地建设。2003—2008 年共投入资金 380 万元用于基地建设。

在商品兔收购上，坚持市场化运作。公司鼓励但不强迫农户把兔子卖给公司，赢得了广大养殖户的赞誉。公司组建了 50 人的经纪人队伍，经纪人持经县工商局考核合格后颁发的证件，在全县范围内按照公司公布的收购价向养殖户收购肉兔，同时公司及时按照市场价格调整公司收购价。

(六)兔业专业化和集中化，这是"哈哥"模式成功的依托

要提高企业产品质量和农产品质量，就必须实现兔业的专业化和集中化。"哈哥"兔业的专业化和集中化主要体现在以下 5 个方面。

一是公司的专业化。"哈哥"公司是专门进行肉兔深加工的省级重点农业产业化龙头企业，生产能力、销售收入、出口创汇居中西部地区第一位。

二是分工日益明显。肉兔生产的过程分解成为若干个阶段，从良种繁育、农户饲养、技术服务到生产加工、进入市场等工作，分别由业主、农民、中介组织、企业等来完成，兔业产业的分工日益明显。

三是区域布局逐渐优化。根据交通条件、经济发展水平等方面的差异，公司建立绿色食品生产基地 5 个，在集益乡、纯复乡、高滩乡、四合乡建立养兔示范区 24 个，这些地方已经逐步转变为比较集中的生产优质商品兔的专业化地区。

四是适度规模养殖户逐年增加。所谓适度规模养殖户，是指有适当场地（20～30 m^2 的房前屋后空闲地）、有 3 000 元的启动资金、具备基本的养兔技术、年出栏商品兔 500 只以上的养殖户。近年来，井研、乐山及周边地区小规模的养殖户数逐渐减少，适度规模养殖户逐渐增加。目前，适度规模养殖户达到了 5 万户，户均出栏商品兔 500 只以上。

五是积极实施标准化养殖。公司和合作社共同建立出口生产养殖基地和绿色食品基地，对基地实行"五统一"：统一优先品种、统一饲养规程、统一疫病防治、统一合同收购、统一环境控制。按照国家绿色食品生产标准和操作规程，制定并向养殖户分发了肉兔标准化生产技术操作规程，从品种、饲料、药品选用等方面对养殖户实行指导。

(七)基层组织作用的发挥，这是"哈哥"模式成功的组织保障

"支部＋协会"的作用发挥大。公司党支部先后与 31 个农村党支部建立了"联席会"制度，有 22 个村支部书记既是适度规模养兔户，又是合作社的社长。支部的作用主要体现在 5 个方面：一是宣传、动员、组织群众发展养兔业，规划养兔区域布局；二是牵头领办、创办专业合作组织，把一家一户的小生产引向大市场；三是加强对专业合作组织的规范化管理，坚持专业合作组织服务群众的发展方向；四是积极为专业合作组织提供技术、信息、资金服务；五是发现和培养有专长的土专家，并推荐到专业合作组织的领导岗位。

三、"哈哥"模式的进一步优化

农业产业化是一场农业产业革命，其发展模式都要本着与时俱进的精神，不断完善和发展自身，"哈哥"兔业发展模式也要有一个不断完善和优化的过程。

（一）加大对兔产业的扶持力度

政府要进一步认识兔产业的重要意义，加大引导扶持力度。对龙头企业和生产基地，要给予一定的优惠政策。特别是要积极向上争取资金，如基地建设资金、农业综合开发资金、扶贫开发资金等，加快兔业产业化进程，提高兔业产业化经营水平。

（二）强化科研技术体系的建立

运用现代农业技术理念，加强科技体系支撑，进一步搞好兔产业技术体系建设。发挥国家兔产业技术体系乐山试验站作用，发挥"三校、两院、一个中心"的技术优势，促进兔产业向现代化、标准化、规模化、规范化提升。

（三）积极推进标准化生产，实现由数量型向质量效益型转变

实行市场准入制度是国际上通行的做法，其核心是标准化。标准化生产就是对养兔生产的引种、饲养、防疫、用药、排污等全过程进行规范和约束，有效控制产品卫生质量，确保食品安全。

一是建立和完善一套完整的标准体系，规范养殖的全过程。企业、政府、畜牧部门、科技部门要加大宣传和培训力度，让农民掌握并运用标准化技术规程。同时企业要积极推进标准化建设，以企业的标准带动养兔生产的标准化。

二是运用经济杠杆，大力发展标准化适度规模养兔户。目前，广大散户小规模的养殖非常不利于标准化的实施。政府可通过奖励、补贴等形式，企业可通过相对提高标准化养殖的商品兔的收购价格，充分体现优质优价，提高农户标准化生产的积极性。

三是加快良种繁育体系建设。公司要尽快建立自己的良种繁殖基地，多元化投资在三江、研城、周坡建立 3 个良种兔繁殖场，每年向农户提供优质父母代种兔 10 万只以上，积极推广优质品种，加快品种改良步伐。

四是加快技术服务体系建设。养兔户最担心的是养兔技术，尤其是兔病防控技术，因此要加大技术服务力度。以大专院校科研院所为依托，建立养兔培训中心，定期举办养殖技术培训，培养一批养兔技术骨干；畜牧部门要引进专业技术人员，设立专门机构，规模养兔的乡镇畜牧站要配备技术人员，负责培养一批"土专家"；专业合作组织要切实履行服务职能，发挥"土专家"的作用，把技术宣传到户、指导到户，并定期组织社员交流座谈。

五是加快饲料体系建设。目前，养兔专用饲料基本上从外地购进，每年的需求量为 1 万～1.4 万 t，是一个潜在的市场。并研可以建设养兔专用饲料加工厂，实行统一供料，既保证养兔用料的安全，企业也可获得丰厚的回报。当地主管部门要进行项目的论证、包装、招商工作。

六是加快检测体系和防疫体系建设。公司和畜牧部门要加大检测体系基础设施建设，建立检验检测中心；畜牧、工商、质监等部门要突出流通环节的防控监控，突出基地商品兔的质量检测，严把检疫关；畜牧部门积极推广"防疫登记卡"制度，对饲料的使用、种兔的引进及饲养管理、疫病防治、运输和销售等全过程进行记录,实行"一兔一卡,卡随兔走"制度。一旦发现不安全因素,要能以最快的速度查出原因并迅速解决。同时畜牧部门要建立兔病重大疫情应急预案。

七是大力发展循环经济。1 000 只商品兔可生产兔粪 5t 以上,要按照"再利用、资源化"的原则,积极探索兔粪资源化再利用的途径,在规模养兔户中推广"养兔大户＋种植大户(如种粮大户、养鱼大户)"、"养兔大户＋沼气"的生态养兔模式,控制养殖污染。

(四)加快营销体系建设

养兔户分散在全县 27 个乡镇,50 人的经纪人队伍已经不能满足商品兔收购要求。一是在公布商品兔价格的前提下,企业可以充分发挥专业合作组织的作用,通过专业合作组织为企业组织商品兔,也可以在乡镇定期设点收购,方便农户售兔。二是制定相关政策法规,规范兔业产业化运行机制。逐步完善兔业产业化运行的约束机制,通过立法或制定相关法规,切实保护兔业产业化中各利益主体的利益。要制定"订单"法规,规范订单文本、规范订单签订程序、明确双方权利与义务、规定违约责任等。加大对订单履约的监管和追究力度。三是政府要加强对农户、专业合作组织和企业的诚信教育,使农户和企业双方诚实守信,切实履行签订的收购合同义务,互利互惠,实现共赢。

(五)建立多元化的投入机制

在调查中发现,一些农户在资金的投入上存在过分依赖企业的心理。诚然,龙头企业是农业产业化的主体,理应承担起发展农业的责任,但是企业反哺农业的力度过大,必然影响企业的发展壮大。因此,在基地的建设上,要建立养兔农户投入为主,企业、政府、养兔农户"三位一体"的投入机制。政府要制定规划,按照"围绕龙头建基地,突出特色建基地,连片开发建基地"的原则,加快基地建设步伐,实施区域化、规模化生产。

(六)加大对兔业产业化金融支持的力度

一是争取政策支持,发放农业产业化财政贴息贷款。二是加大农户小额信贷的发放力度。建立和完善养兔农户信用等级和生产经营情况档案,有针对性地进行小额信贷的发放。

第五节　四川仪陇"五位一体"模式

四川省仪陇县是川陕革命老根据地之一,朱德总司令的故乡,属老、少、边、穷地区,是 100 万人口的丘陵农业大县之一,2004 年全县人均牧业收入才 1 710 元。自 20 世纪 90 年代开始引进经济价值较高的獭兔养殖,2004 年出栏獭兔仅 45 万只,獭兔产业链脆弱,主要依靠小农户生产维持,严重制约了獭兔产业的发展。2005 年以来,仪陇县紧紧围绕兔业发展这一主题,积极探索出了"五位一体"的兔业发展新机制,采取行政推动与政策激励相结合,多元合作与市场合作机制结合,紧紧依托加工龙头企业、规模养殖场与科研机构积极组建乡村兔业合作组织,走"规模化、专业化、集约化、标准化"的发展之路,实现了该县獭兔产业跨越式发展。2007 年出栏兔 468.46 万只,其中獭兔出栏 300 万只。据 30 户典型养兔农户调查表明,户均养兔纯收入由 2004 年的 2 502 元,增加到 2007 年的 7 535 元,增长 3 倍。产生了广泛的社会影响。

一、"五位一体"模式的基本内容

"五位一体"是以"加工企业＋种兔场＋金融机构＋专业合作组织＋养殖农户"为合作框架的新型畜牧业发展机制,实施订单生产,保护价收购,是各利益主体之间,在政策的引导下,以诚信为基础、利益为纽带的多方合作新模式。

"五位一体"模式的基本内容是通过政府政策引导,下达兔业规划任务;金融机构根据规划要求,向加工龙头企业、种兔场提供信贷支持,向养殖农户提供小额贷款;保险公司为养殖农户提供养殖保险;政府、加工龙头企业、种兔场、养殖农户共同出资建立基金;兔业加工龙头企业通过与种兔场、乡级专业合作组织(协会)签订收购合同,建立收购网点,实行订单和保护价收购,当市场价明显低于保护价时,用风险基金给予价格补偿;种兔场为农户提供种兔和现场技术培训示范;乡村专业合作组织(兔业协会)与养殖农户签订协议,实行订单养殖,按县养兔协会提出的标准组织生产。并对协会农户进行信用等级评定,为农户提供贷款担保。就近组织农户参加技术培训,提供技术服务,提供养兔物资,统一组织收购商品兔。全县养兔实行"五统、三分"的办法,即统一技术指导、统一供种、统一防疫、统一购销、统一签订养殖合同,分户种草、分户建舍、分户饲养。

二、"五位一体"模式破解了兔业发展的六大难题

(一)"五位一体"模式创新了政策支持机制,破解了项目资金效益差的问题

仪陇县成功建立了以奖代补和先建后补的项目运行模式。县哈哥兔业 2007 年完成收购、宰杀、加工该县商品兔 500 万只,年终获政府奖励 5 万元。对全面完成发展任务和收购任务的种兔场,政府补助 2 万元。政府给予专业村养兔协会 2 000 元补助用于购买小型颗粒饲料加工机,对成绩突出的年终奖励 2 000 元。政府对养兔专业村当年新增种兔 10 只以上、新建兔笼 36 个以上的农户,按照种獭兔 40 元/只、种肉兔 20 元/只的标准给予补助,新增种兔 30 只以上,新建兔笼 108 个以上,另加奖补 5 元/个(金属兔笼)或 8 元/个(砖混结构)。对饲养种兔 300 只以上的养兔大户,标准笼位达 1 200 个、且年出栏商品兔 10 000 只以上的大户,年终奖励 1 万元。县财政按照每人每年 3 000 元的标准给予养兔专业村技术指导员补助,其补助金额与考核的业绩挂钩。政府对完成全年目标任务的乡镇和专业村,每出栏 10 万只补助 1 万元工作经费,对超额完成引种任务的按每组种兔 20 元补助工作经费。

(二)"五位一体"模式创新了金融支农机制,破解了发展产业资金缺乏的问题

"五位一体"机制成功破除了金融部门服务"三农"的命题,农业和农村经济的发展是最需要金融扶持的领域。长期以来,农户由于缺乏抵押担保和难以评级授信等原因,往往无法获得金融贷款,金融部门的小额贷款使农户发展养兔有了启动资金。"五位一体"通过协会对养殖农户进行信用等级评定和担保使农户顺利获得小额贷款,有效突破了农村信贷"瓶颈"。同时保险公司的参与,使农户还贷有了进一步的保障。

(三)"五位一体"模式创新了风险防范机制,破解了养殖风险大的问题

1. 建立兔业风险基金　县财政在支农专项资金中安排50万元,哈哥兔业、绿原兔业、梅林公司、县兔协等种兔场各交纳5万元,建立了兔业风险基金,用于企业按保护价收购商品兔的价格补助。

2. 开展养兔保险　政府鼓励养兔户参加獭兔(肉兔)养殖保险,对参保的养兔农户,按保费的70%予以补助。目前,法国安盟保险公司南充天诚代理公司已开始在仪陇展开了獭兔(肉兔)养殖保险业务。

(四)"五位一体"模式创新了利益分配机制,破解了利益分配不均衡的问题

养殖农户通过金融机构小额贷款和政府的优惠政策获得兔业发展的流动资金,通过与兔业协会签订合同,实行订单生产,保护价收购。解决了农户卖兔难的问题,降低了农户的市场风险,切实保证了养殖农户利益。

金融机构通过向龙头企业、种兔场、养殖农户提供贷款,拓展了农村信贷业务;保险公司通过对种兔场和养兔农户进行保险,开辟了新的保险业务,也为农业保险提供了新的尝试。

加工龙头企业按照协议收购农户饲养的獭兔(肉兔)使獭兔的标准化养殖水平得到了提高,也保证了加工原料的质量与来源。

种兔场通过协议,向农户提供种兔和技术示范,扩大了农户的养殖规模,使种兔的质量和销量有了切实的保障,并由此获得规模效益。乡村专业合作组织(兔协)通过提供养兔物资和技术服务,获得了有偿服务报酬。

(五)"五位一体"模式创新了科技服务机制,破解了养兔科技含量低的问题

"五位一体"机制探索出了发展现代畜牧业科技服务和普及的新路子,采取产、学、研结合与技、物配套等方法,建立了科技服务平台仪陇獭兔专家大院和仪陇养兔产业协会,技术依托实力强大的四川省草原科学研究院,把专家引进大院,科学试验摆在兔场,技术送到农家,专家工作资金足额配套,使养殖户科学养兔水平显著提高。

1. 良种兔得到普及　种兔场与养殖户签订供种协议,向广大养殖户提供了繁殖性能强、生长速度快、皮张性能好的优良品种,使养殖户的良种覆盖率达85%。实现了饲养品种良种化。

2. 规模化养殖得到快速发展　在政府有扶持、融资有保障、技术有支撑、销售有渠道的有利条件下,参与"五位一体"的养殖户纷纷扩大饲养规模,上千只的规模场不断涌现,全县的獭兔养殖户已达到7000余户,促进了全县养兔业的快速发展。

3. 标准化生产水平得到提升　制定出了适合本地情况的兔舍建设技术标准,指导农户建设规范化圈舍及兔笼,并按照 NY 5027《无公害食品　畜禽饮用水质量》、NY 5130《无公害食品　肉兔饲养兽药使用准则》、NY 5131《无公害食品　肉兔饲养兽医防疫准则》、NY 5132《无公害食品　肉兔饲养饲料使用准则》、NY/T 5133《无公害食品　肉兔饲养管理准则》等行业标准的要求实施全程质量控制,确保产品质量安全,达到无公害要求。2006 年仪陇县兔业协会通过了无公害獭兔生产基地和产品认证,提升了獭兔品牌的知名度,促进了外调外销,增加了农民养兔的经济收入。

4. 农民养兔科学文化素质得到提高　通过组织养殖户集中培训、外出学习、派出专业技术人员包片驻点、现场技术指导等方式,大力推广和普及疫病防制程序化、技术操作规范化、粪污处理无害化等配套技术,提高了养兔整体技术水平。

(六)"五位一体"模式创新了政府服务机制,破解了政府服务不到位的问题

"五位一体"实现了畜牧资源的最佳配置。如何更好地将农业产业化中的各市场主体有机组合,形成各方有效合作,协调运转,以实现资源的最佳配置,是目前我国农业产业化发展面临的重大课题。要实现资源的最佳配置,关键是将产业链上的各主体紧密连接起来,形成产、供、销的完整链条,其重点和难点是各主体间利益关系的协调。"五位一体"的新机制,通过建立诚信机制、风险防范机制,实现了龙头企业、专业合作组织、金融保险、养殖农户等多要素的优化配置,达到了共谋发展、互利共赢的目的。"五位一体"的新机制,有效解决了农户和龙头企业中遇到的诸多难题,既有利于农民增收,同时也使龙头企业、种兔场得到了发展,也有利于农村金融机构、保险企业的业务开展和发展壮大。

"五位一体"新机制实现了政府对农村经济的宏观指导。目前我国农业和农村发展仍处于政府驱动的阶段,政府如何做到既不直接干预各市场主体的经营活动,又能创造良好的制度环境、提供公共服务,是农村综合改革和农业管理体制改革的一个重大课题。"五位一体"新机制,实现了政府引导、各利益主体自愿参与、按市场原则配置资源的新机制,政府"有形之手"的作用得到了新发挥和准确定位。首先,政府营造了多元合作的发展环境,通过制订一系列的优惠扶持政策,统筹和引导各方参与合作框架之中,形成了推动产业发展的合力。其次,政府始终站在公平、公正的立场担当起裁判角色。在多元合作框架内不充当利益相关人,保护产业体系中每一方的平等竞争和对话权利,通过各主体之间建立双边或多边协议,构建诚信体系,政府监督多方切实履行义务,确保各主体的责、权、利,以构建合作各方共赢的和谐发展氛围。最后,政府通过一系列优惠扶持政策和确立各主体的责、权、利,切实保护农民利益。在良种补贴、笼舍建设、保险补贴方面,让农民得到实实在在的利益,提高了养殖农户在产业化中的获利水平。

三、"五位一体"模式的探索为兔业发展提供了新的思路

"五位一体"模式不但具有"点"上的成功示范,而且具有"面"上的推广价值。可

以把"五位一体"养殖模式向传统农业区域、尤其是向丘陵区与山区推广。

以合作为框架,促进各利益主体之间在政策引导下,以诚信为基础,利益为纽带,进行多方合作,是集金融支持、政策扶持、风险防范、技术保障、市场规范为一体的产业化系统工程。实现了"多元合作,共谋发展,多方共赢"的长效机制,是如何推进传统畜牧业向现代畜牧业转变的成功探索和创新。

"五位一体"发展模式,实现了"资源共享、权益合理分享"的协作机制,进一步整合了资源、创新了机制、改进了方法、优化了服务,充分盘活了现有农业科技存量,调动科技人员的积极性和创造性,既加快了兔业产业化经营步伐,又增强了农业科技成果的社会转化能力。

仪陇"五位一体"模式目前还处于试运行阶段,还需要在实践中不断加以完善。

第八章　兔产品初加工与贮藏

第一节　家兔的屠宰

兔的屠宰包括宰前准备、毙兔、放血、剥皮、解体、整理或分割、包装等工序。采用正确的屠宰方法才能保证兔皮和兔肉的质量。

一、宰前准备

为保证兔肉和兔皮质量,对候宰的活兔尤其是收购的活兔应逐一进行健康检查,剔除病兔。对患有传染病的兔,应隔离处理。防止病菌通过污染的产品危害人的健康。兔屠宰前 12 小时应断食,但要供给充足饮水。宰前 2～4 小时停供饮水,以便减少消化道内容物,清洁肠道,避免宰杀过程中肠断离而污染兔体,并促使血液循环,利于操作。

二、屠宰方法

家兔屠宰方法较多,目前常用的兔的屠宰方法有电击昏法、颈部移位法、棒击法 3 种。

(一)电击昏法

电击昏法又名电麻法。一般采用电麻转盘击昏兔子倒挂放血,主要用于规模化兔肉加工厂和专业化大型屠宰场。

(二)棒 击 法

一手将兔子的两后腿提起或抓住腰部,另一手持棒,突然重击兔的后脑部分,致使兔在瞬间昏迷或死亡。

(三)颈部移位法

用左手抓住家兔的腰部,右手紧握兔两耳基部,两手向相反方向用力拉长兔的颈躯,然后用力将头颈向一方扭转,使其颈椎移位致死。

无论哪种屠宰方法,致死后都应立即放血,否则将影响兔肉品质,贮藏时易变质发臭。放血时将兔子倒吊在特制的金属挂钩上或用细绳拴住后肢,再用利刀迅速沿左下颌骨边缘,割开皮毛切断动脉。放血时,一要避免污染毛,二要尽可能将血放尽。放血持续时间一般为 2～3 分钟。

三、剥　皮

家兔放血后,应在体温尚未消失时立刻剥皮。若等体温消失,则毛皮紧粘兔肉,剥离困难,影响毛皮质量。掌握正确的剥皮方法也是保证兔皮和兔肉质量的关键。

兔肉加工厂屠宰时宜采用半机械化和机械化剥皮,而家庭农户则以袋剥法或平剥法手工剥皮。

袋剥又称为脱套退皮法。先用绳将兔后肢挂起,用剥皮刀呈环状切开两后肢跗关节处的皮肤,再从左后肢的跗关节处,沿大腿内侧通过尾根到右后肢跗关节处划开皮肤。沿此刀线先剥离两后肢皮肤至尾根,再一刀切断尾部,将整张皮向头部方向顺势拉下,两手各持一侧皮肤,均衡向下引拉,逐步使皮剥离,使其成为皮板朝外的圆筒皮。

平剥是先将放尽血的家兔放置于剥皮台上,四肢一律用剥皮刀自第二关节处切离,然后使家兔仰卧,在咽喉部开一创口,沿腹部中央线纵切开,止于会阴部,用刀锋由后肢的内侧垂直划出,将大腿部的皮和肉分离,至尾基部,将附着于尾骨的皮切断。再继续将头部进行剥离,到前肢的切线环,一肢剥离,再剥另一肢。最后剥至头部的皮,根据需要或将头颈部剥取,或全部废弃。

以上两种手工剥皮法中,袋剥法易于操作,较为常用。无论哪种方法,均要求剥皮时细心剔除附于板皮上的脂肪和肌肉,又要注意不划破皮板,尽可能不残留毛和血污于肉上,从而保证兔皮和兔肉的质量。

部分产品需带皮的肉兔胴体,则不能采用剥皮的方法,而是烫皮煺毛。烫毛动作要快,浸烫均匀,浸烫时间恰到好处。水温一般在65℃左右。浸烫时,水要尽快淹没兔体,同时用木棒搅动,使兔毛均匀浸透。为达此目的,可按胸腹部→两侧→脊背→头颈顺序翻动一次兔毛。然后试拔胸、背部毛,如能顺利拔下,无断毛根声,说明已烫好,应立即捞出兔子拔毛。通常烫毛需2~3分钟。

四、剖 腹

剖腹时先分开耻骨联合,再从腹部正中线下刀开腹,下刀不要太深,避免开破脏器,污染肉体。然后出腔,用手将胸腹腔脏器一齐掏出,但不得脱离肉体。

五、检 验

检验胴体和内脏各器官,观察其色泽、大小,以及有无淤血、充血、炎症、脓肿、肿瘤、结节、寄生虫和其他异常现象,尤其检查蚓突和圆小囊上的病变。合格的胴体色泽正常,无毛、无血污、无粪污、无胆污、无异味、无杂质。发现球虫病和仅在内脏部位的豆状囊尾蚴、非黄疸性的黄脂肪不受限制。凡发现结核、假性结核、巴氏杆菌病、野兔热、黏液瘤、黄疸、脓毒症、坏死杆菌病、李氏杆菌病、副伤寒、肿瘤和梅毒等疾病,一律检出。检验后去掉有病脏器,洗刷净脖血,从跗关节处截断右后肢。

六、修 整

修除体表和腹腔内表层脂肪、残余内脏、生殖器官、耻骨附近(肛门周围)的腺体和结缔组织、胸腺、气管、胸腹腔内大血管、体表明显结缔组织和外伤。后腿内侧肌肉的大血管不得剪断,应从骨盆腔处挤出血液。用洗净消毒后的毛巾擦净各部的血和浮毛,或用高压自来水喷淋胴体,冲去血污和浮毛,进入冷风道沥水冷却。

七、兔的初加工

根据加工及烹调对兔肉的要求,家兔屠宰后可按以下几种方法分段或去骨,进行初步加工。

其一,整只胴体冻结,冷藏或出售。

其二,整只兔按头、前肢和胸部、背部、后腿部、肚腩等切割,再出售或加工。

其三,整只兔去骨后加工为冻兔。先将兔胴体置于操作台上,切下头部,修去胸腹腔内附着脂肪、筋膜,去除残血块。然后将刀尖由颈部脊背骨的一侧纵线划开,剥取一侧的肉,再剥另一侧。再将后肢引向头方向而剥取。紧接着将前肢肩胛骨韧带切断,然后逐段剥肉。最后剥取骨盘外侧的肉和附着在肋骨上的肉。

第二节 兔肉的加工

一、冷却肉及冻兔肉加工

(一)冷却肉

冷却肉又称冰鲜肉。是指兔屠宰后及时冷却至2℃~4℃,并在其分割、包装、运输、贮藏和销售过程中始终保持比较低的温度。在此条件下生产的兔肉不仅卫生安全,可延长保鲜期,而且可使兔肉肉质更嫩,加工产品味道更鲜美。

生产上一般采用2种方法加工冷却肉,即速冷法和急冷法。速冷法是将屠宰、净膛、检验后胴体置于-1℃~2℃冷藏间内,经10小时左右使肉温降至低于4℃。急冷法是将胴体置于-5℃~-8℃冷藏间冷却2小时,再移入0℃冷室冷却数小时,使肉温降至低于4℃。在此后分割、包装、营销等过程始终保持不中断冷链。

(二)冻兔肉

1. 原料要求 冻兔肉一般出口,对候宰兔有严格要求。屠宰的家兔必须来自安全非疫区或出口备案场的健康家兔,体重在1.75kg以上。宰前断食8小时以上,并充分给水。宰前3小时停水。

2. 屠宰操作的特殊要求 采用电麻法宰杀。选用电压70V、电流0.75A左右的电麻器,触及兔耳后部,放血时间不少于2分钟。为防止兔毛飞扬而污染车间或产品,挂腿放血后应水淋兔体。

3. 肉品分级 带骨兔肉按重量分级。特级每只净重1500g以上,大级1001~1500g、中级601~1000g、小级400~600g。分割兔肉按前腿、腰背和后腿部位分割,去骨兔肉按重量整形。

4. 包装 包装纸箱要坚固,清洁,干燥。兔肉包装要求用聚乙烯薄膜袋,或用薄膜包裹后封口。每箱衬方底0.04mm厚聚乙烯袋。带骨兔肉每箱20kg装,上下两层;分割兔肉 500g 装,每袋至少 2 只后腿 1 只腰背,每箱 20 纸盒,上下 2 层;去骨兔肉每袋 5kg,每袋内完整兔肉不少于 2 只,每箱 4 袋。或按需求商要求包装。

5. 冷冻与贮存 兔肉经冷却后速冻,速冻库温－25℃以下,肉的中心温度－15℃以下,相对湿度在 95％以上,时间不超过 48 小时。

二、兔肉制品的加工

(一)加工工艺

1. 腌制 腌制是兔肉制品加工最为重要的工艺之一。通过添加剂、食盐及各种腌制助剂的腌制,可改善兔肉制品风味,稳定肉色,提高保水性和黏接性,延长产品保存期。兔肉加工中常用的腌制方法有干腌、湿腌、注射腌和滚揉腌等。

(1)干腌法 是将腌制剂擦在肉的表面或与小块肉混合,通过肉的水分将其溶解、渗透的方法。板兔、缠丝兔等产品的加工常采用此法。

(2)湿腌法 是将兔肉浸渍于腌制液中进行腌制,缠丝兔、烤兔等产品的加工常采用此法。

(3)注射腌法 是将配制的腌制液通过注射器注入肉中再腌制,是现代肉品加工中广为采用的方法。可保证腌制内容物快速,均匀渗入肉中,从而缩短腌制时间,提高腌制品质量。

(4)滚揉腌法 是将肉料与腌制料混合后置于滚揉机内滚揉 5～20 小时。兔肉盐水火腿的加工已采用此法。

兔肉制品加工中常用的腌制剂包括食盐、硝盐、糖、抗坏血酸盐等,一般用量按每千克兔肉添加食盐 20～30g、硝酸钠 0.2～0.5g、亚硝酸钠 0.1～0.15g、白砂糖 1～10g、磷酸盐 2～10g、葡萄糖 0.1～0.3g、抗坏血酸钠 0.5～1g、谷氨酸钠 0.5～2g 等。在各种腌制剂中,硝盐(常用为硝酸钠或亚硝酸钠)的用量应严格控制。使用硝盐主要目的是保证产品良好的外观色泽、抑菌防腐、增香和抗脂肪酸败等,但过多硝盐残留将对人体健康不利,有致癌性。现代肉制品加工业不断在寻求替代硝盐功能的安全替代物。同时通过添加其他安全上色剂、防腐剂、增香剂或抗氧剂(如红曲色素、山梨酸钾、味素、抗坏血酸钠等),尽可能减少硝盐添加量。

2. 斩拌 将切成小块或绞碎的肉料置于斩拌机的料盘内,剁至糊浆状称为斩拌。斩拌是制作兔肉灌肠、兔肉糕等产品的必需工序。根据不同产品类型,斩拌制馅方法一般分直接斩拌、依次斩拌和腌制后斩拌 3 种。

(1)直接斩拌法 原料肉切碎或绞碎后不经腌制,直接投入斩拌机中,边斩边添加辅料、冰水、肥脂及其他添加料,细斩为肉馅后再充填灌装。兔肉灌肠的加工采用此法斩拌。

(2)依次斩拌法 先将兔肉与肥脂分别细斩制用为肉糜和肥肉乳化糜,兔肉一般是只添加腌制剂,肥肉需添加冰水、大豆蛋白或酪蛋白。然后将瘦肉糜、乳化肉糜、调味料、香辛料等依次加入斩拌混合,有的在最后加入部分预冻结的细肥丁。兔肉乳化肠的制作采用此法斩拌制馅。

（3）腌制后斩拌法　原料肉切碎或绞碎后添加腌制剂，入冷藏室腌制1～4天，再按直接斩拌工序制作为肉馅。兔肉灌肠的制作采用此法斩拌。

3. 干燥　是加工兔肉干、板兔、缠丝兔等产品中的重要工序。通过干燥便于产品贮藏、运输和保持产品感官特性。常用干燥方法有自然干燥、烘房干燥、烘炒干燥和油炸干燥。后3种干燥方法又称人工干燥。

（1）自然干燥　是一种传统的加工方法，即将腌制后的原料肉挂晾，自然风干、阴干和晒干，简单而实用。缠丝兔、腊肠、板兔等产品均可采用此法加工。由于受自然条件的限制，难以标准化，适用于家庭或小作坊式加工。

（2）烘炒干燥　是以蒸汽、热水、燃料、电等作热源，将预处理后肉料置于容器内，通过炒制使肉料中水分蒸发。兔肉松加工大都采用此法。

（3）烘房干燥　是以蒸汽、燃料、电等为烘房提供热源，将预处理后肉料挂于烘房内，通过热空气对流、交换，或强制性热风循环，将肉料中水分除去。肉干、肉脯、腊肠、缠丝兔等制品大多采用此法加工。

（4）油炸干燥　是将预处理后肉料置于加热至160℃左右植物油中，通过高温炸制除去肉料中水分。香酥兔、油酥肉松、油淋兔等产品加工均采用此法干燥。

4. 烟熏　是传统的兔肉加工方法。常用烟熏方法有直接法、间接法和液熏法3种。

（1）直接烟熏法　是利用木屑、谷壳、秸秆等燃烧，直接对熏室中肉料进行熏制的方法。按烟熏温度分冷熏、温熏、热熏和焙熏。烟熏温度30℃左右时称为冷熏，熏制时间长，带骨火腿和西式干燥香肠加工采用此法；烟熏温度30℃～50℃称为温熏，熏制时间在6小时左右，西式培根加工采用此法；熏制温度在50℃～80℃称为热熏，生产上一般控制在60℃，香肠、腊兔等产品加工采用此法，时间是干燥结束前最后6小时；熏制温度80℃～140℃称为焙熏，熏制时间极短，熟制熏兔的加工采用此法。

（2）间接烟熏法　在现代兔肉制品加工中，利用先进的自动、半自动熏制设备将木屑、谷壳、秸秆等燃烧在烟雾发生器内生烟，再将烟送入烟熏室，对制品进行熏烤。易实现规模化和标准化生产并减少传统方法可能导致的有害物苯并芘等对肉料的污染。熏兔、兔肉香肠等加工可采用此法熏制。

（3）液熏法　在产品加工中直接使用食品添加剂烟熏液，即可产生类似于经熏制后的香味，此法称为液熏法。熏兔、切片兔肉火腿肠等产品加工中已有应用。

5. 蒸煮　卤兔、油淋兔、兔肉干等熟肉制品都必需蒸煮热加工，以使制品产生特有香气和风味，稳定肉色，杀灭有害微生物，同时提高制品保存性。

熟肉制品大致可分为3类：一种是低温制品，热加工至中心温度68℃～72℃，如兔肉火腿、兔肉白切肠等；二是中温制品，加工温度80℃～95℃，如兔肉灌肠、酱肉兔等；三是高温制品，如兔肉火腿肠，加工温度120℃～121℃，兔肉软灌头110℃～120℃。兔肉硬灌头121℃～130℃。

6. 包装　针对不同产品采用适宜的包装方式，尽可能选择对光、水和氧具隔离作用的薄膜材料。严格包装卫生条件,减少产品二次污染,尽量缩短产品加工后放置时间,立即进行包装。兔肉制品常采用简装、除气收缩包装、真空包装和气调包装等几种包装方式。

(1)简装　将加工后产品装入普通卫生食品袋内,热合封口即可。适用于快速销售、食用的凉拌兔丁、烤兔、红油兔块等产品。方法简便、成本低,但产品保存期短。

(2)除气收缩包装　将产品装入具有热收缩性的薄膜袋中,封口后放置于热水或热风中,使薄膜热收缩和制品紧贴在一起。适用于西式产品兔肉压缩火腿,兔肉三文治火腿肠等。

(3)真空包装　将产品放入真空包装袋内,通过真空包装机除尽袋内空气后封合。适用于板兔、缠丝兔、兔肉香肠、兔肉干、烤兔等水分含量较低的产品,包装成本不高,防腐效果好。

(4)气调包装　将产品装入塑料盒或袋内,通过气调包装机除去空气,注入 CO_2、N_2 等气体后再封合。适用于兔肉松、冷却小包装兔肉等。此法保鲜效果特别好,但包装成本较高。

7. 防腐保鲜　兔肉及其制品属于高蛋白质营养食品,这类食品在贮存过程中极易腐败变质而失去食用价值。兔肉及其制品的防腐保鲜方法,首先是尽可能避免污染,在此基础上通过冷藏冻结、干燥脱水、适当酸化或添加防腐剂、高温热加工等方法杀灭或抑制产品中的微生物,延长保存期。

(二)主要产品配方

1. 腌腊制品

(1)缠丝兔　兔肉(带骨连头)100kg、食盐 6kg、花椒 0.2kg、硝酸钠 0.15kg、混合香料 0.7kg(内含木香、山奈、排灵草、白胡椒、豆蔻、老姜等)。另加味精 0.1kg、白糖 1kg、豆油 1.5kg、白酒 0.5kg、甜酱 0.5kg、芝麻 2kg。

(2)板兔(腊兔)

①川味:兔肉(带骨连头或去头)100kg、食盐 5～6kg、花椒 0.2kg、硝酸钠 0.16kg。

②广味:兔肉(带骨连头或去头)100kg、食盐 5kg、酒 2～2.2kg、糖 4.3kg、酱油 3.12kg、硝酸钠 0.05kg。

(3)腌兔块　兔肉(带骨去头)100kg、食盐 5.5kg、亚硝酸钠 10g、抗坏血酸钠 0.1kg、葡萄糖 0.5kg、白砂糖 1kg、胡椒粉 0.2kg、料酒 2kg。

(4)盐水兔　兔肉(带骨连头)100kg、食盐 5kg、硝酸钠 50 克、花椒 0.3kg、白砂糖 3kg、曲酒 2kg、姜和葱各 1kg、混合香料(八角、山奈、桂皮、小茴香等)0.6kg。

2. 烟熏制品

(1)四川茶兔　兔肉(带骨连头)100kg、食盐 4kg、料酒 1kg、白砂糖 1.5kg、酱油 4kg、混合香料(老姜、花椒、五香料等)0.8kg、老卤适量。

(2)柴沟堡熏兔　兔肉(带骨连头)100kg、食盐 2kg、酱油 3kg、混合香料(生姜、桂皮、八角、砂仁等)0.8kg、老卤(上次卤兔所剩卤汁)适量、料酒 1kg、面酱适量。

(3)五香熏兔　兔肉(带骨连头)100kg、食盐 4kg、亚硝酸钠 10kg、抗坏血酸钠 50克、五香料 0.5kg、老卤适量、酱油 4kg、饴糖适量。

(4)法式熏兔　兔肉(带骨去头)100kg、食盐 5kg、胡椒 0.4kg、亚硝酸钠 15g、抗坏血酸钠 100g。

3. 香肠制品

(1)川味兔肉腊肠　兔肉 50kg、猪瘦肉 20kg、猪肥肉 30kg、食盐 3kg、白砂糖 1kg、酱油 3kg、白酒 1kg、花椒粉 200g、辣椒粉 200g、五香粉 100g、亚硝酸钠 10g、抗坏血酸钠 50g。

(2)兔肉烤肠　兔肉 70kg、猪肥肉 25kg、淀粉 5kg、食盐 2kg、鸡蛋 100 个、豆粉 100g、胡椒粉 100g、味精 100g、冰水适量。

(3)兔肉灌肠　兔肉 50kg、猪肥肉 50kg、食盐 3.5kg、淀粉 10kg、亚硝酸钠 10g、冰水 35kg、混合香辛(胡椒粉、玉果粉)400g、红曲粉适量。

(4)兔肉红肠　兔肉 40kg、猪瘦肉 15kg、牛肉 15kg、猪肥肉 30kg、食盐 3kg、亚硝酸钠 10g、抗坏血酸钠 50g、葡萄糖 0.5kg、复合磷酸盐 0.2kg、大豆蛋白粉 2kg、冰水 20kg、复合香辛料粉(玉果、砂仁、胡椒粉)0.4kg、红曲粉适量。

(5)无硝兔肉肠　兔肉 80kg、猪肥肉 20kg、食盐 3kg。白砂糖 6kg、曲酒 0.5kg、味精 0.4kg、抗坏血酸钠 0.1kg、姜汁 0.4kg、胡椒粉 0.2kg,红曲粉适量。

(6)兔肉枣形肠　兔肉 100kg、食盐 3kg、白砂糖 3kg、亚硝酸钠 10g、抗坏血酸钠 50g、五香粉 100g、胡椒粉 100g、味精 50g、曲酒 0.5kg。

4. 火腿制品

(1)兔肉火腿肠　兔肉 45kg、猪肥肉 25kg、猪瘦肉 20kg、鸡分割碎肉及皮脂 10g、食盐 2.5kg、亚硝酸钠 10g、抗坏血酸钠 100g、复合磷酸盐 100g、淀粉 5kg、大豆蛋白粉 2kg、冰水 35kg、混合香料粉(胡椒、玉果等)4kg、味精 100g。

(2)兔肉盐水火腿　兔肉 100kg、香料水(五香料加水熬煮后过滤而成)30kg、食盐 7kg、亚硝酸钠 20g、抗坏血酸钠 100g、复合磷酸盐 200g、味精 100g。

(3)兔肉压缩火腿　兔肉 40kg、猪瘦肉 15kg、猪肥肉 30kg、鸡肉 15kg、食盐 4kg、亚硝酸钠 10g、抗坏血酸钠 50g、复合磷酸盐 200g、白砂糖 0.5kg、淀粉 5kg、冰水 20kg、混合香料粉(胡椒、玉果、大蒜)0.4kg、味精 0.1kg。

5. 肉干制品

(1)多味兔肉干

①麻辣味:兔肉 100kg、食盐 2.5kg、白砂糖 4kg、黄酒 1kg、红油(辣椒浸制而成)8kg、辣椒粉 0.4kg、花椒粉 0.2kg、胡椒粉 0.2kg、味精 0.1kg、芝麻(炒香)1.5kg。

②五香味:兔肉 100kg、食盐 2kg、酱油 5kg、白砂糖 8kg、黄酒 1.5kg、生姜 1kg、葱 0.5kg、五香粉 0.5kg。

咖喱味:兔肉 100kg、食盐 2kg、白砂糖 6kg、酱油 5kg、咖喱粉 1kg、玉果粉

0.21kg。

（2）兔肉松　兔肉（带骨）100kg、食盐 1.5kg、酱油 4kg、白砂糖 4kg、料酒 1kg、生姜 1.5kg、味精 0.3kg。

（3）美味兔肉脯　兔肉 100kg、食盐 2.5kg、白糖 3kg、亚硝酸钠 10g、抗坏血酸钠 50g、鸡蛋 3kg、味精 100 克、胡椒粉 0.2kg。

（4）灯影兔肉　兔肉（后腿肉、脊肉）100kg、食盐 2.5kg、酱油 3kg、亚硝酸钠 10g、抗坏血酸钠 50g、料酒 1kg、五香粉 0.2kg、味精 0.1kg、胡椒粉 0.2kg、香油适量。

6. 酱卤制品

（1）五香卤兔　兔肉（带骨胴体）100kg、食盐 2kg、酱油 2kg、料酒 2kg、五香料（八角、山奈、桂皮、丁香、砂仁、陈皮等）0.4kg、姜葱适量、老卤适量。

（2）怪味卤兔　配方 1：兔肉（带骨胴体）100kg、水 20kg、食盐 2kg、亚硝酸钠 15g、葡萄糖 0.1kg、抗坏血酸钠 0.1kg。

配方 2：兔肉（带骨胴体）100kg、水 80kg、酱油 15kg、白砂糖 3kg、姜 1kg、葱 1kg、五香料（桂皮、小茴香、花椒、八角等）2kg、酒 1kg、味精 0.1kg。

（3）水晶兔肉　配方 1：兔肉 100kg、食盐 2kg、亚硝酸钠 10g、抗坏血酸钠 0.1kg、五香料（花椒、山奈、八角、小茴香、桂皮）1kg、水 50kg。

配方 2：兔肉 100kg、食用明胶适量、胡椒粉 0.2kg、白砂糖 1kg、味精 0.1kg、腌黄瓜和洋葱各适量。

（4）长春斩五香兔　兔肉（带骨胴体）100kg、食盐 4kg、面酱 2kg、白砂糖 1.5kg、混合香料（八角、花椒、小茴香、砂仁、草果、丁香等）3kg。

（5）酱汁兔　兔肉（带骨胴体）100kg、老卤适量、食盐 1kg、酱油 4kg、白砂糖 2kg。

7. 烧烤制品

（1）南德烤兔　兔肉（带骨带头）100kg、食盐 5kg、清水 50kg、白砂糖 1.5kg、质改剂（抗坏血酸钠、烟酰胺、葡萄糖等）1kg、混合香料（花椒、八角、小茴香、丁香、桂皮、山奈、陈皮、砂仁等）1.5kg、黄酒 1.5kg。

（2）洛阳全兔　兔肉（带骨连头）100kg、食盐 2kg、五香料（花椒、八角、丁香、白芷、桂皮）0.5kg、蜂蜜适量。

（3）三味烤兔　兔肉（带骨连头）100kg、老卤适量、白砂糖 3kg、四川郫县豆瓣 2kg、四川宜宾芽菜 1kg、重庆江津豆豉 1kg、酱油 2kg、料酒 0.5kg。

（4）西式烤兔腿　带骨兔腿 100kg、食盐 2kg、白砂糖 1kg、亚硝酸钠 10g、抗坏血酸钠 50g、曲酒 0.5kg、老卤适量。

8. 油炸制品

（1）酥兔腿　带骨兔腿 100kg、食盐 2kg、老卤适量、植物油适量。

（2）酥香兔　兔肉（带骨连头）100kg、食盐 2kg、腌制混合剂 1kg、卤料 3kg、香油适量、芝麻适量、香辣粉适量、味精适量、植物油适量。

（3）五香酥兔　兔肉（带骨连皮连头）100kg、老卤适量、五香料 1kg、白砂糖 2kg、饴糖适量、植物油适量。

（4）油炸兔丸　兔肉 50kg、鸡肉或猪瘦肉 10kg、猪肥肉 40kg、食盐 3kg、白砂糖 1kg、黄酒 1kg、胡椒粉 0.2kg、味精 0.1kg、淀粉 5kg、大豆蛋白粉 2kg、冰水 30kg、植物油适量。

9. 罐头制品

（1）十全玉兔（软罐）　兔肉（带骨连头）100kg、食盐 3kg、腌制助剂 1kg、白砂糖 1kg、黄酒 1kg、混合香料（胡椒、八角、生姜、桂皮、砂仁等）0.8kg、十全补料（大枣、香菇、枸杞、当归、党参等）适量、植物油适量。

（2）香辣兔丁（软罐或硬罐）　兔肉 100kg、食盐 2.5kg、亚硝酸钠 10g、抗坏血酸钠 50g、香辣酱 20kg、白砂糖 2kg、芝麻 1kg、植物油适量。

（3）咖喱兔肉（硬罐）　兔肉（带骨）100kg、生姜 0.5kg、葱 2kg、月桂叶 0.05kg、胡椒 0.05kg、食盐 2kg、咖喱酱适量。

（4）红烧兔肉（硬罐）　兔肉（带骨）100kg、食盐 2kg、白砂糖 2.5kg、酱油 5kg、辣椒粉 0.5kg、混合香料（姜、葱、陈皮、八角、桂皮、花椒、草果等）1kg、味精 0.05kg、骨汤 50kg。

第三节　兔毛的初加工与贮藏

一、兔毛初加工

(一)采　毛

养毛用兔的主要目的是获取兔毛。兔毛是优等纺织原料,除出口外,还可以自行纺成兔毛绒线等利用。毛用兔采毛的主要方法有剪毛和拔毛 2 种。

1. 剪　毛

(1)剪毛前准备　备好剪毛所需的剪毛台、毛剪、梳子、台秤、毛箱、手术钳、碘酒等。剪毛前先将兔毛梳通,除去身上的杂物和结毡的绒毛,同时对毛剪消毒备用。

(2)剪毛时间　剪毛应根据气候条件、兔毛的生长情况及市场需求有计划地进行。一般在 50~60 日龄时给幼兔剪头刀毛,以后每隔 90 天剪 1 次。在气温较高的季节和地区,对种公、母兔也可 60~70 天剪 1 次毛。

(3)操作方法　可根据自己的剪毛习惯和经验操作。但常用的操作方法是左手固定兔子,右手持剪刀,自臀部开始,沿背部中线向前,一直剪到后颈部。然后将被毛分成左右两边,逆毛向一排一排地剪取。再剪腹部、臀部、腿部的毛,最后剪头面和耳毛。剪毛时须用手指将兔皮绷紧,剪刀贴近皮肤,刀口稍微侧起,以免剪伤皮肤。特别是在剪腹部毛时,应先剪乳头、生殖器附近的毛,以防剪伤兔子的睾丸或乳头。如有破伤,立即用碘酊消毒,以免感染。剪毛时要一刀准,一刀剪下后不再修剪。修剪的刀毛很短,混在长毛中,反而降低兔毛等级。剪下的兔毛分级放于纸箱中。妊娠兔一般不剪毛。冬季剪毛要选择相对暖和的天气进行,剪毛后注意保暖,防止感冒。

2. 拔毛 又称拉毛。是采毛中常用的一种方法。拔毛采集的毛较长、品质好、等级高。拔毛可促进兔皮肤血液循环,提高兔毛产量和质量,同时可减少皮肤病。还可提高粗毛型兔的粗毛率。拔毛可分为拔长留短和拔光 2 种。

(1)*拔长留短法* 先用梳子把兔毛梳通,左手固定兔子,右手的食、拇、中 3 指将长而密的毛一小撮一小撮轻而快地往后拉下,切忌大撮大撮地粗暴拔毛,以防损伤兔皮肤。拔毛时先拔较硬的枪毛,后拔较长的绒毛,留下短毛继续生长。一般每隔30～40 天可拔 1 次。

(2)*拔光法* 基本操作与拔长留短方法相同。最大特点是除兔头、尾、脚部外,将兔体兔毛统统拔掉,拔光后再生毛出峰整齐,没有掉毛和缠结毛现象。冬季不宜采用拔光的办法,以供毛兔防冷御寒。幼兔、妊娠兔、哺乳母兔、配种公兔不宜拔毛。一般每 60 天拔毛 1 次。

(二)兔毛的分级

兔毛的分级是初加工的一个重要环节,一般在采毛时同时进行。分级的主要质量综合评价指标是:"长、松、白、净"4 个方面。长:指兔毛纤维长度,要求达国家等级规定的标准;松:指兔毛松散程度,要求疏松、无结块、缠绕;白:指兔毛色泽,要求纯白、无尿黄、灰黄和霉败等杂色;净:指兔毛的洁净度,要求兔毛干净、无杂质。凡不符合国家分级规格标准的叫次毛或等外毛。收购是以长度和综合质量分级定价的。

国家收购兔毛的标准有 5 个等级。

特级:纯白色,全松毛,长度在 5.7cm 以上,粗毛不超过 10%。

一级:纯白色,全松毛,长度在 4.7cm 以上,粗毛不超过 10%。

二级:纯白色,全松毛,长度在 3.7cm 以上,粗毛不超过 20%,稍含能撕开不损品质的缠结毛。

三级:纯白色,全松毛,长度在 2.5cm 以上,粗毛不超过 20%,可含能撕开不损品质的缠结毛。

次级:白色,全松毛,长度在 2.5cm 以上,含有缠结、结块、变色毛等。

(三)兔毛的初加工工艺

兔毛的初加工是兔毛生产及加工中比较重要的环节,采下的兔毛或收购的兔毛,经严格工厂化初加工后,出口或提供给精加工商,可大幅度提高经济效益。兔毛初加工工艺一般包括:人工分选(分级)—拼配—开松—除杂—包装。初加工主要采用大量人工与机械化作业相结合。兔毛初加工的质量标准仍从"长、松、白、净"4 个方面进行综合评价后分级。

二、兔毛的贮存与运输

(一)贮 存

兔毛主要由蛋白质组成,其品质受环境影响很大。加之长毛兔 1 年剪毛 4～5

次,每次剪毛量较少,要累计一定数量才能出售,故搞好兔毛的贮存,是保证养兔效益的重要环节,在生产中必须加以重视。

兔毛贮存的主要要求是,按等级分别存放,注重防潮、防蛀、防变质和防止杂物混入。

1. 防潮　采集或收购的兔毛分级、包装后,存放在专制的木柜、纸箱或仓库内。要求保持干燥、清洁和通风。切忌兔毛直接接触地面、墙壁和贮存在光线较强的地方。雨季要防雨,天气晴朗时开窗通风,必要时要翻垛晾晒。

2. 防蛀　兔毛主要由角蛋白构成,极易受到虫的蛀食,影响兔毛品质,降低经济效益。因此,有效而可靠的防蛀方法尤为重要。具体做法:一是对贮存的木箱、仓库等进行防虫处理;二是选用有效的杀虫剂,对仓库和贮藏用具等进行喷雾;三是选用有效防虫剂如樟脑丸、萘酚、苯化合物等,分别放在兔毛包装箱内不同位置,但切忌将防虫剂与兔毛直接接触,防止兔毛变色。

3. 防变质　由于兔毛外层结构是鳞片细胞,构成了纤维表面的多孔性。因此,兔毛容易吸潮而发生霉变,使兔毛结块、变色、变质而降低其使用价值。因此,兔毛晾干后应及时放入垫有草纸或油纸的包装箱内,然后将箱封严,放置在离地 30cm 以上、离墙 40～50cm 远的货架或枕木上;在兔毛的贮存过程中,要避免阳光暴晒或直射,否则兔毛容易被氧化而变质、变色。

(二)运　输

由于兔毛纤维毡合性强,经不起翻动和摩擦、挤压;毛色鲜艳又带有静电,容易污染;兔毛吸水性强,极易受潮变质。因此,兔毛的运输主要要注意防潮、保持清洁和严禁挤压。

1. 包装　包装好坏直接关系到兔毛在运输途中的质量是否能得到保证。生产中兔毛的包装方法多样,现介绍几种常用包装方法。

(1)扎包包装　用机械打包,外面再用专用的包装布缝牢,每件可装 50～75kg。适用于长途运输或出口。

(2)竹篓包装　用清洁干净的竹篓,内衬防潮纸(草纸、油纸),分层装毛加封,外用绳子捆扎,适用于短途运输。

(3)布袋包装　用布袋或麻袋装毛缝口,外用绳子捆扎(最好加裹塑料袋),每袋可装 30kg 左右。装毛时应压紧,以免经运输翻动使毛纤维相互摩擦而结毡。适用于农户异地售毛。

(4)纸箱包装　箱内干净,分层装毛加封,外用塑料袋或麻袋包裹。适用于兔毛基层收购站作短途运输。

2. 防雨防潮　启运前检查包装箱是否符合防潮要求。雨天最好不要出运。装汽车、火车或轮船,如无顶棚,均须加盖防雨布。

3. 防污染　运输车辆必须保护清洁,不能与粉尘大的货物混装,尤其不能与化学试剂、液体物混装。

4. 防挤压　运输兔毛时,包装箱之间不能互相挤压,尤其在与别的笨重物件混运时,兔毛应装在上层,以免兔毛挤压缠结。

第四节　兔皮的处理与贮藏

一、兔皮初加工

我国皮用兔皮的主要品种是獭兔。养殖獭兔的最终目的是获取优质獭兔皮。目前,国内相当一部分獭兔养殖场(户)只知道怎么养獭兔,对商品獭兔的质量及初加工技术知之甚少,导致随意出栏宰杀、保管方法不当,经济损失严重。因此,兔皮的初加工是我国獭兔经营活动中必须解决的关键技术问题。

(一)商品獭兔皮的质量鉴别

由于目前尚无毛皮质量快速检查仪器,商品獭兔的质量鉴别、尤其是被毛密度检测,主要靠在实践中总结经验。可概括为"一查、二看、三摸、四吹、五称"的鉴别要领。

一查　指查月龄。一般商品獭兔最佳取皮时间是 6.5 月龄左右。此时,只要獭兔被毛符合取皮条件,这是最准确的方法。但往往收购中难于掌握。

二看　指看獭兔的整体外貌。主要看被毛是否平整,有无漩毛、缠结毛和高低毛,是否处于换毛期,体重是否符合取皮要求。

三摸　指獭兔皮肤有无伤疤,感觉被毛丰厚度。手摸感觉肌肉丰满、皮肤紧凑,被毛丰厚、弹性好为优,反之为差。

四吹　指用嘴吹开被毛,看被毛的密度。视看见皮肤露出面积大小,确定被毛密度等级。露出皮肤面积越大,说明被毛越稀疏。以不见皮肤或略见皮肤为优。

五称　指称重。一般要求体重达到 2.5kg 以上。

(二)商品獭兔皮的收购分级

商品獭兔皮的收购,目前尚无国家或行业标准。商家主要是凭经验按重量进行统价收购,对鼓励獭兔养殖场户生产优质獭兔极为不利。制约后序獭兔加工业的健康发展。四川省草原科学研究院獭兔研究所,参照国内制定的獭兔皮相关商业分级标准,制定了商品獭兔皮的收购分级参考标准。

一级商品獭兔皮　獭兔被毛平整,绒毛丰厚,毛色纯正,色泽光亮,背毛与腹毛结合较紧密,且密度、长度基本一致,无皮肤外伤,无换毛现象,体重在 3kg 以上。

二级商品獭兔皮　獭兔被毛较平整,绒毛丰厚,毛色纯正,色泽光亮,背毛与腹毛结合较紧密,长度基本一致,无皮肤外伤,无换毛现象,体重在 2.75kg 以上。

三级商品獭兔皮　獭兔被毛较平整,绒毛较丰厚,毛色纯正,背毛与腹毛密度、长度欠一致,无皮肤外伤,无换毛现象,体重在 2.5kg 以上。

(三)商品獭兔皮的初加工技术

商品獭兔皮的初加工技术包括獭兔的处死与放血、獭兔的剥皮、鲜皮处理与防腐等。

1. 獭兔的处死与放血　农村分散饲养条件下,处死獭兔方法较多。颈部移位法是简单有效的处死方式,即左手抓住后肢,右手捏住头部,将兔身拉直,突然用力一拉,使头部向后扭,颈椎脱位致死;也可采用棒击法,即一手提起后肢,另一手持木棒猛击耳根延脑部致死;还有电麻法,用70V、0.75A电麻器轻压耳根部,使兔触电致死;耳静脉注射空气5～10ml,使血液栓塞致死;也可直接割断颈动脉放血致死法,注意不要让毛皮受污损。

2. 獭兔的剥皮　将处死的獭兔后脚用绳拴起,倒挂在柱子上。截去上肢(飞关节处皮肤)和尾巴,用锋利刀自后脚关节处,沿两腿内侧通过肛门单行挑开,将四周毛皮向外剥开翻转,先仔细剥开一条后脚皮后,用退套法剥至头部耳根处再与头皮割裂,即成毛朝里皮朝外的筒皮。

3. 鲜皮处理与防腐

(1)刮油除污　从兔体上剥下的鲜筒皮,用利刀沿腹正中线剖开,将獭兔皮被毛朝下、皮板朝上,平整铺放在清洁的平台上,用钝刀或刀背先从皮边缘往里刮,再从尾部往头部刮,直至将皮板上的油脂、残肉、韧带、乳腺等刮尽。应注意不要在刮的过程中让皮产生皱褶,否则容易刮破、损伤皮板。

(2)防腐　为防止鲜皮发生腐烂变质,防止板皮在贮存期中出现虫蛀现象,还须及时做防腐、除虫处理。主要方法有以下2种。

①干燥法:是一种降低皮内水分,阻止细菌活动最简单的防腐方法。用这种方法制成的干皮称为甜干皮或淡干皮。具体做法:先在剥下的皮套内(毛面)涂抹或喷洒杀虫剂(凡对节肢动物具有杀灭作用的农药均可),以防止各类昆虫对皮板的侵害、污染。然后及时用竹制或木制撑弓将皮套撑开(毛向里)置于阴凉、干燥、通风处迅速晾干。亦可将皮套从腹中线剪开,整理成长方形,贴于纸板阴干。在整形贴皮时,不要用力拉长扩宽,以免板皮变形,导致毛被稀密、厚薄不匀。要求尽力贴平、钉牢。在干燥过程中,禁止皮面与毛面重叠,切忌烈日暴晒,以防皮板龟裂或被融化的残脂浸染;防止人为地划破或刺伤皮板。

②盐渍法:此法应用普遍,尤其适于大批量在高温高湿的季节或地区屠宰取皮。其机理是食盐能造成高渗环境,排出皮内水分,抑制细菌生长繁殖,从而达到防腐的目的。其优点是防腐力强、操作简便,可避免兔皮纤维在干燥过程中发生黏结和断裂,遇潮湿不易腐败,贮藏时受蛾虫损失较小。其缺点是盐渍皮在干燥过程中,胶原纤维束缩短、皮内有盐粒残存,对真皮的天然结构有一定影响。具体操作方法:先按鲜皮重的35％～50％准备好所用工业盐用量。具体讲,夏季每张皮用0.15kg工业盐,冬季用0.1kg工业盐。然后用盐在皮板上均匀擦抹,擦完后皮板对皮板,被毛对被毛叠放24～48小时,将皮腌透。将腌透的皮,视季节、室外温度不同,采取不同晾晒方法。春、冬季可直接晾晒;夏、秋季严禁暴晒,只能阴干。严格地讲,当室外温度高于25℃时,采取阴干。晾晒时,皮毛朝下,皮板朝上。

(四)商品獭兔皮分级

中国畜产品流通协会制订的 GH/T 1028—2002《獭兔皮》行业标准适用于獭兔生皮初加工、收购和销售的质量检验。内容包括獭兔皮的技术要求、检验方法、检验规则和獭兔皮的包装、标志、贮存、运输7个方面,均有详细而明确的规定。为便于獭兔皮生产、加工和经营者了解,这里重点介绍獭兔皮分级的内容。

1. 特 等 绒毛丰厚、平整、细洁、富有弹性,毛色纯正,光泽油润,无突出的针毛,无旋毛,无损伤,板质良好,厚薄适中,全皮面积在 $1\,400\,cm^2$ 以上。

2. 一 等 绒毛丰厚、平整、细洁、富有弹性,毛色纯正,光泽油润,无突出的针毛,无旋毛,无损伤,板质良好,厚薄适中,全皮面积在 $1\,200\,cm^2$ 以上。

3. 二 等 绒毛较丰厚、平整、细洁、有油性,毛色较纯正,板质和面积与一等皮相同,在次要部位可带少量突出的针毛;或绒毛与板质与一等皮相同,全皮面积在 $1\,000\,cm^2$ 以上;或具有一等皮质量,在次要部位带有小的损伤。

4. 三 等 绒毛略稀疏,欠平整,板质面积符合一等皮要求;绒毛与板质符合一等皮要求,全皮面积在 $800\,cm^2$ 以上;或绒毛与板质符合一等皮要求,在主要部位带小的损伤;或具有二等皮的质量,在次要部位带小的损伤。

另外,等级规格还规定:等内皮的绒毛长度均应达到 $1.3\sim2.2cm$。色型之间无比差。老板皮和不符合等内要求的皮均列为等外皮。

二、兔皮贮藏

獭兔皮经防腐处理晾干后,毛对毛,板对板叠放,按颜色和等级以每20张或50张捆成捆,注明颜色、数量和等级后单箱(竹箱或纸箱)装入洁净的麻袋中,保存在通风、隔热、防潮的地方。适宜的贮存温度最低5℃,最高不超过25℃,空气相对湿度为 $60\%\sim65\%$。并随时检查防潮、防霉、防虫、防鼠等情况。

(一)防潮、防霉

将皮贮放在通风干燥的地方,发现皮张返潮应及时晾晒。有条件的贮皮库应安放抽湿机,保持室内相对干燥。

(二)防 虫 蛀

獭兔皮在春、夏季容易被虫蛀。因此,在獭兔皮打捆入库时,给每张皮板上撒上少量防虫药精萘粉或二氯化苯等。如发现皮已经被虫蛀时,可直接喷洒灭害灵。

(三)防 鼠

如发现库房内有鼠洞,可用水泥拌碎玻璃或碎瓷片堵洞。也可采用毒饵诱杀的方法灭鼠。

三、兔皮鞣制

生皮质地僵硬,易折裂,怕火,有臭味,易腐烂,难保存,不美观,不宜直接使用,必须进行鞣制。兔皮鞣制主要流程如下:

选皮→一次浸水→揭里去肉→脱脂→二次浸水→二次去肉→浸酸→鞣制→中和→加脂→干燥→削匀→打磨→除尘→整理入库

兔皮鞣制加工方法主要有硝面鞣制法、铝-铬鞣制法、铬-醛鞣制法等。

(一)硝面鞣制法

1. 选皮 为保证鞣制质量,将要鞣制的兔皮按皮板薄厚、大小和存放时间分批,去掉头及四脚皮后分批进行称重。

2. 浸水 先用清水洗去皮张上的尘土、粪尿、血污等,然后将其浸泡在净水中,皮液比为 1:8～10,一般经 10～13 小时即可浸泡均匀,浸泡时间需翻动 2～3 次。外界温度较高时,为防止浸入水中发生腐败脱毛,可在每千克水中加入甲醛 1～2ml。

3. 脱脂 首先配制好脱脂液(每千克兔皮用清水 10kg,每千克水中加纯碱 0.3～0.5g,肥厚皮适当多加,瘦薄皮适当少加,再加洗衣粉 1.5g),加热到 38℃～40℃,浸泡 30～50 分钟(肥厚皮时间稍长,瘦薄皮时间稍短),出皮时再用清水洗掉表面的油污和碱液等。

4. 浸硝 每千克皮用 6kg 水,每千克水中加芒硝 80～100g、黄米面(或大麦面粉)50～60g,再加入 50g 麦芽,在常温下浸泡 18 小时。芒硝要先用热水化开澄清,取上清液与黄米面和捣碎的麦芽拌均后下皮。

5. 揭里 浸硝出皮后挤干水分,从尾部向颈部方向剥揭残肉以及肉面油脂等。

6. 鞣制 在浸硝液中鞣制,须按每千克水补加黄米面 50～60g、芒硝 50～60g,另外再加 50g 麸皮,以后如再连续使用该液,需再按每千克水中加黄米面 30g、芒硝 30g。将配好的鞣液先加温到 38℃左右再放皮张。以后每天搅拌 2 次,并加温 1 次,使温度维持在 38℃～40℃(夏季可不加温,鞣制时间稍延长),鞣制 5～6 天即可。

7. 干燥 出皮后挤干水分晒干(先晒肉面,后晒毛面),其目的是停止鞣制作用。

8. 回潮 在干燥皮肉面喷占皮重 30%～40%的浸硝液,然后每 2 张皮面对面垛起来,用湿麻袋盖好过夜,使皮返潮均匀,便于铲皮。

9. 铲皮 用铲刀铲去未揭剥净的肉里,用钝刀向不同方向来回勾铲,使全皮柔软疏通。

10. 入库 铲好皮后梳通结缠毛,抖掉皮屑,打捆入库,放在阴凉干燥处。为防虫蛀,在每张皮板上放几粒樟脑丸(用量约占成品皮重的 2%)。

(二)铝-铬鞣制法

1. 生皮分路 按要鞣制的生皮厚薄、大小和存放时间分批,老兔皮可单独处理,将脱毛、虫蛀、严重残伤等没有鞣制价值的原皮剔出。然后称重,作为浸水、脱脂、复浸工序的依据。

2. 浸水 将原皮放入常温水槽内(水皮重按 16～20:1 的比例),使皮张不露出水面浸泡 24 小时。要求浸软、浸透、均匀一致,使皮张充水度和皮纤维结构方面接近鲜皮状态,并可除去部分可溶性蛋白质和血污、粪尿等杂物。

3. 脱脂 将配制好的脱脂液(洗衣粉 3g/L、纯碱 0.5g/L、水为皮重的 10～12

倍)加热到38℃～40℃,放入浸好水的兔皮。搅拌10分钟,以后再翻动数次,至40分钟后脏液放掉,再用清水冲洗干净,然后出皮晾干。

4. 复浸 为使皮板进一步回鲜,松散皮纤维和给揭里去肉创造条件,需要进行复浸。选配好复浸药液[芒硝30g/L、硫酸(55Be)1～1.2g/L,加占皮重10～12倍的清水。配制时,将药物放入水中,水温30℃～32℃,搅拌均匀],然后将皮投入水液中,划动10～15分钟,以后每隔2小时划动10～12分钟,16～20小时皮充分湿透,无干边和硬心即可。

5. 揭里去肉 揭去皮板上的肉里,铲除皮板上的油脂、残肉及结缔组织,以利于鞣制药液渗透,使皮纤维变得疏松,增加皮板的柔软度和延伸性。为了防止揭破和铲伤皮板,需首先用手工从皮尾部向头部方向揭去肉里,然后再用去肉机铲去残留的油脂和残肉。因为发达的结缔组织层与真皮紧密连接,如直接在去肉机上去肉,会造成大的破伤,所以还需要手工揭去这一层组织,然后再在去肉机上磨净。

6. 软化浸酸 在软化浸酸之前需称重,作为软化浸酸、鞣制和加脂等工序的依据。软化浸酸所用药液水为皮重的6～8倍、3350酸性蛋白酶3U/ml(老兔皮为5U/ml)、食盐30g/L、硫酸(66Be)3g/L(分2次加入,相隔6小时,每次1.5L)。将上述药物加入水中,加温到38℃～40℃,pH保持在2.5～3.5,以酸性液将蛋白酶浸泡3～4小时,然后再将皮投入药液中划动10～15分钟,6小时后再补加1.5g/L硫酸,进行酸浸。软化浸酸需18～20小时。

7. 鞣制 鞣制药液配制:三氧化二铬0.6g/L、三氧化二铝1～1.5g/L、食盐30g/L、芒硝60g/L、硫酸(66Be)0.3g/L、滑润剂JFC 0.3g/L(三氧化二铬和三氧化二铝不溶于水,必须用碱式硫酸铬、碱式硫酸铝或明矾、蓝矾等)。将上述药物放入占皮重6～8倍的水中(先把食盐、芒硝、硫酸加入水中,再加铬液和铝液),使全部药物溶化搅匀。然后投皮入槽,划动10～15分钟,以后再间断划动数次。下皮8～10小时后加温至38℃,22～24小时后加入纯碱1～1.5g/L,pH达到3.5左右。然后加温到40℃,32～36小时加入小苏打1～2g/L,要求pH达到3.9～4。再加热到40℃,至48小时即可出皮。为了进一步使皮纤维与鞣质牢固结合,出皮后需堆置过夜。

8. 水洗甩干 用常温水洗涤5～10分钟,以除去皮板、毛被上的硝、盐等残留物质,达到皮板轻、柔软、不吸潮、毛被洁净,然后甩干。

9. 加脂 其目的是使皮纤维形成脂肪薄膜保护层,防止皮纤维在干燥过程中黏结,以提高其柔软性、可塑性和强度。加脂材料有天然油脂(动植物油脂、矿物油脂)和合成油脂(阴离子型加脂剂和阳离子型加脂剂等)2种。毛皮加工很少使用天然油脂,往往使用天然油脂的加工制品。

10. 干燥 干燥一般采用自然干燥法,即把皮板向上铺于干净的地面上,晒至含水量20%～30%即可。待板干至80%时再翻过来晒毛,以防皮板过干发生脆裂。

11. 滚转 为使毛被光亮、洁净、皮板舒展,还需在转鼓中滚转,把皮板摔软。滚转时,将皮板与锯末(3kg/100张)、细河沙(2kg/100张)、滑石粉(1kg/100张)放入转鼓中,转动1～1.5小时后出皮。

12. 除灰　除去毛被、皮板上的河沙、锯末、滑石粉等,然后将皮放转笼内,转至基本无灰即可。要防止滚动时间过长,造成皮板过干。

13. 铲皮　为使皮板平整、厚薄均匀、板面洁净,需进行铲皮,一般在铲皮机上进行。

14. 除灰入库　为将铲皮的皮屑除去,将皮再放入转笼内转至无灰即可。然后整理入库。

(三)铬-醛鞣制法

1. 鲜皮处理　按每千克兔皮用水20kg,甲醛10g、硫酸钠1kg,配成浸泡液。将兔皮投入浸泡液中,常温下浸泡16～20小时。要求浸透、浸软,无干疤,然后捞出,放入脱脂液(每千克兔皮用水20kg、洗衣粉100g,加温到30℃～40℃)中,搅拌10分钟,以后再搅拌数次。脱脂40～60分钟后,放入复浸液(每千克兔皮用水16kg、甲醛16g、硫酸钠800g、硫酸9g)中,搅拌1分钟,8小时后用碳酸钠中和复浸液至中性,然后出皮。经复浸处理后,先用手从尾部向头部揭去皮下结缔组织层,再用去肉机铲去皮板上的油脂和残肉。揭去肉里后再将皮称重,作为下步软化、浸酸、鞣制、加脂等工序的用料依据。

2. 软化浸酸　先按每千克兔皮用水7kg、食盐200g、硫酸钠210g、硫酸14g、酸性蛋白酶21 000U,配成软化液,并加温到35℃,投皮软化6小时。在感觉皮板松散、柔软,用手指轻推后欧部位毛有松落现象时,往每升软化液里加1g硫酸,中止软化,并使软化液转为浸酸液。在浸酸液中,继续浸泡30小时,再出皮甩水。

3. 鞣制　鞣制方法主要有铬鞣法和醛鞣法2种。

(1)铬鞣法　在200份80℃热水中加入100份重铬酸钾,再加入100份硫酸,不断搅拌,同时将25份用少许水溶化的葡萄糖分多次慢慢加入,保持溶液在沸腾状态,防止生成的泡沫溢出。溶液颜色由橙黄色变成黄绿色,最后变为绿色时即已配好(检查方法:取1滴铬母液加入清水中,呈黄绿色)。按每千克兔皮用水7kg,加食盐210g、硫酸钠210g、硫酸7g、滑石粉70g、铬母液40ml,配成铬鞣液。将铬鞣液加温到38℃～45℃,把兔皮投入鞣制,每隔8小时加温和搅拌1次,鞣制48～60小时,调pH为4～4.2。将皮四折叠起,用力挤压,使折的部位脱水,如呈白色,表明鞣制已达到要求,可出皮甩水。

(2)醛鞣法　按每千克兔皮用水10kg,加食盐400g、硫酸钠200g、碳酸钠30g、平平加3g、甲醛50g,配成鞣酸液。将鞣酸液加温到35℃,投皮鞣制。每隔6小时搅拌1次和升温至35℃。鞣制12小时后,每升醛鞣液加碳酸钠2g,24小时后再加碳酸钠1g,使醛鞣液pH达8～8.5。鞣制72小时后,出皮甩水。

4. 中和加脂　铬鞣兔皮用0.02%～0.05%小苏打中和,醛鞣兔皮用0.05%～0.1%硫酸铵加0.1%～0.12%硫酸中和。将兔皮的pH中和到5～5.5,然后加清水冲洗干净。将4%软皮油加入平平加0.5%、氨水0.2%配成加脂液,用毛刷均匀地刷在皮板上,刷完后静置2～3小时。

5. 干燥整理 将皮板向上平铺于地面上自然干燥,晒至七八成干后再翻过来晒毛面,晒到含水20%左右即可。将干燥后的兔皮放在转鼓内,每100张皮加入锯末3kg、细沙2kg、滑石粉1kg,转动1～1.5小时,将皮摔软,再将滚转好的兔皮装在转笼内,转动至基本无灰尘,然后再用铲皮机铲,使皮板平整、厚薄均匀。最后再在笼内除去灰尘、皮屑等,存放备用。

第九章　家兔产业化经营服务体系建设

兔产业在我国尚不发达,社会分工和社会服务不完善,在这种情况下要发展兔产业,需要企业完善经营服务体系,承担部分社会化分工和服务。产业化经营服务体系包括市场服务体系、信息服务体系、标准化服务体系和技术服务体系几个方面,它们互相渗透、互相影响、缺一不可。

第一节　产业化经营服务体系的重要性

兔产业相对于牛、猪、禽等产业来说,起步晚、规模小,社会化分工和社会化服务不完善,产业化企业势必要承担更多的社会责任。

比如在兽医服务方面,乡镇或乡村兽医对一般牛病、猪病、禽病可以诊治,但对兔病就不见得精通了,农户遇到疾病问题往往因不能及时得到解决而造成损失。再比如随着养殖规模的扩大,出现了农户养兔经济效益却越来越差的现象。农户饲养母兔的数量在 50 只以内、100 只以内、300 只以内和大于 300 只时经济效益有显著不同,究其原因是没有掌握工厂化养殖的精髓。如果只是简单的规模增大,养殖技术和经营模式还是按照庭院养殖的生产方式进行,就会出现这种随着规模的扩大经济效益反而下降的现象。任何模式在没有重要的技术进步和模式创新之前,都有其规模的局限。这些问题,要通过养殖技术和标准化的推广来解决,这个任务自然落到产业化企业的肩上。

兔业在市场、信息、标准化养殖等各个方面都存在着薄弱环节,要发展兔产业,先完善产业化经营服务体系已经是势在必行。

第二节　市场服务体系建设

市场服务体系主要服务于种兔和出栏商品兔的流通环节,笼具、药品、饲料的供应环节,兔肉食品、兔皮制品的营销环节。市场化服务的过程也是家兔产业化经营各环节利益合理分配的过程,产业化企业必须十分重视。

一、种兔和出栏商品兔的流通环节

在肉兔配套系概念还没有在兔业普及之前,良种的供应也没有曾祖代种兔、祖代种兔、父母代种兔、商品代肉兔的概念。而农户和养殖场最需要的是父母代种兔,用于繁殖商品代肉兔,是肉兔产业的大生产环节。那么,从曾祖代种兔繁育到祖代种兔是育种过程,需要很大的资金投入,需要较高的技术支持;从祖代种兔繁育到父母代种兔是制种过程,需要一定的资金投入,需要技术的规范化执行。育种过程和制种过程是为产业化市场服务的,同样商品兔的回收也是市场服务的重要内容。这两项服务需要产业化企业与合作农户和合作场签订合同,保障供应和回收,让养殖者专心从事于生产。如果均由社会力量从事以上服务,不法的炒种者和兔贩子将过多地侵吞养殖者和农户的利润。优良品种的屠宰率比普通品种高 5%～10%,产业化企业重视种兔的培育和良种供应,这样在商品兔回收时企业将因产品质量好而受益。

二、笼具、药品和饲料等生产资料的供应

产业化企业应当在笼具、药品和饲料的供应环节及时提出标准和要求,让生产资料的供应商服务于兔产业。笼具方面,有的不法生产商为降低成本缩小尺寸或偷工减料,对养兔生产带来困扰和隐患。有的笼具导粪板角度太小,兔粪球不能自行滚下,需要人工清理,增加工作量;有的笼具、饮水器质量差,经常损坏,增加养殖者的使用成本;有的不法厂商在饲料或兽药中添加违禁成分,造成食品安全隐患;有的饲料厂商为降低成本,降低饲料营养含量,使养殖周期延长,经济效益下滑。在饲料方面,如果市场价格分别是 2.6 元/kg、2 元/kg、1.8 元/kg 时,料重比分别是 3.2∶1、4∶1、4.5∶1,肉兔出栏体重都达到 2.5kg 时,饲料成本分别是 20.8 元/只、20 元/只、20.25 元/只,饲料成本差异不大,但出栏时间分别是 70 日龄、84 日龄、98 日龄,经济效益就明显不一样了。所以产业化企业要为养殖者提供合适饲养标准、优质的配方和饲料服务。在疫苗和兽药方面,为了食品安全,产业化企业最好能提供免费的防疫和医疗服务。

三、兔肉食品、兔皮制品的营销

只有产业化企业能够在终端市场占有一席之地,才有优势为农户和养殖者提供龙头带动服务。少数龙头企业重视发展国际市场,忽视了国内的广大市场,使产业化进程发展缓慢。产业化企业不应当偏废任何一个市场,在《食品安全法》公布实施后,国内和国际的技术门槛相差无几,但国际市场经营难度比国内市场大。国内市场近十年发展迅速,国人越来越多地认识兔产品、消费兔产品,国内市场的空间要比国际市场大几十倍。产业化企业应当加大研发力度,开发适合当地口味的产品;产业化企业还应当重视产品的"便利性",开发"调理兔肉食品",解决家庭主妇和普通厨师不会烹调兔肉的问题,加快产品进入千家万户的进程。当产业化企业终端市场做得好、经营绩效高时,它所能提供的市场服务体系就相对完善,农户和养殖者也随之受益。

第三节　信息服务体系建设

信息服务体系建设在兔产业化发展过程中起着引导消费者、教育从业者、沟通行业管理者的重要作用。现在各兔业协会、各产业化企业几乎都建有自己的网站、养殖

手册、产品宣传资料、内部发行的期刊报纸等,这些构成了信息服务体系。但是,信息服务体系如何做才更有效?有的企业或者行业网站长时间不更新,缺乏时效性,只是起到了"网络广告牌"的作用,没有起到与养殖者、消费者、供应商、行业管理者沟通的作用。刊载内容多是网络上搜集来的不知作者的文章,有的文章还有明显的错误。有的行业或企业网站设立了"论坛"、"网络订单"、"留言板"等板块,与养殖者、消费者、供应商、行业管理者互动,取得了很好的效果。

网站、期刊、手册的内容应当更贴近于养殖者和消费者,既通俗易懂,又能说明问题,解决问题。应当多在家兔的养殖管理、疾病防控和饲料配方等方面侧重服务于生产者,在食品加工和烹调技巧方面侧重引导消费者。内容上应更注重贴近实际进行原创,避免从网络和报刊中随意摘录,即使有摘录一定要征得作者同意,注明来源,尊重知识产权。

建议有经济实力的产业化企业开通 800 或 400 免费咨询热线,或者开通短信服务平台,及时解答养殖者和消费者的各种疑问,提高服务的时效性。信息服务与技术服务结合起来将提高产业化企业的整体服务水平。

第四节　标准化服务体系建设

在标准化服务体系建设方面,主要有以下内容:标准化种兔、标准化笼具、标准化房舍等硬件设施,标准化生产模式、用药规范、免疫程序等软件体系。

不同的品种、不同的地区、不同的年代其标准化内容也都是不一样的,所以标准化是相对动态发展的,不能僵化。

在标准化服务方面,建议产业化企业推广"以全进全出为基础的 42 天、49 天繁育模式"。如果有条件,再辅以人工授精技术,将大幅度提高产业化企业及其合作养殖场的生产效率和经济效益。这种生产方式强调小群体饲养,批次化繁育生产,每批母兔在 300～500 只,断奶后母兔迁出到另外的兔舍待产。每批出栏商品兔在 3 200只左右,每周都有商品兔出栏,出栏后兔舍、笼具、用具等要进行反复彻底的清洗、消毒 2～3 次后备用。在本章第一节中谈到,养殖场饲养规模中母兔数量在 50 只、100只、300 只的经济效益不一样,就是养殖者没有按照工厂化、标准化养殖方式生产。仅简单地将庭院养殖的生产规模放大,误解规模化就是养殖量大,实质是没有掌握现代养兔技术和生产模式。

当养殖规模提高以后,必须在技术上和生产模式上有所突破。标准化服务体系建设,产业化企业要付出巨大的努力,企业要引进消化吸收先进技术,研发适合当地自然条件的标准化技术方案。产业化企业应当建设一些示范场,为合作养殖者提供示范,进行标准化技术培训,推广标准化技术方案。当合作养殖者开始生产之后,产业化企业应当组织标准化技术服务队伍,指导辅助合作养殖者熟悉和掌握标准化养殖技术。

第五节　技术服务体系建设

由于兔产业的社会化分工和社会化服务是相对落后于牛、猪、禽产业，产业化企业就应当承担起更多的社会责任和行业责任。建设技术服务体系，就是弥补兔产业的"先天"缺陷，完善产业化社会分工协作。农户和养殖者更需要技术服务体系的建设和发展，尤其需要对规模化、工厂化、标准化养殖技术的熟悉和掌握。传统的庭院养殖与工厂化养殖在技术层面有许多不同的做法，即使号称养了十几年兔子的农户也无法做好工厂化养殖。在传统的庭院养殖模式中，养殖者每天找发情的母兔、配种和护理仔兔，母兔的繁殖效率每年只有5窝左右。在免疫的时候，没办法每只都按照规定的日龄免疫。将兔子凑够"一批"再免疫，影响免疫效果，成活率低。出栏时，体重均匀度差，屠宰率差异较大。现在，有的规模化养殖企业仍是这种扩大的庭院养殖模式。要提高养殖者的生产效率和经济效益，必须从技术和生产模式上彻底改革，因此技术服务体系建设就显得尤为重要。

技术服务体系建设需要大量的农牧院校的毕业生，他们受过正规的农牧业职业教育，有专业基础，接受新知识快，有旺盛的精力。但是刚过走出校门的毕业生，往往眼高手低，书本知识在生产实践中派不上用场。另外，农牧企业生产的特殊性，使毕业生不愿意到养殖一线工作。这些都是产业化企业要面对的事实。

在技术服务体系建设方面，强化毕业生在一线养殖的经验，经常培训，加强考核，提高其技术水平和服务能力。一般在养殖一线从事2年以上的毕业生才有可能胜任技术服务工作。要将合作养殖者的经济效益和提供的出栏商品兔数量和服务质量与技术服务人员的收入水平挂钩，充分调动技术服务人员的积极性和主动性，增强服务意识和责任心。

产业化企业主管应该关心这些技术人员的生活，关怀他们的成长。协助技术服务体系成员做好"职业生涯规划"，设计他们的成长路径。在职级设置上，要充分考虑专业技术人员的特点，培养他们职业化发展。有的专业技术人员潜心技术，但不适应当主管，当上主管以后不但管理工作没做好，技术也逐渐荒废。如果一直做技术工作，企业和员工都将受益。所以应当避免技术好就提拔当主管，除非他适合当主管，否则反而影响其成长。那么在技术职级设置上要有充分的激励性，可以分见习、初级、中级、高级、特级等职级，其待遇分别对应企业各级主管的个人收入标准，使其安心从事技术服务工作。

第十章　家兔产业化企业的经营管理

第一节　产业化企业的经营理念

家兔产业化企业很少有能仅靠自身力量发展起来的,这些企业必定紧密与社会各界合作才能不断成长壮大。在产业化发展过程中,建立兔产业"既是事业共同体,又是利益共同体"的经营理念非常重要。

产业化经营必须有龙头企业的示范和带动,这些龙头企业多是外贸或者内销企业,具有屠宰加工能力,具有市场化经营的能力。但是这些龙头企业往往不擅长农牧业生产,需要与有兴趣发展兔产业的单位和个人(如农户、农村专业合作社和养殖场)合作养殖,在双赢或多赢的基础上发展家兔产业化养殖。合作的模式可以因地制宜,多种多样。2009 年 6 月份以前,发展出口贸易,养殖需要符合出口标准要求,因此"公司＋标准化养殖场＋食品安全体系"模式被广泛采用。而如今,在《食品安全法》要求下,出口和内销的食品安全要求趋于一致,不合格食品将被召回和销毁,所以食品企业和农户之间的事业和利益结合会更紧密。如果合作的任何一方不重视食品安全,最终将造成巨大的负面影响,将给企业和农户造成损失,乃至对行业造成沉重打击。如"三鹿奶粉事件"引发的中国奶业"海啸",不论是乳品企业、奶农、养殖场还是奶站都遭受了巨额经济损失,整个行业也受到沉重打击。兔业相对于牛、猪、禽是比较"弱小"的行业,更需要行业内所有从业人员的珍惜和爱护,从饲料、养殖到加工的各个方面都应自觉禁止使用违禁的添加剂和药品,产业化企业更是有责任从合作流程的设计到法律文本的完善等多个方面建立可追溯的食品安全体系。所以,发展兔产业化合作养殖,就是建立了"事业共同体"和"利益共同体",这种理念需要产业化企业经营者在兔产业化发展中践行和发扬光大。

由于家兔产业经营规模可大可小,可以缓解就业压力和利用农村富余劳动力,可充分利用秸秆资源和农副产品以节约粮食,可增加优质肉食品供给,可以提高农民收入,是一个"富民产业",所以多数地方政府对扶持发展家兔产业均给予了不同程度的支持和推动。

家兔产业化发展过程中政府、企业和农民需要清晰定位、分工协作。政府创造良好的经营环境,提供优惠的扶持政策,提高农民收入,增加税收,发展地方经济;企业开拓市场,在市场中体现产业各环节的利润,负责均衡产业链中各个环节(如良种、饲料、养殖、加工等环节)的利益,让每个参与产业化发展的环境都有合理的利润,尤其是要保障农户养殖者的利益;农户(包括组织起来的农户——农村专业合作社)利用非耕地和农副产品资源,离土不离乡,创业发展,诚信开展兔业养殖(不滥用药物和添加剂），增加自身收入。所有这些定位与分工，都是建立在"事业共同体"和"利益共同体"基础上的，企业与农户一荣俱荣、一损俱损，企业和农户只有共同发展才能壮大。

所谓"事业共同体"和"利益共同体"就是合作的各方实现双赢和多赢，合作的各方在产业链条的各个部分各自发挥自身优势，分别获得合理的利润，使产业均衡发展。前几年兔业出现的"炒种"风气，实质上是兔贩子提前夺取了养殖环节的大部分利润，加大了养殖环节的风险，造成兔业养殖大起大落，严重损害了养殖者的利益。产业化企业有责任通过合作发展来均衡产业链条中不同环节的利益分配，使育种环节、制种环节、养殖环节、流通环节、加工环节和贸易环节都能获得合理的利润，促进兔产业长足发展。

第二节　产业化企业的管理制度

产业化企业的管理制度要遵循现代企业管理的原则和要求。主要的制度有《财务管理制度》、《费用管理制度》、《会计核算制度》、《交易决策制度》、《人力资源管理制度》、《绩效管理制度》、《培训管理制度》、《生产管理制度》、《生物安全制度》、《食品安全制度》、《养殖场病死畜禽无害化处理制度》、《安全生产管理制度》等。

一、财务类制度

（一）财务管理制度

财务管理制度的要点是：加强资金、资产管理，提高资金周转效率。

（二）费用管理制度

费用管理制度的要点是：控制非生产性开支，降低管理费用。

（三）会计核算制度

会计核算制度的要点是：遵照《中华人民共和国会计法》制定相关内容，规范会计业务操作。

（四）交易决策制度

交易决策制度的要点是：实施民主决策，避免腐败滋生，控制采购成本和销售费用，提高采购质量和销售收益。

二、人力资源类制度

（一）人力资源管理制度

人力资源管理制度的要点是：建立适合企业发展要求的人力资源开发和管理体系，促进企业和员工的共同成长。

（二）绩效管理制度

绩效管理制度的要点是：以绩效管理和绩效考核工具提供经营业绩。

（三）培训管理制度

培训管理制度的要点是：将培训和学习制度化，打造学习型组织，提高团队竞争力。

三、生产管理类制度

（一）生产管理制度

生产管理制度的要点是：规范生产环节各个方面，提高劳动效率。

（二）生物安全制度

生物安全制度的要点是：全面落实防疫、免疫、病敌害防治制度，保障养殖生产。

（三）食品安全制度

食品安全制度的要点是：全面落实《食品安全法》及其实施细则，保证产品安全。

（四）病死兔无害化处理制度

病死兔无害化处理制度的要点是：防止疾病扩散，防止病死兔流向市场。

（五）安全生产管理制度

安全生产管理制度的要点是：规定安全生产的工作细则，保障企业和员工的安全。

第三节　产业化企业的人才培训

人才、资金和时间被称为企业经营管理过程中的三大"稀缺资源"，而由于我国家兔产业化发展相对其他畜禽产业弱小落后，人才更成为兔业产业化发展的"瓶颈"。产业化企业面临的直接难题是：我国农业高等教育和职业教育几乎没有专门的家兔专业设置，所有专业人员均需要企业自身从招聘的农业院校毕业生中培养，主要以培训形式进行。

一、根据企业需要，外聘专家、教授到企业讲授和现场解决问题

企业一般从外面聘请有实践经验的专家、教授进行内部培训。这样做的好处是可以针对影响公司绩效的迫切问题量身定做。"他山之石，可以攻玉"，外聘专家可以给企业带来解决问题的新思维、新方法。而且企业内训可以讨论企业的保密性敏感问题，互动性强、训练强度高、技能提升快，目前越来越受到企业的欢迎。"外来的和尚会念经"，有的企业领导借助外部专家之口传达自己的敏感理念，会有不一样的效果。

二、根据企业战略发展需要，对关键岗位人员实施委托培训

委托培训可以有的放矢地学习，企业缺什么补什么。同时，企业也能跟上知识和技能在外部的各种进展，充分利用社会资源，降低培训成本。有时可以同大专院校或

科研所合作,企业作为院校或研究所的教学、实习基地,院校或研究所作为企业的培训、科研基地。这种合作,除了能有效进行培训,也为企业后续招聘专业技术人员或者管理人员提供了平台。

三、对新上岗的员工除入职培训外,还可通过师徒制培养

师徒制是许多企业成功的做法。新员工的入职培训往往只是企业文化和公司制度的宣讲、职场一般知识和技能的学习。真正要成为独当一面的员工,需要一段时间的"见习期"。在见习期内,企业要为新员工选"师傅",师傅不论年龄大小、资历深浅,只要道德水准高,能够将自身的技能通过传帮带的形式传授给新员工就行。人力资源部门要经常对师徒双方均进行考核和了解,掌握新员工的思想动态和成长步伐。

四、鼓励员工创新,以员工的名字命名创新方法或者工位,由该员工走上讲台传授

充分发挥员工的智慧,鼓励创新。对有创新成果的员工要及时奖励,以员工的名字命名这些发明创造是对这些员工的精神鼓励。再让这些员工总结经验,走上讲台,以亲身经历和经验"现身说法",培训所有员工。这种培训,往往比单纯的专家讲授更有实效性。

五、企业各级主管根据管理工作和技术工作的需要,定期走上讲台或"以会代训"

企业各级主管是企业最贴近的讲师和导师,经理们不管自己有多忙,绝不能推卸辅导下属的责任。对新加入的员工,即使是领导看来很简单的事情,可能也需要你"手把手"反复多次地教。发现问题,要马上"现场"纠正。拖的时间越长,纠正效果越差。有时,一顿午饭时的谈心,要比正式培训效果还好。企业文化、价值观念、员工忠诚都是在不知不觉的日常辅导中完成的。经理的日常辅导在员工的学习进步中占有绝大部分的比重。当有共性的问题出现时,企业领导人应当适时走上讲台,或者利用会议结束前的"以会代训"方式进行培训,这些已经被实践证明是非常有效的培训方法。

第四节　产业化企业的资金筹措

兔产业化企业规模往往是中小企业,融资是发展中要面对的重要问题。而中小企业融资难是当前我国经济运行中的突出问题之一。由于资产规模小,造成抵押或担保贷款途径较窄,往往不能解决企业的资金需求。在国家积极改善中小企业融资环境的大背景下,兔产业化企业的资金筹措渠道主要有以下几个方面。

一、银　行

银行对中小企业提供的融资多为流动资金贷款，期限一般在 1 年以下。银行也可提供项目贷款，但由于其程序复杂，商业银行办理较少。贷款利率为市场上固定或者浮动利率，较多使用浮动利率。目前，中小企业可以向四大国有商业银行、股份制商业银行、乡镇银行等申请贷款，其营业网点遍布城乡各地，企业可以自主选择。国内商业银行办理贷款业务的程序大同小异，所需要材料基本一样，但在贷款条件、审批时间长短和贷款利率等方面有较大差异，需要企业进行选择。

二、小额贷款公司

小额贷款公司是国家充分利用民间资本的方式，公司在逐步增加。小额贷款公司是由自然人、企业法人与其他社会组织投资设立，不吸收公众存款，是经营小额贷款业务的有有限责任公司或股份有限公司。小额贷款公司与目前的银行贷款有所区别。首先，小额贷款公司是不可以吸收公众存款的，而银行一项很重要的业务就是吸纳公众存款。其次，服务对象有所不同，银行更青睐大中型客户，而小额贷款公司的对象是急于用钱或达不到银行贷款门槛的企业；在服务企业方面，相对来说，银行的放贷门槛较高，审批流程较为复杂，且必须要满足有房产、商铺等作为抵押物这一刚性条件。与之相比，小额贷款公司的门槛要相对低一些，审批速度快，尤其是担保形式灵活多样，为那些急需资金周转的中小企业提供了一种新的融资渠道。然而，小额贷款公司的利率要比银行利率高，所以较适合于短期的资金周转。

三、债券和股权融资

债权融资获得的只是资金的使用权而不是所有权，负债资金的使用是有成本的，企业必须支付利息，并且债务到期时须归还本金。债权融资能够提高企业所有权资金的资金回报率，具有财务杠杆作用。与股权融资相比，债权融资除在一些特定的情况下可能带来债权人对企业的控制和干预问题之外，一般不会对企业的控制权产生影响。股权融资是通过风险投资公司融资。兔产业化企业提供《商业计划书》与风险投资公司沟通谈判，出让部分股权或者发行债券。股权投资机构投资中小企业后，给企业带来规范化的经营管理经验、广阔的客户资源等附加值，更为中小企业所看重，这是其他融资方式所不具备的。

四、上市融资

借助于服务性金融中介机构，即投资银行或证券公司到证券主板市场和创业板市场发行股票融资。上市融资有一定的资产规模和盈利能力要求。上市使企业获得了直接融资渠道，企业可以通过资本市场获得更多的低成本资金，可以促进企业的更快发展。企业上市，能广泛吸收社会资金，迅速扩大企业规模，提升企业知名度，增强企业竞争力。但上市后,股民对利润和增长率有一定的要求,给公司管理层带来短期业绩压力。

五、政府对产业的支持政策

兔产业是节粮型产业、环境友好型产业、资源节约型产业、富民产业。多数地方政府对发展兔产业给予了大力扶持。政府为提高当地农民收入,促进就业,往往提供了一定额度的无偿的和有偿的扶持资金。部分兔产业化中小企业还可以通过争取政府无偿资助等方式获得资金。有些资金虽然不直接给企业,但实质是帮助企业扩大养殖规模,如有的地方政府对农户有建筑兔舍、采购笼具、疫苗药品、种兔等方面的资金补贴,可以在短期内扩大当地的家兔养殖规模,提高出栏量,为企业提供丰富的货源。

第五节　产业化企业的利润分配

利润分配是公司财务会计管理的重要内容,它关系到公司、股东、债权人、公司职工和国家等不同利益主体的切身利益。这些不同利益主体之间的利益并不一致,甚至互相冲突。因此,税后利润的分配制度应当能够平衡这些利益冲突,保障各方的利益。我国公司法对可供分配的利润范围、分配原则、分配顺序等作出了具体而明确的规定,体现了国家为保护上述主体利益而对公司事务的介入和干预。

一、公司税后利润的分配原则及分配顺序

依照《企业会计准则》的规定,公司利润是公司在一定期间的经营成果,包括营业利润、投资净收益和营业外收支净额。营业利润是营业收入减去营业成本、期间费用和各种流转税及附加税费的余额。投资净收益是公司对外投资收入减去投资损失后的余额。营业外收支净额是指与公司生产经营没有直接关系的各种营业外收入减营业外支出后的余额。公司税后利润则是指公司当年利润减除应纳所得税的余额。

公司税后利润的分配由于涉及股东、债权人、职工、社会等各个利益主体的切身利益,因此为维护社会秩序,充分发挥公司这一经济组织的优越性,平衡各方面的利益冲突,各国公司法均对其分配原则和分配顺序予以了严格规定。我国公司法规定的公司税后利润的分配原则可以概括为以下几个方面。

第一,按法定顺序分配的原则。不同利益主体的利益要求,决定了公司税后利润的分配必须从全局出发,照顾各方利益关系。这既是公司税后利润分配的基本原则,也是公司税后利润分配的基本出发点。

第二,非有盈余不得分配原则。这一原则强调的是公司向股东分配股利的前提条件。非有盈余不得分本原则的目的是为了维护公司的财产基础及其信用能力。股东会、股东大会或者董事会违反规定,在公司弥补亏损和提取法定公积金之前向股东

分配利润的,股东必须将违反规定分配的利润退还公司。

第三,同股同权、同股同利原则。同股同权、同股同利不仅是公开发行股份时应遵循的原则,也是公司向股东分配股利应遵守的原则之一。

第四,公司持有的本公司股份不得分配利润。这是公司法修改之后新增的,这与前文提到的新法关于公司股份回购的修改相配合。

至于公司税后利润的分配顺序,主要规定在公司法第一百六十七条,根据该条规定可知公司税后利润的分配顺序为:①弥补公司以前年度亏损。公司的法定公积金不足以弥补以前年度亏损的,在依照规定提取法定公积金之前,应当先用当年利润弥补亏损。②提取法定公积金。公司分配当年税后利润时,应当提取利润的10%列入公司法定公积金。公司法定公积金累计额为公司注册资本的15%以上的,可以不再提取。③经股东会或者股东大会决议提取任意公积金。公司从税后利润中提取法定公积金后,经股东会或者股东大会决议,还可以从税后利润中提取任意公积金。④支付股利。公司弥补亏损和提取公积金后所余税后利润,有限责任公司依照本法第三十五条的规定分配;股份有限公司按照股东持有的股份比例分配,但股份有限公司章程规定不按持股比例分配的除外。

从公司法第一百六十七条的规定可以看出,新公司法修订了公司利润分配的规定,不再强制要求提取法定公益金。这是因为公司提取公益金主要是用于购建职工住房。住房分配制度改革以后,按照财政部的有关规定,企业已经不得再为职工住房筹集资金,公益金失去了原有用途。实践中出现了大笔公益金长期挂账闲置、无法使用的问题,造成了资金的闲置和浪费。并且强制提取法定公益金的要求,也不利于内外资企业的公平竞争,不符合加入WTO之后的经济形式的要求。因此,综合以上几种因素的考虑,新公司法废除了这一强制性要求。另外在股利的分配方面,新公司法也作出了调整,认可红利分配比例可以与出资比例不同,在利润分配上给予公司更多的自治权,即增加了按出资比例或者持股比例进行利润分配的例外规定。

二、公积金制度

公积金又称储备金。是公司为巩固公司财产基础、增强公司信用、弥补意外亏损、扩大业务规模等目的,而于资本额外所保留的一部分金额。公积金的建立对公司的存在和发展具有重要意义。各国公司法几乎都规定了公积金制度,表现了国家对经济组织活动的积极干预,通过维持公司的存在和发展,进而维护社会经济秩序的稳定。

我国公司法规定的公积金有2种:法定公积金和任意公积金。法定公积金又称强制公积金,是公司法规定必须从税后利润中提取的公积金。对于法定公积金,公司既不得以其章程或股东会决议予以取消,也不得削减其法定比例。因法定公积金的来源不同,其又分为法定盈余公积金和资本公积金。法定盈余公积金是按照法定比例从公司税后利润中提取的公积金。根据公司法第一百六十七条规定:"公司分配当年税后利润时,应当提取利润的 10％列入公司法定公积金。公司法定公积金累计额为公司注册资本的 50％以上的,可以不再提取"。而资本公积金是直接由资本或资产以及其他原因所形成的,是公司非营业活动所产生的收益。公司法第一百六十八条对资本公积金的构成作出了规定:股份有限公司以超过股票票面金额的发行价格发行股份所得的溢价款以及国务院财政部门规定列入资本公积金的其他收入,应当列为公司资本公积金。一般说来,公司接受的赠与、公司资产增值所得的财产价额、处置公司资产所得的收入等均属于资本公积金的来源。法定公积金有专门的用途,一般包括以下 3 个方面的用途。

其一,弥补亏损。公司出现亏损直接影响到公司资本的充实、公司的稳定发展以及公司股东、债权人权益的有效保障。因此,我国有关立法历来强调"亏损必弥补"。但是,根据新公司法第一百六十九条的规定,资本公积金不得用于弥补公司的亏损。这是因为资本公积金不同于盈余公积金,其来源是公司股票发行的溢价款等,而非公司利润,因此从理论上讲不能用于弥补亏损是正确的。

其二,扩大公司生产经营。公司要扩大生产经营规模,必须增加投资。在不可能增加注册资本的情况下,可用公积金追加投资。

其三,增加公司注册资本。用公积金增加公司注册资本,既壮大了公司的实力,又无须股东个人追加投资,于公司、于股东都有利。但如果将法定公积金全部转为资本,则有违公积金弥补亏损的效用,因此有必要限制其数额。《公司法》第一百六十九条第二款规定:法定公积金转为资本时,所留存的该项公积金不得少于转增前公司注册资本的 25％。任意公积金是公司在法定公积金之外,经股东会或者股东大会决议而从税后利润中提取的公积金。任意公积金由于并非法律强制规定要求提取的,因此对其提取比例、用途等公司法均未作出规定,而是交由章程或者股东会决议作出明确规定。

三、股利及其分配

所谓股利,是指公司依照法律或章程的规定,按期以一定的数额和方式分配给股东的利润。股利可以区分为股息和红利,股息是股东定期从公司取得的固定比率的利润,红利是股息分配后仍有盈余而另按一定比例分配的利润。

在股利分配的规定上,一般贯彻"无盈不分"的原则,即公司当年无盈利时,原则上不得分配股利。否则,股东必须将违反规定分配的利润退还给公司。至于股利分配的比例,新公司法进一步扩大了公司的自治权,允许股利分配比例可以与出资比例不同,认可股东之间的协议安排。关于股利分配的形式,主要包括现金股利和股票股利 2 种形式。现金股利是公司向股东分配股利的基本形式。股票股利则具有一些现金股利无可比拟的优点:①可以避免由于采用现金分配股利而导致公司支付能力下降、财务风险加大的缺点。②当公司现金紧缺时,发放股票股利可起到稳定股利的作用,从而维护公司的市场形象。③股票股利可避免发放后再筹集资本所发生的筹资费用。④股票股利可增加公司股票的发行量和流动性,从而提高公司的知名度。但另一方面,这种分配方式会被认为是公司现金短缺的象征,有可能导致公司股票价格下跌。

有关企业利润分配的财务处理如下。

企业按规定从净利润中提取盈余公积和法定公益金时,应借记"利润分配——提取法定盈余公积、提取法定公益金、提取任意盈余公积、提取储备基金、提取企业发展基金"科目,贷记"盈余公积——法定盈余公积、法定公益金、任意盈余公积、储备基金、企业发展基金"科目。对于企业应当分配给股东的现金股利或利润,应借记"利润分配——应付优先股股利、应付普通股股利"科目,贷记"应付股利"科目。企业经股东大会或类似机构批准分派股票股利的,应当于实际分派股票股利时,借记"利润分配——转作资本(或股本)的普通股股利"科目,贷记"实收资本"或"股本"科目。

对于外商投资企业用利润归还的投资,应借记"利润分配——利润归还投资"科目,贷记"盈余公积——利润归还投资"科目;外商投资企业从净利润中提取的职工奖励及福利基金,则应借记"利润分配——提取职工奖励及福利基金"科目,贷记"应付福利费"科目。

对于企业按规定允许用税前利润归还的各种借款,应当在"利润分配"科目下设置"归还借款的利润"明细科目进行核算。根据企业按规定用税前利润归还的各种借款,借记"利润分配——归还借款的利润"贷记"盈余公积——任意盈余公积"科目。

对于企业按照规定治理"三废"盈利净额、技术转让净收入以及国外来料加工装配业务利润等仍然可以单项留给企业的,则应在"利润分配"科目下设置"单项留用的利润"明细科目进行核算。企业按规定计算出单项留用的利润,借记"利润分配——单项留用的利润"科目,贷记"盈余公积——任意盈余公积"科目。

对于按规定实行补充流动资本的国有工业企业,则应在"利润分配"科目下设置"补充流动资本"明细科目进行核算。企业按税后利润的一定比例计提用于补充流动资本的部分,借记"利润分配——补充流动资本"科目,贷记"盈余公积——补充流动资本"科目。

当企业用盈余公积弥补亏损时,则应借记"盈余公积"科目,贷记"利润分配——其他转入"科目。

企业在年度终了实施利润分配并做相应的账务处理后,应将"利润分配"科目下的各有关明细科目的余额转入"利润分配——未分配利润"科目的借方,这样结转后,除"利润分配——未分配利润"明细科目外,"利润分配"科目的其他明细科目在年末应当无余额。

参考文献

[1]　SchlolantWA. Compendium of Rabbit Production[M]. German,1985. 75.

[2]　NRC. Nutritional Requirements of Rabbits[M]. National Academy of Science,Washington,DC. 1977. 1-30.

[3]　LebasF. Nutrient requirements of rabbits[J]. JAppl Rabbit Ret,1998,(3):14-16.

[4]　Henry Klapholz MEE MD. 子宫生理学[M]. 美国:哈弗-麻省理工学院,2008:342-343.

[5]　GU Z. L. ,CHEN B. J. , LI J. et al. 2004. STUDY ON THEOPTIMAL CRUDE FIBER CONTENT OF GROWING REX RABBIT DIET. 8thWorld Rabbit Congress,Mexico:865-868.

[6]　Gidenne, T. Nutritional and ontogenic factors affecting the rabbit caecocolicdigestive physiology[C]. In:F. Lebas(Ed.)Proc. 6thWorld Rabbit Congr. ,INRA,Toulouse. pp1996. 13-28.

[7]　白杉. 我国秸秆饲料的分布及加工发展现状[J]. 江西饲料,2004(2):1-3.

[8]　陈成功,王玉平,宋德光,等. Vc-Ⅰ、Ⅱ系獭兔杂交选育研究:獭兔繁殖性能与生长发育测定[J]. 黑龙江畜牧兽医,1997(6):7-10.

[9]　陈一夫. 对我国兔业产业化的思考[J]. 四川畜牧兽医,2004,31(1):19.

[10]　丁晓明,曹光辛,陆治年,等. 家兔的建议供给量[J]. 中国养兔杂志,1989(1):22-24.

[11]　董亚芳. 家兔腹泻病主要病原及防治对策(上)[J]. 中国养兔杂志,1998(2):3-5.

[12]　范成强,余志菊,刘汉中,等. 白色獭兔R新品系的选育研究[J]. 四川草原,2003(3):21-29.

[13]　付凤生,刘积义,孙才,等. 选育后的德系獭兔生产性能[J]. 当代畜牧,2002(1):43-44.

[14]　高文清. 养兔业产业化经营和发展战略[J]. 中国草食动物,2007,27(4):56-58.

[15]　高振华,刑亚茹. 河北兔业产业化发展战略的探讨[J]. 河北畜牧兽医,2002,18(11):8-9.

[16]　谷子林. 中国兔业发展的出路在于产业化[J]. 中国养兔杂志,2003(3):4.

[17]　谷子林,霍贵成,张玉华,等. 日粮粗纤维及对家兔的生理功能[J]. 饲料

工业,2002,23(11):16-18.

[18] 谷子林,薛家宾．现代养兔实用百科全书[M]．北京:中国农业出版社,2007.

[19] 谷子林．家兔诱导分娩技术研究[J]．中国养兔杂志,1993(5):7.

[20] 谷子林．肉兔饲养技术第二版[M]．北京:中国农业出版社,2006:121-127.

[21] 谷子林．我国家兔育种工作的回顾与思考[J]．中国畜牧杂志,2007,43(6):19-23.

[22] 韩章莲,牛星．家兔人工授精技术的应用[J]．中国养兔杂志,2006(4):31.

[23] 黄昌祥．调结构走生态畜牧业之路　推进兔业产业化进程[J]．四川草原,2001(1):44-47.

[24] 黄良虎．长毛兔人工授精引起的不孕症原因分析和防治办法[J]．中国养兔,2002(1):9.

[25] 胡洪森．开展兔肉深加工推进兔业产业化进程[J]．四川畜牧兽医,2003(30):109.

[26] 金岭梅．日粮粗纤维水平对兔饲料消化率的影响[J]．甘肃畜牧兽医,1994,24(6):8-9.

[27] 李长生．家兔的繁殖生理特性[J]．畜牧兽医杂志,2001(4):22-23.

[28] 李福昌．家兔营养[M]．北京:中国农业出版社,2009.

[29] 李天俊．兔夏季不孕症机理的初步分析[J]．天津农学院学报,2003(4):43-45.

[30] 梁小伊,黄思秀,贾伟新,等．国内外畜牧业产业化发展概况及趋势[J]．华南农业大学学报,2007,6(1):50-53.

[31] 刘加文．我国草业发展的战略思路[J]．中国牧业通讯,2007(5):16-19.

[32] 刘伟．中国白兔精液冷冻保存的研究[J]．黑龙江畜牧兽医杂志,2008(2):98-99.

[33] 任克良,陈怀涛．兔病诊疗原色图谱[M]．北京:中国农业出版社,2008.

[34] 任克良,梁全忠,等.现代獭兔养殖大全[M].太原:山西科学技术出版社,2002.

[35] 任克良．家兔防疫员培训教材[M]．北京:金盾出版社,2008.

[36] 任克良．兔病类症鉴别与防治[M]．太原:山西科学技术出版社,2008.

[37] 任克良.兔病诊断与防治原色图谱[M].北京:金盾出版社,2003.

[38] 任克良．兔场兽医师手册[M]．北京:金盾出版社,2008.

[39] 唐良美．养兔问答[M]．成都:四川科学技术出版社,2007:36-39.

[40] 唐亚平．山西省兔业产业化经营情况调研[J]．山西农经,2008(2):42-

44.

[41] 王世成,王清吉,闵令江,等.法系獭兔被毛品质研究初报[J].中国养兔杂志,2001(4):15-18.

[42] 王世成,王清吉,孙国强,等.引入品种法系獭兔的选育[J].中国养兔杂志,2002(2):23-27.

[43] 王世成,王清吉,唐世洪,等.法系獭兔繁殖性能和生长发育的研究[J].中国养兔杂志,2001(3):5-6.

[44] 王永坤,刘秀梵,符敖齐.兔病防治[M].上海:上海科学技术出版社,1990.

[45] 魏德功,吴利平,梁纪豪,等.广西发展兔业产业化的机制和对策研究[J].中国养兔,2008(5):35-38.

[46] 徐汉涛,严宏生.白色獭兔本品种选育研究报告[J].动物科学与动物医学,2001,18(3):22-24.

[47] 徐汉涛.金星獭兔的选育与推广[J].中国养兔杂志,2004(1):3-5.

[48] 杨传奇,常喜忠.制约畜牧业产业化经营的因素及发展对策[J].黑龙江畜牧兽医,2006(7):106-107.

[49] 杨丽萍,侯明海,姜文学,等.我国獭兔遗传育种研究进展[J].中国草食动物,2000,2(3):39-40.

[50] 杨素芳.兔精液冷冻保存的初步研究[J].广西农业生物科学,2006(9):200,206.

[51] 叶建军.推进兔业产业化进程 加快农村脱贫致富步伐[J].浙江畜牧兽医,2000(3):38.

[52] 赵然东.关于农村兔业产业化的调查与思考[J].上海农业科技,2006(1):64-65.

[53] 浙江省新昌县人民政府.加强社会化服务体系建设 积极推进兔业产业化经营[J].中国养兔杂志,1999(1):22-24.

金盾版图书,科学实用,
通俗易懂,物美价廉,欢迎直接邮购

农村规划员培训教材	8.00 元	瓜类蔬菜园艺工培训教材	
农村企业营销员培训教材	9.00 元	（南方本）	7.00 元
农资农家店营销员培训教材	8.00 元	瓜类蔬菜园艺工培训教材	
新农村经纪人培训教材	8.00 元	（北方本）	10.00 元
农村经济核算员培训教材	9.00 元	茄果类蔬菜园艺工培训教材	
农村气象信息员培训教材	8.00 元	（南方本）	10.00 元
农村电脑操作员培训教材	8.00 元	茄果类蔬菜园艺工培训教材	
农村沼气工培训教材	10.00 元	（北方本）	9.00 元
耕地机械作业手培训教材	8.00 元	豆类蔬菜园艺工培训教材	
播种机械作业手培训教材	10.00 元	（北方本）	10.00 元
收割机械作业手培训教材	11.00 元	豆类蔬菜园艺工培训教材	
玉米农艺工培训教材	10.00 元	（南方本）	9.00 元
玉米植保员培训教材	9.00 元	蔬菜植保员培训教材（南方本）	10.00 元
小麦植保员培训教材	9.00 元	蔬菜植保员培训教材（北方本）	10.00 元
小麦农艺工培训教材	8.00 元	油菜植保员培训教材	10.00 元
棉花农艺工培训教材	10.00 元	油菜农艺工培训教材	9.00 元
棉花植保员培训教材	8.00 元	蔬菜贮运工培训教材	8.00 元
大豆农艺工培训教材	9.00 元	果树植保员培训教材（北方本）	9.00 元
大豆植保员培训教材	8.00 元	果品贮运工培训教材	8.00 元
水稻植保员培训教材	10.00 元	果树植保员培训教材（南方本）	11.00 元
水稻农艺工培训教材		果树育苗工培训教材	10.00 元
（北方本）	12.00 元	苹果园艺工培训教材	10.00 元
水稻农艺工培训教材		枣园艺工培训教材	8.00 元
（南方本）	9.00 元	核桃园艺工培训教材	9.00 元
绿叶菜类蔬菜园艺工培训		板栗园艺工培训教材	9.00 元
教材（北方本）	9.00 元	樱桃园艺工培训教材	9.00 元
绿叶菜类蔬菜园艺工培训		葡萄园艺工培训教材	11.00 元
教材（南方本）	8.00 元	西瓜园艺工培训教材	9.00 元

甜瓜园艺工培训教材	9.00 元	肉牛饲养员培训教材	8.00 元
桃园艺工培训教材	10.00 元	家兔饲养员培训教材	9.00 元
猕猴桃园艺工培训教材	9.00 元	家兔防疫员培训教材	9.00 元
草莓园艺工培训教材	10.00 元	淡水鱼繁殖工培训教材	9.00 元
柑橘园艺工培训教材	9.00 元	淡水鱼苗种培育工培训教材	9.00 元
食用菌园艺工培训教材	9.00 元	池塘成鱼养殖工培训教材	9.00 元
食用菌保鲜加工员培训教材	8.00 元	家禽防疫员培训教材	7.00 元
食用菌制种工培训教材	9.00 元	家禽孵化工培训教材	8.00 元
桑园园艺工培训教材	9.00 元	蛋鸡饲养员培训教材	7.00 元
茶树植保员培训教材	9.00 元	肉鸡饲养员培训教材	8.00 元
茶园园艺工培训教材	9.00 元	蛋鸭饲养员培训教材	7.00 元
茶厂制茶工培训教材	10.00 元	肉鸭饲养员培训教材	8.00 元
园林绿化工培训教材	10.00 元	养蚕工培训教材	9.00 元
园林育苗工培训教材	9.00 元	养蜂工培训教材	9.00 元
园林养护工培训教材	10.00 元	怎样提高养肉羊效益	10.00 元
草本花卉工培训教材	9.00 元	怎样提高养长毛兔效益	10.00 元
猪饲养员培训教材	9.00 元	怎样提高养蛋鸡效益	12.00 元
猪配种员培训教材	9.00 元	怎样提高养鹅效益	6.00 元
猪防疫员培训教材	9.00 元	怎样提高养奶牛效益	11.00 元
奶牛配种员培训教材	8.00 元	怎样提高养肉鸡效益	12.00 元
奶牛修蹄工培训教材	9.00 元	怎样提高养獭兔效益	8.00 元
奶牛防疫员培训教材	9.00 元	怎样提高养鸭效益	6.00 元
奶牛饲养员培训教材	8.00 元	怎样提高养猪效益	11.00 元
奶牛挤奶员培训教材	8.00 元	怎样提高养狐效益	13.00 元
羊防疫员培训教材	9.00 元	怎样提高养貉效益	11.00 元
毛皮动物防疫员培训教材	9.00 元	怎样提高养水貂效益	11.00 元
毛皮动物饲养员培训教材	9.00 元	怎样提高大豆种植效益	10.00 元

以上图书由全国各地新华书店经销。凡向本社邮购图书或音像制品,可通过邮局汇款,在汇单"附言"栏填写所购书目,邮购图书均可享受9折优惠。购书30元(按打折后实款计算)以上的免收邮挂费,购书不足30元的按邮局资费标准收取3元挂号费,邮寄费由我社承担。邮购地址:北京市丰台区晓月中路29号,邮政编码:100072,联系人:金友,电话:(010)83210681、83210682、83219215、83219217(传真)。